U0575992

中国科学院科学出版基金资助出版　　国家自然科学基金委员会资助出版

区域综合开发的理论与案例

陈传康　著

国家自然科学基金资助项目(4870029号)

科学出版社

2017

内 容 简 介

区域综合开发是一个重要而复杂的课题,必须理论结合实际才能达到预期的目的。本书作者广征新知,结合各地社会经济发展目标与方向,将理论、方法、实际工作熔为一炉,研究了不同级别、不同层次(全国、省区、地市、县、乡镇等)的区域综合开发、地段规划设计、大企业选址等案例与实例,有关措施建议广为地方政府采纳,不少已付诸实施。本书对制定发展战略和国土规划,很有参考价值。

本书可供各地制定社会经济发展战略、国土规划工作参考使用,亦可供地理、城市规划、环境保护、旅游开发等方面的科研、教学工作者,以及生产管理决策人员参阅,也可作为研究生和高年级大学生的教科书。

图书在版编目(CIP)数据

区域综合开发的理论与案例/陈传康著. —北京:科学出版社,2017.11
ISBN 978-7-03-055105-4

Ⅰ. ①区… Ⅱ. ①陈… Ⅲ. ①区域经济发展-研究-中国 Ⅳ. ①F127

中国版本图书馆 CIP 数据核字(2017)第 268728 号

责任编辑:朱海燕 丁传标 / 责任校对:陈玉凤
责任印制:肖 兴 / 封面设计:黄华斌

科 学 出 版 社 出版
北京东黄城根北街 16 号
邮政编码:100717
http://www.sciencep.com

北京通州皇家印刷厂 印刷
科学出版社发行 各地新华书店经销
*
2017 年 11 月第 一 版 开本:787×1092 1/16
2018 年 1 月第二次印刷 印张:15
字数:338 000
定价:198.00 元
(如有印装质量问题,我社负责调换)

序 言 一

区域综合发展,这当然是一个很重要又很复杂的课题。我对此虽然作之甚少,却相信即使在市场经济下也不能一切都听任亚当·斯密的无形之手"无为而治"。但是,区域综合发展,有如千丝万缕,错织成龙飞凤舞的仙裳,又如浮云苍狗,变幻无穷。缺少理论素养,便不能提纲挈领,条理井然。缺少实际经验,更必然流为空疏迂阔,泛滥无归。北京大学陈传康近10年间,广征既有新知,结合各地实际,辑理心得,写成此书。有不少可资借鉴的内容,将理论、方法、实际工作冶为一炉,是此一方向工作的必由之路。区域可以是不同层次的行政单元或其他性质的地理单元,对象不同,理论方法亦不一样,需要区别对象,此书篇幅不太多,却都顾到了。尤其应当一提的是,书中所包括的行政单元与其他地理单元的综合开发研究工作在完成之后大多数已为地方当局所采纳赞许,并且付之实施取得成效。这与一般书生走马看花,发表空疏迂阔之论而无务实的措施很不相同。我之所以向读者推荐此书,也是由于这一点。

"前修未密,后出转精",任何学问无不如此,尤以区域综合整治。当然,"人之生也有涯,而知也无涯","求全"就必然"见缺",有时外行更易发现缺之所在。我泛泛浏览,觉得还有两个比较重要的"大端",值得注意。

经济效益是开发必须注意的"大端",这应如何计算值得很好考虑。中国在计划经济转变为市场经济的过程中,现在价格结构很不合理,将来一定会有很大变化。因此,对建设进行国民经济评价,衡量投资效益,必须采用影子价格。8年以前,国家计委曾为此颁布暂行规定(参阅1987年中国计划出版社出版的《建设项目经济评价方法与参数》和1990年新华出版社出版的《建设项目经济评价方法与参数实用手册》),凡国民经济评价认为不可行的,一概予以否定。这一道理亦适用于私营项目。研究区域开发显然不能忽略这些原则和方法。

中国采取对外开放的方针。目前,日本、美国、欧共体之间的贸易有56%是母公司与子公司之间的贸易,独立公司之间的国际贸易有逐渐削弱的趋势。某区域的同一建设资金来自跨国公司与其他来源的对本区域的次生作用可以很不一样,作选择时,这也是应当考虑的一点。

以上两点未必有当,姑妄言之,以供参酌。

中国科学院院士

黄秉维

1996年9月5日

序　言　二

本书作者陈传康是著名自然地理学家，他从形态地貌学研究着手，发展为土地类型分级和结构研究，又进而从事区域规划结构研究，80年代后转向人文地理研究，由包括自然、经济和社会文化结构的地区研究发展为区域的综合开发，并重视综合地理学的理论和应用研究，治学可谓广博。

陈传康1963年在北京地理学会作了《地理学的综合方向及其研究意义》的报告；1978年在华东师范大学又作了《地理学的新理论和实践方向》报告，强调要发展综合地理学。1990年他在华东师范大学举行的经济地理学和人文地理学学术讨论会上，又特别申述综合地理学的研究意义。

我一直认为陈传康重视自然、经济和文化三者结合的综合研究，很有特色，因此引起了地理界以外的人士对他研究的重视。改革开放以来，他结合城市规划工作开展地理学的综合应用研究；其后又结合区域规划研究区域开发；80年代中期参加于光远先生主持的区域发展战略的众多研讨会。其中，在"安徽省发展战略研讨会"上，他就安徽省发展战略作了一个结合安徽自然结构与经济文化结构的区域开发论证，获得与会同志的好评。

他的开发研究是很有特点的，即在重新论证甚至调整区域的自然结构基础上，讨论相应的经济开发结构特点，其结论具有突出的实用特征。

他在多次区域发展战略和开发研究的实践基础上，为北京大学城市与环境学系和中国科学技术大学研究生院先后开设了《发展战略和区域开发》这一课程，并获得了国家自然科学基金的赞助。

陈传康讲授此课分为上篇方法论，中篇发展战略和区域开发理论，下篇案例和实例研究。方法论部分包括第三次浪潮的科学和文化、科学哲学、全息学、地学哲学4部分，都已发表了相应论文。

本书着重总结中篇（包括上篇相当内容也结合进去），因而中篇成为上篇，以"元科学—实证规范化—操作性"三结合为研究方法，论证地域结构对应分析与发展经济学如何结合以建立发展战略和区域开发的定性系统工程，再结合决策研究、自然和环境保护研究以及区域发展调查考察方法，从而建立发展战略的研究体系。最近还补充了区域持续发展与行业开发关系的科学处理方法对发展战略研究的意义等内容。

下篇的众多实例和案例研究都非常成功。他的大多数意见已为地方政府所接受采纳。例如，关于连云港的发展战略研究，陈传康早在1984年首先提出发展新欧亚大陆桥运输和把连云港建成东方鹿特丹的建议。今天，他的这一出色建议已成为现实，他已发表专著对此问题作充分论证。

陈传康在本书中把分区地理学与类型地理学密切结合起来，近年来，他还强调要发展"地段地理学"。按土地等级划分最低等级立地(site)或相(facis)是指内部一致的最低个体单位，而地段是指企业所在地包括的地面，可能是几个立地组合，或一个立地，也可能是立地的一部分。因而地段(section)并非指某一固定立地(site)，而是企业实际使用范围。本书下篇有关大企业选址研究和地段规划设计研究实例是这方面的研究。

　　陈传康近年来已深入分析了大小不同企业所在地段范围的规划设计问题,包括室外地段、室内地段和楼层地段的地理分析研究,已远超出本书论证问题。

　　陈传康把应用地理学分为分区、类型、地段三个等级系列,是很有特色的。他力图使这三者研究综合地结合起来,他正在编写《地段地理学》一书,可认为是应用地理学的新开拓。

　　陈传康的研究可说是匠心独运,别出心裁。我相信本书的出版,可以发展地理学的理论,扩大地理学的应用范围,促进区域发展战略的深入研究并受到广大读者的欢迎。

中国科学院院士、中国地理学会理事长

吴传钧

1997 年 7 月 1 日

前　言

区域综合开发包括发展战略、区域规划和国土整治等方面的研究和任务。这些带有任务性质的研究，习惯上主要根据经验进行区域实践研究，也发展一些相应的定量计算方法。

笔者自 1980 年提倡发展综合地理学研究，其后指出综合地理学具有三重性，要同时开展基础理论、应用理论和实践应用的研究，即①理论地理学，②建设地理学，③区域综合开发等的研究。

几年前国家自然科学基金资助我们开展发展战略和国土整治的理论和案例研究。我们结合综合地理学的理论和应用地理研究，经过多年的努力，建立了地域结构对应变换分析与发展学结合的四维全息区域发展研究，在此理论研究基础上更进一步开展元科学与操作性结合的区域综合开发理论探讨。本书上篇是这方面定性研究的系统分析。

笔者在建立这一定性理论过程中，开展了全国与各级行政区的区域综合开发、大企业选址、地段规划设计等众多案例和实例研究，大部分研究都有其实践意义，有关措施建议广泛为地方政府所采纳。其中，不少建议和规划已被投资成为现实。本书下篇就是这方面研究的汇编总结，论述了区域综合开发的案例与实例，包括我国国土整治发展战略的总体问题，各级行政区（省区、地市、县、乡镇等）的区域综合开发，大企业选址，以及地段规划设计等案例与实例。这些研究对区域或企业发展战略与规划的制定，具有一定参考价值，也是区域开发理论的具体应用，属应用研究的范例。

此项研究作为国家自然科学基金资助项目，大部分都属于我们近十多年，特别是 80年代研究的总结，只有有关"宝钢工程的追踪决策"部分直接引用夏禹龙等的研究资料；有些研究引用有关见解，但也经过相应的补充提高，包含着我们的重新开拓分析内容。我们开展此项研究，着重进行发展战略和国土整治的定性理论总结，为区域综合开发研究提供一个以全息思维为基础，并能拟定具有操作性的发展战略和规划方案，以及相应的实施政策保证。因此，此项研究并非只是根据逻辑推论对国内外有关研究的系统综述或评述总结汇编，而是我们的独立开拓的理论与实践结合的研究成果。

众多同事参加历年区域实践研究，同时历年进修教师和研究生也广泛参加了此项研究工作，按参加研究人员的先后，包括何振明、蔡运龙、刘存节、谢长青、洪小源、刘钢军、李昌文、刘继韩副教授、杨开忠、陈健昌、牛亚菲、孙日瑶、武弘麟、高松凡、朱德威教授、韩启成、郝流祥、侯浙珉、李孝聪、刘荣芳、高豫功、张爱国、杨友孝、俞孔坚、彭伟、吴承照、焦海涛、钟定强、董恒宇、杨太保、许学工、刘伟强、李伟、杨新军、崔凤军等。此外，余谋昌教授、徐君亮教授、顾润清、郭第义等也曾参加过有关研究，陈贻安教授协助整理了部分文稿。杨新军对校样帮助作了一些校核与整理工作。在各地调查考察时，还得到地方政府领导和众多相应研究人员和干部的热情支持，就不一一列出。我们在此表示万分感谢。

此项研究的案例和实例部分涉及众多行政区和其他有关区域，除了地方政府提供调查考察条件外,如果没有国家自然科学基金的资助,是很难完成这样众多的城市和区域研究的,特致谢意。

书中大部分案例和实例都发表过,此次总结作了修订和补充,并删去重复部分。

需要说明的是,本书成稿于90年代初期,文中所应用的资料和数据,为80年代的研究成果,随着形势的发展和各地的变化,书中所述可能与现实情况有出入,但为了保持原来研究的实际面貌,这里没有做过多的改动。

笔者特别感谢黄秉维院士为此书所写的序言,既表扬优点,又指出需要进一步努力开发研究的两个方向。我在黄院士的鼓励下,90年代以来结合开展可行性研究论证,并广泛与港商联系,1996和1997两年,在北京大学由我主持为香港怡和集团开办两期"高级行政管理培训班"——中国经济改革与投资环境、报批实务研修班,并引进在北京大学设立相应的"怡和奖金"。这算是逐步实现黄院士对我研究方向的指引。

同时,也感谢吴传钧院士为本书写了包括对我历史评价和实际成绩的鼓励序言。

李文彦、史培军两教授,还有国家自然科学基金委员会地学部郭廷彬处长,赵楚年同志,科学出版社吴三保编审都非常支持本书出版。总之,对支持本书出版的上述专家特表感谢。

更感谢我夫人牟光蓉(北京大学人口研究所)参加不少实际考察和文献资料整理工作,本书的顺利出版是与她的辛勤劳动和大力支持分不开的。

最后需要说明的是,我的实例和案例研究,在承担与完成地方政府委托任务后,一些有关的综合开发结构和具体措施,已为地方政府所采纳和应用于实践,而且地方政府对所采纳的研究成果,都有明确的成果评价,本书亦把这些评价按时序先后加以排列刊出。

陈传康

1997年7月31日

于北京大学中关园

目　　录

上篇　基本理论

下篇　案例和实例研究

上篇 基本理论

第一章 绪 论

区域综合开发包括发展战略、国土整治、区域规划等几个方面。与发展战略相配合的区域规划是国土整治的中心环节。实际上,发展战略、国土整治和区域规划三方面工作常常由不同主管部门负责安排。发展战略属于当局(党委或政府)、咨询部门(政策研究中心,或经济研究中心)进行决策前必须开展的先行研究,带有方向性的决策咨询性质。国土整治由计委有关国土部门进行,并把开发建设结合治理和保护的整治工作的国土规划视为中心环节。由农业区划扩大研究内容而进行的区域规划工作以开展县级区域研究为主,已完成试点工作,北京这方面工作由建设部门领导,有的省份(例如,四川)则纳入国土部门的工作范围。

总之,区域综合开发既包括发展战略论证,也包括作为国土整治中心环节的区域规划工作。区域规划与国土规划从本质上看来是相同性质的工作。但前者更多注意与产业结构有关的项目论证,原是国民经济发展计划项目在地区的落实;后者带有区域开发的合理性规划研究,并注意有关区域的治理和保护措施,是拟定国民经济发展计划的依据。实际上,随着更多实际工作的开展,两者的差别已逐步消失。

上篇包括基本概念的定义论证,有关基本关系的阐述,区域开发两方面基本理论:① 因地制宜分散组织,也即分地域进行开发建设,合理组织生产力布局。② 怎样逐步使产业结构高级化,或高度化,这方面的研究主要是发展经济学的任务,若联系区域的社会和文化来讨论发展,则为发展学研究;把这两方面结合便形成因地制宜的分地域的四维发展学研究,这是区域综合开发研究的基本理论。还有专章阐述区域开发与环境保护的关系、区域可持续发展研究进展。

上篇还将从决策和政策方面来讨论发展战略和国土规划的管理实施保证。最后还简短介绍区域综合开发的调查研究方法。

第二章　基本概念与关系

一、发展战略、规划和计划

发展学结合地理学的区域研究是综合地理学的应用方向,即区域社会工程研究。区域社会工程主要从事区域开发研究,包括区域发展战略、规划和社会发展计划等方面研究。

发展战略有广义和狭义之分。狭义理解的发展战略根源于美国耶鲁大学赫希曼在60年代所提出的《经济发展战略》概念。这个研究课题其后又突破了科学的界限,成为对经济社会发展的一种多学科、多角度的全面研究,因而又扩展为"社会经济发展战略",简称发展战略。总之,按这样理解的发展战略不是某一个单一的政策、计划或规划,而实际上是由不同层次,不同侧面的政策、方针构成的一个政策体系(系统)。

实际上,任何组织和管理问题,特别是综合性问题都有其战略研究问题。战略是比战术、战役等更高层次的概念。高层次的组织管理问题属于带有软科学性质的咨询,组织和管理问题的战略规划层研究就是属于广义理解的发展战略,这种研究着重探讨有关该问题的长期性、规划性和结构性的发展方向。

广义的发展战略研究在于探讨问题发展的长期规划结构方向的一般规律。因此,不是去求解某种具体问题,而是去解决政治、社会、国民经济、部门经济、区域、城市、市场、企业经营方向等组织管理问题的合理规划结构方向。

从事发展战略研究的学者视野必须宽广,根据所要解决问题的目标函数,及时地以自己原有的多学科知识基础作为判断根据,去挑选与该问题有关的广泛信息,对收集来的信息加以过滤和挑选,然后再进行高度综合,以求解该问题的答案。

发展战略研究具有很大的理论和实用意义,其高层次研究可以为国家和区域规定总的发展模式,加速经济发展,避免发生重大生产力布局错误,使经济发展和国土开发同时考虑经济、生态和社会三方面效益,拟定一个分近、中、远三个发展阶段的总体协同方案。

规划的含义是对工作有一个部署和步骤安排。与区域和环境有关的规划工作有:

1. 流域规划

主要是对流域内的自然条件、经济状况和水利资源进行全面的分析评价,结合防洪、灌溉、供水、发电、航运、水产等多方面,作出阶段的和梯级的开发方案,还必须考虑环境和自然保护问题(包括防止污染、防止水土流失和次生盐渍化,跨流域引水还必须考虑可能发生的生态影响)。

2. 土地利用规划

主要是对广大的农业地区进行农业用地布局,从荒地开发利用规划、地区性土地总体规划,到基本生产单位(农场、农庄)的土地规划设计都属于这方面工作。

3. 城市规划

现代城市规划要求在区域规划的指导下从事总体规划,在总体规划的指导下搞好小区规划、工厂总平面图布置,在单体设计基础上搞好建筑群、城市街道、广场的设计,还开展游览区的规划设计。其主要目的是规划一个有利于生产、生活、康乐(娱乐、旅游、休养等)等活动,又能克服环境破坏和污染,并具有一定的抗灾(地震、洪水)能力,又绿化良好的城市结构。

4. 环境规划

由于人类不合理的生产和消费活动,导致环境破坏(水土流失、风沙为害、河流泛滥、土壤盐渍化、地面沉降等)和污染。为了建立一个有利于生产和生活的良好环境,去拟定一套综合改善环境的步骤和措施,特别是为不同的区域地段拟定合理的开发、利用、保护、改造措施,也即分区或分地段为环境拟定一个克服破坏和污染的部署和步骤安排,这便是环境规划。

5. 区域规划

区域规划的任务是为一个区域拟定合理的经济结构。从系统论来看,一个地方的经济结构包括地面所具有的实体布局,也包括使这个实体布局运转起来的各种生产和消费关系。前者相当于硬件系统,后者相当于软件系统。

总之,区域规划的任务是为不同区域拟定合理利用自然资源、有利于生产和消费、克服环境破坏和污染、具有优美风景的规划方案。流域、土地利用、城市和环境等规划是进行区域规划的基础工作,在一定程度内也是其必要的组成部分,区域规划是在更全面的调查评价研究基础上,对上述规划工作的系统概括总结。这个总结要求合理开发资源、经济优选、环境不被破坏和污染、规划布局要求具体而合理。

实际上,发展战略、规划、计划这三个概念属于通常采用的自然语言,在一般情况下常不加定义便被引用于区域开发研究中。大家引用这些概念虽然有上述约定俗成的认识,但也时常混用,彼此理解的内涵和外延宽度各不相同,有时引用人也常说不出这三个概念的差别。作为约定俗成而不严格的自然语言引进科学研究,必须重新定义,使其有确定性,并明确彼此之差别,然后再经过大家讨论,才能得出单一性的定义。笔者认为:

(1)区域发展战略着重行业结构的近、中远期开发研究,还必须有重要项目论证。

(2)区域规划或国土规划在发展战略研究基础上着重近、中远期的项目结构论证,项目的详细程度随总体规划或详细规划,以及研究范围的大小而有不同的概略差别。

(3)计划是落实规划的项目运行,特别注意年度安排,而不只是一般的近、中、远期论证。

二、国土整治与地理建设

国土整治是为大范围区域,从整个国家到内部具有经济联系的一定区域,拟定开发、利用、保护和改造的规划方案,并提出实施这个规划方案的步骤和措施,规定促使此方案实现的政策,并在实施此方案过程中进行相应的国土管理工作。首先要对相应区域的自然、经济和社会文化等条件和资源有比较系统和全面的了解,在这些地理条件和资源的综合评价和合理平衡的基础上,才能拟定一个合理的区域开发利用规划方案。因此,国土整治工作包括对国土进行调查研究,拟定开发利用规划方案,规定相应的政策和进行必要的管理工作,以加速此规划方案的实施。在这些工作中,区域规划工作是全部工作的中心环节。下面先来谈谈为什么要进行区域规划。

(1) 我国人口还会增长,人民的物质文化生活水平要求逐步提高。为了满足这两方面的需要,要求计算多少年后需要多少东西,东西从哪里和怎样生产出来,这是从需要出发要求进行区域规划。不少省市曾对本地作了这种计算,计算到 2000 年后需要什么东西,出版了《2000 年展望》这类书,主要谈这些方面的需要。

(2) 为资源的合理开发、利用提供一个区域优选方案。优选法有多种多样,从最简单的流程优选、车间生产线和场地布置选择,逐步发展到操作优选(所谓泰勒工作制的人机系统优选)、厂内车间组合优选、区域优选等。最后的区域优选研究便是经济地理学的区位论(区域经济学),这是从可能和经济节约出发的研究。也就是说,从对地理条件和资源的合理开发和利用出发,为相应区域拟定一个合理的优选规划。

(3) 从保持良好环境、保护环境免于破坏和污染、避免发生生态平衡恶化和破坏的要求出发,也要求进行区域规划。也就是说,区域优选还必须考虑环境保护,其总目的是寻求在多种边界(自然、经济、社会,还有环境保护、规划决策人的行为等)条件下的"最优"区域组织模型(方案),或合理的满意模型的规划。

(4) 为了避免发生重大的经济战略性生产力布局错误。解放后,特别是 1958~1978年 20 年期间,我们犯了不少这样的错误,像宝山钢铁公司的选址就存在着明显的错误,1981 年笔者便写了一篇关于宝钢选址分析的文章。重大的经济战略性生产力布局若经过广泛的讨论,常可避免发生。打倒"四人帮"后,曾经提出要进行南水北调,此项工程是否需要可以研究讨论。当时有很多人反对,中央决定先讨论一下为好,如果当时立即动工,其后便会很快下马,钱便会花了而无效果。在干旱年份从黄河引水给天津,当时引水 1 吨需要1 元钱,经济上很不合算。总之,南水北调工程要慎重,为什么急于搞南水北调呢?主要是天津工业滚得过大,导致严重缺水。我们必须根据水资源的多少去决定该区域的工业发展规模,尽量减少那些不必要的耗资的引水工程。北京燕山石油化工区也是滚得过大,当地水源不够,不得已从密云水库引水,工程花了不少钱,其实石化公司完全可以一开始便放在密云水库下游附近。

总之,一个区域,一个城市,如何发展,必须根据当地的地理条件和资源,综合平衡、衡量得失,拟定一个合理的规划,也就可以同时避免发生经济布局的重大战略性错误。过去我国这方面注意得很不够。打倒"四人帮"后,中央和各省、市、区领导人很注意这方面问题,这个国民经济建设的组织管理软科学已经提到议事日程了。重大的经济战略性布局错误,其浪费是非常惊人的,可达几亿到几十亿,不仅基建投资浪费,投产后的运转费用每年都得浪费。例如宝钢因矿石需要转驳,早期每年需增加运费 1 亿元。

曾经有人认为,区域规划是国民经济发展计划在区域上的进一步落实,因此区域规划必须以国民经济发展计划为依据,这种观点是不全面的。区域规划是从自然和经济、社会条件出发去拟定区域的合理经济结构,具有其独立的客观性,既可以成为国民经济发展计划的依据,也可以在未拟定国民经济发展计划的区域独立进行。

区域规划拟定之后,还必须规定相应的政策,促使目前不完全合理的经济结构向所拟定的经济结构转变。首先,为不合理的利用现状安排一定的改建步骤和规划实施方案,并安排相应的工程和基建措施,以促使所拟定的方案按期逐步实现。所有这些工作都必须在区域规划方案的指导下进行相应的国土管理工作,拟定出相应的国土管理法规。

因此,国土整治研究特别强调其规划内容,要包括:① 为地区的主要资源拟定综合开发利用方案。② 对区域性基础设施(水利、交通、城镇、能源供应等设施)进行统筹安排。③ 进行生产力、城镇和人口的布局。④ 与上述设施和布局相应安排自然环境的治理和保护措施,包括自然灾害的综合防治措施。⑤ 对国民经济长期规划的重大项目。从国土整治角度进行协调,以避免生产力布局的重大战略性错误。

国土规划和整治的项目建设的工程布局和促使项目运转的产销-消费功能结构,以及保证项目建设和运转的基础设施和城镇建设,灾害防治措施建设等区域开发、治理和保护的成就有其实体表现,这些成就的综合实体表现即为地理建设。参加地理建设的规划和管理实施,可以促使区域开发研究,同时开展"智囊"的软咨询和区域工程综合开发的"硬"咨询任务。

三、区域综合开发的框架网络

区域综合开发的四维分析以两方面为基础(因地制宜分散组织生产和产业结构的逐步高度化),这两个基础又以两方面理论为基础(地域结构对应变换分析和发展学)。区域开发的主要目的是建立一个合理的,或令人满意的分期开发投资结构。区域分期开发投资结构是根据块块(分区)、条条(分行业)和段段(分期)的四维分析,并要求落实在项目投资建设上(图 2.1)。

区域规划强调在发展战略的行业结构分析基础上进行项目结构的分期规划。行业发展落实到项目上是根据世界银行投资的经验教训分析而得出,可使计划拨款不被地方政府任意挪用。落实于有经济效果论证的项目上,才能使拨款真正起到促进地方经济发展的作用,因此项目论证对区域规划特别重要。

区域综合开发研究框架网络关系反映了两方面的研究途径,前半段强调理论的"元化"提高,后半段强调研究的可操作性,因而是把"元化"理论深层提高与操作性密切结合的系统分析。

元科学研究途径根源于哥德尔定理。哥德尔不完备定理指出,数论的无矛盾公理化的所有陈述必定包含着不可判定的命题,也即数论的形式系统中存在着不可判定的命题。哥德尔定理并非高深莫测,它主要反映高低系统的相互关系。低级系统内部可能存在着一些不可解的纠缠层次,站在更高系统来看,则更能解决这个"不可判定的"自相纠缠的内部层次。俗话说,站得高看得远,就相当于站在更高层次,或者联系系统的背景上从更广泛的角度来分析问题,常可更好的求解问题。

各门科学都有其具体的研究对象,这是一个层次;有关这个层次的理论研究,即这门科学本身就是对象的理论,研究这种对象理论的理论就是元理论。只要把各门科学本身当作研究对象,就会形成有关的元理论研究。

我们把哥德尔定理与元科学交叉,任何研究都可以通过提高研究层次,即站在更高级系统上去分析问题,视为"元化"深层探索。据此,可以把哥德尔定理加以推广,提出其普遍表达形式的一些"猜想":任何相应于具有一定的约束规律的组织水平的系统都有不可能理解的自相纠缠层次,只有站在更高级系统上去分析才能理解比其低级系统内的纠缠层次。当然,我们所提出来的这一哥德尔定理的普遍推广形式还是一种需要"证伪"的猜想。但我们结合生态学有关"组织水平"概念,以及层次系统研究关于约束规律的相应限定,可使这一猜想更接近于实际。

区域开发研究要求开展相应的分区、分行业和分期的社会生产结构,特别是产业结构的合理拟定(图 2.1)。此项研究既要求因地制宜分散组织生产,也要求逐步调整产业结构,使其高级化。后两方面相对于区域开发研究的具体产业结构拟定来说,是属于提高层次的"元化"思考。

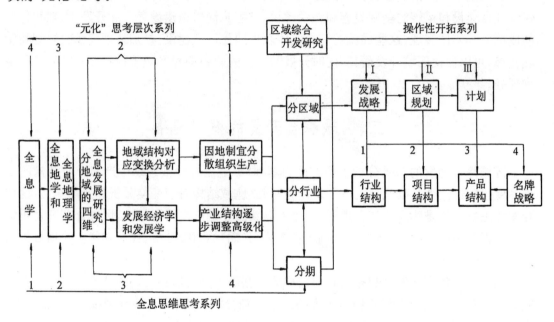

图 2.1 区域综合开发的理论基础和深入开拓关系

因地制宜分散组织生产作为研究对象,已有一定的研究理论,但还必须有其相应的研究这种对象理论的理论,这便是地域结构对应变换分析理论;产业结构逐步调整高度化作为研究对象也已有相应的理论,也必须有其相应的研究这种对象理论的理论,即为发展经济学和发展学理论。后两方面研究相对于前两方面来说,可视为更深层的元化思考。

后两方面的结合即为区域开发的分地域(包括分类型和分区)的四维发展研究。这种全息研究的理论基础是全息地理学和全息地学,而全息地理学和全息地学又必须进行更深的元化思考,即为全息学研究。

全息地学认为地球表层的某一区域共时性背景存在着不同的历时性成分。历时性成分相对于区域整体来说,还可以分为残遗成分、保守成分、现代成分、先锋成分来重建区域的整体发展过程。一般说来,若把区域视为一个耗散结构,则维持这个区域当前正常运转的成分属于现代成分,与现代成分不一致的变化,可分为两类,促进区域负熵进化,反映促使系统增加有序性的成分可视为先锋成分,而促使区域增熵,导致混乱度(无序性)增加的变化,则属于"后退"、"保守"成分。它们与残遗成分不同,残遗成分常呈"化石"形态存留在系统中,它不引起系统发生变化。

区域历时性成分划分为残遗的、现代的、后退的、先锋的,可以成为重建区域历史、预测区域发展、排除发展障碍的根据。从耗散结构理论来分析"系统"、预测趋势是很有意义的。

发展的主客观世界不仅是一个分层次的网络系统,而且还是一个流变共构系统。地球在宇宙形成背景中,根据天文学的大爆炸学说,太阳系和地球的形成研究,生物进化论,人类进化论,社会发展学说,天地人三"道"可能存在着发生上的同构。发生上的同构说明全息联系可以通过结构的对应变换分析加以阐明。例如,在一定地域范围内,地球表层各组成成分都具有相应的确定性关系。可以根据各成分的复杂的确定性相互关系,从一个成分的特征相继地推导出其它成分的特征。这一方法在地理学称为地理相关分析方法。把地理相关法与地域分异规律结合可以建立地域结构对应变换分析方法。我们据此建立了全息地理学。

流变与共构的"元"全息分析,使结构的对应变换分析与全息元多级层次性结合成为全息思维的主要依据。地域结构对应变换分析与"全息不全"结合,使其包括了同构传递与异构转化,因而可以包括线性、非线性、拓扑、超拓扑等对应变换。

作为地学重要研究对象的"区域"从流变与共构角度来看,是一个四维的网络关系,可以从组成成分来分析这一网络关系,还可以从区域分异方面来分析这一网络关系,更须分不同时段来研究这一网络关系。时段分析还可分为内部各子过程与整体区域发展两种类型。这一网络关系呈条条、块块、段段,即为分组成、分区域、分时段等三方面的一个四维网络。

对区域开发研究来说,条条表现为社会、经济和文化各部门的关系;块块表现为各级行政区域或其组合的等级系统关系;段段表现为近、中、远期以及年度计划的安排。各级区域内外结构的条条、块块、段段的互为对应变换分析,是区域全息研究的基础。

区域开发研究的"元"全息思考根源于全息学的三点前提,四个定义规范和三点结论。

全息概念根源于下列三个前提:

(1)我们面对的客观实际世界并非只包括自然界,还应包括人类本身形成的物质、社会和精神世界。这个主客观世界由一系列大小不同、等级有高低、复杂程度有差别、彼此有交错重叠并可以互相转化的层次系统所构成。也即主客观世界是从宇观经宏观到微观、超微观的一个非常复杂的多层次系统。对研究者来说主客观世界都是客观的,因此我们称之为客观实际世界。

(2)全息概念根源于系统内外结构互为映射这一辩证唯物主义原理,即发展的主客观世界普遍存在着相互联系,也即主客观世界的网络关系若从系统结构来看,表现为每一系统的内外结构存在着网络关系,通过内外反馈联系,形成互为映射的同构关系。

(3)整体大于部分总和是系统论的基本出发点,要分析母系统与子系统的关系,既要考虑上向因果性,即从子系统的特征和相互关系自下而上去解释母系统的整体特征;也要考虑下向因果性,即从系统整体特征对子系统的控制影响,自上而下去分析系统的整体特征。因而要解释整体与部分关系,必须同时考虑上向因果性和下向因果性的反馈关系才能充分阐明。

在上述三个前提下,对系统的特征及其相互关系,可作下列定义规范。

第一,作为部分的系统的特征可分为两类:只映射本身的特征,我们称之为分析元;若能映射母系统整体特征的,称之为全息元。分析元和全息元具有普遍性。全息元从其反映母系统的特点来看又可分为两类:

(1)全息征:通过各特征的确定性关系去反映母系统的整体信息。例如古生物化石的个别遗迹可用之去推断整个古生物种,甚至于古地理环境整体特征。地学的全息征最为常见。必须注意,确定性关系既包括定性关系,也包括相关关系,以及以一定概率出现的关系等。

(2)全息质:母系统划分子系统,若子系统包含整体系统的信息则称为全息质。全息生物学特别重视全息质的研究,植物无性繁殖,细胞遗传复制,即部分能复制整体,细胞包含着生物整体信息等实例,说明全息质在生物学中的重要性。

第二,全息元具有多级层次性,即子系统的不同全息元,映射不同等级的母系统。例如,人类本身的全息元的多层次性最为明显,我们可以从某人身上看出其反映该人所在单位、职业、文化水平、性别、年龄、民族、国别、种族等各级人类总体的多种多样的全息特征。规范全息元的多级层次性是我们提出来的,只有区别这种多级层次性,才能使全息研究具体化。因此,全息元与分析元的划分具有相对性,某一系统相对于更高系统的分析元,可能是其子系统的全息元。

第三,可以从全息元的多级层次性的具体关系分析,建立全息联系,即只有识别全息元,分析全息元的多级层次性,才能识别全息联系。全息联系是主客观网络关系的一种更深层次,一般很容易忽略,或不易被识别出,甚至是很微妙的复杂关系。

第四,还可以从全息联系的形式去建立全息规律。D. 夏佩尔所提出的推理模式,最适于从时空方面去分析全息联系形式,推理模式有三种:① 结构型推理模式。指在空间排列的关系,可以根据空间排列关系是周期的还是非周期性的去建立全息联系。② 演化性推理模式。就是根据事件的发展来进行推理,溯因法是重建全息联系的历史发展的有效方法。③ 结合上述两者的综合性推理模式。生物学上的贝尔定律就是靠综合性推理模式推导出来的。贝尔定律是说个体发育要重复系统发育的一定过程特点。在时空关系形式的推导基础上更易去探讨这种全息规律的发生和因果关系。

全息元对母系统的反映是否充分,有全息充分(绝对全息)与全息不全的不同论断。① 子系统存在着分析元,便说明了全息不可能是充分的,因为分析元不反映整体信息。② 系统在一定"组织水平"内,即具有一定约束规律的系统层次,可能还能划分全息质。超出组织水平,约束规律不同,很难再划分全息质。③ 通过确定性关系推导整体信息的全息征。因为在实际网络关系中,确定性关系会发生阻尼衰减,或者碰到惯性回弹,还有噪音干扰,因而实际相互关系的信息推导,也不可能是充分的。正是上述三方面,说明"全息不全"的论断更为可靠。

根据上述三个前提和四个定义规范,可以得出全息学的三点结论:

(1)部分能映射整体,也即部分可以通过子系统的全息元,映射整体的特征。因此,我们只要把系统的特征分别加以考察,区别全息元的层次反映性,即可据以推测出相应不同级别整体的特征。

（2）时段可以映射发展过程，可以通过时段的特征分析，区别哪些具有反映发展过程的全息元，据此即可重建历史发生，甚至预测未来。夏佩尔和达尔顿所提出的溯因研究法就是把观察到的一系列事实看作是一种历史过程的不同时段的产物，怎样去识别这些时段的产物的"历时性"全息元，有时是相当困难的，可以通过收集不同时段产物，加以顺序排列，按演化性结构的历时关系，才能溯因重建发展过程的具体情景。

第一点结论说明部分与整体、内外之间存在着彼此映射的同构现象；第二点结论说明在流变过程中，不同时段存在着同构现象，把这两点结合起来，说明在发生上存在着整体与部分的同构现象，这种发生上的同构现象，可称之为共构。从共构关系可以推导出下列第三点结论。

（3）四维时空域或多维抽象"域"要映射统一形成过程。例如，前面所谈过的贝尔定律，即作为四维时空域的个体发育，正好反映生物系统发育的统一形成过程。

由此可见，区域综合开发的"元化"思考包括了上述层次，掌握这些层次的分析可以更自觉地根据区域调查实证资料去拟定具体的区域开发建设措施。

区域综合开发研究在上述几个层次理论指导下，必须使其具有相应的可操作性，从所开展的任务来看，这种操作性分为Ⅰ. 发展战略、Ⅱ. 规划、Ⅲ. 计划等三个层次，这三项工作都是行政当局所关切的，原来多按约定俗成加以理解，没有严格的定义加以区别。我们通过定义规范确定这三项工作任务的定义和其差别，大大增加了其研究的可操作性。

区域综合开发的应用目标主要体现在区域投资结构分析上，区域投资结构要求总体协调中有偏斜，习惯称之为"倾斜"，而"偏斜"的提法更为可取，即必须有近中期的重点作为"偏斜"措施。一般说来，系统中的变量有快、中、慢之分。

快变量涉及复杂系统的低层次变化，变化快衰减也快；中变量涉及系统中层次变化，有些中变量对推动系统结构向总体协调发展起决定性作用；慢变量指决定系统充分协调的高层次变化。因而近期偏斜重点要抓具有良性经济效益的快变量作为推动经济发展的启动环节。由于快变量变化和衰减都快，因而要随市场变化而有一定的转换；中期要抓中变量，作为推动结构转化的传递变量；远期要建立快、中、慢变量协调的目标结构，并使这一结构具有进一步自我发展的能力。

因此，区域开发要求整体协调中在各分期都有其相应的重点偏斜，即相应的产业政策保证，合理的"行业"，特别是合理的"项目"，从区域和时段加以论证是使区域开发在投资结构分析上加强可操作性的保证。

发展战略着重行业结构分析，图 2.1 中发展战略与行业结构直接对应，而又向后旁涉项目和产品结构，正说明这种关系；区域规划在此研究基础上进行项目结构分析，在图 2.1 中已把直接对应关系表示出来，但也前后旁涉行业、产品结构，计划着重与产品结构对应，但也向前旁涉行业和项目结构，并以之为依据。

传统区域开发研究只涉及行业和项目结构分析，为了占领市场，还必须进行产品筛选研究，也即开拓市场的产品结构研究，为了保证拳头产品畅销市场，还必须实施考虑产品质量和专利注册的名牌战略。产品结构筛选和通过名牌战略开拓市场是区域开发研究的深化。图 2.1 表示了从行业经项目产品等结构到名牌战略的深入开拓关系，以及这些方面与区域开发的四维综合分析的关系：

由此可见,① 行业结构,② 项目结构,③ 产品结构,④ 名牌战略等 4 方面,具体研究是保证发展战略"Ⅰ"、规划"Ⅱ"、计划"Ⅲ"三方面工作任务可操作性的具体表现。

把产品结构和名牌战略引为区域开发研究的内容是笔者最近提出来的,目的是使区域开发研究深化,以增强其可操作性,并更有实践意义。

青岛市与我们同时意识到这两方面的重要性。1988 年完成了"青岛市轻纺工业外向型经济发展战略和经济技术政策的研究"(李兴弟、何联华、韩延伟等),专门探讨了"名牌战略",讨论了最终如何在国内外市场上形成"青岛货"(Made in Qingdao)就是名牌战略,并有一系列具体名牌产品的措施和发展步骤。

1991 年该市完成了青岛市"八五"重点产品发展规划(贾玉民、李兴弟主编,李兴弟等撰写),提出了在统一认识和组织保证的条件下,如何通过广筹资金、政策倾斜、拓展销售、注重开发、组建集团等措施去实现机械电子、纺织服装、化工橡胶、食品饮料四大支柱行业中的 76 类重点产品的开发结构。

笔者在 1991 年 8 月到青岛与李兴弟等一起专门到青岛食品厂考察了名牌战略问题。这方面研究我们将另文探讨。

四、地理研究与区域开发

现代科学除了传统的硬科学外,正在形成新的科学研究方向——软科学。与其相应,咨询也分为硬咨询和软咨询。软科学和软咨询着重解决信息不完备的非程序化问题。面临非程序化问题,传统使用经验"直觉"去进行推导,H. A. 西蒙对一些专家的决策活动进行了研究,发展了一种"启发性解决问题的方法"。这可称之为软科学和软咨询摆脱主体性的硬化途径。与此同时,硬科学和硬咨询则需考虑主体性,也即考虑所研究问题的"语用"价值和生产实践意义,这称之为硬科学和硬咨询加强主体性的软化途径。

表 2.1 地理学应用阶段的划分及其相应任务

阶　　段	阶段名称	部门地理学	综合地理学
1	评价阶段	对地理成分、要素进行实践应用评价	对各分区进行实践应用评价
2	工程阶段	为相应工程拟定设计参数的区域性指标	应用区划 城市规划 区域规划
3	智囊阶段		国土整治 区域发展战略

地理学的应用研究可分为三个阶段(表2.1)。

应用地理学的第一阶段是考察调查后,在区域考察报告中,当对某一个成分和要素以及某一分区进行描述后,接着便进行联系该实践任务的应用评价。这种应用研究具有基础资料意义,起着不可缺少的参考意义,但未直接介入实践任务。第二个阶段部门地理学主要为其实践任务服务,即为相应的工程拟定设计参数的区域性指标,综合地理学则着重为应用区划以及城市规划、区域规划等方面服务,这两种实践应用都带有工程地理学性质。第三个阶段是地理学在区域综合研究方面起智囊作用,即直接介入区域发展战略的决策研究,国土整治则是有从第二阶段过渡到第三个阶段的性质。

地理学作为软科学主要指综合地理学在区域开发研究中的作用,地理研究系列与区域(国土和城建)开发系列的关系如图2.2所示。

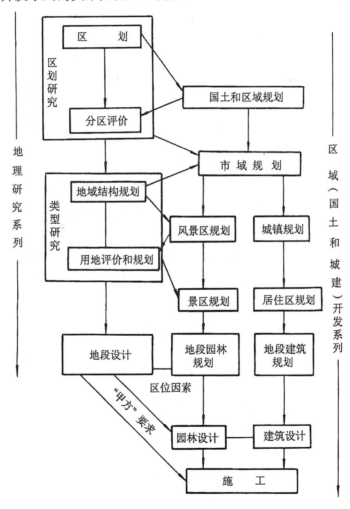

图 2.2　地理研究与区域(国土和城建)开发两系列关系

区划的分区评价是50~60年代应用地理学的主要方向;十年动乱后,对土地类型、土地利用种类、土地资源分等研究很重视。从区域转向土地研究反映了地理学的实践应用从分区向类型深化,不同的类型有不同的开发利用方向和措施,再与土地结构研究结合,可使应用地理学从区域评价向区域规划深化。土地结构与区域规划结构匹配研究可使区域规划更具有科学论证性。

当其进一步要求向区域设计深化时，便提出了必须研究即将进行开发利用的某一具体地段——土地的个体地段单位，反映了从类型感向地段感的深化。

土地地段设计，即对每一具体要进行建设的地段都要考虑其直接用途，或对原有利用加以开发提高，都要注意地段的综合特点，即为具体工程设计提供"地段设计"的基础论证。

用地地段的直接设计已开始为地理学界所重视。徐樵利的湖北国土研究已经介入了这个问题，对一些建设地段安排直接用途。深圳南山开发公司田汝耕在赤湾港口开发中注意了自然地理与经济地理结合，如何安排不同地段进行港区开发建设问题。沿岸不同地段的特点决定了该地段的开发方向。不同地段有不同的自然地理特点，当然影响其开发方向。广州地理研究所徐君亮进行的港口规划开发研究，也强调了地段划分的意义。

总之，分区评价—类型规划—地段设计是地理学深化发展的三个阶段。经过这三个阶段研究，区域—类型—地段三者综合起来，可更好地为区域发展生产服务。

此外，还可以一开始便是具体工程的用地选址和设计研究。开发用地的地段可大可小，视该用地目的而有差别，可以相当于一个土地分级"个体"或其一部分，也可以是几个土地"个体单位"的组合。

地段设计对工程建设来说主要考虑：① 区位选址；② 该地段的土地特性，特别是地基承载力与工程设计的关系；③ 建筑立面和平面与环境设计关系；④ 绿化设计；⑤ 环境空间与建筑群组合的感应气氛设计。这5个方面的考虑即涉及地段自然特点，也涉及区位选址，更要求从园林和建筑方面对地段加以美化。

地段设计对与其相应的建筑和园林规划来说带有宏观控制的基础性质，可为使用单位提供建筑设计和为施工单位提供使用目的和环境美化的具体要求。

第三章　因地制宜与地域结构对应变换分析

为一个区域因地制宜拟定相应的开发模式,主要根据区域的自然结构,考虑环境生态和社会文化与经济发展的关系,去拟定生产力布局和结构,并进而规划一个相应的经营管理模式,也即为区域开发研究建立一个网络系统,这个网络系统随着研究的深入,要逐步调整(见图 3.1)。

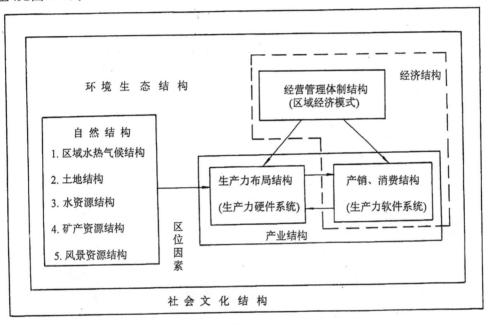

图 3.1　地域结构对应变换分析的框架网络

可以根据科学哲学(库恩、斯台格缪勒、夏佩尔等)有关建立某一科学的理论结构的方法,用一组符号代表其理论结构的"范式"(即 K_0, I_p, N_p, M),来促使去建立区域开发的因地制宜网络系统。

其中 K_0 为理论核心,I_p 为应用部分,N_p 为网络关系,M 为潜在网络关系。理论核心与应用部分合在一起反映了一定的网络关系,即 $(K_0, I_p) \rightleftharpoons N_p$,就是说 (K_0, I_p) 与 N_p 是互相反馈的,互相促进提高的。它们反映着现实世界的一种网络关系,一个理论要反映一种网络关系,确定这种网络关系的理论核心和应用部分。核心和应用部分确定出来后,可以进一步把这个网络关系研究清楚。假如说从历史上去考察,理论核心 K_0 和应用部分 I_p 逐渐深化,网络关系 N_p 渐渐充实,最后,这一反馈关系随着学科的发展逐步趋于构成这一范式的潜在可能的理论网络关系,即

$$\{[K_0, I_p] \Longleftrightarrow N_p\} \to M$$

基本上达到这种情况,便构成科学的成熟范式。在这个结构网络关系中,既包含逻辑或公理的联系,也包括信息的推理关系。

为一个区域拟定区域规划,主要是根据区域的自然结构去设计生产力布局与结构,并进而规划一个相应的经营管理体制,也即为区域规划建立一个网络系统,这个网络系统随着研究的深入,要逐步调整。因此,也就是上述正在趋向于 $N_p \to M$。图3.1是笔者随着研究的深入经过多次调整后的网络系统。

一、各种结构的确定性匹配研究

1. 气候水热结构

主要影响到一个区域的大农业构成,也影响到该地适于发展哪些作物、草、树、饲养动物等,也即决定了农业区域专门化商品生产方向。还影响到工程设计标准,如建筑物和构筑物。交通工程等的设计标准与自然条件关系很密切,因而影响到建设造价与投资。

2. 土地结构

指不同类型的土地地段的质和量对比关系。土地结构也影响到大农业构成,使由气候水热结构所决定的大农业构成更加具体化,也影响到交通和建设的选线和选址,以及设计标准。

例如,气候水热结构对农业生产布局很有影响。四川泸州处于川南受寒潮影响最小的区域,在海拔400米高度以下的地域,冬温很少降到0℃以下,通常四川盆地大部分地区不能种植的荔枝、龙眼等南亚热带果类,在这里却能种植。因而应以发展这些果类的种植园为农业发展方向;400米以上的地域具有四川盆地中亚热带水热气候特点,因而应发展以双季稻和柑橘为主的开放农业生产。又如,云南西双版纳,在800米高度以下的南部为热带,在800米高度以上为南亚热带,从气候的水热条件来看,南部热带"坝子"的向阳低丘、缓岗和切割台地等地域适于种植橡胶。

该地的土地结构与开发利用的匹配关系如表3.1所示。

3. 矿产资源结构

可根据矿产资源结构提供矿业开发条件,若缺乏矿产要进行生产就需要从外地调入原料。

4. 水资源结构

水资源结构决定了区域的灌溉条件和城镇发展的规模,水利开发可以改变环境所提供的水资源利用结构,但必须附加投资。总之,水资源条件可以限制一个区域的建设规模。

水资源结构是区域开发的限制性条件,而从外地引水要附加投资。因而可直接在水资源有保证的区域进行建设,这样能节省资金。矿产资源结构影响到该地的矿业开发方向。

我国存在着北方缺水而多能源(主要是煤和石油),南方多水但缺能源的情况。因而工业建设存在着调水就能源,重化工主要布置于北方的论点。"南水北调"可以解决这一矛盾;但也可考虑调能源就水发展工业的论点,那么重化工应更多布置于南方。以前的国际形势,促使在北方发展工业;当前的改革开放形势,加上沿海,特别是南中国海的石油和天然气开发,将可逐步解决南方能源问题。闽粤琼三省的经济发展,以及上海浦东和浙江宁波的开发建设,都有利于移煤就水在南方发展重化工的论点。很可能,中国也会出现象美国那样经济发展曾经移向南方阳光地带的情况,而在南方沿海苏浙闽粤桂琼等省区发展重化工产业。在南北方之间存在着像江苏连云港的过渡地区,其背景区域水分比较充足,而且也有煤源,因此也可优先考虑发展重化工产业,该市已建成年产 60 万吨的碱厂,还具备进口铁矿建设钢厂的条件。

表 3.1　西双版纳南部热带不同土地类型的土地利用现状和改造利用方向

土地类型	土地利用现状	改造利用方向
山地 { 山地常绿林 山地季雨林 山地石灰岩季雨林 山地次生植被 山地沟谷 山地河谷 }	天然林或毁林开荒	保护和利用改造相结合 保护为主 严格保护 封禁恢复,保护,改造利用 封禁恢复,保护 改造利用,保护
丘陵 { 高　丘 低　丘* 缓岗,切割台地* }	种植橡胶(有*者为重点种值类型)　旱作	封禁恢复,改造利用 植胶为主,阴坡发展其他热作 植胶为主,阴坡发展其他热作
平地 { 三级阶地 二级阶地 一级阶地 平地河谷 }	水田,还种植甘蔗和少量果类	植胶和种植其他热作,水田 水田,甘蔗,果类,其他热作 水田,甘蔗,果类 发展水利水电

5. 风景资源结构

　　风景资源结构会影响地区旅游业的发展方向,这方面研究过去常被忽略。这里以粤北为例,作较详细说明。

　　粤北具有十大风景特征,它们有一定的组织结构关系,并可归纳为四个层次(图3.2)。

　　(1) 地质和古人类史层次。包括"恐龙世界"和"人类曙光"两大特征,表示本地区的古生物和古人类化石及史前考古都有旅游开发价值。故地质和古人类的旅游特征要作学术意义宣传,争取地质矿产部、中国科学院和广东分院拨款扩建恐龙化石博物馆或陈列室,要更多地在韶关或南雄召开有关学术讨论会。马坝人博物馆已经建成,也要广为宣传。

　　(2) 风光总特征层次。本区自然风光总体特征可概括为"南国北雄",人文风光总体特征可概括为"岭南粤首"。

　　(3) 重点开发层次。目前自然风光开发重点为"丹霞四绝"和"岩溶奇观",人文风光已重点开发的为"南宗祖庭"和"瑶乡风情"。

　　(4) 接待服务设施层次。主要包括刚起步开发的"温泉水滑",以及已有一定良好条件

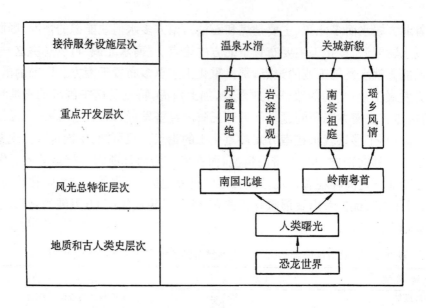

接待服务设施层次	温泉水滑	关城新貌
重点开发层次	丹霞四绝　岩溶奇观	南宗祖庭　瑶乡风情
风光总特征层次	南国北雄	岭南粤首
地质和古人类史层次	人类曙光	
	恐龙世界	

图 3.2　粤北风景结构

的"关城新貌"两特征。

在粤北的十大风景特征中,有三个最有吸引力的重点:

第一,"丹霞四绝"。粤北丹霞地貌风光主要包括位于丹霞盆地中连片分布的三处——丹霞山、韶石山、大石山,还有隔开分布的位于湘粤边界的坪石金鸡岭,可总称为丹霞风景区,这是这一风景区的广义理解,狭义理解则只应包括丹霞盆地中连片分布三处。丹霞四绝,以仁化丹霞山为第一,故我称之为"丹霞四绝,四绝第一",并由我去信特请台北著名的陈立夫先生为此题词,陈立夫先生的题词现已刻在摩崖上。

第二,适于大力开展宗教旅游的作为南宗祖庭的曲江南华禅寺,也包括云门宗祖庭的乳源云门寺。

第三,九泷十八滩的漂流娱乐旅游。乐昌坪石金鸡岭虽属丹霞四绝之一,但与其他三绝相隔,从坪石游完以古朴著称的金鸡岭,即可下水漂流九泷十八滩。这里具有多级跌水急流,有惊无险,可以培养冒险进取精神,对海内外青少年很有旅游吸引力。

粤北通过这三个重点开发,可带动其十大风景特征全面发展,而三个重点之首则为丹霞风景区。现在经过以我们为主的总体规划研究,丹霞风景区已列为国家风景名胜区的第二批名单中,这对粤北旅游的全面开发,将起到很大的推动作用。

粤北风景结构的地域分布具有一定的集中连片分布特点,不少也沿公路延伸分布,加以有京广铁路纵贯南北,因而交通方便,只要合理组织,很有开发价值。

在上述粤北区域的背景下,韶关市附近有相当丰富的旅游点(丹霞山、南华寺、狮子岩、云门寺、古佛岩、必背瑶寨等),目前构成一个相对独立的旅游区,并且已形成三个各有吸引力而辐射半径范围重叠(即同属一个旅游区)的三个接待特点:

(1) 韶关市区,位于该旅游区中心,辐射外出旅游方便,又有市区商业依托,购物和娱乐旅游最佳,但目前宾馆建设过多,淡季时已为卖方市场,比较被动。

(2) 丹霞山中旅社,位于丹霞山上下,便于游客清晨观日出,又可游玩山景,因而也能独立组团吸引游客。丹霞山观日出，因有僧冠帽峰等造型地貌衬托，显得特别清秀壮观。

（3）曲江南华温泉，位于主干公路一侧，又有温泉全天供应，可供沐浴，1989年下半年建成，目前很有吸引力，使得曲江县可以独立组团，吸引港澳游客。

粤北在港澳穗推出：① 3～4日的韶关区环状或辐射状旅游；② 4～5日的粤北风光精选旅游线（坪石金鸡岭—九泷十八滩—古佛岩—必背瑶寨—狮子岩—南华寺—丹霞山—韶关市区）都有很大吸引力，具体路线如何安排，可因团队的旅客年龄、姓别、职业、文化构成、收入等差别而加以合理安排。

丹霞山中旅社作为韶关旅游区的一个独立接待点，可以作为韶关市区南华寺和狮子岩、丹霞山三处，甚至包括云门寺、必背瑶寨、古佛岩环状旅游的一个接待点，即港澳团来丹霞山时在此住一宿；也可以独立组团，在丹霞山住几天，辐射外出游玩上述旅游点；还可以作为韶关旅游区与坪石旅游区（金鸡岭、九泷十八滩、古佛岩）两者构成更大的环状旅游区的一个接待点。

曲江华南温泉也可作为韶关旅游区的一个独立接待点，可作类似上述丹霞山中旅社的旅游路线组织。还可特别开辟曲江南华寺和狮子岩—太阳岩和五马归槽—双阙石—丹霞山的旅游路线。

除了考虑区域内的结构对应变换关系外，还必须考虑该区域外围背景结构的影响和关系。

二、区位因素研究

区位因素研究，即研究自然结构与城镇居民点和交通条件的配置情况，减少有关建设选址和生产力布局的运输总费用。但经济优选布局，可能导致环境污染或自然界的破坏；而原有建设的集聚效应，即具有良好建设基础，人才众多，教育条件好的区域和地点等，对生产力布局具有相当强烈的吸引作用。因而区位因素研究也要考虑生态效益和社会行为特点。

国民经济和社会平衡发展规律必须分区落实，区位论便是在国民经济平衡规律指导下进行区域优选经济研究。

从行为因素来考虑，生产力布局不一定需要最优的方案，而是挑选"满意"的方案。古典经济学谈到决策问题时，没有涉及人的心理，便追求最优化。现在，由于考虑因素很多，行为心理因素也很重要，在这种复杂情况下要作出决策，得不到最优化过程，只能追求令人满意的决策。诺贝尔奖金（1978年）获得者美国心理学家、管理决策理论家 H. A. 西蒙的这种非程序化决策思想，以及相应的"启发式"解决问题的方法，为区位论的行为学派提供了理论基础和分析问题的方法。

生产力布局必须根据这4个方面和区位因素来合理规划。区位因素包括决定运输价格和市场的位置关系，交通条件也影响了区位条件，交通的改变对运输价格和货流方向的影响是很大的。

前4种结构是自然条件，区位因素主要是技术经济条件，两者结合在一起决定了一个区域的生产力的合理布局。生产力布局的硬件系统包括：

1. 区域的合理农业构成

一个地区的大农业生产构成方向，也即农林牧副渔等业的生产构成、发展方向的确定非常重要，它决定了该区的生产战略部署。合理确定一个地区的生产发展方向，并进行与之相应的改造利用措施，将大大促进该区的环境建设与保护。这个发展方向可以根据水热气候条件，水利资源条件，土地类型组合方式，农林牧副渔等的经济地域差异，民族劳动习惯和劳动力分布等自然和经济等条件来确定。其中，主要决定于两个条件，正是下列这两个条件着重决定了不同农业自然区的合理农业内部构成。

（1）自上而下的区划所决定的区域的水热气候条件。这一条件决定于温度、水分、区域高度等三方面条件。纬度的高低决定了温度的寒热，一定的热量气候带（和亚带）具有一定的温度条件；在温度条件基本上相同的一个热量带内，由于所处的海陆相对位置不同，决定了其气候干湿状况和降水量的差别，使农业的灌溉条件发生了很大的变化；区域高度决定了该区是平原、高原还是山地，平原的水热条件符合于其当地的地带性条件，高原具有稍为偏北的水热条件，山地则应该注意其垂直分带的差别。总之，由上述三方面条件所决定的区域水热气候条件，决定了该区最适于栽培的作物组合，最适于饲养的家畜种类，甚至品种组合，还决定了该区的林业发展方向，决定了该区的灌溉条件，等等。

（2）自下而上的区划所决定的土地类型组合结构。一个区域尽管大气候的水热条件基本相同，但由于其内部的地貌起伏，岩性差别，地表水和地下水排水条件的差别，可以形成不同的土地类型。这些土地类型按一定的相互关系组合起来，这就是土地类型的区域结构，也称为土地类型在该区域内的质和量的对比关系。所谓质的对比关系是指有哪几种土地类型，它们的关系如何；所谓量的对比关系，是指各种土地类型所占面积和其百分比关系。土地类型质和量的对比关系，对于更进一步决定当地的农业生产构成有很大的影响。

我们知道，各种土地类型的自然特点是各不相同的，因地制宜的利用不同土地类型是非常重要的，因此各种土地类型都有其相应的最适合的土地利用方式和土地耕作制度。再者，对某一区域进行经济开发也要求综合利用当地的自然条件和资源，农林牧副渔互相配合，工农业也应互相配合。因此合理的区域开发要求综合利用各种土地类型。为了保证恢复土壤肥力，必须同时结合农林牧业去使用土壤。假如该地有一种土地类型对牧业有利，而另一种土地类型对农业有利，再一种土地类型又对林业有利，则合理利用土地便必须综合利用这三种土地类型。其中林业可以促进水土保持作用，牧业有利于提供有机肥料，都可促进农业发展。

总之，土地类型的组合方式，即所谓土地类型质和量的对比关系，对确定当地的生产构成方式很有关系，可使由气候水热条件决定的生产构成更加具体化。

例如，黄土高原切割丘陵沟壑区具有"一川二沟三坡四峁梁"的土地结构，这些都是群众在生产斗争中总结出来的土地结构的生动概括。山、水、田或川、沟、坡、峁、梁、塬反映土地类型的质的对比关系。现在特别要求在不同区域安排生产要考虑这些不同的土地结构关系。

区域大农业构成方式包括农林牧副渔等业的组成，农作物种类组合构成，农作物品种构成，耕作制的组合构成，牲畜种类组合构成，牲畜品种构成，农田水利措施的组合构成和田间工程构成，农业机械化配套构成等。

一种作物,一种家畜种类,总有其最适宜的生长区域,在其最适宜生长的气候水热区域,若考虑到轮作,间作,农林牧副等业的配合关系等相应要求,给以最大种植和饲养比例,使其形成专业生产,便是区域农业专门化。由于一种水热气候条件下可能有多种土地类型,因此,专门化还必须考虑土地类型的质和量对比关系。一般比较集中的区域农业专门化更多的是在平原区域形成;在地貌变化起伏较大的地方,可能形成一定的农业构成专门化。区域农业专门化是有效发展农业生产的一种规划管理方法,又是发展商品经济的有效办法,特别有利于农业机械和支农商品的合理调配供应。当然不能加以绝对化理解,认为是百分之百的种植某种单一的作物或饲养,放牧某种牲畜。

　　我们以怀柔县为例来加以说明。怀柔县的大农业生产建设方针,从气候水热条件看,基本上属暖温带半湿润的气候水热条件,北部山区具有向中温带过渡的特点。中部背风谷地具有半湿润向半干旱气候过渡的特点。全县除东南部平原外,山场面积广阔,深山区的河谷面积相对有限,山前为平原,中部有宽广的河谷型盆地。这种气候和地貌的特点,决定了本县对农林牧各业都有发展条件,但也都有限制因素。

　　本区东南部平原和山区河谷都适于发展农业,但它们的总面积分布有限,大大限制了农业大规模发展的条件。本县已处于暖温带北缘,限制了冬麦的北移,长城基本上已是冬麦的北界,也限制了复种指数的提高。本区平原部分已是二年三熟的北缘。

　　山区基本上是一年一熟的地区。目前为了提高单产,在南部搞三茬套种,二茬平播,在北部搞二年三熟都过于抢农时,不利于养地,而且因保证率不够而常常影响总产量,这是不适于大量推广的耕作制。

　　本县在适于发展农业的土地相对有限的情况下,不仅自给供应果区和部分山区的口粮,而且每年还上交国家750~1000万公斤粮食,这个成绩当然得之不易。但粮食种植业的这种过度发展不一定是合理的,很可能是一种竭泽而渔的措施,它致使牧业、林业不能充分发展,并导致植被破坏,使环境生态平衡恶化。也就是说,本县粮食产量要进一步提高已有困难,而且从长远角度来看,逐步压缩粮食生产,将更有利于多种经营的充分发展。

　　本县虽然宜林山场面积广,但破坏相当严重。目前急需保护北部山区的水源涵养林,还必须使年采伐量不超过年更新量,因此皆伐方式必须大力压缩。本县北部山地属喇叭沟门水源林自然保护区,应作为白河上游汤河水系的主要集流区的水源涵养林加以保护,随着林木的恢复,将可大大改善汤河谷地引灌条件。还必须积极开展多种经营,重点应是发展果业,尤其应该发展干果业,特别是板栗,使其形成专门化生产。平原地区也要开展多种经营,增植油料,还可适当发展浆果种植、养猪、养鱼等。山区多种经营宜发展养牛,养柞蚕,木材加工,耐旱果类的种植等。

　　总之,本县大农业生产建设方针,应是在农林牧综合发展的基础上,积极发展多种经营,尤其应促进果业,特别是干果业形成专门化生产;林业应以恢复植被为方向,采取封山育林与造林相结合方式,以提高森林覆盖率。

　　根据自然条件对农业发展影响的差异,本县可以分为下列5个农业自然区:

　　(1)平原区。本区地势平坦,东南部为潮白河谷地,南部为壤质冲积平原,东北部土壤沙性较重,西北部为山前洪积台地。根据这种土地结构特点,本区主要发展方向以农业种植为主,根据土壤质地,排水条件,对不同土地类型安排合适的作物,并根据劳动力和肥料供应条件安排合理的轮作制,适当压缩三茬套种面积,增植绿肥作物,在发展粮食生产的同时,积极发展油料,猪、鸡、大牲口(家畜),浆果(葡萄、草莓),养鱼等方面的生产。

(2)山前丘陵区。本区在平原西北,基本上到长城以南,除一部分低山外,土地类型主要为丘陵和丘间切割台地、河谷阶地,热量和降水都充足,地面排水条件好,大都为向阳坡,因此适于发展果业。在干鲜果业同时发展的条件下,要加强干果业(板栗、核桃、大扁杏仁等)的发展,在阶地上更要逐步增加果园面积,除发展鲜果和核桃外,还要发展杏、葡萄等。目前山前区东部的果业刚刚开始发展,在解决返销粮的供应下,宜进一步加强果业发展。牧业可以养猪、养驴、养蜂为经营方向。

(3)中部山地区。这里山高坡陡,应以林业为发展方向。一部分低山谷地可以发展核桃、大扁杏仁、红果种植,向阳的酸性土下部缓坡可适当发展板栗。牧业经营方向主要是驴和羊,但在植被未完全恢复前,应控制山羊发展,积极加强水土保持工作,主要是以封山育林和坡地梯田为主要措施。

(4)中部暖干河谷区。这里具有宽广的暖干河谷,谷底1~2级阶地是主要的生产土地,两旁分布着相当宽广的切割丘陵,从丘陵向河谷过渡可分布有切割台梁地和高阶地。这种土地结构,要求引水灌溉发展河谷种植业,利用丘陵发展柞蚕养殖,还可适当发展大扁杏仁、红果、秋子梨、苹果、槟子等果类。牧业的经营方向为猪、鸡、大牲口、羊、蜂等。暖干气候在引水灌溉条件下,作物产量高而质好,但坡地的植被破坏后则比较难于恢复。本区亟须加强水土保持工作,主要是控制山羊放牧,减少樵采,以利于封山育林,恢复天然植被。南北两山地带和本区的谷旁切割丘陵的水土保持工作,可以减少山洪暴发的次数和规模,增加常流水流量,使谷地,特别是低阶地耕地不受冲毁,可以有更多流量加以引灌。也就是说,保护和恢复上游植被,特别是山地的水源涵养林,将为下游谷地的农业生产建立稳定和持续高产的保证条件。

(5)北部山区。本区多为花岗岩和片麻岩低山,西北部还分布有少量中山,西北-东南向的河谷下切,形成一定的谷地和少量谷旁丘陵。谷地中下游有较宽的阶地,是主要的农业生产土地,上游耕地分布也很有限。这种土地结构决定本区的生产发展方向应以林业为主,重点是恢复植被,建立水源林自然保护区。牧业经营方向以养牛为主,耕牛和菜牛并重。果业以红果、山杏为主。因该区位置偏北,粮食作物可增加土豆比重,玉米应选种生长期短的品种。还可发展晚季蔬菜种植,可以在平原蔬菜品种成熟上市后再上市,调剂市场蔬菜供应。

2. 工业布局

一个区域的工业布局决定于:① 由区域地质情况所决定的区域矿产资源组合结构和由区域地理情况决定的水资源结构及其利用的评价。② 由区域农业结构所决定的农产原料,主要是轻工业原料的来源,这要求根据条件可能性加以安排,特别要求发展专门化商品生产。③决定运输价格和市场的位置关系(区位分析),以及交通对这方面的影响。④ 再加工和生产协作关系。⑤ 社会生产关系和经济关系的影响。工业布局的这5个条件主要由自然和技术,以及部分技术经济因素所决定的,只有第5个条件才决定于社会因素。

3. 居民点和风景旅游区、休养区的规划

居民点规划是如何布置一个包括居住区在内的服务中心等级系统,也即一个市镇等

级系统,这个系统既要避免来自工业区的污染,又便于居民生活和劳动、休息等活动。风景旅游区的规划设计是建立一个满足旅游者的观赏和行为需要,也即满足旅游者心理要求的景观(包括天然景观、园林景观和建筑景观)。目的是营造由山(风景地貌和地貌构景)、水(水景和水文取景)、花木(绿化和园林生态)、建筑(与环境意境协调或加强的单体和建筑群设计)、天气变化和人文特色等 6 个风景组成要素密切配合起来,具有动人构景"蒙太奇"的景观。休养区的规划也有专门的要求。

4. 交通规划

区域交通系统要按居民点分布、地貌起伏、货运量等情况加以合理布置。道路系统必须明确分工。还要注意水陆路交通、甚至航空交通形成后对运输价格、市场变化等的影响。交通本身有一定的经济吸引作用,而且又可形成线状环境污染,占用土地,这些也都是交通规则必须考虑的内容。

经济结构的软件系统包括生产和消费两方面,生产又可分为 4 级经济活动:

(1)第一级为初级生产,包括农业生产和矿业开发等,主要提供食物、热能和工业原料等。

(2)第二级为再加工生产,包括公用事业(水、电、煤气等的供应)、建筑业、制造业。

(3)第三级经济活动包括运输和劳务业(商业、服务、学校、医务等劳务)。

(4)第四级经济活动主要是指经济管理而言。

消费则包括用于正常衣食住行的生活消费和康乐(娱乐、游、休养等)消费两方面。

更全面的经济结构必须包括生产和消费两方面,我们长期以来只注意生产力布局,忽视劳务和消费布局,忽视生产对环境的不利影响,因而常导致环境破坏和污染,城市结构失调等等问题的出现。

经济结构的硬件系统和软件系统是相互联系的,硬件系统的布局原则是在不破坏环境生态平衡,不要导致环境破坏和污染的条件下,提供一个合理的地面实际布局,其中心问题是生产力的区域经济优选。

软件系统主要是通过一定的管理系统,进行指挥,信息传输是软件系统的指令,目的是使物质和能量在硬件系统中合理运转起来。

三、网络关系的分类

在上述网络关系中各种结构的彼此关系归纳起来有下列三种:① 因果关系,包括单向因果关系,双向反馈关系,因果网等;② 不适应,不协调,不协同关系;③ 适应,协调,协同关系。区域规划的目标函数(目的)是以因果关系为基础,消除不适应,不协调,不协同的关系,以求得出一个满意的生产力布局。

怎样把这三方面,即区域规划的理论核心 K_0 应用于具体区域研究,必须研究相当于 I_p 的应用理论,才能使区域规划理论更有实效,并可提高其研究速度。

可以利用耗散结构和协同学的原理来建立相当于 I_p 的应用理论。区域规划结构属于一个远离平衡态的开放有序巨系统。有序巨系统的特征是具有多级的分层性,各层次可以相对独立,形成局部的小系统。当子系统的独立性占主导地位,系统本身之间便缺乏关联,不足以形成整体结构。当关联束缚子系统宏观显示出一种有序结构,并完成一定的功能行为时,系统才具有整体的协同特征。

要建立这样的多层次区域规划结构,必须输入"负熵"以维持本身的有序性和为了获得人类需要的产品与排放废物而进行相应的输出。因此区域规划结构属于耗散结构,要消耗"负熵"来维持其有序性。

要使这样多层次开放有序结构获得协同效应。从协同学角度来看,决定系统获得协同结构的变量称为序参量。系统中的快变量一般说来都指局部的相对独立的小系统层次,指衰减快的昙花一现的短循环要素,不能对系统构成有序的协同结构起决定作用。但其变化快,可起一定的短期效果。只有慢变量是无阻尼的不衰减要素,属于涉及整个系统的长循环要素。正是这种慢参量才是决定系统达到协同结构的序参量,系统常常不只有一个序参量。各个序参量处在彼此矛盾竞争中。每一个序参量决定一个宏观结构。若竞争结果以一个序参量占优势,所出现的相应宏观结构其有序性常常不太复杂。竞争结果,若几个有序参量共同合作,则可形成一种更有序的宏观结构。把协同学这方面的定性分析理论引用于区域规划研究中,可使其从自然语言描述转变为数学语言描述。也即进行了数学化的定性分析,即进行了形式化描述,因而为其建立计量化模型奠定了先行基础。

根据上述协同原则,区域规划结构必须考虑到:近期抓见效快的参变量,中期抓符合该地自然结构的商品生产方向,远期结合环境治理和保护,考虑恢复植被和合理的商品生产方向这两个序参量,去建立一个符合该地自然结构的有序协同经济结构。

现有农业区划工作已注意到分近、中、远期进行区域农业开发和保护。例如湖南浏阳县便认为近期种植业要抓"一白搭二黄"(桑、烟和金桔),畜牧业在平原重点发展猪、家禽和鱼,山区发展牛、羊、兔;中期要抓竹类、茶叶、果品、家禽、桑蚕等产品加工和豆、鞭炮生产;远期要抓造林。其后,又进一步加以概括,提出近期起步靠种养,中期振兴靠加工,远期翻番靠林业[①]。

从上述协同学角度出发,可以再进一步加以概括,为具体区域提出下列以地域结构对应变换为基础的分期国土开发的方针:

(1)近期,农村首先要调整种植、养殖业,根据市场信息发展种植、养殖,解决资金来源,提高农村的物质生活水平,并发展与其相应的加工工业;城镇近期主要抓现有企业层次的调整和协作,从市场信息、原料来源和销售关系进行宏观结构调整,还必须调整企业内部结构,也即所谓微观经济结构调整,以适应宏观的要求。与此同时,还必须充分发挥境内各中心城镇的生产协作、贸易集散、技术交流和信息情报等职能,才能通过这一城镇网络去带动全区经济,包括农村经济进一步的发展。

(2)中期抓区域经济结构调整,也即以充分而合理开发利用区域的地理条件为基础,进行以发展大规模商品生产为目的,包括发展非直接性的第三产业,特别是作为无烟工业——康乐(旅游、娱乐和休疗养)行业的区域规划。这一阶段特别要求因地制宜发展商品生产,广大区域可根据气候水热条件和土地两方面结构,安排农业专门化商品生产方向,在完成一定的上缴国家任务和出口之后,必须根据所能提供的商品生产,发展农工商一条龙的专门产业。还必须注意到,对气候水热条件和土地结构复杂,包括由沉积物分异而引起

---

① 浏阳县委、人民政府,关于我县山区开发整治情况的汇报,1983。

的复杂土地结构,因此农业专门化商品生产方向不能过于专一,而是形成一定的商品生产结构,并构成相应的产业系列。目前提倡基地专门化商品生产和发展与其相应的专门产业,但常常忽略具有一定组成结构的商品生产,以及其相应产业系列的综合发展。

还必须进行相应的水土保持措施,使经济开发和自然保护相结合,提供不破坏生态平衡的商品生产,建立为人类提供商品的合理生产循环方式。最后,在农业、基础设施和工业、第三产业等方面的布局的基础上,因地制宜拟定各个城镇的发展方向,特别要抓住现有政策对经济发展起决定性推动作用的重要工业和交通的布局。

据杨纪珂意见,中等城市的职能应当单一化(即专业化),中等城市的支柱行业不能局限于工业,应随具体条件和情况而定,也可以商业、文化业、旅游业等为支柱行业。例如,地处交通枢纽的城市应尽量发展成商业和贸易中心,限制多种轻工业,禁止重工业发展。又如作为政治中心的中等城市最好发展出版印刷业,抑制其它工业,使之成为文化科技中心。但要使中等城市职能单一化,国家必须规定相应的政策,才能使其向专业化发展。例如,要以印刷业作为城镇专业化方向便有困难,因为目前印刷业的利润相对其他工业来说,要低得多。

(3) 远期抓地区环境规划,也即在经济循环有所好转后,必须在进行上述区域规划的同时,注意这一问题。环境规划是针对由于人类的不合理的生产和消费活动所发生的环境破坏(植被破坏、水土流失、风沙危害、河流泛滥、土壤次生盐渍化、地面沉降、各种工程病害等)和污染,为了建立一个有益于人类健康,构成一个适合劳动和消费良好的,甚至是舒适的环境,去拟定一套综合改善环境的步骤和措施。例如,在河流上游陡坡封山育林以恢复植被,缓坡进行相应的田间工程,发展经济作物,平地进行水利措施,提高各种作物的产量,并因地制宜发展各种种植业和畜牧业。总之,只要我们恢复河流四周山地的植被,便可防治中下游环境进一步恶化,使中下游平原的农业生态系统稳定和持续高产,同时也可改善当地的通航和港口条件。

第四章 发展学基础

当代发展学经历了三个发展阶段：

一、传统发展观

传统发展观反映了工业化国家(包括资本主义和社会主义国家)的发展历程和经验。以原苏联的发展道路而言,是采取了高积累和压低群众消费的途径。偏重工业,忽视农业,偏重产值,忽视效益,偏重投资,忽视人力资源开发。而资本主义国家则通过对殖民地的掠夺,对工人剩余价值的剥削,对农民的"剪刀差"剥夺,去积累资本,进而导致社会不公平,加大社会矛盾。社会主义国家在革命成功早期的"英雄"时代,由于人民积极性的空前高涨,劳动生产率高,加上不自觉地维持了革命前农产品和工业品的"剪刀差",通过这种"剪刀差"积累建设资金,促进了工业的发展。其结果形成了城市工业相对发达,而背景农村落后的二元经济结构。

这条道路对新兴国家和地区来说,开始由于人才不够,缺乏资本积累条件,而效果并不理想。

二、新发展观

新发展观认为后发展地区,因工资低,具有一定的后发展效益,若采取合理的发展途径和政策,可以走一条相对捷径的加速发展道路。这方面要求考虑资源、产业、技术、贸易等四方面的开发导向模式,同时注意人才结构开发,特别是人的文化价值观的转变与提高,以促进产业高度化的逐步升级换代,通常采取下列三个发展阶段。

(1)采取初级进口替代战略,重视农业,发展日用品和食品工业,以替代原来进口,并提高这些工业品的质量,争取在第二阶段出口。这一阶段的出口主要是农副产品、矿产、劳动密集行业的产品。在这一阶段要特别重视职业教育和基础教育,还要提高高等教育的质量,以求准备人才。

(2)高级进口替代和初级产品出口阶段,初级产品的质量已达到国际竞争标准,家用电器和汽车工业等高级产品国内已能替代生产,并争取在第三阶段出口,凡有竞争意义的农副产品,矿产品和劳动密集行业的产品仍要争取出口。具有资源开发条件,或有利的交通区位,也要发展资金密集的重化工产业和作为基础工业的机械工业和电子工业,以满足国内需要,并争取出口,以促进产业升级换代。在这一阶段要特别重视控制通货膨胀,其主要措施是在促进生产发展的同时,提高银行利率,以回笼资金,提倡使用国货,提高各种消费品的关税,以保护民族工业等。与此同时,还要重视专业人才和综合管理人才、智囊团的培养;在加强职业教育和普及基础教育的同时,要大力发展高等教育,发展在职继续教育。

(3) 全面出口的高级阶段,并在此基础上发展一定的高技术和咨询业,以使产品向高档发展,促使产业结构高度化。

根据这条捷径推理,后发展地区在提高科学技术文化和建立现代人价值观,包括培训人才及基础教育的同时,可以采取替代型的出口导向发展战略,或资源开发型与替代型结合的发展战略,这往往容易取得成功。如出现了像亚洲四小龙等新兴工业国家或地区,以及泰国等正在成功发展的国家。

新发展观这条捷径道路是否适合其他后发展地区,需要对其作一个评价检讨:

(1) 成功走新发展观的国家和地区基本上都属于海岛和半岛的临海型经济,特别是替代型战略只适于区位良好的海岛和半岛经济,而包含着一定内地的国家都要走资源开发型和替代型结合的战略。而亚洲四小龙是在第二次世界大战后东亚出现特殊政治格局,依靠朝鲜和越南战争发"洋财"而发展起来的。

(2) 后发展地区一开始依靠农产和矿产等初级产品,以及劳动密集型产品出口积累资金,包含着要受到"剪刀差"所形成的相应剥削。随着农业技术的发展、工业替换品的出现,农产品的短缺或随市场波动周期时高时低的阶段即将过去,世界市场的原料和原材料、农副产品会逐步转变为稳定均衡供应的低价格阶段。对劳动密集产品来说,世界市场的份额分配格局早已形成,而且经济保护主义有所复兴,新发展国家和地区的产品要挤入已经分配份额的市场格局中是相当困难的。再者后发展地区目前都注意发展经济,大家都发展起来,彼此便存在着竞争。因而后发展地区要走上述捷径,一开始当然要依靠农产品和原材料,以及劳动密集产品积累资金,并走初级产品替代战略发展工业,但这种出口和加工增值太低,积累资金太慢,因而这一阶段的时间要尽量缩短,才能通过产品高度化,加速发展速度,以求走在其他后发展地区的前头,而要缩短这一阶段时间的关键是人才的开发。

(3) 现代高技术,特别是机器人的发展。使家用电器和汽车等民用消费工业这些技术劳动密集行业可以由机器人来操作。日本便自觉不自觉地想通过发展蓝装机器人,来避免其家用电器和汽车工业因工资高而本应向发展地区转移的"产业空心化"的发生。因而后发展地区的低工资,面临着机器人的代替威胁,其优势已日益不明显,要使后发展地区接受从经济发达地区第二阶段产业空心化转移而来的家用电器和汽车等民用消费工业,即所谓高级进口替代产品有相当的困难。克服这一困难的关键仍在于第一阶段的人才,特别是技术人才的准备和开发。

新发展观的上述三个检讨分析,使人们意识到走新兴工业国家和地区的发展道路在当前世界经济体系中已存在着一定的困难。也就是说后发展地区要走这条道路并非不能走,但已不是第二次世界大战后的"柏格森"时间机遇,即"机不可失,时不再来"的非牛顿时间。要走这条道路还不失为"最后的"机会,但若不抓紧,这种机会也会丧失。

后发展地区要走这条捷径其最大困难是人才不够,加以人的价值观很难转向以信息时代(或称之为知识时代)为导向的文化价值观。在从原有传统发展观形成的二元经济结构的基础上走新发展观道路,改革引进合资企业和创办特区,便导致形成三元经济结构。这种三元经济结构必然产生公价、议价、免税和低税优惠等差别所形成的价格差。这种价格差存在着一定的租金(广义理解的)利益,导致形成"寻租"的"官倒"和"私倒",在竞争中包含着起点的机会不均等因素,因而会使改革的刺激效率作用受到分配的不公平冲击,导致社会动荡不安。

三、综合发展观

综合发展观是笔者针对上述新发展观的检讨分析,企图克服其形成机遇的特殊性,使发展学能普遍适用于各类地区而提出来的,这方面归纳总结起来主要有下列三点:

(1)要发展经济,必须同时考虑社会和文化的提高,才能够保证经济向实业开发和实业经营的正确方向发展。国家和地区的发展要面对整个社会结构的演变,使得发展战略研究从经济开始,逐步扩展到社会发展战略和文化发展战略范围,经济、社会、文化发展战略具有明显的区域性,因而要特别强调区域的差别来讨论发展问题。

(2)社会发展从贫困到温饱,一般说来在这一阶段因为普遍有困难,虽有一定的公共互助精神,但偏向于知足常乐的封闭局面,缺乏竞争精神。从温饱到小康,是商品经济竞争最剧烈的阶段,优胜劣汰的竞争若夹杂着机会不均等,最容易导致道德堕落。从小康到富裕,机会均等反而容易做到,因而道德反而有一定的回升。后发展地区所走的发展道路,基本上是从温饱到小康的经济发展阶段,在这一阶段若处理得不好,作为决定社会发展的两个国民经济分配制约因素,刺激效率与社会公平矛盾最大,最易导致社会动荡不安。社会主义国家发挥低工资优势走开放改革道路,特别要注意处理好这一关系。多种价格政策若缺乏严格监督,使人们长期以来习惯了的社会主义的公平分配,感觉到出现由于机会不均等而产生的不公平,便会降低因改革而形成的效率刺激动力。因此,综合发展观还必须考虑如何正确处理刺激效率与社会公平两者的关系,以保证竞争起点机会的平等。

(3)从区域差别来看,不仅落后地区有其发展问题,而且发展地区也有发展问题。从过发达地区和发达地区的发展研究总结出来的"产业空心化"理论来看,若把其推广到"文化空心化与文化圈外推传播,"并把经济与文化两方面结合起来,则可以把过发达、发达、发展、落后四类地区,从世界经济和文化关系加以联系起来,并建立统一的综合发展观理论。

一个文化、科学、技术发源地和经济中心,具有不断更新的能力,发源地中心不断发展前进,而其原有各个不同发展阶段的文化、科学、技术和产业也逐步外推传播,形成反映发源地中心各个演变阶段的外推圈层,这一过程的最初是以文化圈的外推分布总结出来的。例如,我国汉唐文化以洛阳、西安一带,即所谓"中原"为中心,现在只在其外围地区,包括日本、朝鲜、我国东南沿海的闽南语系区,以至滇南地区才能看到其余迹表现。

第二次世界大战后,美国重化工已呈现出一定夕阳工业表现,并开始向发展中国家和地区转移,经济学家把这一过程称为"产业空心化",即原有的重型的硬件实体产业逐渐减少,而轻型的硬件,甚至软件产业成为产业的实体。根据经济学家对产业空心化过程的分析,可以把其推广到文化、科学、技术,甚至学术探讨等方面。作为发源地中心都有其空心化过程。空心化过程表示中心不断革新前进,以开拓性探讨和革新为主,而外围地区接受从中心传播来的原有方向,具有一定的传统性、夕阳性,并带有继承性特点。

第二次世界大战后,出现了美国产业空心化的第一个阶段,即重化工向外围地区的转移。美国经济思想比较开放,跨国公司发达,使这一转移进行得比较顺利;日本战后的重化工恢复和发展,也包含着这一转移的表现。朝鲜战争实际上也促进了这一转移,日本的重化工恢复和发展很有利于美国对朝鲜战争的补给,美国当然自觉和不自觉地给以支持。

朝鲜战争由于美国的干涉,使南朝鲜从不利形势,转为中朝抵制美国向朝鲜北方的进攻。美国对朝鲜战争的干涉是其寻求局部战争的行动表现,目的是为了继续维持其重化工的开工,实际上也起着延缓其从第二次浪潮转变为第三次浪潮必然要带来的危机的出现时间。

朝鲜战争间接地促进了日本以及我国台湾和香港的经济发展,而美国以这些地区为所谓后方跳板基地,给美军提供补给和轮休的条件。为了提供补给,促进了这些地区的工业有相当大的发展;美军轮休的开支,增加了这些地区的收入。这些情况对日本经济的恢复,台湾经济的发展都起着直接或间接的促进作用。

朝鲜战争的结束,标志着美国干涉的失败。基本上恢复到第二次大战期间雅尔塔协定的协议界线。接着越南战争的加剧,美国出兵干涉越南,实际上也是美国寻求重化工出路的局部战争政策。美国干涉越南仍以东亚,包括韩国,日本和我国台湾,香港等国家和地区为基地,间接地促使这些地区的经济发展,对新加坡经济发展也起了一定的促进作用。东亚四小龙多多少少发了越南战争的"洋财",这是它们经济高速度发展的一个重要原因,当然不是其唯一的原因。

越南战争期间,美国重化工空心化过程开始波及韩国,新加坡,甚至我国台湾和香港,使这几个地区从劳动密集产业开始向资金密集产业发展,重化工有了很大发展或一定的发展。与此同时,美国经济开始了其空心化的第二阶段,家用电器和部分汽车工业开始在美国被淘汰,并向外国转移,而日本最先接受了这部分行业的转移。

越南战争期间正是美国从第二次浪潮以重化工为主的工业结构向第三次浪潮以电子风险技术为主的科技信息产业结构转变的过渡并可能伴之发生危机的时期。当时美国的重化工单靠局部战争还不够开足马力,而新兴的电子风险产业刚刚兴起,战后以市场经济刺激效率为主的国民收入分配又加大了社会不公平,使美国呈现了一片危机感,国内充满着各种很难克服的矛盾,社会动荡不安,不少人感觉到美国前途茫茫,没有出路。

朝鲜和越南战争在客观上促进了东亚,包括日本和四小龙的经济恢复和发展,还少为学术界所认识;而这两次战争延缓了美国从第二次浪潮转变为第三次浪潮的危机的出现,则更未为学术界所看清。美国突然退出越南战争,固然与美国在越南屡吃败仗,遭到全世界人民,包括美国人民反对有关,同时还有其经济因素,即与美国产业空心化过程有关。当时美国已经经历了上述二个阶段,重化工这些夕阳工业除国内必须的部分高级产品外,已经向外部转移,美国军工技术已从生产常规武器的重化工,开始向以电子技术为主的航天技术转移,朝阳工业大大发展。美国经济基本上已经转变为不需要依靠局部战争来保证其过剩的重化工、军工生产了。

越南战争结束前,中国便兴起了"文化大革命",中国"文化大革命"是继1958年"大跃进"之后的第二次丧失经济发展和振兴的机会,前者使我国第一个五年计划所取得的成就面临危机;后者使三年经济恢复的成就丧失殆尽。

"文化大革命"结束后,特别是十一届三中全会以后,中国开始脱离孤立的自然经济状态,积极参加世界海洋经济的第三阶段,迎接太平洋时代的到来。

世界战略地理自第二次世界大战后,正从大陆争霸逐步转向海洋竞争。和平时期的战略地理,以海洋说为主。历史上出现了三个海洋经济发展阶段:① 18 世纪以前的地中海时代;② 19 世纪以来的大西洋北部时代;③ 当今正在转变为环太平洋时代。由于太平洋时代刚刚开始,因此也可把现在视为大西洋北部与环大西洋共同繁荣的时代。

如前所述,第二次世界大战以后,日本首先意识到太平洋时代即将到来,利用海运价格的低廉,发展大吨位轮船进口资源,出口技术产品,使日本成为了咄咄逼人的"经济动物"。日本接受了美国二次空心化转移来的技术和投资,发展为一个钢铁大国,家用电器和汽车工业等民用消费工业的大国。由于日本作为战败国,不能像美国那样以军工技术作为引导产业,因此日本经济的再发展对空心化过程抱着犹豫的态度。例如,田中的"日本列岛改造论",特别强调继续发展钢铁工业,起码是保证当时钢铁企业生产能力的开工。田中的大钢铁主义包括两方面:一是在国内建设大耗钢工程,如已建成的本州通四国的跨海大桥,以及已经完工的本州通北海道的津轻海峡青涵地铁等;二是通过对第二次世界大战战胜国(包括准备对中国)的赔款,回过头来购买日本的钢铁,以保证日本钢铁工业开足马力,但是我国不要日本的赔款,使日本有机可乘,甚至企图否认侵略中国。

日本对作为夕阳工业的重化工空心化是非常不自觉的,再加以日本也跳不出东方文化,特别是儒家文化的影响,经济观念跳不出日本领土范围,跨国公司的发展相当有限,更阻碍了日本的产业空心化决心。日本除了面临重化工空心化外,现在还面临空心化的第二个阶段。日本重视机器人的生产,当然有其积极方面,但更多的想通过各种机器人来代替劳动密集技术行业,即家用电器和汽车工业的劳动力,以避免这个阶段空心化的发生。

可把美国经济与日本经济进行对比,美国比较自觉进行空心化过程,除了上述二个阶段外,现在还开始其空心化第三个阶段。一部分电子风险技术也开始向外围转移,美国技术结构正在向航天技术的高精尖方向发展。日本则企图通过人类新领域科学研究计划,揭示人脑机制 10 年计划等,以生物科学和人体科学为研究重点,进入高技术,包括发展蓝装机器人和第五代电子计算机,即所谓专家系统。因而多多少少包含着如何避免第二阶段空心化过程的发生,还谈不上进行第三阶段的空心化问题。

美国经济无疑比日本经济发展高一个阶段,这种彻底空心化保证在美元升值和贬值时,都不影响美国的出口经济。升值时由于美国主要以高技术产品出口,别的国家还没有,仍需向美国购买,这对美国有利。贬值时,美国的高技术产品价格降低更有利于出口,而其他各档产品也可同时加大出口。日本出口产品都是通用中档货,高档的所占比例不大。当日元升值时,出口萎缩,便会导致危机的出现。甚至导致不少企业总经理相继猝死,出现经理阶层因日元升值而导致患紧张综合症。尽管如此,日本对产业空心化过程的决心仍然不大,而是想通过增加国内消费来维持生产,或者想通过成千万人出国旅游来平衡出超。

上述分析说明,产业空心化有利于发达国家避免走向过发达的经济衰退。英国和美国的东北部,曾经依靠矿业发展重化工,因为没有及时进行产业空心化,而出现了衰退。美国出现了经济向阳光地带(包括南部和西南部)转移便是这种衰退的伴生表现。日本对产业空心化过程抱着抵制态度,必然使其成为出超的"经济动物",必将与发展国家形成更多的经济矛盾,甚至将被认为是"经济侵略"。

正是产业空心化过程把世界的过发达、发达、发展和落后四类地区联系起来。

(1)过发达地区的发展战略,也即其重新发展问题是及时调整产业结构,使原有重化工产业转向只生产本国、本地区需要的,并且要使其技术电子化,降低成本,同时进一步转向生产相应的高级产品,这一过程称之为夕阳工业朝阳化。与此同时,还必须及时发展新型的现代朝阳工业。

(2)发达地区要适应产业结构高级化调整要求和高工资的不利条件,及时淘汰夕阳工业,相应发展新型的现代朝阳工业,以避免重演过发达地区的覆辙。

(3)发展地区要利用低工资优势,发挥后发性加速效应,引进科技和管理人才,吸引资金,发展相应适用技术,以出口导向型的替代战略,加速经济开发和建设。

(4)落后地区可以通过以工代赈,开展各项国土(交通和水利等)工程,促使形成劳动致富的习惯,并可通过相应项目的资助,发展地方经济和文化,并培养该地区居民的商品经济意识。

第五章　产业结构的调整和区域四维全息发展研究

一、产业结构的调整

区域综合开发的产业结构调整有各种不同的开发导向模式:① 资源结构开发导向模式,从农-工-贸顺序出发,去考虑资源开发是封闭模式;从贸-工-农顺序出发,要求考虑输出型(包括出口和输往国内其他各地)的商品经济,即为资源结构开发开放导向模式。② 产业结构开发导向模式,即 5 种产业(农业和矿业开发;公用事业和建筑业及加工业;交通运输和劳务业;科学信息产业;康乐伦理产业)的逐步提高发展。③ 技术结构开发导向模式,研究如何从劳动密集产业向技术密集产业或资金密集产业转变,以及进一步如何发展咨询策略产业,或考虑发展上述这四种产业的组合产业等。④ 贸易结构开发导向模式,对"后发展社会",也即正在迎头赶上的发展区来说,通常采用从初级产品进口替代,经包含有初级产品出口为主和高级产品进口替代的中间阶段,再发展为完全的出口型的贸易结构的三阶段模式。

综合考虑这些模式可以建立一种系统结构开发导向模式。系统结构开发导向模式,若再考虑人才结构开发导向模式,从提高人的价值观出发,使人才从"传统人"向"现代人",甚至"后现代人"转变。所谓现代人是指具有工业社会节奏,又具有信息社会开拓精神相结合的一种新型人才。可以建立一种更全面的社会文化经济结构开发导向模式(图 5.1)。

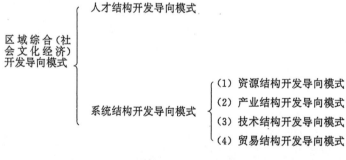

图 5.1　区域综合开发导向模式的内涵关系

区域综合开发除了研究有关地区内部的本身结构外,也要研究该地区的外围背景结构。地区外围背景结构,对港口城市来说要着重考虑其经济腹地的分层结构。例如,连云港市,作为其后方空间资源的经济腹地可分为四个层次:① 连云港市面对海州湾,以苏北和鲁南为"近"腹地,这里从我国沿海地带来看,特别是与苏南比较,是经济相对落后的地区;② 为我国建设重点的陇海线中西段,特别是机械工业建设重点,包括中原、陕中和陇东等地区在内的"中"腹地的最直接出海口;③ 为我国中原和广大西北地区,包括青海、河西走廊、内蒙古西部、宁夏、新疆,甚至西藏等地区在内的"远"腹地的最有利出海口;④ 若修通北疆铁路,并使其向西经阿拉山口,接通原苏联的铁路,连云港便可为西欧、东欧、俄罗斯,从陆地进入太平洋经济圈的最有利港口,这个设想在1992年已经实现。

对交通枢纽城市来说,要着重考虑其辐射吸引范围。例如,徐州市处于苏、鲁、豫、皖的接壤地区,素有"五省通衢"之称。其地理位置有下列特点:① 苏西北、皖北、鲁南甚至豫西是其直接腹地;② 徐州处于津浦路与陇海路的交通枢纽,因此其交通吸引腹地北达天津,西抵郑州,南到南京,东至连云港;③ 与连云港市和淮阴市合在一起,构成江苏省内部的一个经济小区,称为"铁三角",是上海经济区联系我国中原和西北的一个特殊地段;④ 是陇海沿线北上东北、华北,东去连云港出海、南下江浙的必经之地。

区域综合开发在进行地域内外结构对应变换分析基础上,需要进一步指出该区域的优劣势。例如,日本协力势业团根据国内已进行的基本研究,用图表来说明海南岛的优劣势(图5.2)。

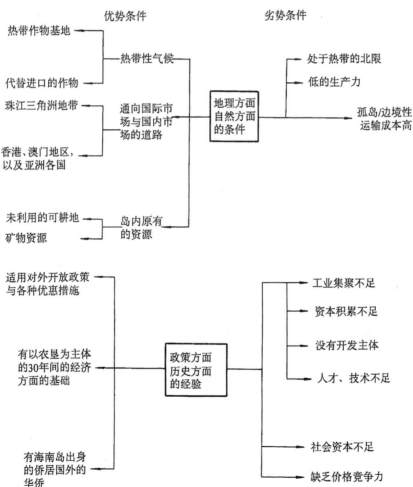

图 5.2 海南岛开发的优劣势条件

还必须注意到,地区优势有不同的级别意义。有些优势依靠地方投资便能得到发挥,属于地方级优势。有些优势必须上级计划投资,包括列入省计划,或国家计划才能得到发挥,称为省级优势、国家级优势。因而区域发展战略的论证内容归纳为:

(1)发挥地方优势,促进经济起步发展。

(2)加强横向联系,扩大吸引和辐射范围,通过两通(交通和流通)和旅游业等第三产业,搞活经济。

(3)论证和宣传省级和国家级优势,促进纵向计划投资,或吸引外资进行建设。

二、区域开发的四维分析

区域开发的主要目的是建立一个合理,或令人满意的分期开发投资结构,区域分期开发投资结构是根据块块(分区)、条条(分行业)和段段(分期)的分析,并要求落实在项目投资建设上。

表 5.1 连云港发展的战略目标和分期对策

战略目标	分 期	对 策					
		工 业	农 业	第三产业	交通建设	横向联系	宣传和论证
具有以重化工为主的工业结构和以出口贸易为主的开放型农业结构,兼有内联外引加工区和金融特区、旅游业繁荣的欧亚大陆桥东端大城市口岸	近期(调整准备阶段,90年代以前)	发挥现有拳头产品优势,以轻纺食品为主,大力提高产品质量	调整农业结构,发展商品经济,建立各种优势农产品基地	重点建设花果山风景区,争取列为风景名胜区,加强海滨娱乐旅游和休养疗养旅游建设	加强港口建设,建成陇海路东段复线工程,开通新墟运河	建设以内联为主的内联外引加工区,发展苏北、苏鲁豫皖接壤地区和陇海沿线的横向联系,成立相应的合作实体结构	大力宣传和论证在连云港发展钢铁、汽车、盐化工等工业和发展欧亚大陆桥集装箱联运的优势
	中期(建设阶段,90年代上、中期)	使轻纺、食品、建材等工业形成一定的专门系列生产,建设钢铁、汽车工业基地和碱厂等	建成开放型的农业结构	全面发展以观光旅游为基础的各种形式旅游,发展日本游客过境旅游	修通临连和连石铁路,争取修通宁连铁路,全面改善交通和通信条件	开展欧亚大陆桥集装箱运输,全面加强各级经济腹地的合作	宣传和论证连云港有设立离岸金融特区的优势,并着手建设
	远期(建成阶段,到本世纪末)	建成以"朝阳化"重化工为主的工业结构	以出口贸易为主的提高性开放型农业结构	通过全面发展各种形式旅游,大力发展第三产业	交通和通信条件达到国际水平	除了国内腹地合作外,大力发展欧亚大陆桥运输,建成金融特区	连云港成为我国的东方大港,兼有东方的鹿特丹和苏黎世的特点

表 5.2 深圳旅游业开发分期规划

发展阶段 / 开发方向	第一阶段(80年代)	第二阶段上半期 (1990~1992)	第二阶段下半期 (1993~1995)	第三阶段 (1996~2000)
渡假村和风景旅游点等	1. "五湖四海" 2. 仙湖植物园 3. 高尔夫俱乐部	1. 五湖四海更新内容 2. 仙湖增建珍稀植物园 3. 在西丽湖增建一个高尔夫俱乐部	1. 在小海沙修建电影城 2. 在仙湖增建茶道品茗馆 3. 在小梅沙或大梅沙增建一个高尔夫俱乐部	在仙湖增建竹文化陈列室和竹制品工艺销售部
城市建设	建成繁华边境城市	1. 形成万国建筑博物馆 2. 公园绿化全面提高	1. 形成市区绿化系统 2. 繁华区要增多豪华光亮派高楼	建成适应山海风光的繁荣地段与清静居住区、绿化系统均匀镶嵌合理布局的走向"后现代"的城市
特区购物	1. 沙头角中英街免税购物区 2. 市区和出入境口开设免税商店	市区配套建设高中低档商业街	扩大中英街为整个沙头镇免税购物区	建成高中低档配合的"购物天堂"
仿古文化	部分渡假村采用仿古建筑	1. "锦绣中华",民间风情表演区 2. 在梧桐村建"中国少数民族"文化村	1. 世界之窗微缩景区 2. 大观园	华侨城建成为综合娱乐城
宗教旅游	修复宋帝昺墓	1. 开放弘法寺 2. 开辟凤凰山和观音山为地方宗教旅游点 3. 修复赤湾天后庙	1. 恢复天后庙"大庙"庙会 2. 修复大鹏古城的东山寺	
返回大自然	部分绿化丘陵山区	1. 开展福田红树林和内伶仃岛旅游专线 2. 水库四周和公路沿线封山育林 3. 保护大鹏湾,不发展污染工业	全面封山育林丘陵山区	1. 开辟偏僻水库为郊野公园 2. 把大鹏半岛中南部建为返回大自然的海滨娱乐旅游区
乡土文化			在大万世居建客家文化博物馆	龙田世居恢复客家围屋原貌,并开放参观
养殖和农耕文化	1. 东山珍珠养殖场 2. 荔枝节	1. 平地全面扩大种植荔枝园,筹建青青观光农场 2. 在南澳开辟钓鱼俱乐部和海鲜餐馆	开展国际钓鱼比赛	在大万世居西侧开展农耕文化旅游
产业结构	商贸和工业为主,旅游业起着服务和促进作用	旅游作为第三支柱行业初步崛起	商贸、工业、旅游业并重	除了商贸、工业和旅游三个支柱产业外,科技信息产业和金融房地产业开始崛起

总之,发展战略和区域规划是从提高人的文化价值观出发,针对具体区域的资源优势、产业结构的转化调整、技术结构的提高、贸易结构从内向型向外向型转变等方面,建立这些结构的近、中、远期的对应变换协同关系。表 5.1 提供了连云港的发展战略目标和分期对策,表 5.2 提供了深圳市旅游开发规划的分期建设项目,以及旅游业在深圳产业结构中的地位的发展转变,可作为发展战略行业结构转化,以及区域规划项目结构分期确定的实例。

发展战略和区域规划还要求落实一定的项目,考虑项目根据区位论的合理选址,一般通过分析经济圈或经济区来进行。经济圈一般根据港口的辐射影响划分,可以渗透重叠,这样更符合开放型经济发展的要求。例如,海南岛的经济圈划分如表 5.3 所示。

表 5.3　海南岛经济圈的划分

编号	名　称	范　围	发展方向	建设项目
1	海口经济圈	海口市、琼山、澄迈、安定、屯昌等县	纺织、食品、机械、电子、旅游、贸易、金融、橡胶加工、电力、现代郊区农业热作	1. 南郊工业区(纺织、电子),西郊工业区(三来一补、名优特创汇产品) 2. 滨海大道金融商业开发区,海甸岛科技工业园 3. 海口购物天堂和秀英湾旅游区,马村电厂
2	三亚经济圈	三亚市、陵水县、乐东县中东部等	旅游、精细农业、临空型高技术产业、橡胶和热作种植	大小东海和牙龙湾旅游娱乐业(包括冬泳基地),天涯海角风景区,三亚购物天堂,三亚伊斯兰开发区(与宁夏回族自治区合作),三亚临空型高技术产业区,繁育基地,精细农业基地
3	清澜经济圈(近期为文昌经济圈)	文昌、琼海、万宁等县	食品、轻工、建材装饰、家具、造纸、包装、精细农业、观赏农业、海产养殖和捕捞、旅游、热作种植	文昌出口加工区,椰林种植带,精细农业基地,嘉积食品轻纺加工区,万宁旅游业,清澜湾铜鼓岭风景名胜保护区
4	洋浦经济圈	儋县、临高、白沙等县	以石油化工为主的重化工、电力、橡胶和热作种植、海产捕捞和加工	洋浦石油化工和盐化工区,洋浦电厂,白马井海洋捕捞加工基地,那大橡胶热作加工和科技开发区
5	八所经济圈	东方、昌江等县,乐东县西部等	钢铁、建材、畜牧	昌江钢厂,水泥厂,八所平板玻璃厂,畜牧基地
6	通什经济圈	通什市、保亭、琼中等县	旅游、水源涵养林、南亚热带和热带经济作物	1. 通什民族旅游工艺品开发区(由全国各自治区、州到这里设厂生产) 2. 避暑旅游基地 3. 茶叶、咖啡基地 4. 琼中林特开发区

三、结　　论

由上可见,从全息思维出发,考虑耗散结构和协同学对系统发展的定性分析,结合地域结构对应变换分析和发展学基础,并以各种开发结构导向模式使其具体化,可以建立包括国土整治措施的区域综合开发结构,即分地域和分期的四维全息区域综合开发模式。

区域综合开发结构特别强调出口导向型的发展战略,这一战略的"出口"对"大国"来说应作广义理解,包括输往国内其他各地和对外国出口,不能局限于只对外国出口,因而对进口和出口阶段替代的贸易结构开发导向战略应作广义的理解,可作输入四周和输出国外的分阶段替代理解。这样理解的出口导向型战略实质上是"输出"导向型战略,应为区域综合开发的中心环节。

第六章　区域开发与环境保护

一、区域开发与生态平衡

由于人类破坏天然植被（森林和草场等）、滥垦、滥牧，不合理的围滩（湖滩和海涂），不合理的水利措施等等，使自然发生了严重的破坏和退化，还由于环境污染的发生，更导致人们不得不关心区域经济开发活动对环境将起什么样的影响。在这一问题中，生态平衡问题特别引起人们的注意，是恢复环境的原有平衡，还是建设合理的新平衡，成为人们讨论的焦点。

我们所生存的环境包括有机界和无机界的整体。人们把与地球表面一定范围相联系的生物界整体称为生物群落；通常把直接影响生物群落的各个环境因素的总体称为生境。但不是所有环境因素对生物群落都有直接影响，在环境中还有一些间接影响生物群落的因素（地貌部位、根系层下的岩性和潜水条件、间接的气候条件等），这些间接影响因素的整体称为处境（即生物群落所处的环境）。

现代生态学把生物群落及其生境所构成的系统称为生态系统。生态系统是一种复杂的、随时间而发生变化的动态系统。一方面有能量、物质和信息通过各种环境作用进入生态系统，例如太阳辐射通过光合作用输入能量，植物根系吸收营养元素和水分。随着物质和能量的输入，改变了系统的有序性，因而也输入了信息。另一方面能量、物质和信息又通过蒸发、植物蒸腾、呼吸、动物迁移、人类砍伐森林、猎狩动物、收割农作物、水分通过土壤渗漏和排水等从系统中损失掉。这样，在生态系统中就要不断发生能量、物质和信息的交换和转移，形成三者的连续流动。在一个未受人类干扰或少受干扰的正常运行的生态系统中，三者的输入和输出趋于平衡，这种平衡称为生态系统的内稳定性，或生态平衡。

一个复杂的生态系统具有众多的反馈，反馈可视为可逆的反向影响。反馈可以是直接的，也可以是通过几个中间变量呈间接的迴线影响。最常见的反馈是负反馈，在这里一个外因引起的变化，造成一个封闭的变化迴线，它对原始变化起阻碍作用，因而具有一定内部自动调节能力，以保持本身的稳定。结构复杂的生态系统，较易保持稳定，因为系统一部分出了问题，发生了机能异常，可以被各部分之间的调节所抵消。结构简单的生态系统，内部调节能力就较小。但是生态系统的自动调节能力是有限度的，超出限度，调节就不再起作用，从而使系统改变或受到伤害与破坏。这就是生态平衡的破坏。

二、生态平衡的地域差异

辩证法要求观察问题必须因地点和时间的不同而加以不同的分析。生态平衡的研究必须联系环境的差异和不同的发展时段而加以区别。近年来关于生态平衡的讨论，有不少忽视生态系统所处的环境——即处境的差异,而有不同的平衡方向,机械地把从一地得出的生态平衡结论,不考虑各地处境(主要是气候水热条件和地形高度)的差异,而加以推广,导致不少错误结论的出现。

其中流传最广的一个错误观点,认为破坏森林会引起降水量的减少。曾经有人以陕北毛乌素沙区的柳桂湾(靖边县)造林为例,说柳桂湾造林后降水量逐年有所增加。据我们实地调查,柳桂湾没有气象台,当然不会有气象资料。碰巧离柳桂湾几十公里,中隔一大片沙漠的靖边县气象台,记录了那几年降水量有所增加,因而便被认为是柳桂湾造林所引起的变化。后来接着几年又出现降水量减少的现象,按照造林会引起降水量增加的观点来看,那是无法解释的。

有些地方尽管彼此距离不大,但由于山脉阻隔,向风坡降水量多,背风坡降水量少。例如湖南省江华的水口是向风坡,降水量多;沱江是背风坡,降水量相对就少。但由于水口造林较好,而沱江造林在当时较差,因而也曾被错误认为降水量增多是造林引起的。

甘肃省现有林区(兴隆山、祁连山、乌鞘岭等)主要分布于山区,降水量可达 400～500mm,而兰州降水量仅有 300mm,分布于荒漠的河西走廊降水量则更少。这些地方降水量的多少主要是受距海距离和海拔高低的影响。至于辽东降水量比辽西多,则是由于辽东距离海洋近,且分布有山地所致,但不是由于东部有森林,西部没有森林的缘故。

总之,降水量的大小主要决定于当地的大气环流、地势高低、向风或背风的差别等条件,有无森林,影响并不太大。我国为季风气候区,降水量年变率较大,每年降水量都有很大的差别。这种差别变化,远大于森林可能对降水增减的影响。

从地理学角度来看,降水量的多少能够决定森林的有无,决定森林破坏后的恢复能力和生长率。一个气候带存在着气候型的差别,西欧处于欧亚大陆西部,接受从大陆西部来的西风影响,降水量多而均匀,故绿化条件较好。我国位于亚洲大陆内部和东部,西部为内陆干旱气候,东部为东亚季风气候,因此,绿化条件在北部和西部当然不如西欧。我国内陆主要分布着沙漠、砾漠、岩漠、泥漠的荒漠生态系统,其中山区由于地势增高,降水增多,可能出现森林生态系统。全国从内陆向沿海由荒漠经半荒漠、草原、森林草原逐渐过渡为森林。破坏植被,在内陆易引起沙漠扩大;而在森林草原和森林区,主要引起水土流失。但由于季风气候,大陆性程度高,故我国华北和东北大部,植被生长率和恢复能力都不如西欧。植被破坏后的生态平衡也比西欧更为恶化。

与此有联系的另一错误观点,认为只要破坏植被就会引起降水量减少,会导致沙漠化的发生。从而,错误地认为,北京地区已发生沙漠化,三江平原也发生沙漠化。甚至认为西双版纳破坏植被也会成为回归沙漠带。

事实上只有在干旱和半干旱地区,包括荒漠、半荒漠和草原等生态系统,甚至森林草原生态系统,由于气候干燥,在沙质地面,植被破坏不易恢复,才会发生沙漠化。北京、三江平原和西双版纳等地都属森林生态系统,甚至属沼泽生态系统,降水量并不太少,有的还相当丰富,破坏植被只会使生态平衡发生变化。如在北京会形成就地起沙,在三江平原会形成局部粉尘飞扬,在西双版纳会引起水土流失,但都不会形成沙漠。

在黄河中游高原区破坏植被引起严重的水土流失,破坏了黄土高原的生态平衡;进而导致下游发生淤积,甚至引起泛滥,使黄河在其下游成为一条为海河和淮河分水岭的地上河,严重地影响到河流下游的安全。近年来,认为在长江中上游流域破坏植被,引起了严重的水土流失,使长江含沙量激增,因而长江下游将发生淤积,弄不好也会变成地上河。因此,从这一点看来,可以说长江会变成"黄河"。就东北大平原破坏植被而言,也会引起一定的水土流失,但不能因此就说东北平原会变成黄土高原,这是忽视两地地势高低差别的错误观点。黄土高原破坏植被导致水土流失,成为千沟万壑,是由于其黄土为大孔隙土,疏松不实,地势相对高差大所造成的。而东北平原属冲积土,土质比较紧实,且地势相对高差不大,因而水土流失不可能像黄土高原那样严重,也不可能转变成为像黄土高原那样千沟万壑的地形。

总之,生态平衡并不是各地都一样。各地所处环境的气候、水热条件和地势高低不同,这是导致生态系统发生地域差异的因素,使各地生态平衡的发展方向不同。

三、恢复原有平衡和建设新平衡

在一定的气候水热条件下,都有与其相适应的植物群落以及生活在其中的动物,这种与气候水热条件相适应的植物群落称为演替顶极群落。一般说来,演替顶极群落只分布于该地排水良好的平地和未发生侵蚀的坡地地段上。在洼地则分布着适应潮湿处境的植被。一个地方为演替顶极群落所覆盖,或者在洼地分布着适应潮湿环境的群落,这种天然状况代表了当地生态系统的平衡条件,这就是天然的生态平衡。

由于人类的长期社会活动,使现代地球表面发生了很大变化。人类改变地球表面面貌的最先工作是破坏原有的植被,把环境改变为农业和城市生态系统。这些人为生态系统,像农业生态系统为人类提供食物和农产品原料;城市生态系统则更适于人类居住;相反,若对资源利用不当,则可发生生态平衡的破坏,大大降低生态系统的生产率,甚至回过头来影响生产的再进行。

因此可以说,人类对于生态系统的影响既有成功的,也有失败的。不少高产的农田、种植园、养殖场、牧场以及环境保护和绿化良好的城市环境都是成功的例子。所有这些都是通过破坏原有生态平衡,建立新的生态平衡而达到的。

与此同时,人类更多的经济活动,却是自觉或不自觉地导致生态系统平衡的破坏。恢复生态平衡的中心环节是恢复原有的天然植被,通过植被涵养水源,保护土壤,改善中、小气候条件,促进动物的定居和生活。但是恢复原有植被不一定能得到对人类最有利的作物产量,因此不少人反对自然主义的恢复天然顶极群落。

必须辩证地对待新旧平衡问题。恢复和保护天然植被是改善和恢复生态平衡的最简单而有效的措施,但不要求把全部生态系统都恢复到天然状态。针对土地结构给一定区域安排一个合理的新旧生态平衡对比关系,是有效地改善该区域生态系统的战略性措施。例如破坏长江上游川西山地的植被,导致长江上游水源涵养林的破坏,严重引起水土流失,使长江不得不靠加高堤防来防洪。然而,我们只要保护和恢复长江流域四周山地的森林,特别是川西山地的水源涵养林,便可防止长江中下游环境进一步恶化,保持长江中下游平原农业生态系统的稳定和持续高产。也就是说,恢复长江流域上游的生态平衡,是为了中下游建立稳定的新的人工平衡创造条件。

不同的区域有不同的土地结构。例如,按坡度和水文条件,可把土地类型分为陡坡、缓坡、平地和洼地四类,并确定与其相应的开发利用与治理保护措施。表 6.1 提供了两者相应的关系。

表 6.1　土地类型与生态开发措施关系

土地类型	开发、利用、治理和保护措施
陡　坡	绿化,封山育林或人工造林,恢复天然生态平衡,发展水源涵养林
缓　坡	采取相应的水土保护措施后,发展经济林木,或放牧
平　地	大地园林化,发展粮食和经济作物
洼　地	台田化,形成基水地,发展具有合理循环而又有经济效益的生态农业,例如基塘生态农业

不同区域土地结构有差别,其天然和人工的生态平衡对比关系也应有所不同。保留一定的天然生态平衡,有利于保留生物种质资源,改善环境;建立对人类有利而又不导致环境恶化的人工生态系统,可为人类创造更高的生产率,二者相辅相成,并不一定发生冲突。

例如,西双版纳南部热带地区自然条件适于发展各种热带作物,农垦部门要在这里大力发展橡胶种植。这里有成片的热带季雨林,栖息着不少珍贵和稀少动物,其中有不少种类属国家保护对象。近年来由于植被遭受破坏,动物的生存环境也遭受到较大的破坏,因而不少珍贵动植物面临绝种的危险。因此生态学家大力呼吁保护这些仅存的珍贵的热带季雨林,要求扩大自然保护区面积。

这二者是否存在着矛盾,曾经引起争论。根据实地考察,从气候水热条件来看,西双版纳适于发展以橡胶为主的热作,但也必须扩大自然保护区,保护天然生物种质资源。种植橡胶是以林还林,建立为人类提供工业原料的人工生态系统,只要注意水土保持问题,不会导致自然植被破坏,反而可视为是建立一种新的生态平衡。我们只要根据西双版纳的土地结构安排合理的生态平衡对比关系,这两者的矛盾是可以解决的。橡胶要求热量较高,只能种于低处。而在洼地和山地河谷有寒潮危害,且后者坡度太大,不适于种植橡胶,因此橡胶主要种植在盆地坝子边缘,又主要是在向阳的坝子西北边缘低丘和高台地上。

在山地应保持天然植被,山地河谷应成为保护和恢复热带季雨林的地方.恢复山区的天然生态平衡,可以控制水土流失,也可保证下游坝子的农业生态系统的稳定。

报刊上关于要根据山区的土地种类特点安排生产的论述,例如习惯上称某山区具有"七山二水一分田",或深山区具有"九山半水半分田"等等,就是群众在山区生产斗争中总结出来的一种土地结构形式的生动概括。在山区怎样建立生态平衡问题,也必须针对其土地结构对比关系合理安排新旧生态平衡的对比关系。

四、社会-生态系统问题

人们怎样处理其所处环境的生态平衡问题,会自觉不自觉地要受到其社会发展水平、社会制度、生产经营体制,甚至风俗习惯等的影响。因此一个地区的生态系统状况,是与居住在其中的人类社会状况有着密切的关系,彼此互相影响。

要想比较合理地处理生态平衡问题,单从生态系统自然演变规律出发,是不容易彻底解决问题的,必须从更大的系统范围来考虑这一问题,因此提出了由社会和生态系统一起构成的社会＋生态系统问题。

例如,当一个地区的人口盲目发展时,为了维持其人口生活便必须有粮食保证,为了饲养和发展牲畜也必须有相应的草场。发展过多的人口,盲目地追求牲畜的存栏数,必然增加对土地和植被(森林和草场等)的压力。目前这种压力主要表现在下列三方面。

首先,为了解决粮食问题,常常导致不合理的开垦。一般说来,在坡地种植,当坡度不超过 23～25 度时,要修梯田才能种植,但现在甚至接近 35 度的坡地,在没有任何水土保持的措施下也进行开垦,成了"挂坡田"。这在黄土高原会引起严重的水土流失;在南方经历多次暴雨后,仅有的土层会完全被冲光,导致基岩完全裸露。

其次,人们要生活,必须有燃料。当缺乏矿物燃料或居民买不起煤时,便要到处樵采破坏植被,找柴烧。此外,进行建设还需要木材也要砍伐森林。若樵采和砍伐量超过植被的更新恢复能力时,也会使地面日益裸露。在坡地一遇暴雨便可发生严重水土流失,在沙地则可形成风沙灾害。

第三,如盲目地发展牲畜,追求总存栏数,使其数目超过草场所能负担的能力,其结果是草场的质量日益下降。各种牲畜中以山羊的破坏植被能力最大,而由于草场质量日益降低,在北方往往又只能放牧山羊。近 40 年来,我国北方的放牧牲畜构成从存栏总数看来,好像总头数有所增加,但是牲畜构成的质量却在下降:山羊数目增多,其他牲畜数目减少。

总之,过渡开垦和樵采以及盲目发展山羊可以认为是水土保持的三大敌人。真正要控制水土流失,必须联系到经济管理体制的改革,才能规定一定的相应政策去制止这三个水土保持的敌人对生态平衡的破坏。

人类对广大地面的改造,更多地表现在农业开发利用上。一般而言,人们把地球表层农业生态系统的整体,即人类对土地农业开发利用的网络整体称之为农业圈。而人类的技术作用则给地球表层带来大量的技术产物,主要包括:① 各种建筑物,主要指房屋建设;② 各种构筑物,包括水利工程、交通工程、管道工程、电讯工程等的设施;③ 各种交通和通讯工具,包括汽车、火车、船舶、飞机等交通工具,有线和无线通讯设备和电波、电磁波传播等;④ 各种加工食品和工业产品等。所有这些技术产物集中分布于各种级别的居民点和交通线上,构成一个复杂网络整体,总称之为技术圈。农业圈与技术圈作为人为世界,总称为社会圈。社会圈概念相当广泛,除了包括农业圈和技术圈外,常还包括人类社会本身。

作为地球表层的社会-生态系统的复杂网络整体的社会圈,同作为生态系统复杂网络整体的生物圈相比较,前者需要能量来支持,而且彼此之间的联系环节不充分,需要依靠外界环境,即天然生物圈作为背景来支持,此外还不可避免地会污染和破坏天然生态平衡。为了克服社会圈不自觉地导致天然环境恶化,人们尝试创造仿生态系统,以及仿整个生物圈的循环机理,以建立人工生态系统。广东珠江三角洲的基塘生态农业系统即是这种人工生态系统的典型例子。

社会-生态系统的研究还要考虑过程的非同步性。例如对搞好黄土高原的水土保持,不少建议都很好,但该地社会相当贫困,必须考虑当地劳动人民的实际社会经济条件才能更好地解决黄土高原的水土流失问题。一般工程措施大多马上见效,而生物措施则需要较长时间才能见到效益。自然界的不同过程发展速度不一,表现为"过程的非同步性"。黄土高原地区,每年都要花费许多钱整治河堤,这是否可以把这些钱用于上游的水土保持工程?上述两种不同观点,一直在争论。这里有一个"过程的非同步性"问题。从长远来讲,整个黄土高原要全面采取生物措施和工程措施,才能彻底解决问题,缺一不可。因为,尽管工程措施能马上见效,可使当年不发生水灾,但是,如不考虑生物措施,暴雨年份仍会出现问题。

不同的社会有不同的环境特点,我国人口多,农业经济基础差,人们要开荒和樵采,还要放牧,就会影响到水土保持,影响到生物措施的推广。不解决经济问题,地理学家和生态学家大声呼吁也很难有效果。只有社会经济条件与过程的非同步性发展结合起来,才能确定哪些措施要优先开展。

社会-生态系统的研究同经济管理体制的改革关系很大。我们认为,生态系统条件决定一个地区经济开发,首先是农业开发的可能性。超出这个可能性而进行掠夺性的经营,生态平衡便要受到破坏,影响生产的再进行。因此,农业经济必须结合生态平衡进行研究。

总之,生态系统条件可决定一个地区的农业合理利用方向。我国各地的现有农业利用方向很多是不合理的。从现状的不合理利用要过渡到根据生态系统条件的可能性所确定的近期和远期的利用方向,必须有相应的规划措施。任何进行规划措施的拟定,必须根据农业经济和环境经济分析,提出切实可行的农业和环境政策(包括一定的管理经济体制),才能更好地处理新旧生态平衡的辩证对比关系,也才能既利用自然,又不致于破坏自然。

上面着重讨论了人类经济活动与生态平衡的辩证关系。主要说明对生态平衡破坏问题不能离开社会经济关系而孤立地进行研究。我们只要联系社会关系,特别是经济管理体制与调控生态系统的关系加以研究,就可以根据区域生态系统结构,自觉地建立一个既有利于人类,又不破坏自然生态系统结构,从而得到一个天然和人工生态平衡的合理对比关系,也即一个合理的区域结构。

五、区域开发与环境规划

环境规划是流域规划、土地利用规划、城市规划和区域规划等规划所必须考虑的内容,当然也可以单独进行规划。

为什么需要进行环境规划?这是因为只采取一些个别的措施(造林绿化、水土保持、三废处理和利用等),或只在某些区域地段上进行个别的防治措施,并不能彻底克服环境的破坏和污染。必须对整个环境,包括为所有的各个区域地段分别拟定相应的防治措施,构成一套相互联系的综合措施,才能从根本上消除环境破坏和污染的发生,进而建立一个有利于生活和生产的良好环境。由此可见,环境规划既具有区域性,也具有综合性这两个特点。

环境破坏和污染,不仅使环境恶化,导致生态平衡失调,而且还会影响到人们的生活和健康,进而影响到再生产的正常进行。新开发区若注意按合理的环境规划进行建设,便可避免上述问题的发生;已开发区开展环境规划工作,拟定改善环境的部署和步骤安排,并促其实现,便可逐步克服现有的环境破坏和污染。

建立一个有利于生活和生产的良好环境是环境规划的目的,这个环境的标准是:

(1)消除污染,并使环境整洁、观感良好。这样的环境必须使三废、噪音、辐射、恶臭、紧张因素等污染危害达到无害或影响不大的程度;还必须消除混乱的物质堆放、棚户区的零乱建筑、混杂的广告张贴这些观感不佳的杂乱无章因素。

(2)在人类活动区建立一个不导致发生工程病害的良好地质环境。也就是说,要使水土流失、泥石流、滑坡、地面沉降、风沙危害等环境破坏因素不致影响人类的生产和生活。

（3）一个便于生活、旅行和工作的居住、交通和职业环境。

（4）能克服或避免天然灾害的环境，也即具有抵抗地震、台风、火山、洪水、海啸等灾害发生的条件和工程措施。

（5）有利于娱乐、旅游、休养的风景美好环境。这样的环境不仅有利于观赏，而且有益于身心健康，可减少各种环境病的发生，进而提高生活和工作的质量。主要是降低城市居民的呼吸系统和某些癌症、神经系统病（精神病、神经衰弱、神经官能症等）和心脏血管病等的发病率，增加劳动出勤率，并使交通运输安全，有利于精密工业的再生产。也就是说，这方面的要求并非单纯从娱乐和观赏要求出发，而是从卫生保健着眼。其中，道路的修建若与沿路天然风景和人工建筑协调起来，可以降低司机的疲劳，进而提高运输的安全性。

要进行环境规划，必须先收集环境调查和污染监测资料，据此对环境进行历史回顾，现状和预测评价，并在评价基础上开展下列工作：

（1）对整个区域环境必须分区域、地段拟定封山育林、造林绿化、农业开发、水利开发、建设居民点等计划。其中通过工程措施与生物措施相结合的办法，一方面在山区恢复植被（封山育林和造林绿化），以涵养水源，对河流系统拟订一定的水利开发措施；在平原地区（包括山地河谷平原）发展农牧业和布置居民点；在丘陵地区修建梯田种植经济林木或恢复植被。也就是说，针对环境的土地结构（山地、丘陵、平原等各占一定的比例关系）为该区域安排一个合理的人工和天然生态平衡的对比关系，这是改善环境生态系统质量的一个战略性措施。

（2）城市是人类作用影响最强烈的地方，也是环境最容易发生污染和恶化的地方，因此还必须为城镇拟定专门的环境规划。

城市环境规划的主要任务是建立一个合理的功能分区（工业区、生活、文化区、农业郊区等；工业区还可再分为污染工业区、非污染工业区、精密工业区等）。各功能区的布局和内部规划必须考虑环境的各方面特征和相互关系，给以合理配置。其中最根本的措施是污染工业区挑选一个合理的位置，这特别要求分析各种用地与风向和流水的关系。一般说来，处于下风同时又是下游的区域地段都适于作为污染工业用地。考虑到我国农用地的相对数量比较紧张，因此还必须同时挑选次地、荒地、坏地（丘陵区的洪积扇、缓坡地、平原区的固定沙包地、切割破碎地面等），尽量避免占用良田、菜园、果园等。

城市环境规划的另一个重要工作是为该城拟定一个均匀分布，达到一定面积定额的绿化系统。要达到这一要求，必须把建成区与旷地（绿化地面、水面、耕地和菜园等）交错配置，以利于气流交换。能使气流产生的旷地必须是直径大于半公里的绿地，或开阔水面，农田等。此外，建成区至旷地的距离若超过1公里，则气流交换不顺畅，会形成在静风条件下的"环境死角"。这就要求把城市总平面图规划为近似星形，或带状穿插绿化楔和绿化通道，而不是传统的规划方法，成正方或长方形。星形城市还要求在其中部有绿化岛，通常利用市中心的名胜古迹，在其周围拆迁，修建为大于半公里的绿化"天窗"，还可在城市扩建过程中，利用郊区水面和丘陵修建公园。

在城市中规划一个均匀分布、彼此联系在一起的绿化系统，将有利于郊区新鲜空气能通过绿地上空不断输入城市内部，以改善城市环境质量。

例如，合肥在扩建过程中注意营建和保留各种绿地。广州在扩建城区同时注意利用水凼(荔枝湾、流花湖、东山湖等)修建为公园,利用近郊山地修建风景区(越秀山、白云山),在古庙附近拆迁部分房屋修建小型公园(海幢),目的都是为了组成一个散布于市区内的绿化系统。又如,山东聊城若进一步绿化旧城区四周的水凼和小运河两岸,扩大和进一步修建新市区的公园,并注意在东关区和新市区间有计划地保留一定的旷地;苏州若以现有园林为中心,适当地在周围进行拆迁,把这些园林改造为园中园,并利用城市不少水道,在它们两岸进行迁建,修为沿岸林荫道,并使其与现有园林连通,则这两地都可以建成环境良好的城市。

咸阳市也可考虑建立一个均匀分布的绿化系统,即沿渭河和穿过市区的东西向铁路两侧,以及二塬阶地南坡营造东西绿化带,沿西兰公路两侧营造南北林荫大道,沿穿过市区东侧的南北向铁路营造南北绿化带,在市区内开"天窗"修建中型公园和更多的街心公园,来达到美化环境的要求。

城市绿化除了植树造林外,还必须大力铺设草皮。过分除草的恶习是不可取的,极易使风沙尘埃到处飘扬,甚至增加病毒传染病和呼吸系统疾病的发病率。解决杂草的办法是,可以利用植被在外界作用下会发生适应外界作用的演替特点,定期割去或除掉高草,使草皮逐步演变为不会储存蚊蝇的低草和匍匐生长的草类群落。

还必须保留或营建一些适于动物定居的生态系统。例如,在郊区保留一些天然草丛水凼,在市内、公园里保留或营造一些"人造悬崖"(高楼、塔、钟鼓楼、屋檐等)和高大树木,保留局部封禁的鸟岛林(例如,新会的鸟岛),将有利于留鸟的定居,候鸟的季节定居,旅鸟的过境停留。大量的鸟类群居,有利于城市绿化和郊区农业。

环境污染和保护分析是城建用地综合分析和评价所必须考虑的因素。其中后者包括如下工作内容:

(1) 划分以地貌部位为基础的土地类型,分析各种土地类型的工程建设特点,并归并为一定的用地分等,再进行评价。我们曾先后编制了淄博辛店地区、临清、泰安、承德双滦地区等地为城市规划服务的土地类型图,环境污染和保护也是土地类型的一个评价条件。

(2) 分析工农业用地的矛盾,避免与农业争好地。

(3) 分析各种用地与风向和流水方向的关系。一般说来,处于下风、下水的农业次地、荒地、坏地(丘陵区的洪积扇、缓地、平原区的固定沙包地、切割破碎的地面等)最适于作为工业建设用地,但对这些用地也要分析其给水排水特点,尽量避免影响处于其下风和下水的农业用地,以及下流的城镇和居民点。

当风向与流水方向有矛盾时,往往只根据风向来挑选工业区与生活区、市镇的关系(例如,兰州、洛阳等),其结果常常导致地表与地下水发生污染。其中兰州市把工业区配置于市区上游的西固城等地,并且修建了油污干管,把工业区污水引至市区下游排放。但随着工业发展,油污干管容纳不了全部污水,加以黄河北岸安宁区和西固城以西上游的工厂的污水只能直接排入黄河,从而严重地影响了黄河的水质。实际上,兰州处于黄河上游,流速大,特别是这里盆地与峡谷交错分布,峡谷河段水流湍急,有利于有机物污染的天然自净作用和重金属污染的扩散稀释,若把工业区布置于兰州下游的什川盆地,中间隔有桑园峡(小峡),不仅大气污染不会影响市区,而且还可利用什川盆地下游的大峡具有湍急水流的条件,使污染水得到自净和稀释。

再如,苏州的盛行风以东南风和西北风为主,排水方向自东北指向西南,若同时考虑下风下水的关系,市区西南是工业区的合理位置,但是苏州现有化工厂设于市区东南,故对城东南部的大气情况影响很大。当把污染工业区配置于市区西南时,为了不影响太湖(包括已重建的石湖风景区),可利用平原有利条件,修建向东排放的污水渠道。

聊城的总体规划特别注意下风下水的相互关系,该地以偏南风为主,地势为西南高、东北低,因此把污染工业配置于市区西北是合理的,但原有规划过分强调新市区的完整性,污染工业区紧贴市区西北,若改为向西北延伸分布,将更有利于污染物的扩散和净化。

(4)研究城市交通、电力原料来源和原料输送方式、生产协作关系与挑选作为厂矿用地的相互关系,进行区位经济评价。

(5)现有污染源的分布特点及其影响,也即对现有环境质量进行评价。

(6)划分工业区和生活区,以及工业区内部的进一步划分,也即合理安排新建区的功能分区,并确定必要的绿化隔离带。

(7)确定工业区计划的厂矿布局的大致分布关系,也即根据生产流程关系和三废排放情况来安排各厂矿的相互位置和每一厂矿内部生产工艺流程的布局关系。

(8)根据上述布局关系估计未来的环境质量,在加强三废治理的同时,必须为三废排放安排一定的出路,充分利用环境条件,使必不可少的三废排放达到无害或少害程度。

(9)厂矿设计,生产区等的内部规划,也必须考虑自然条件和环境污染特点进行合理的安排。

(10)估计施工过程,甚至建成后可能出现的环境地貌问题。城市工程建设若不合理进行,常常可以促使一系列外动力地质过程加强活动;开矿和烧砖等活动可形成大量的废坑,采空区塌陷形成废渣堆等,这些地面不是积水成为蚊虫孳生之所,便是由于没有植被覆盖,很容易发生水土流失和塌方,甚至造成风沙危害。此外,过渡开采地下水还可以发生大面积地面沉降。环境地貌学的任务就是研究上述过程在人类活动影响下怎样发生,怎样加强了影响,怎样从地貌学角度去进行环境的建设和保护。

第七章　区域可持续发展

一、区域可持续发展

可持续发展作为综合性的研究课题,包括了不同的认识层次、不同的时空尺度,也包括了自然与人文诸多要素。蔡运龙总结可持续发展的论题界定,认为可以分成三个层次:观念形态、经济-社会体制、科学技术。它们各自具有自身的学术研究问题和实践操作问题。

观念形态层次的可持续发展研究,是要在发展观上进行变革。这其实就是地理学长期以来一直在研究的"人地关系思想"。目前国际上很热门的生态伦理(或环境伦理)研究属于这一层次。但生态伦理中有一种所谓"走出人类中心主义"的倾向,实际上,从地理学角度的人地关系协调(伴生论)去考虑问题更为合理,更可操作。

经济-社会体制层次上的可持续发展研究,是要先揭示、后克服现行体制中的缺陷,重构一种可以对付资源、环境所施加的限制的经济-社会体制,要实现持续发展,必须改革现行的生产体系、社会体系、政治体系、国际关系体系、管理体系及技术体系。这一层次的问题在持续发展研究中最重要,难度也最大,国际上应用地理学已广泛参与这个层次的研究,国内也有少数地理学家关注这个层次的问题,但多数人还未认识到其重要性和地理学可做的贡献。

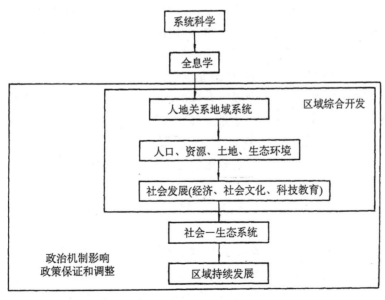

图 7.1　区域可持续发展的基本理论框架体系

科学技术层次上的持续发展研究领域比较清楚,如清洁工艺、节能技术、生态农业、资源的重复利用和循环利用等。地理学家参与的环境保护、资源开发、国土整治、水土流失及荒漠化防治、城市与区域规划,都属这一层次。

区域可持续发展是可持续发展在具体地域上的体现,其基本理论框架体系如图 7.1 所示。区域尺度持续发展是发展中国家和地区开发成功与否的关键,也是地理学参与可持续发展研究发挥更大作用的领域,必须分近、中、远期加以规划。近期起步措施要具有促进经济发展的可行性,并与中期发展的可靠性与远期规划的前瞻预测性相协调,以实现当前开发与长远持续发展的统一。

我们在这方面的研究促进了结合自然地理学、经济地理学和人文地理学的综合地理学走向建立相应的应用理论,可称之为发展地理学。

除了综合地理学及其应用的理论探讨外,区域综合地理的研究也很重要。黄秉维强调要对中国地理区域分异作重新认识:"基于地理系统科学理论,研究中国可持续发展,原来的区划需要重新认识",并强调实行可持续发展战略在时间尺度要把握好,地域要分开,对象要搞清楚,还需要有划分的相应指标体系。

二、行业发展演化

行业开发是区域发展的部门组成,首先要求行业本身得以发展并能持续进行,因而行业开发在区域持续发展过程中显得尤为重要。可以旅游业、农业、工业为例来谈行业开发,并注重其开发研究的可操作性。

1. 旅游业

旅游业作为第五产业(康乐伦理产业)的重要组成部分,被称为无烟工业,成为促进区域开发的先导产业。发展中国家对旅游业开发曾经给以"无限"的期望,但部分区域的旅游业的开发,带来了一系列环境和社会问题,如地面踩实、土壤退化、植被减少、犯罪率上升、引起当地居民的反感和抵触等。这使越来越多的旅游研究者和开发经营者认识到,若没有合理的开发结构,不断充实其内涵,旅游业也会出现衰退。

所以旅游业要持续发展,就必须有合理的旅游开发和科学的旅游规划作保证。旅游开发从来就没有一蹴而成的,它贯穿了景点(区)的生成、发展、成熟、新生成、持续发展、再成熟的循环往复螺旋上升的过程。各个时期对应的发展举措各有侧重(表 7.1)。关键措施是通过投资结构的倾斜来实现的。投资政策的参与及其与旅游业发展阶段性认识的结合,可以保证旅游业的可持续发展。

旅游点(区)发展的阶段性变化、升级,使其内部结构的对应变换关系渐趋复杂化,导致了其投资结构的多元化。

旅游开发可以促进旅业业持续发展,传统的旅游地(景点、项目)都难免要经过加速、平缓、衰退三个发展阶段,形成发展的倒 U 字形曲线,即旅游地具有生命周期。但科学的旅游规划可以克服倒 U 形曲线的出现,通过拓展旅游内涵,增设旅游活动项目等手段,以达到其持续繁荣与发展(图 7.2)。

表 7.1 旅游业持续发展的阶段性举措

阶段	关 键 举 措
生成期	丰富风景结构,加强景点(区)建设
发展期	完善旅游活动行为结构,发展接待服务措施
成熟期	细分市场结构,突出"分众"目标市场促销

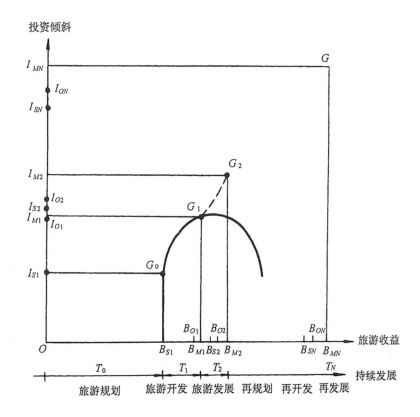

图 7.2 旅游地开发示意图

人们对作为产业园林的主题园(人工游乐景观)的生命周期"不长"已有相当充分的认识,但对自然风光和历史名胜景点的生命周期认识还不太充分。喀斯特溶洞开发的生命周期最先被人们所认识,对于像北京故宫和颐和园这类"世界级"的国家历史名胜而言,目前虽尚未呈现衰退现象,但于英士认为故宫也有其生命周期(50 年),从 1980 年开放改革算起至 2030 年,故宫游客业会呈现成熟,甚至衰退。到时,法国罗浮宫的改建经验可以借鉴。法国巴黎罗浮宫在其呈现衰落时,请著名建筑师对其改建,插建了一个不协调的玻璃金字塔,结果带来了又一次的游客冲击波。

旅游业的开发,应重点研究以下两方面内容:

(1)接待服务设施结构:旅游业的大部分收益来自为旅游活动服务的接待服务设施,因此,合理的旅游接待服务设施结构在旅游业发展中具有举足轻重的地位。旅游接待服务设施的配套,主要是如何满足旅游6要素(行、住、游、吃、购、娱)的接待要求,包括硬件设备、软件管理和服务质量的具体规划,甚至设计的创意策划,也强调酒店、旅行社、餐饮、购物、娱乐场所、交通等服务单位的合理档次组合,更强调彼此分工,以及合理的地域区位,以形成一个合理的高、中、低档协调的,而又有前瞻预测发展的接待服务旅游结构。还应该强调,旅游6要素的各种具体设施随时代发展而有所变化,不断出现新一代的形式和产品,因而应对各种具体旅游设施加以分"代",然后根据区域经济发展条件和客源市场结构,规划一个包括6要素可能是各不相同的相应的"代"的设施结构,还须注意"代"的及时更新,才能求解这一规划结构。

(2)景点建设:在旅游业发展初期,人们更多注重自然风光和历史名胜古迹。从旅游业角度来看,风光素材(自然风光和历史名胜古迹)要进行包括观光性、参与性和科学文化性等三方面的旅游吸引力分析才能转化为旅游产品,并进入旅游市场;随着作为产业园林的主题园进入市场,人工游乐景观风靡海内外;随着双休日的实行,假日增多,康体休闲度假又成为旅游开发的新方向。

总之,区域或风景区旅游开发规划要包括旅游业6要素和4种旅游景点(自然风光、历史名胜、人工游乐景观、休闲度假景点)的合理结构,并依据市场客源、游客人数和结构等来进行可操作性强的滚动式发展规划和近期建设规划,从而实现近期可行,中期可靠,远期又有前瞻预测的旅游规划结构。

例如,深圳市的旅游开发,便经历着不同发展阶段。"五湖四海"阶段促进了观光度假和商务旅游之发展,但由于这些景点没有及时更新,现已逐步衰落。以华侨城三大人工游乐景观(锦绣中华、中华民俗村、世界之窗),还有西丽湖野生动物园等为代表的第二阶段,目前也已呈现成熟期,甚至有走向衰落期的表现。要保证深圳旅游业持续发展必须有相应举措。例如,在蛇口南山建设中国寿比南山康体休闲世界;在宝安凤凰山西麓开发包括农业观光和农业示范观光,以及与之相应的实验农场的世界农业博览园;大力发展宗教旅游(仙湖弘法寺、蛇口赤湾天后庙),特别要促进赤湾天后庙逐步恢复为珠江三角洲(包括港、澳)的"大庙";开发大鹏半岛山海风光,发展海滨休闲度假和山地生态旅游;在坪山大万世居和龙田世居等"围"开发客家乡土文化;可以考虑与梅州市协作,首先把大万世居开发为客家文化博物馆,作为梅州市对外窗口,也使人们知道深圳的乡镇居民是客家人,以此宣传客家乡土文化;挑选相应地址开发相应的华人文化苑(包括古港扬帆,华埠神韵,华街闹市,侨乡新貌等组成部分);大型儿童公园;还可以考虑在华侨城南侧填海区开发中国文化博览城;在各丘陵山地开发众多各具特色的郊野公园等,并对旅游6要素的接待服务设施进行相应的滚动性调整和进一步开发,即可以促进深圳迎来旅游业发展的第三阶段——充分考虑"文脉"(地理背景)的结构性滚动开发阶段。

2. 农业

农业是满足人类生存最基本需求的行业。随着科技的进步,农业生产方式也越来越先进,在日本、美国等高度发达的国家,从事农业生产的人数越来越少,但人均农业生产量和产值越来越高。这是因为农业已融入了高科技成分,高科技的附加值逐渐增高,对农业生产的贡献率也大。在耕地资源日益珍贵的今天,除了传统的粗放和集约农业外,出现提高单产和质量(即所谓"两高一优"产品)的精细农业,最近还出现了"精确农业"的生产尝试,运用先进的计算机网络配合土壤诊断,合理施肥、灌溉,选用优良品种来管理农田,分配生产,并使消费者能及时了解生产单位的最新信息。这包括了美国式的以"3S"定位为基础的农场精确农业,日本农户的产销一体化的绿色精确农业。此外,还出现了观光农业、农业工业化(包括克隆技术、转基因技术等)和商业化等趋势,传统的农业生产观念大大得到了更新。在美国,农业被一些经济学家称之为美国的头号工业,用以指代完全商业化和产业化的大农业;在日本,农业政策也发生重大变化,已由传统的农业中心转到农业、工业与观光三位一体均衡发展。都市农业也由传统的蔬菜栽培发展为包括菜园、果园、园艺、郊区牧场、稀有和名贵动物饲养、观光农场、屋顶农业等多方面综合系统。

我们可以构建一个当今社会已有的各种农业生产方式的结构理论框架,以表示各种农业生产类型结构之间的对应变换和发展关系(图 7.3)。要实现区域的持续发展,就应该树立"大农业"的观念,把农业生产与商业、工业甚至旅游业有机地联系起来,综合考虑农业生产的多种功能,打破传统的产业间隔阂,以促使农业开发走上一个新的发展阶段。而无土栽培和园艺生产更可促进屋顶农业产业化,为城市全面绿化提供了一个新的举措。

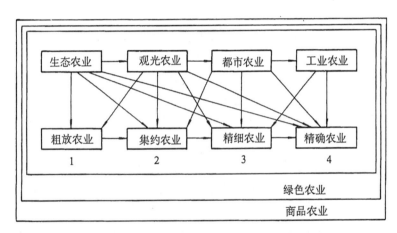

图 7.3 农业生产内部结构和发展对应变换示意图

3. 工业

自产业革命以来,工业一直是经济发展的主导产业,一个国家发达的程度也往往以工业生产作为主要的衡量指标。从历史来看,工业发展经历了 4 个阶段(图 7.4),从① 基本生活用品工业阶段,经历②矿业开发、机械工业和重化工阶段,发展为③耐用家用电器和汽车工业阶段。第三次浪潮知识社会的信息工业一般被认为是工业发展的第 4 阶段。实际上还应该注意到第四次浪潮以康乐伦理产业为重点,与其相应的还有高级生活用品工业。

区域的工业发展,重点在于起步措施和主导工业的选择,我们提出几种区域工业发展的战略模式,作为不同类型区域选择其相应的发展战略的依据(表 7.2)。

对高级生活用品工业的重要性学术界还缺乏认识。过去只有上层才能享受高级生活

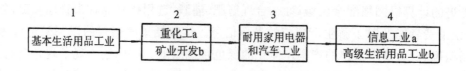

图 7.4　工业演化示意图

用品,当今世界是高级生活用品从上层向中层普及使用的时代,因而其重要性并不亚于信息工业,发展这种工业是促使农业现代化、产业化和综合化的一个有力推动力,也是后发展地区可以跳跃式前进的一个机遇。

表 7.2　区域工业发展模式

地区类型	主导(或起步)工业
发达地区	3+4a+4b
资源和区位条件好的地区	2a+2b+3
后发展地区	1+4b
落后地区	1+2b

　　例如,内蒙古伊克昭盟东胜市发展鄂尔多斯牌羊绒衫就是这方面一个很好的实例。总之,后发展地区除了发展基本生活工业外,挑选一至几种高级生活用品工业加以超前发展,是实现经济跳跃的关键措施。例如,新疆除了发展矿业开发和大农业生产、工业开发外,以长绒棉优势发展特细支纱纺织最有前途,这方面可从瑞士引进相应先进工艺,还可以高质量水果和蔬菜发展航空食品,易开罐头,一人食份量的各种相应包装等旅行食品,以占领全国相应市场。海南省商会根据笔者这方面的论述,也开始在海南大力宣传怎样发展高级生活用品工业问题。

　　当今社会是一个信息社会,工业生产极大地依赖于高度发达的科学技术与信息,第五产业(康乐伦理产业)的出现,是后工业化和后信息化的标志之一。后发展地区要实现工业结构的转变,达到经济增长的目标,就必须采取可行的区域开发战略模式。经济起步和走向繁荣是持续发展的必要条件。实际上,世界可分为落后、发展、发达、过发达地区,这些地区都有其开发(包括技术发展)问题,笔者已在第四章发展学基础中作了相应论述,此处不再重复。

　　随着中层(中产阶层)在社会比例中逐渐占优势,加上中层的收入已相当可观,过去上层(达官贵人和帝王将相)人的豪华享受,正在逐步向中层普及。因此,结合第五产业(康乐伦理产业)和农业工业化、旅游开发、消费文化等方面,并以文脉(地理背景)分析为基础,可以发展应用地理学的新方向——生活地理学。

三、行业开发与区域可持续发展

　　区域发展是由各个行业的开发组成的,所以只有各个行业开发及其持续发展,才能保证区域可持续发展。我们可以从三个层次对其加以讨论。

（1）行业持续发展首先必须保证行业本身,包括其所属企业的发展,行业才不致萎缩。企业生产目的是为了获取经济利润,而当边际收益减少时,企业规模不再扩大,由于市场机制调节,企业及其生产达到一定的规模,才能形成规模效应。当企业生产的产品缺乏市场竞争力,得不到一定利润时,企业便会萎缩甚至倒闭。

（2）行业开发和持续发展必须符合该行业的发展规律,在此基础上,不断开拓该行业的新产品,促进行业进入新的发展阶段,以求占领新的市场,才能更好地保证行业本身的持续发展。

（3）行业开发要有长远目标,不能急功近利,必须考虑区域生态环境保护,而不能通过各种各样的"污染"排放(广义理解的,包括视觉和伦理污染),破坏区域的自然、社会文化的生态平衡,也即不能以行业的"掠夺性"利润去换取"社会的不经济性"。这种短视行为,必然会遭到自然界和社会反馈机制的惩罚,与可持续发展是背道而驰的。

上述三个层次关系,既有矛盾又可协调。

在协调企业经营、行业管理、区域开发三者之间的关系上,政府管理行为具有重要作用,政府可以通过产业政策倾斜、土地开发政策、各种环境和自然保护法、税收高低等政策,甚至相应的等级评定措施,来进行协调管理。通过分期规划管理要求,促进这三个层次逐步协调,从而逐步形成区域可持续发展的态势。这里要特别强调,落后和发展两类地区的持续发展关键是如何拟定近期起步措施,而近期起步措施可以通过区域诊断和分析相对落后的原因,并通过区域形象策划(CI 策划)加以明确。我们曾为湖南零陵地区作了区域开发的形象策划,提出的相应建议和战略方案已为地方政府所采纳。

关于持续发展的讨论,片面强调生态环境的居多,而对经济在持续发展中所起的重要能动作用常常注意不够。实际上,没有经济的起步和促进,持续发展就难以实现。生态和社会效益主要体现持续发展的目标,而经济效益的实现才是解决持续发展可操作性的关键。同时,也要考虑人文因素对持续发展的影响。行业开发与区域经济发展密切相关,二者之间存在着明显的相互促进作用,对其进行深入研究具有十分重要的现实意义。

当前,国家已把可持续发展列为国策,拟定了《中国 21 世纪议程》,展示了中国的发展远景。与此同时,地方当局更重视近期经济开发,以求作出相应政绩。而对有关中期的可靠性论证却常被忽略,使区域发展规划和实施出现了一定的"中断"局面。因而区域持续发展的分期"段段"协调与合理过渡研究特别重要。必须强调近期以相应起步措施,解决社会贫困,中期发展基础设施和工农业现代化,以及远期合理增长的协调可操作性相结合。

考虑持续发展和行业演化的区域开发,并结合发展地理学,可以开发应用地理学的新方向——投资环境和市场进入。1996 年 4 月在北京大学由笔者主持为香港怡和集团开办了"高级行政管理培训班"——中国经济改革与投资环境,报批实务研修班。1997 年又继续开办相应研修班。1996 年 11 月笔者在香港与怡和集团来北京大学研修的经理和董事们座谈如何改进 1997 年的讲课内容,特别强调要增加持续发展和行业发展演化的讲授内容,以使投资环境研究更有可操作性。座谈还解答了怡和集团有关经理提出的投资咨询问题。

除了投资环境研究为企业区位选址服务外,发展地段地理学,可以为企业所在地段的规划设计提供可操作性论证,这方面也要求从行业演化角度,并注意生态保护进行地段开发。地段地理学包括下列 6 方面论证:

（1）企业选址区位分析；

（2）企业所在地段文脉（包括社会文化背景和自然条件）分析；

（3）企业市场档次分析；

（4）企业生产流程和人流组织；

（5）从风水现代化角度和提高物业价值出发，进行风水规划设计——结合传统与现代两方面观念的空间合理组织；

（6）企业活动与生态保护分析。

第八章 决策与政策

一、预测与决策

预测是进行决策的基础。只有在一定比较正确的预测基础上才能进行决策。地理预测可用结构分析法,通过对构成区域的各种结构进行对应变换分析来进行。区域内包含各种各样的结构,从自然结构到生产力布局结构,产销和消费结构,以至管理体制结构等等。通过对应变换关系研究为该区域拟定一个合理的社会经济结构,这就包含着未来的产业结构的预测。要实现这个预测的合理结构,必须进行相应的人为努力,才有可能。而是否决定去实现这一结构就要求决策。

决策要考虑四个方面:决策者、决策目标、自然状态和策略。决策者是指规划决策人,由他来决定在一定背景状况下,为了达到一定的目标而应采取什么样的策略,也就是怎样根据自然状态去确定合理的决策目标,规定具体的策略措施。

决策可根据信息完备程度进行分类。按信息完备程度的灰阶,白色系统的决策是程序化的、规范化的,以及确定型的决策;黑色系统的决策是非规范化的,以及不确定型的决策;灰色系统的决策是部分规范化的、风险型的决策。风险型决策若包含着竞争对手,则称为竞争型决策。地理决策基本上是使风险型决策具有更多规范化成分,有的地理决策还包含着竞争型性质。基本上都属于部分规范化决策。

经营管理需要决策,管理的实质就是决策。经营管理一般研究都分成三个层次,最高一级是战略规划层,第二级是战术计划层,第三级是运行管理层。三个层次的要求是不一样的(表 8.1)。

表 8.1 经营管理层次的划分及其差别

特征要求 经营管理内容项目层次	战略规划层	战术计划层	运行管理层
	最高层	中层	基层
	1	2	3
任务	决定是否上马 (资源获得)	决定怎样上马 (资源利用)	具体组织生产
时间尺度	3~5年或更长	0.5~2年	周、月
视野	宽广	中等	狭窄
信息来源	外部为主 内部为辅	外部为辅 内部为主	内部
信息特征	高度综合	中等汇总	详尽
不确定程度	高	中	低
风险程度	高	中	低

地理学在决策中的作用主要集中于高级经营管理层次,即战略规划层,一般情况下,信息是不完备的,属于灰色系统决策。决策由咨询机构提供,咨询可分为硬咨询与软咨询。硬咨询主要解决一些工程设计或生产流程改进问题。软咨询则解决战略规划层的组织管理问题,着重解决长期规划问题。哪些问题可能有长期规划呢?国家政策、社会发展、国民经济和部门经济发展、区域发展、城市发展、市场计划调节、企业发展和经营方向都需进行软咨询,这些软咨询的重点是提供长期规划,实质上是拟定该问题的合理解决结构。

决策主要由咨询机关来研究。咨询机关起智囊的作用。因而决策应是"二重奏",即规划决策人与智囊"二重奏",如果加上用电子计算机进行的人机对话,就是"三重奏"。领导干部说了算,只能是"独奏"。智囊起什么作用呢?"摸着石子过河"这句话,按 H. A. 西蒙的观点,是指在大量可能性的迷津进行的某种搜索,进行这种搜索要求在试探性的曲折前进摆动中,通过推理途径,缩小搜索空间,以求更直接前进。在这里,在"迷津"中通过反馈的曲折前进就是"摸着石子过河",而力求缩小搜索空间的推理途径是智囊的预测任务。

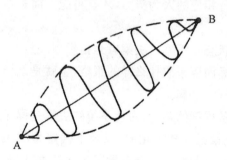

还可以进一步探索,当搜索空间缩小到极限时,A 与 B 联成直线,笔者称这种极限情况 AB 为捷径推理分析(图 8.1)。

研究机构和大学,过去只起三个方面的作用,教育、科研和应用。现在应当加上智囊的作用。决策要求要民主化和科学化,使决策民主化和科学化的关键是重视软科学的研究。

社会工程发展分为三个阶段:① 运筹学阶段,强调国民经济和社会的组织管理问题可以通过运筹定量方法加以解决;② 行为科学阶段,认为单纯的运筹学定量方法不足以完全解决社会和经济的组织管理问题,还需要考虑规划决策人和各种社会力量的行为因素,强调定性与定量结合进行研究;③ 政策分析阶段,强调社会和经济的组织管理最终

〜〜〜 实际探索前进的摆动曲线

⬭ 搜索空间

A 起点;B 终点;A B 捷径分析

图 8.1 认识过程图解

是拟定相应的一套切合实际的政策措施,由规划决策人加以贯彻,特别重视政策的定性分析。

总之,社会工程与发展学结合将为一个区域的开发和投资结构分析,以及相应的政策措施的拟定提供论证的基础。在这些论证中最关键的是在政策分析基础上拟定相应的政策措施。规划决策人和智囊团要拟定这种政策必须有相应的发展文化观念为基础。正如上文所指出,后发展地区的开发、发展的关键不在于经济方面,而在于人才的开发,包括人的价值观转变。这方面研究属于发展文化领域,比较复杂,我们另有专文探讨。

决策分为决策支持系统、咨询系统、评价系统、监督系统和反馈系统。支持系统可分为硬的和软的,硬的是相应设备,软的是指智囊人员的素质;咨询系统在于提出方案;评价系统由专家根据一定的价值要求加以评价;监督系统加以更广泛了解,可称之为管理系统;最后是研究监督和管理的后效性,并对原有决策加以追踪修改的反馈系统。地理学也要参与决策的管理系统和反馈系统的研究,这是使规划方案得以实际贯彻的保证。

二、决策与政策

区域综合开发必须包括为了落实相应战略对策的政策保证研究。发展战略的长期规划性并不是脱离现实的构想,有了长期的远景构想,才能从不一定合理的现状过渡到远景合理结构。还须规定相应的政策措施保证,这就是发展战略的现实性。

早在 1963～1965 年我们在鄂尔多斯高原进行综合考察,先对伊金霍洛旗,其后对整个鄂尔多斯,以后又对其中的一部分毛乌素沙区开展为农业服务的自然区划研究。在这些研究中,我们根据鄂尔多斯的地带性气候分异差别,为不同自然地带(和亚地带)确定其大农业生产构成方向,并根据其不同分区(自然州)的土地结构确定其具体的大农业构成方向,对毛乌素沙区还为其更低级分区(自然县)确定这种内部构成,并总结了当地干部有关促使大农业向这些构成方向转变的政策措施的意见。这些意见不少就是打倒"四人帮"后现在所执行的政策。1973 年我们又再次到毛乌素沙区考察,当时正是全国在贯彻周总理关于开展理论研究的指示,周总理该年在延安鼓励说老实话的指示也传播到毛乌素沙区,在调查过程中,一股说老实话的浪潮席卷当地,纷纷指出该区环境破坏相当严重。我们的总结报告如实反映了这种情况,报告写出来后,适逢"四人帮"掀起一股反对周总理的妖风,我们也差点受到批判,幸而伊克昭盟当地支持我们的意见,我们才幸免受到批判,并且在 1974 年召开的中国科学院治沙研究工作交流会议上受到了好评。打倒"四人帮"后,1978 年我们根据综合自然地理的理论总结上述的实践工作,探讨了确定区域农业构成方向的理论,并且还指出,从现状农业构成方向过渡到根据农业自然可能性确定的近期和远期构成方向,必须有相应的规划措施,任何规划措施必须根据农业经济分析,拟定一套切实可行的农业政策加以保证,才能促使合理的农业构成方向逐步落实。其后在 1979～1980 年又先后应用这一理论,结合黄土高原和西双版纳进行实际应用分析,并写了专门的报告。这些报告除了讨论相应区域的农业构成方向外,还探讨了相应的具体政策规定保证。以后,有关区域综合开发研究,我们都重视与之相应的政策保证研究。

政策具有区域性,不同的区域条件常要求不同的政策,政策也要区分长、中、近期的差别。现在已注意政策差的研究,近期政策不应与长期政策有矛盾,而后者应为前者的调整目标。

区域综合开发属于决策研究,主要由咨询者,即智囊根据背景状况和目标要求,去拟定相应的决策目的和战略措施,可能提出不同的方案,由规划决策人与智囊共同协商,甚至进行"头脑风暴法"的检验和修改,然后作出决策,选择"令人满意的"方案和与其相应的措施。

为了贯彻和执行这一方案必须有相应的管理和反馈系统,在管理中会发现需要修正原有方案,甚至重新进行决策,后者称为追踪决策。例如,宝钢的决策一般都公认为是一种失误,而追踪决策,即在停工之后重新上马进行建设,却被认为是正确的。

为了保证方案得以贯彻和执行必须有相应实施保证,而政策的拟定必须以保证经济改革为前提。振兴中华人人有责,而改革是振兴中华的关键。政策所引起的社会行为的变化速度大于投资或其他经济活动,这在计划经济国家尤其如此。两个先后不同的政策变量的方向差和时间差会引起发生经济振荡现象,特别是当两个政策变量方向差异很大而时差很小时更易产生前进"卡口"。多变的政策方向的微振荡则会导致社会无所适从,以至延缓发展速度。因此,政策变量的正确设计也是发展战略和国土整治的研究内容。对地方当局来说是如何为之进行政策的"提前量"预测。

　　与政策相应的是如何在改变人的价值观条件下,既建立具有工业社会节奏感,又具有信息社会开拓精神的现代人价值观,去建立相应于一定背景条件的经济模式,去促进商品经济发展。目前我国已总结出来的经济模式,属于地区级的有温州、苏南、佛山、阜阳等模式,属于小地区级的有大邱庄(天津静海县)、耿车(江苏宿迁县)等模式。只有建立符合当地背景条件的经济模式,才能更好地促进发展战略和国土整治方案的贯彻和执行。

第九章　调查研究方法简介

区域综合开发研究已日益为各界学者所重视.环境辨识是这方面研究的基础工作,不同的学科各从自己研究路线特点去注意这一问题。

(1)数学家,主要是系统工程师,把环境的复杂网络系统看作是一团乱麻,采用人与计算机结合的方式,包括特尔菲法,也即专家咨询的统计分析法,进行系统诊断,从一团乱麻中梳出附加了许多有用信息的层次清晰的诊断模型。也即建立了一套从乱麻梳出辫子的形式化方法。使用这种方法进行环境辨识,费时多,费用也相当可观。

(2)生物学家,主要是生态学家,把环境的复杂网络关系看作是生物群落与"生境"构成的生态系统,自下而上去研究构成这一系统的每一根"头发"的情况,以求得系统的输入和输出数据,进而建立生态系统模型,为使这种理想的生态系统数学模型区域化,必须联系"处境"去进行生态系统研究,进而建立了地生态学。使用这种方法进行环境辨识,需要建立定位工作站,并把所得数据与一般参数进行相关分析,并进行长期观察,因此更费时、费工、费钱。

(3)经济学家,主要是区域经济学家,把环境的复杂网络系统看作是已经梳成辫子的条条组合的经济系统,为了使经济系统区域化,在经济学中发展了区域经济学,甚至称之为区域科学,发展了相当成熟的区位论。

(4)地理学家,主要是建设地理学家,把环境的复杂网络系统看作是已经梳成辫子的条条块块段段相结合的区域网络系统。地理学家长期以来注意研究环境的各方面相互关系,建立众多有关这方面的确定性关系规律。正是这些地理相关规律所附加的信息,使地理学家对环境的辨认几乎可以省去从一团乱麻到梳成辫子这个阶段。其中,对环境辨识的定性模型建立具有特殊意义,可以在短期考察的情况下,提出"现场反馈"的答案。

总之,关于发展战略的研究,目前经济学家着重总战略分析,技术专家着重子战略,经常还只是偏向于工艺流程改革的探讨。怎样把这两方面结合起来,地理学家,特别是同时具有自然地理学和经济地理学,以及经济学训练的地理学家,可以把区域发展战略的总战略和子战略结合起来进行研究,并把其落实于区域地面结构上,同时还探讨某些具有战术性的战略问题,使发展战略这类软咨询研究具有一定的硬化途径,便于地方具体落实。

运用地理学的理论和方法去研究发展战略可以起智囊作用。地理学沿着这个方向努力,可以逐步站在当代科学发展的前沿,而不是固步自封或步其他科学的后尘。地理学的这一作用还不为学术界,包括相当大部分的地理学界本身所认识。地理学要宣传和发展这一作用,需要参加更多的区域综合开发实践研究,也要广泛参加各种包括地理学在内的综合性学术活动,才能使地理学为学术界所了解。

区域综合开发研究,首先是区域内各种结构的对应变换分析。这种对应关系有匹配、线性、非线性和拓扑关系等。数学家作匹配、线性、部分非线性分析是有特长的,而地理学家作非线性、拓扑关系的定性分析有其优点。长远规划研究基本上属于地理学家的工作。数学家在近期计划中占有优势。例如关于北京市发展战略有三种观点：一种观点认为，北京解放后工业过度发展重化工业是一个失误，应作调整；另一种观点认为北京市工业发展是正确的，应继续发展；李任远等则根据系统工程的研究，包括使用特尔菲法对专家进行咨询加以统计后认为："历史所形成的工业基础是北京城市发展的活力所在，是优势，而不是"包袱"，如果我们能正确发挥这一优势"；还认为："几年来虽然刻意压缩和限制重工业的发展，但重工业比重仍是阻尼起落，不是长足下降。"

怎样评价这三种意见，首先要认识重工业过度发展是一种失误，才能刻意去压缩和限制重工业发展，并对现有重工业的自我发展能力给以一定的"出路"。如石景山钢铁公司在河北迁安建分厂，并批准其兼营电子工业，以调整该公司的产业结构即属于"出路"。若认为现有的发展是成绩，是优势，那么所谓刻意去压缩和限制便缺乏决心，造成呈阻尼起落的原因主要也在于此，没有下决心去限制，导致思想和政策多变，一种阻尼起落的振荡必然发生。

由此可见，衡量这些长远规划的正确与否，数学方法目前还难回答。使用特尔菲法对专家意见进行咨询统计，容易得出一种折衷观点。这种折衷观点认识现实，而不敢正视现实。

经济学和地理学对长远规划问题有其特长。首先，需要对区域经济的条条块块段段结构关系有一个系统的对应变换关系分析，由于对这种对应变换关系分析各有不同的理解，也可导致地理学家之间有分歧。例如，冀东钢铁基地的选址问题，中国科学院地理研究所的专家认为应在乐亭王滩兴建，而北京大学江美球和杨吾扬则认为应在迁安建设石景山钢铁公司分厂。大企业选址问题从总体看来属于地理学问题，虽然在区位计算方面需要使用数学方法。

区域四维全息发展研究，要求根据调查所得的不完备信息去确定整体的时空结合的四维规划，因而必须具备相应的全息思维能力。

全息学的横断普适性，为思考和分析提出一个思维方法论。实际上人们在思考问题时经常不自觉地使用这一思维方法，调查考察的操作都是从一些片断的诊断指标开始，再由这些指标猜想整体的特征，也即部分能够映射整体，所谓由表及里的现象学解释，"表"即指一些诊断指标，"里"即指反映这种指标的现象本质——整体特征。习惯上强调可以从过去推断现在，从现在预测未来，则是时段映射发展过程。

实际的科学研究，例如，古生物学根据化石的个别遗迹去重建物种形态和古生物环境；医生根据诊断指标，特别是中医可根据脉搏情况，而去决定病因或病种；还有植物可以进行无性繁殖，生物学的细胞遗传复制，即部分能复制出整体，细胞包含着生物整体的信息，这些实例研究都说明科研中的全息思维早已在不自觉地应用之中。福尔摩斯的侦探术也是一种全息思维判断。

当我们对黑箱（黑色系统）或灰箱（灰色系统）进行研究时，使用 S-R（刺激与反映）方法只可以从黑箱得到片断知识，以及对灰箱的一些片断理解；甚至于对白箱（白色系统）进行研究时，尽管对"子"系统的特征和相互关系已有了充分了解，但是为了推断整体特征，即白箱"母"系统特征，对上述这些情况，使用全息思维去研究（黑箱、灰箱、白箱等的整体特征），要比其它现有使用的研究方法更为有效。

根据区域综合开发的理论基础和深入开拓关系,以全息学的论断为基础,使用全息思维以"元化"思考的反向系列(图 2.1 从 4 经 3,2,1),即以全息思维的层次系列 1,2,3,4,对区域的不完备信息加以分析,可以得出下列 3 点结论:

(1)包括存在于内外结构中的信息同构传递和异构转化,结构的对应变换分析提供了这方面的系统信息,这可称之为全息互为映射。

(2)不仅客体内结构的各层次都包含着其他结构(外结构和内结构其他层次)以及整个内外结构的信息,而且反映整体某一断面的每一结构的相对独立部分也包含着整个结构的信息,也即部分能够映射整体。

(3)不论整体还是部分都是系统发展的产物,因而整体和部分的某一发展断面能够映射系统发展,包括反映过去和预测未来。第一方面意义的研究是进行第二、三方面意义研究的基础。此外,在确定某一局部发展时,都要考虑使其具有整体发展的映射和对应关系,包含着对发展周期与超循环性的系统演变预测。

据这三方面分析即可得出分区、分行业和分期相结合的区域综合开发研究。

传统的区域研究采用先部门后综合的"二步"调查法;区域综合开发研究是在各项有关区域开发利用管理研究(资源调查、地名普查、农业区划、工业普查、环境保护、文物普查、地方地理和地质等地学研究、地方志和市志、省情和市情的编纂、地方文史研究、旅游普查和揽胜、导游等方面研究和资料,还有政府的施政方针、国民经济计划和统计资料报告等)已有一定开展的基础上进行的。一般来说,对中小城市采用先在短期考察基础上提出战略目标及其相应对策,然后再进行带有一定战术性的子战略和基础研究,再在此基础上开展全息发展战略的"三步"调查法;对大城市(例如,北京的发展战略研究)则采用总战略与子战略同时进行,并结合互相交流配合的"平行"调查法。

我们在 1985 年至 1986 年初采用"三步"调查法对江苏连云港市进行发展战略的系统研究,其研究内容包括下列各方面:

一、战略目标及其相应对策——振兴连云港的八项措施

这一步(1985 年底至 1986 年初)着重进行战略目标分析,根据连云港港口在我国东部海岸中的脐部位置,市域的自然结构,广大经济腹地及其分层性的可能投入与产出关系,并考虑开放城市特点和大经济作物观点,提出了振兴连云港的八项措施。

(1)建议成立连云港经济腹地协作委员会,使其成为相应省区的协作实体;

(2)把开发区发展为内联外引加工区和金融自由贸易区;

(3)重点恢复花果山风景区,开展多种形式旅游;

(4)在上海宝山钢铁基地建成之后,争取在连云港建设钢铁基地;

(5)在北疆铁路建成,并接通原苏联铁路后,通过连云港大力发展亚欧的集装箱联运;

(6)建立合理的工业结构,也即使连云港成为重化工、电子工业、机械工业,以及为旅游服务的轻工业组成的协调结构;

(7)从大经济作物观点出发,把苏北建成开放型的农业基地;

(8)全面改善交通和通信条件。

其中(1),(2),(4),(5)四项措施在向该市领导汇报后,便成为该市对外宣传其重要性、吸引内联外挤的主要论据,并成为该市对外宣传和向上级汇报的主要口径,其他措施也为地方当局所重视,并在争取实现和贯彻实施。

二、基础研究和子战略探讨

第二步为在第一步调查报告基础上拟定出下列基础研究和子战略调查提纲。

(一)连云港发展战略调查研究提纲

1. 经济结构

(1)经济社会发展现状和趋势:

1)主要优势;

2)主要问题。

(2)经济社会发展的总任务与目标:战略地位→作用→总任务→目标。

(3)经济结构分析:

1)产业结构;

2)地区结构。

(4)经济结构的评价:

1)经济结构与区域背景及其分层性(港口与四个层次的腹地)的关系,投入产出的概略分析;

2)从世界经济、中国经济、江苏经济角度分析其经济结构;

3)部门经济结构与支柱行业的分析。

(5)投资经济效益的初步分析:整体经济效益、主要产业部门、市区、三县的各自经济效益及其对比关系的初步分析。

(6)经济结构对策:总体结构对策,主要工业部门的结构对策。

2. 开放型农业结构

(1)通过编绘各种土地专题图,并配合农业经济调查,研究本区农业的现状整体结构和地域结构分异。

(2)通过种植业优良品种及分布范围、蔬菜品种基地、食品工业原料基地、经济作物优良品种分布等方面调查,以及这些农产品的加工,销路,相应行业的调查分析,拟定本区种植业结构。

(3)通过畜牧业、养殖业、渔业基地、饲料和加工业的调查,拟定这些行业的结构。

(4)调查本区各种优良农产品与高级饭店的产销关系,拟定"盐商菜"菜谱发展方向。

(5)从贸-工-农的开放型农业结构和大经济作物观点出发,根据自然结构、产业结构现状和近远期发展计划的对比分析研究,拟定出新的农业结构方案,编绘"农业合理结构图"。

3. 世界经济与连云港发展

通过国际贸易背景,连云港四层腹地的进出口分析着重研究下列 6 方面问题:

(1) 现有企业如何利用外资改造提高,与外资合办新企业的可能性和方向。

(2) 如何促进三线企业与外资在连云港合作,发展电子工业。

(3) 连云港直接腹地的农产品、建材出口日本、韩国的可能性研究。

(4) 陇海线和兰新线通过连云港的进出口分析。

(5) 修通北疆铁路,接通原苏联后,连云港作为太平洋口岸与大西洋口岸,西欧、东欧和原苏联的经济联系分析,与原苏联纳霍卡港、苏维埃港,以及我国大连(接通集通线后)、秦皇岛(修通大秦线后)的对比分析。

(6) 内联开发区与世界经济关系分析,开发区发展为加工和金融区的条件。

4. 近现代历史地理

(1) 古代开发史。

(2) 名胜古迹历史。

(3) 海岸成长过程对开发历史的影响。

(4) 盐业开发历史及其与连云港地区开发的关系。

(5) 城市发展历史。

(6) 工农业在解放后的发展历史。

(7) 连云港现代发展落后原因分析。

(8) 远景展望。

5. 旅游开发

(1) 目前旅游基础和发展条件分析。

(2) 风景资源的种类和特征。

(3) 旅游土地类型图和分区图的编制。

(4) 主要旅游点、区的风景结构和观赏研究。

(5) 旅游开发建设和保护,以及经营管理的建议。

6. 气候研究

(1) 墟沟和宿城两地疗养气候研究,形成原因,气候特征,特别是温度和相对湿度两项指标的休养评价。

(2) 研究连云港市域的暖温带南部气候和北亚热带岛状气候的特征,确定它们的实际分布,对农业开发的评价。

根据这一研究提纲,在 1986 年 7,8 月分成产业结构、开放型农业结构、旅游开发、农业气候和康乐气候、历史地理和文化景观等组进行调查考察,并完成了下列专题报告:① 历史地理;② 人文景观的历史发展和现状分析;③ 气候特征及其农业评价;④ 康乐气候;⑤ 农村产业结构的调整探讨;⑥ 经济发展综合诊断分析;⑦ 工业产业结构对策探讨;⑧ 旅游资源开发战略;⑨ 全面分工、统一规划,建设连云港-石臼所港口体系;⑩ 开辟陇海大陆桥,发展连云港陆桥集装箱联运。

三、区域全息战略和实施政策研究

1986 年底 1987 年初在前两步研究基础上,开展第三步研究,补充修改战略目标分析,完成了"区域全息战略和实施政策研究"报告,并汇总三个阶段研究成果,完成"连云港市域发展战略"一书作为研究成果。

此项研究为连云港发展战略提供论据。1985 年底笔者向该市汇报了"把连云港建成东方鹿特丹和苏黎世"的意见(其后把此文扩大为"振兴连云港的八项措施"),不少人感到不可思议,认为"鹿特丹港是世界第一大港,连云港在我国沿海中只能排行老八;苏黎世是一个自由度很高的内陆发达城市,而连云港城分离得不太像一个城市"[①]。

实际上,该市 1987 年在上海经济区讨论会上的发言,便主要根据我们所提出的意见,把连云港作为上海经济区联系中原和西北广大地域的出海口,从而使苏北受到以长江流域为主的上海经济区所重视。该发言还根据我们所提出的两项措施,即成立连云港经济腹地协作委员会实体机构和在修通北疆铁路之后,发展欧亚集装箱运输,而使连云港受得广泛注意。

我们对河南安阳市和甘肃白银市的发展战略研究,基本上也是采用类似的三步法去进行调查考察,并完成了相应有关该市发展战略的专著研究。连云港、安阳和白银市三地级市研究是本项研究的案例。我们近年来也利用众多机会,参加相应的讨论会,并广泛进行调查考察,完成众多省级、地区级、县级、镇级、湖区、有关区域、甚至地段级等的案例和一般实例研究。

在这些众多案例和一般实例研究中,我们还特别重视在完成研究之后,与地方当局进一步落实相应战略措施,促进具体地域或地方的开发。例如,我们协助安阳落实历史文化名城的上报,使该市 1987 年被批为第二批历史文化名城;其后又为该市汤阴县易经发源地羑里城的旅游开发组织相应学术讨论会,并提出易经朝圣旅游为安阳外汇旅游的突破口,而促使该市外汇旅游进入实质性的发展。

再如,我们对广东省陆丰县的玄武山-金厢滩海滨旅游区的研究,除了为其完成宣传论证报告、发展战略和旅游开发研究外,还专门写了"解放思想,把玄武山-金厢滩海滨旅游区加快建设"的有关政策报告。并为该县和旅游区所在地的碣石镇领导和干部分别作了报告,获得该地很大欢迎。其中第三份报告可视为一种决策管理系统和反馈系统研究。

经过我们宣传论证,该旅游区已被列入 1988 年广东省"旅游好世界"30 个候选名单中,其上报申请为省级风景名胜区的报告也由我们起草执笔。该旅游区具有神海沙石兼备的风景结构,而在广东沿海中同时具有这 4 方面特征的可算首屈一指,在华南海滨中也很少见。目前是粤东旅游热点,但还不太为外地人所知道。我们还建议粤东旅游投资可以此区为重点,以及尽快建设为粤东旅游黄金海岸,并促使其转变为华南旅游黄金海岸。我们还请中国书法家协会启功主席专门为此旅游区题"粤东旅游黄金海岸",并已刻于金厢滩海滨摩崖上,成为该区一个新的景点。

---

① 秦光汉主编:低谷的崛起——陇海-兰新经济带联合发展之路,海洋出版社,1989 年,183 页。

区域综合开发的调查考察研究不只局限于战略和规划的论证上,而且还应注意在完成任务之后,与地方当局共同落实相应措施,以使区域综合开发研究参加决策的管理系统工作,具有追踪决策性质的研究,也可使区域综合开发研究的成果应用得以充分落实,形成实体的地理建设。

下篇　案例和实例研究

第十章　中国国土整治和发展
战略的总体问题[*]

一、总体意识

国土整治与发展战略有着密切的关系,国土整治研究为发展战略提供区域的背景条件分析,发展战略为国土整治提供整治规划的发展远景框架.要进行全国性的国土整治和发展战略研究必须有一定的总体意识,特别要根据我国地理条件和经济发展阶段去建立这种总体意识。

(1) 怎样联系我国的地理条件,建立国土整治和发展战略的总体意识。这必须以区域结构的对应变换研究,也即以各种地域结构的全息互为映射为基础,从提高人的价值观出发,针对具体资源优势、产业结构与技术结构的调整,以及使贸易结构逐步从内向型向外向型的转变,去拟定长期规划方案和整治方针措施。

(2) 我国作为一种后发展社会,目前正从广大的农业社会向工业社会全面推进,恰又受到第三次浪潮信息社会的冲击,因此我国(包括不同地区)的产业结构发展战略,必然是利用各种不同技术层次的适用技术来组合成混合型的经济结构。我国必须补第二次浪潮的课。

(3) 怎样补第二次浪潮的课。为了尽快把我国建成一个工业社会,我们需要继续发展传统的重化工工业,以满足国家建设日益增长的需要.据预测,到本世纪末我国所需要的钢要超过 1 亿吨,很可能要达到 11 500 万吨。其他原材料的需要量也很可观。

此外,我国还必须大力补铁路建设的课.铁路交通的通达性和相对便宜性是显而易见的,我们不能只从铁路运输可能被其他交通运输方式所代替,而认为可以停修铁路。公路和铁路、水运和铁路是互相补充的运输方式,具有互相促进、彼此发展的作用,而不是可以互相代替的。

在什么地方补第二次浪潮的课。1981 年笔者到福建考察时指出,福建是我国东部沿海发达带的不发达省份,而福建东南沿海又是这一不发达省份的发达带。在这类地区,以其中的中、小城市补第二次浪潮的课最为合适。这类地区可以列为我国新的重点投资带,

---

　＊　一至四节内容原载《国土资源开发和区域发展研究》,人民教育出版社,1987。

逐步在以后的五年计划中加以安排。

在这类地区投资效果一开始可能不如传统的发达区,但其后效却有可能超过发达区(发达区具有一定的畸形膨胀和老化的病害),若有一定的人才和技术保证,新发展区的后发性效益,常使其超过发达区。

(4)大城市,特别是特大城市超前发展的规律有其自发性,但我国的特大城市,特别是上海和沈阳等城市存在着相当严重的大城市病。其病症为:① 依靠廉价原材料和农产品的计划调拨已日益困难;② 不少设备落后陈旧,面临着如何淘汰这些设备的局面;③ 交通、通讯、电力条件都超负荷运转,交通堵塞尤其严重;④ 环境相当恶劣。

针对上述情况,我国的工业布局应该来个根本性的转变,特大城市要升级换代,向高精尖技术转化,第二产业要向大、中、小城市转移。实际上,我国目前那些接近50万人口的中等城市都会逐步转化为接近或超过100万人口的特大城市。

要做到根本性的转变并不容易。例如,北京就因为把现有工业看作是一种成就,因而不少人认为要继续发展。尽管北京现在已出现相当严重的"大城市病",北京的水资源缺乏更要求控制传统工业的发展。因此,如果继续发展北京现有工业,只能导致出现更多的问题,使水资源更为紧张。

二、国土整治区划的原则和分级系统

国土整治区划是国土整治的基础性科学研究,是国家因地制宜合理开发利用国土资源,治理保护环境,进行国土规划的依据。全国国土整治区划为拟订全国性国土整治总体规划服务,进而据此部署国土整治的全国性战略性措施,包括部署一些带有部门性的战略措施。

由此可见,国土整治区不同于自然区和经济区。这两种分区是实际存在的实体区,划分出来以后,反映区内有一定的共同特征,因而又具有相应的合理利用方向,反映一定的共同功能或职能,或一定的枢纽吸引范围。国土整治区也不同于行政区,行政区是一种行政管理范围,其内部不一定具有共同特征,更不起一定的共同功能或职能,枢纽区的吸引范围也不一定与之一致。而具有不只一种功能或吸引范围的行政区,更利于该行政区的综合发展。

国土整治区介于上述几种区划之间,反映了一定的规划结构职能,又必须进行相应的实施这一规划结构的管理工作,也即要求有一定的行动,才能达到预期的目的。因此国土整治区是一种专门的分区,可称之为规划行动管理区。

国土整治区划是国土的开发、利用、治理、保护等四方面任务的综合分区,作为一种规划行动管理区,必须密切结合中央开发建设我国的战略部署来进行此项工作。我国国民经济和社会发展第六个五年计划有关地区经济发展计划部分,明确把全国分为沿海地区、内陆地区、少数民族地区(即边远地区)三类,并要求"积极利用沿海现有经济基础,充分发挥它们的特点,带动内地经济进一步发展"。这可作为划分一级国土整治区的主要根据。

国土整治总体规划与城市规划相比,其主要工作是编制区域规划总图。进行此项工作必须在考察、调查基础上为该区拟定一个自然条件和自然资源开发利用方案,据此再进一步拟定一个发展区域生产力的总方案。这个方案包括相应的基础结构(交通、水利、能源、居民点设施等)和生产力布局规划。对一些带有战略性的重大建设问题和项目,还必须在总方案基础上开展专门的研究。所有这些工作的目标函数是在不破坏生态平衡的基础上,拟定一个能发展大规模商品生产的总体协同发展方案。考虑到我国经济发展在较长时期内还必须处于混合型经济结构状态中,因此不能要求是同步发展方案,只能要求为总体协同发展方案。在贯彻这一方案过程中进行相应的管理工作,拟订加速这一方案实现的政策规定,包括作为立法的硬政策,以及一般制约措施的软政策。因此,划分出来的国土整治区必须具有以下特征:

(1) 自然条件和自然资源结构的相对一致性,即相似性。

(2) 社会经济条件的相似性和联系的密切性,可以是一个经济功能区,也可以是一个枢纽吸引区,或者同时两者都兼而有之。

(3) 开发、利用、治理和改造途径的相似性。

(4) 地域完整性,相应于一定的地理区域。因为国土整治分区具有一定的管理区性质,因此必须充分考虑行政区划作为分区的基础。

根据上述这两方面的原则,我们拟定了下列国土整治区划分级系统及其相应划分根据。

(1) 从国土整治开发顺序和关系出发,根据中央开发建设我国的战略部署,加强各区的区际联系,发展大规模商品生产,首先把全国分为三个一级区,称为地区(或带)。

(2) 每个地区(带)根据自然条件和经济特点的相似性,对外交通和商品贸易关系分为一系列二级区,称为国土基本整治区。

(3) 一、二级的划分以省级行政区划为基础进行分组划区,只有甘肃省例外,分为两部分。

(4) 为全国国土整治总体规划服务的国土整治区划分到一、二级区,进一步分区属于省级国土整治区划任务。为了补充只划分到一、二级区的不足,还必须进行区域性的国土整治选片工作。为此,另分出四类重点整治区。重点整治区不覆盖全国领土,由于其类型的差异,有些重点区也可以有一定程度的重叠。

1)经济发达带(或区)。

2)环境失调或利用不当而急需治理,或为开发不够而生产潜力大的农业结构区。

3)重点流域开发区。

4)矿产资源开发区。

三、中国国土整治区划方案

我国长期以来强调自力更生,没有强调发展商品生产,经济发展具有很大的封闭性,国内的重要货流主要是北煤南调,南粮北调,以及发展区的工业产品支援不发展区,出口贸易也不够发达。为了发展国内外大规模商品贸易,我们认为我国今后更应加强东西部联系,以达到真正的"内联外挤"。目前,以南北向为主的联系还是全国性的封闭性自给经济的表现。

据此,我们首先把全国自东向西分为沿海地带、内地地区和边远地区三个一级区;这三个一级区又根据上述分区根据,进一步分为若干二级区,便得出如下的区域方案(图

10.1)。

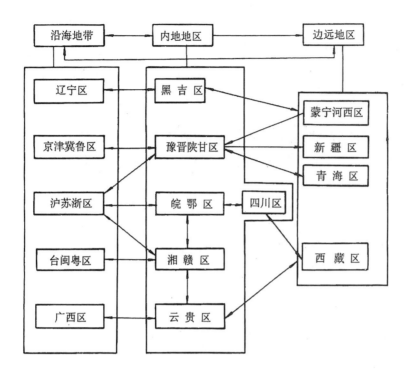

图 10.1 中国国土整治区划方案

作为国土基本整治区的二级区必须分区研究其决定生产力布局的四个主要自然结构：① 气候水热结构；② 土地结构；③ 水资源结构；④ 矿产资源结构。然后分析其能源基地，区内经济发达带（或区）及其相应中心城市，港口和交通状况，合理开发利用措施，环境和自然保护方向。上述这些方面的综合分析将决定该区的基础结构方向和区域总图方向，后者即为该区的经济结构发展方向。

除了研究各基本整治区的特征外，还要研究如何加强图 10.1 所列的区际联系，正是这方面的研究更有助于拟定国土总体规划，特别是部署国土整治的全国性战略措施。因此我们要特别注意各二级区的东西向以及出海联系。

一级区的三个区带划分反映出一定的自东而西的技术梯度，但实际上，由于发达区带之中存在着不发达区，不发达区之中也有相对发达带，因此存在着局部地区的反梯度。

我国东部沿海存在着相对不发达的苏北、福建、粤东、广西等地。整个东部存在着两个经济低谷：① 陇海沿线，特别是其东段的经济低谷；② 整个京汕线（从北京经九江到汕头）沿线的经济低谷，其东部的众多山区也是经济不发达区。

与此相反，中西部地区内部也存在着一些相对发达地区。西北的关中平原和众多绿洲，以及兰州和白银等工业城市，西南的成渝线沿线地区，以及成都平原等都是发达地区，某些布局合理的三线工业则是一些局部的人才技术集聚地，也应视为发达小区或点。

针对我国经济发展的上述不平衡性拟定各个分区的发展战略是非常重要的。

我国经济发展的不平衡性不仅反映了经济本身的发展差别，而且也是环境容量的一种反映。东部的环境容量大，有利于经济充分发展，西部环境容量小，对经济发展有很大的限制性。"东靠西移"主要反映技术西移的趋势。目前流行一种看法,认为西部资源丰富,东部资源贫乏,这种看法是不全面的。东西部资源各有其特点。从环境可能容纳人口的数量来看,应该说东部优于西部,对矿产资源来说,很难对比出哪一方有优势。因此认为西部在下世纪之初能成为我国建设重点是不对的。若建设方针正确,我国西部是很有希望的,可以充分发挥后发展地区的后发性效益,但因其所占的国民经济比重不大,故不能成为我国建设重点。

西部在引进技术时,特别注意引进适用性的技术,其中也包括适当的高技术,这就是西部技术发展战略的"传统与新技术结合"的方针。从环境保护来看,西部处于内陆或江河上游,更需引进"高"技术,以避免污染。

有人把我国与美国比较,认为美国发生过经济重心自东向西转移的趋势,因而认为我国也会这样。这是忽略了中美两国地理条件差别所引起的错误对比。我国西部处于内陆贫瘠地区,并未延伸到大西洋;美国则是越过内陆,一直延伸到太平洋东海岸。正是东海岸的优越地理条件保证了美国在一定条件下发生自东而西的经济转移,而中国西部内陆的贫瘠地理条件无法提供类似美国这一过程条件的可能性。

四、总体发展战略

目前所提出来的各种生产力布局理论(梯度论、多极化论、增长极论、点轴开发论等),都是根据区域经济不平衡发展而提出来的。

从我国现有的经济不平衡性来看,梯度论反映了最高级尺度的不平衡性;多极化论和增长极论反映了局部梯度的存在和可能;点轴开发论是梯度和增长极结合的产物。

全国国土总体规划纲要提出:"在生产力的总体布局方面,以东部沿海地带和横贯东西的长江沿岸相结合的 T 形结构为主轴线,以联结重点资源开发区的主要铁路的沿线地区为二级轴线,构成我国国土开发和建设布局的基本框架,并初步形成比较合理的交通运输、电力和城镇网络"。

结合上述各种生产力布局理论和全国国土总体规划纲要要求,并为了加速商品经济和出口贸易的发展,改变我国经济的内外封闭性,我们提出了下列 T,Y 和多 I 战略,可以简称为"TYIS"战略。

除了大家比较熟悉的 T 形结构外,杨吾扬根据我们有关发展陇海线经兰新线的欧亚大陆集装箱联运的观点,认为还可以加强另一个 Y 结构的布局,即 T,Y 战略。所谓 Y 结构是指东起连云港经陇海和兰新线直达中哈边境,并在兰州分出一支经西宁和格尔木延至西藏。我们认为这是一个潜在开发轴。最近又提出了沿黄能源(煤、天然气石油、水能等)富集带开发轴,都说明华北延伸到甘青东部存在着一个潜在的重点开发轴(带)。

除了 T,Y 这两个结构外,实际上还存在着不少直接出海的 I 形结构,如东北经大连出海;内蒙古和晋北经秦皇岛出海;山西、北京、河北经天津出海;山东经青岛出海;山西经新乡、兖州从石臼所出海;江西经福建的福州和厦门出海;广西和贵州经湛江出海;还可以打通江西分道经宁波和温州出海的两条途径,江西向南经汕头出海的九汕线,昆明经南宁到防城和北海的出海途径。正是这些众多的直接出海的 I 形结构,与 T,Y 的两个主要结构构成了我国生产力布局的"TYIS"战略。

从"TYIS"战略出发,我国目前开发战略与之相应的是甘肃社会科学院副院长徐炳文所提出的"一个半重点",即除沿海作为重点开发外,沿各轴的增长极,特别是地理学上划分的内地地区的增长极也应为重点,即所谓半个重点。例如,国家计委所划分的西部地区中三个明显具有中部地区性质的位于T,Y轴上的区域:① 四川盆地;② 关中平原;③ 甘肃兰州—天水—白银三角区。这3个区域完全有条件列为国家开发重点。

为了实施"TYIS"战略,必须加速下列建设:

(1)合理布置我国海港建设。我国近期海港建设由于宝钢、北仑港和石臼所港这三项工程未能集中建设,因而没能形成综合运输力量,这方面的具体分析,我们下文还要论述。目前需要针对现状重新调整分工。结合建设钢铁联合基地,促使连云港发展为一个以发展欧亚集装箱联运为主的综合性港口;结合修建金温铁路打通江西和浙西的直接出海口;合理建设丹东大东港、营口鲅鱼圈港,以分流大连港口的压力;把北京的进出口货物改从秦皇岛转口,以分流天津港口的压力;把石臼所港发展为出口煤炭和进口铁矿,供内地发展钢铁工业(例如,在河南安阳把安钢扩大为钢铁联合基地)的专业港;修建九汕线以扩大汕头港腹地;修通南昆线以扩大防城和北海两港的腹地。这些都是应该逐步列入计划的调整措施。

宁波存在着众多的有利条件,可以发展为我国一个外向型的、靠水路转运的、大中小码头结合的综合性港口,承担我国中部,甚至整个沿海的远洋进出口任务。

对大连、天津、上海、广州这些传统大港,以及烟台、福州、厦门、湛江这些中、小港口也应加以发展。为了开发海南岛,也应扩建海口、洋浦和三亚等港。

(2)加速长江黄金水道开发。除了重点开发南通、张家港、镇江、南京、九江、汉口、重庆等港外,要开放城陵矶(岳阳),充分利用裕溪口、枝城、汉口、浦口等煤港,建设沿江中小城市,以带动这条水道的航运建设和发展。张家港还可以作为长江流域的一个集中保税仓库基地加以建设。

(3)通过把陇海线东段的淮海经济区作为第二产业的重点投资带,建设连云港,随着北疆铁路接通原苏联铁路,以带动Y字形结构的发展;目前青藏铁路已修至格尔木,有利于把青海转变为外向型经济,开发青海龙羊峡至宁夏青铜峡的黄河水电和有色金属开发区,以加强兰州经济的辐射吸引作用。

(4)加强各I字形结构的出海港口的扩建和腹地建设,以及两者的交通联系。沿海地带中部一些港口的近腹地主要是京汕线一带,修通京汕线是振兴这一经济低谷的关键,再通过相应的出海铁路的建设,京汕线经济低谷才能更快地振兴起来。

在上述"TYIS"战略布局的控制下,还必须有与其相应的子战略措施:

(1)作为第一产业的农业,主要是在进一步提高高产农业区(包括南方的一些三角洲和河谷平原,华北、东北两大平原和一些河谷平原有水源灌溉的地方,西北绿洲的灌溉农业区)的商品率,包括粮食和经济作物的商品率。同时,综合开发南方丘陵,并提高自东北经华北延伸到西南,也包括西北东部的广大旱作农业区的产量这三个方面。

(2)作为第一产业的矿业开发,必须明确:世界上任何一个大国,由于矿产在地球上分布的不均匀,都不可能达到矿产全部自给。各国间必须互通有无,多的要争取出口,少的要加强进口。有些矿产比较复杂,例如铁矿,我国储量虽大,但贫矿多、富矿少,因此通过钟摆式出口煤进口铁的途径,在沿海和内地(例如安阳)建设钢厂是一条更为合理的发展钢铁工业的道路。

有些具体布局常取决于究竟是进口富矿,还是利用国内贫矿进行选矿烧结的问题。例如,安阳与邯郸、迁安与乐亭王滩都有建设钢铁基地的条件,若考虑进口矿石,安阳方案有利;若考虑利用国内铁矿,迁安的方案有利。乐亭王滩正在建设相应码头,而安阳可以经过石臼所进口,实现钟摆式运输。

(3)作为第二产业的公用事业、建筑业和加工业是我国必须大力进行的"补课"建设。一般认为,控制大城市,特别是特大城市的发展,大力发展中、小城市。可挑选发达地区中的不发达区,或不发达区中相对发达的中、小城市作为我国补第二次浪潮课的近中期建设重点。

(4)第三产业包括交通运输和各种劳务服务业,我国都需要大力发展。最近还从第二产业的制造业和第三产业的科技教育部分分化出来形成第四产业,即科技信息产业。我国的大城市要升级换代,必须考虑第四产业的合理布局问题。蔡渝平曾以北京为例探讨了第四产业,即科技信息产业的区位布局原则。

旅游业是第三产业中的最重要的产业。我国旅游资源丰富,应该大力发展,要为不同风景城市名胜区拟定合理的旅游发展战略。例如,北京的旅游发展战略,据我们意见,可定为重点发展古都和历史胜迹游览,配以自然风光的观光旅游,丰富和提高娱乐和购物旅游内容,大力发展各种形式的特殊旅游,发挥北京旅游的吸引和辐射作用,分层次带动相邻省区、甚至全国旅游的发展。

最近还有第五产业的提法。什么是第五产业?童大林把第五产业视为金融业。如何布置我国的金融业,除了分区在沿海建设一定的金融中心(如大连、天津、上海、广州等)外,还需要在各特区建设金融开放市场,可在连云港建设离岸型的"金融特区"。

一般把第五产业理解为康乐伦理产业,主要是从传统的第三产业分化出来的。第三次浪潮的标准是第四产业成为优势产业,第四次浪潮的标准是第五产业成为优势产业。第五产业需要通过引导和刺激来发展该类产业,其竞争性特别重要,包括娱乐、休养、旅游、时装、文化欣赏、宗教、身心训练和修炼等。加工业中还分化出一类专为第五产业服务的行业,如艺术产品、工艺商品、时装加工、娱乐用品、甚至电视电影、录音录像等都属于这一行业。怎样在我国合理发展和配置这些行业,也是发展战略研究必须考虑的。

第三、四、五产业除了交通运输产业外,合称为新产业。尽管目前我国基本上还处于第二次浪潮中,但新产业的发展和布局问题也应列入国土总体规划的内容中。

产业结构的布局着重于国土的开发和利用,也必须注意国土的治理和保护。从这方面来看,我国环境和自然保护的战略措施要包括:

(1)要合理配置城市工业,特别是对污染工业要布局在城市的下风下水位置(前面已提供了这方面的一些原则和案例研究)。从全国角度来看,尽量在沿海布置污染工业,这要比在河流上游布置更为合适。沿海地带,特别是中、小城市应该成为我国补第二次浪潮课,发展传统工业的重点地带。当然要加强三废的治理,并适当利用天然(包括海洋)的自净能力,来消除"三废"污染。

(2)要加强水土流失和风沙危害的防治,开展水土保持工作。特别要加强山区和黄土高原的封山育林措施,以及沙漠外围边缘的防风固沙措施。平原地区要防止地上河的洪水决堤危害。我国不只是北方有些河流早已变成地上河,而且南方的河流也有不少变为地上河,其中特别是黄河和长江危险最大。如何防治它们可能造成的水害,已成为国土整治最棘手的问题。例如,长江三峡水库从防洪角度看来不但必须修,而且需要尽快修,有关移民的困难和生态影响与防洪比较起来都是次要的。三峡水库的宣传偏向兴利,一些不够了解实情的社会人士、生态学家和地理学家只拿兴利所在与移民困难和生态影响相比较,忽略了防洪的重大意义,因而大力反对修建三峡水库。当然,由于我国的现有国力有限,对修建这样的大型水库还是有困难的。

五、农业发展的全国性战略[*]

农业作为第一级生产活动,其特点是必须进行种植和饲养,并进行相应的经济管理,才能提供产品。要进行这些工作,必须在一定的区域上进行,因此,拟定农业发展的区域性战略是发展农业的必要基础,农业发展的其它战略措施(增产措施和经营管理体制等方面的战略)也必须与区域农业研究相结合,才能收到更大的实效。

我国国土广大,各地的自然经济特点差别很大,人口多,按人平均的各项指标都不高。最主要的地理特点可归结为下列四点:

(1)温度自南向北降低,从赤道带(主要是一些海岛)经热带、亚热带、暖温带和中温带一直分布到寒温带(指黑龙江省大兴安岭北段山区)。

(2)降水自东南向西北减少,东南气候湿润,分布森林。而由东南部逐渐向半湿润森林和森林草原、半干旱草原气候过渡,最后转变为西北内陆的干旱半荒漠和荒漠气候。

(3)地貌复杂,平原、高原、山地镶嵌交错分布,引起水热条件的分异;在干旱的西北地区因得益于高山冰雪融水的滋润和灌溉,而分布有绿洲;垂直带农业分布在山地,也包括一部分高原,垂直农业有非常明显的表现。

(4)人口分布很不平衡,经济开发也不平衡,人均指标各地相差很大,不仅东西部差别大,就是号称为东部的开发区,也分布有不够发达的丘陵区。西部开发较差,但绿洲却常分布着开发水平高的集约农业。

总之,我国具有温带(包括暖、中、寒三个温带)、亚热带、热带、赤道带各种气候温度条件;东部季风区属半湿润和湿润区;西北虽属于半干旱和干旱区,但只要有灌溉条件、蒸腾系数加大,则有利于提高作物产量和品质。青藏高原水热条件相对较差。我国大部分面积属温带和亚热带。热带只分布于琼、粤、桂、滇的南缘,面积相对较小。热带和亚热带之间还有一定面积的南亚热带,可以适当发展一定的热作。赤道带是一些海岛,农业生产意义不大。因此从气候水热条件来看,我国必须充分利用温带和亚热带的水热资源,尽可能利用面积较为有限的热带(包括南亚热带)的热量资源去发展热作。

在发展相应的大农业构成方向的同时,必须特别注意发展商品生产,包括商品粮和经济作物。例如,我国有两个水果生产带。北方的暖温带(包括辽南、山东、河北、淮北、山西、陕西中北部、甘肃东部、南疆等地)是苹果、梨、葡萄、杏等水果的主要产地;而南亚热带(包括台湾、福建东南部、广东沿海一带、广西南部、滇南边缘地区等地)是荔枝、龙眼、柑、菠萝、香蕉等水果和甘蔗的主要产地。这两个气候带是我国水果种类多、产量高的产地。南

---

* 原载《国土整治的区域性战略分析》,河南大学学报(自然科学版),1984,(1)。

亚热带还是种植大叶种茶(适于加工红茶,广东英德在这方面有丰富加工经验)、花卉、蔬菜的地方。因此,我们曾向福建省与汕头、广州等省市建议把亚热带发展为一个经济作物生产带,甚至可通过出口商品所得的外汇留成,用以进口粮食来供应居民口粮,而把更多的土地腾出来发展水果、甘蔗、花卉、蔬菜等生产。

在上述这些复杂的地理条件中,我国的高产农业区主要分布于南方的一些三角洲和河谷平原,以及华北、东北两大平原和一些河谷平原有水源灌溉的地方,还有西北绿洲的灌溉农业区。从自然条件来看,南方的丘陵,自东北指向西南分布的半湿润地区的旱作,以及半干旱草原(非砂性土地段)的部分旱作的生产潜力并没有得到充分的发挥。因此,如何综合开发南方丘陵、开展旱作农业增产研究,最近受到了广泛的重视。

总之,我国农业发展的全国性战略方向应该是在进一步提高农业区的商品率,包括粮食和经济作物的商品率的同时,综合开发南方丘陵,提高广大旱作农业区的产量,解决了这三方面,我国农业将会开创一个新局面。

《光明日报》曾经刊登文章,说中国未来的希望在西北,强调西北有丰富自然资源,农牧业生产都有很大潜力,西北将来是安置内地过多人口的主要地区。我们认为,这篇文章的基本前提是错误的。长期以来习惯强调西北发展不够,其实这只是以面积作基数来看,才显得西北地广人稀,西北近年来的开发,实际上是牧场过度放牧,绿洲人口密度大大增加,灌溉农业上下游水源矛盾不断增加,土壤盐渍化也相当严重。与此相反,气候水热条件优良的东南丘陵,甚至部分平原地区,还有广大的旱作农业带,实际上并未得到充分发展。

总之,中国自然条件东部远比西北优越,中国的人口和经济比重主要在东部,西北怎样能成为中国的希望呢?我们认为,我国的经济发展特别是工业和城市发展应走一条不平衡发展的道路,即应先东部沿海,后内地,再边远地区;农业因发达地区人均耕地太少,可适当稍为均衡发展,重点发展上述三方面(包括西北的绿洲灌溉农业)。若中国未来希望在西北,那么便应重点发展西北,但实际上,在西北投入大量资金,其所能发挥的效益所占全国比例是相当有限的,远不能解决中国经济,包括农业发展问题。

还有,钱伟长曾去西北讲学,说新疆可发展成为加利福尼亚,加利福尼亚是亚热带地中海型气候,夏干冬湿,新疆是温带荒漠气候,雨量稀少。两者自然条件差别很大,新疆怎能发展成加利福尼亚呢?特别是在农业方面,这是完全不可能的。我们要开发新疆,重视西北,只能说新疆、西北未来是有希望的,但不能把中国未来希望寄托于西北,也不能寄托于把新疆发展为自然条件完全不同的加利福尼亚,否则,那将是会落空的希望。对目前来说,怎样发展我国东部还为更重要,不仅农业应以东部为重点,林业、牧业(包括饲养业)也是东部更有发展条件。

在全国农业科学辩证法第一次学术讨论会上,刘巽浩便认为,单纯从自然生态观点出发,采取"重边疆,轻中原","先难后易"的战略思想,恐怕是一种扬短避长的作法,他还建议把投资放到自然条件较好,人力较多,而且目前产量潜力较大的中下等水平的地区去(如江淮平原、江汉平原、黄淮海地区),讲究经济实效。王传书也认为:"集中力量建设'三北防护林'的目标也应调整,目前林业建设的重点应放在我国东南部农区",当然应该是指分布于我国东南部的山地和丘陵,平原区也应广泛进行四旁绿化和营造各种防护林。"三北"防护林体系的重点应在水土流失和风沙为害严重的半湿润向半干旱过渡的地带。

不同气候地带内沙质地面的植被恢复能力和沙丘固定方向各有很大的差别。例如我国的半湿润和湿润气候条件下的小片沙地只要加以封禁,流沙很容易固定;森林草原的成片沙地(像辽西的科尔沁沙地)进行封禁和造林也比较容易恢复植被。内蒙古中东部草原气候条件下的"沙漠"也可采取封禁与造林相结合的固定沙地方法,但已比较困难,因此常常采用乔灌草相结合的造林固沙方法(例如,毛乌素沙区)。内蒙古西部半荒漠气候要用封禁、人工种植灌木和机械固沙三者相结合的方法进行固沙。阿拉善、沙西走廊、柴达木、新疆大部分的荒漠气候区若要求固沙,只能进行机械固沙,还必须特别注意保护天然植被。上述这些固沙方法,都要求有一定的经济效果,才值得进行。没有一定的经济意义,盲目去进行固沙,是完全没有意义的。

怎样防止沙漠向其外缘发展,人们一开始考虑得比较简单,总认为在其外缘建立一条森林带,作为绿色长城便可以解决防止沙漠入侵问题。例如,非洲撒哈拉南缘的防护林带设想(长 6 000 公里,宽 25 公里)便很不现实,其原因有下列几点:① 经费过多,每公顷须100~200 美元,总共要花 15~30 亿美元;② 由于自然条件差别大,有些地方相当差,造林技术还不能保证能够形成茂密生长的连续林带;③ 造林后所能引起的大气候改变,特别对降雨量的增多,是很为有限的;④ 由于沙漠前缘的流沙分布并不连续,就是造这样一条林带,也制止不住沙漠南侵。

针对这些问题,重新提出的方案是建立一条 50~100 公里宽的综合合理土地利用经营区域。在这个区域内包括植被保护更新区、控制放牧区、农业区和森林营造区等。

我国的三北防护林体系也经历了同样的演变过程,最早提出的方案也是几条从东北一直横贯到西北的林带。生态学家胡式之首先提出这种设想方案是不现实的,特别是在西北的半荒漠和荒漠地区,那里没有灌溉便不能造林,营造连续的林带既没有经济意义,也是不可能的。以后,才由防护林带方案逐步改变为防护林体系的方案。

我们认为,要防止沙漠外侵,必须根据沙漠外围的气候水热特点(也即绿化的气候条件)和土地结构(主要是绿化的地貌和土质条件)去拟定一个合理的土地利用结构带,可以包括有封禁绿化、造林、种草、控制放牧、农业等不同土地地段。要营造这样一个合理的土地利用结构带,不设法解决沙漠外围地区的人口和牲畜过多的压力是有困难的,尤其是需要有一定的社会经济基础条件加以保证,才能得以实现。社会-生态系统研究将有助于解决这种区域性问题。

六、国土整治重点区 *

国土重点整治区分为下列四种类型:

1. 经济发达带(或区)

每一个国土基本整治区,在其内部都存在着一定的经济发达带(或区),对这样的经济发达带进行相应的整治,可以获得更高速度的发展,同时还可避免和克服不必要的环境破坏和污染。

这种经济发达带经常以境内的城市网络为中心,一般不受行政地域限制,相当于一定

---

* 原载《中国国土整治问题探讨》第二集,能源出版社,1985。

的经济吸引范围或协作区。一般来说,在这样的区内进行协作的经济效果是成本小而利润大,并且由于区域范围较大,环境有一定的缓冲容量,因而预先拟定防止环境污染的规划,能以最小的"社会不经济性",获得令人满意的经济效果。这样的发达带一般说来是指与其境内中小城市体系发生以产业联合为主的经济联系的地区,而不是指其商品交换的广大腹地范围,由于经济联系的复杂性,因此其周围边界一般说来都具有浸润性的模糊性质。

这类经济发达带的整治可按上述国土开发的三个阶段分期逐步加以调整进行。

2. 环境失调或利用不当而急需治理,或因开发不够而生产潜力大的农业结构区

我国自然环境变异性极大,因此这类地区有比较广泛的分布,这类地区环境目前大多处于不断破坏和恶化阶段,生产力也相对较低,因此对其整治也可分下列三个阶段来进行:

(1)近期注意调整养殖业,发展以市场信息为变化的各项养殖,解决资金来源,提高人民物质生活水平。

(2)中期根据该区气候水热和土地两方面的自然结构去拟定农业商品生产专门化方向。在完成上缴国家任务之后,必须根据所能提供的商品生产,发展产销农工商一条龙的多层加工的专门产业。为了促进农业商品生产专门化的发展,必须相应采用一定的工程措施予以保证,逐步治理原来破坏相当严重的环境。

(3)远期采取一定的治理恢复环境的措施,特别是在河流上游陡坡封山育林,恢复植被;缓坡进行相应的田间工程,发展经济作物;平地采取水利措施,提高作物产量,并因地制宜地发展畜牧和养殖业。

上述两种重点国土整治区的整治步骤,正是根据协同学原则拟定的。近期抓见效快的快变量,中期抓符合该地自然和经济结构的商品生产方向,远期配合环境治理和保护,考虑恢复植被和合理商品生产方向这两个慢变量,去建立一个符合该地自然结构的有序协同经济结构。这就是上面所说的总体协同方案。目的是使国土整治同时考虑经济、生态和社会三方面效益,分近、中、远三阶段,协同发展。

3. 重点流域开发区

首先针对流域内的自然条件、经济状况和水利资源,进行全面评价,结合防洪、灌溉、供水、发电、航运、水产等方面,作出阶段性的和梯级性的开发规划方案。环境和自然保护问题,包括防止污染、防止水土流失和次生盐渍化,跨流域引水还须考虑可能的生态影响,也是现代流域规划必须考虑的内容。在这两方面基础上再考虑流域内的农业和矿产资源、经济开发现状,拟定该流域的工农业、交通和居民点的发展规划方案。

4. 矿产资源开发区

这种区域的整治主要包括下列几方面工作:① 在矿产资源的储量和开采价值的评价基础上,拟定充分考虑矿山基建与开采的合理比例和进度的矿产开发规划。② 随着矿产的开发,配置相应的居民点和服务行业以及副食供应生产基地等体系。③ 加速矿产的外运,配备相应的交通运输。④ 发展与矿产加工有关的专门产业。⑤ 开展相应的环境保护工作,特别是对开矿后所造成的各种人为环境地貌(地面沉降、滑坡、废矿坑、废窑坑、各种矸石堆和废渣堆等),应拟定相应的治理措施。

怎样对重点整治区进行选片？① 必须分区域,以及分开发区、半开发区、开发不够区等方面进行相应的选片;② 在选片基础上,再按行政管理级别分为国家重点、省级重点,并列入相应的国民经济发展计划中。

先按第一步选片方法列出表10.1。

表 10.1　国土重点整治选片表

地区	开发区	半开发区	开发不够区
沿海地带	京津唐(1) 长江三角洲(1) 辽南区(1)	陇海线东段(1,2) 闽粤沿海黄金地带(1,2)	海南岛(2) 红水河流域水电资源区(3)
内陆地区	湘中黄金三角区(1) 江汉平原(1) 关中平原(1)	黄淮海平原(2) 松嫩平原(1,2) 四川盆地(1,2) 晋陕蒙煤炭基地(4) 两淮煤炭基地(4)	黄土高原(2,3) 长江三峡(2,3) 三江平原(2)
边远地区	天山南北麓绿洲带(1,2) 银川平原(1,2)	黄河上游水电资源开发区(3)	柴达木盆地(2)

注:表中区后所附编号指所属重点整治区的类型。

我们认为,列入全国重点选片的必须是兼顾各地区的各种不同开发类型,首先应包括京津唐、长江三角洲、闽粤沿海黄金地带、陇海线东段、海南岛、黄土高原、天山南北麓绿洲带、柴达木盆地等。

京津唐和长江三角洲是目前我国东南沿海的发达区,而且境内分属于不同行政单位,亟须协同整治,才能更快发展,故列为全国重点选片。

陇海线东段、闽粤沿海黄金地带和海南岛是我国沿海发达带中的相对不发达带,也即为"经济低谷带",解放以来,投资相对较少,若利用沿海有利条件,合理规划和整治,给以投资,可以获得更好的经济效果,并使沿海地带更均匀发展,故应列入全国重点选片。

黄土高原水土流失严重,包括多省范围,亟须协同整治,而且这里如果不能控制水土流失,将威胁下游黄淮海广大平原区的安全,故也列入全国重点选片。

天山南北麓绿洲带、柴达木盆地是我国边远地区的两个典型,前者属开发,后者属开发不够区,目前问题不少,亟须规划治理,因之也列入全国重点选片。

表中的其他选片可列入省级重点或省际合作重点整治区。

第十一章 大企业选址案例[*]

现代有关地理环境的各项利用改造和管理研究,包括工农业布局、交通建设、以及城市和区域规划等多方面,特别是经济建设的地域组织研究,首先必须进行战略性的定性评价,地理学可为这方面评价研究提供重要的论据,大企业选址也不例外。

一、宝钢选址分析

有关宝山钢铁公司的建设,以及与其配套的宁波北仑港,还有计划出口煤炭的山东石臼所港,这几项工程的建设,特别其选址的得失问题,必须从地理学,特别是从区位论(即区域优选)方面加以分析。这三项工程的选定都可能各有一定的论据,例如,宝钢可利用上海的技术优势,过去我国进口铁矿主要在马尼拉转驳,现在移到北仑港转驳,已较为经济;又如石臼所港的港深条件比连云港优越,等等。尽管存在着这些在一定程度上的相对有利条件,但从地理学的全面角度评价看来,却都是很不成功的。

1. 宝钢选址的存在问题

上海是我国最大的工业城市。上海包括郊区已有 1 000 多万人口,7 000 多家工厂,400 多万职工,工业总产值占全国八分之一。上海不仅有比较发达的轻纺工业,而且解放后又大力发展了冶金、机械、化工、造船等重工业。目前,上海在宝钢建设时的年产钢能力已达 500 万吨。70 年代中期又在金山卫建成了年产合成纤维 15 万吨、塑料 14 万吨的上海石油化工总厂。在此再建年产 600 万吨的大型钢铁厂,必然进一步加剧上海工业过分集中的状况。

宝钢选址还有下列几个严重的缺点:

(1)上海港口运输条件受限制,大型矿石专用船不能直驶宝钢厂区码头,而需要在浙江宁波北仑港建专用码头转驳。

(2)宝钢所在地是上海地区工程地质条件最差的地段之一,下层淤积软土层厚达数百米,地基承载力很低,宝钢选址时,对厂区的这种不利条件没有给予足够的重视,开工后不得不靠大量打桩来加固地基。

(3)所谓宝钢占用原有的废机场荒地进行建设,实际上只占征用土地的很少比重,而开工后,厂区连同生活区,以及其他附属设施却占用了大片冲积土良田。

正是上述这三方面缺点,必然大大增加宝钢的基本建设投资,降低其经济效果。举例对比,韩国在日本援助下 70 年代建设了浦项钢铁厂,年产钢能力达 800 万吨,投资 20 亿

* 原载《工业、城镇布局与区域规划研究》,1981,一辑。

美元;而宝钢厂区的投资比浦项最少高出两倍以上,还不计生活区和其他附属设施的投资,全部建成后最终年产能力却只有浦项钢厂的四分之三。

我国铁矿虽然号称拥有400多亿吨的储量,仅次于原苏联和巴西,居世界第三位,但铁矿资源存在着贫、散、杂的弱点,品位30%左右的贫矿多,品位50%以上的富矿少,且富矿分布分散,不利于开发。据涂光炽等分析,今后在我国东部发现较多大型的风化壳富铁矿的可能性不大。虽然所谓夕卡岩型和混合岩化型富铁矿和沉积型富铁矿可能会发现一些,但一般规模都比较小。因此,利用贫矿,采取选矿烧结方法,长期以来是我国钢铁工业工艺的方向。当然,这种方向并不妨碍利用沿海的有利运输条件,吸取二次世界大战后一些主要产钢国(日本、德国、英国、意大利等)利用进口铁矿,发展沿海钢铁工业的经验。

总之,要发展我国钢铁工业,既要立足于国内贫矿,加强采、选、冶等工艺研究,以尽快解决贫铁矿的大量开发利用问题,但在贫铁矿开发利用的经济效果尚未显著改善以前,在沿海利用进口铁矿,发展钢铁工业也是无可非议的。当然,在什么时候发展,发展规模多大,还必须根据我国经济发展的实力基础进行相应的计划安排。

随着运输技术的进步,船舶吨位不断增大,先进的大型高效运输设备,使海运的优越性得到充分发挥,大型矿石和煤炭专用船可直驶厂区原料码头,这是大型沿海钢铁厂具有经济优越性的重要原因,因此,在沿海发展钢铁工业便必须充分利用这个优势条件。很显然,宝钢选址并没有利用这个优势。宝钢的建设,按规划近期全吃进口铁矿,远期还要由鞍山、本溪地区供应相当部分原料,炼焦煤则全部由两淮、山东和河北调入,而且动力煤也要相应从北方调来。因此,如在长江口以北选择有利港口,直接运进铁矿,将比宝钢现址要有利得多。

对宝钢选址存在问题的分析,还涉及宝钢对上海环境的污染影响问题。宝钢地处上海上风,长江口上水,对上海肯定要造成大气污染,在长江口也会引起水质污染。上海地面夏季的主导盛行风是东南风,宝钢此时对上海市区影响不大;冬季是北风,西北风,风速较大,宝钢虽与市区有一定的间隔距离,但其大气污染扩散仍完全可以影响到市区。另外,建造高烟囱,上海高到200米以上,偏北风、西北风反而占优势,高空风风速大,大气污染扩散也可能影响到市区。宝钢对长江口的水质污染则将会影响长江口的渔业生产。

总之,宝钢的选址是欠妥的,因此在1980年9月举行的五届全国人大三次会议上代表们纷纷提出质询是不足为奇的。

下面进一步分析我国海港建设的先后顺序,亦即对开发和建设我国海港的战略性部署提出几点看法,以供讨论和参考。

结合建港考虑宝山钢铁公司的选址,当初曾有人建议建设在连云港,把这两地加以比较,有下列对比关系(表11.1)。

宝钢工程因为存在着上述问题,曾经在开工建设后下马,上海夏禹龙等对这一问题进行了详细的分析。

2. 宝钢工程的追踪决策(据夏禹龙等)

追踪决策是决策中不时发生的事情,当决策的实施表明将要危及决策目标的实现时,就必须进行追踪决策,或修改目标,或对决策方案进行根本性的修正。例如,实践表明,原有决策错误固然要追踪决策,就是原决策正确,但由于当初赖以决策的客观情况发生重大

表 11.1 宝山与连云港钢厂选址对比

对比条件	宝　山	连　云　港
技术优势	可利用上海的技术密集优势	相对上海来说,技术优势较差,但连云港市也有一定的技术基础
港口条件	长江口拦门沙限制港口发展,不得不在宁波建北仑港转驳铁矿	只要进行相应工程处理,铁矿可直接用 5~10 万吨级轮船进口
用地条件	名义上利用废机场建设,实际上征用大部分冲积土良田	准平原地区,有条件征用部分次地、荒地、甚至坡地进行建设
地基承载力	为软土分布地段,不得不进行大量基础打桩加固工程	地基承载力高低不一,但次地、荒地、坡地等地段,基岩甚至接近地表,大部分地段只要稍加工程处理便可进行建设
环境污染	处于上海上风,大气污染对上海有影响,污水排放也影响长江口渔业	可以挑选处于下风下水的地段进行建设
集疏运条件	受制于长江口拦门沙,上海港一直负荷过重,建设宝钢只能加大上海港压力,也加重铁路压力	通过浚深航道,修通兖州至连云港铁路及徐州至连云港复线,货场集疏运条件优良
发展远景	只能加重上海压力使上海过度发展,北仑港若不进行配套开发只能是一个专业性的转驳码头	可以进一步发展其他港口业务,特别是集装箱进出口,从而可发展成为一个综合性海港

变化,或者虽然客观情况不变而主观情况发生了重大变化,也不能盲目继续实施下去,亦必须进行追踪决策。表 11.2 中所示为追踪决策的各种情况,追踪决策在六种情况中占了五种。追踪决策是一种战略转移,而不能认为是一种决策崩溃,领导者对此要保持清醒冷静的头脑。只有当原有决策错误而仍然坚持错误,或不顾主客观情况已经发生的变化仍一味坚持决策,才会导致决策崩溃,才是一场灾难。

表 11.2 追踪决策的各种情况

状　态 决　策	客观情况 重大变化	主观情况 重大变化	主客观情况 基本不变
原决策正确	追踪决策	追踪决策	决策实施
原决策错误	追踪决策	追踪决策	追踪决策

追踪决策虽是正常事件,但是不能认为是一定要发生的,或者在大多数情况下都要注定发生的。若是那样,就失去了决策的科学性和严肃性。原决策错误毕竟是一种失策,即使原决策正确,但事先没有考虑到以后主客观情况的重大变化,至少也是科学预测之不当。所以追踪决策要特别重视总结教训,吃一堑,长一智,来不断提高我们的决策水平。

追踪决策较之于一般决策分析更为复杂,更难决断,决策者必须谨慎而冷静,提倡"三思后行"、"慎思断行"的精神。要搞好追踪决策,必须首先明确它的特征,分清它与一般决策分析的区别。据我们初步探索,追踪决策有如下四个方面的特征。

(1)回溯分析。一般决策是在分析当时条件与预测未来的基础上,进行方案的择优寻好。而追踪决策是在原有决策业已实施,在实施中环境发生极大的变化,致使原有决策面临失效的局面下而进行的。

追踪决策的分析过程，首先应从回溯分析开始，对原有决策的产生机制与产生环境进行客观分析，列出失误的产生过程并究其原因，以便纠误取正，转误为正，使追踪决策建筑在现实的基础之上。

众所周知，宝钢工程原有决策欠妥，是没有按科学决策程序论证即仓促上马所致。筹建宝钢的原意，并不是建立现在这样的巨型钢铁联合企业，而是建立宝山炼铁厂。因为上海虽有 400 万吨的炼钢能力，然而却要从远离上海的本溪等地调铁炼钢，每年要多耗 120 万吨焦炭。为了解决这一矛盾，就决定在宝山建立一个炼铁厂，为上海炼钢工业就近提供铁水。

尔后，受到经济建设中"左"的思想的影响，为了追求在 1985 年达到年产 6 000 万吨钢的高指标，片面强调引进国外最新技术，从高起点起飞，于是就放弃了兴建宝山炼铁厂的方案，代之以全盘引进，全套进口，从国外买一个现代化的钢铁联合企业的做法。这一点，日本是没有先例的，因为日本政府规定，要投资兴建大型项目，必须要经过科学论证，才能取得银行贷款。然而对于宝钢，新日铁却授意它所控制的银行，违章贷款，于是一个年产 671 万吨钢、650 万吨铁、422 万吨钢坯，总投资为 207 亿元的规模大、投资多、全盘洋化的宝钢工程就这样仓促上马了。

宝钢工程开工后，贪大求洋、耗费惊人的问题虽已暴露，然而，由于当时对"左"的错误的危害认识不深，在国家经济调查工作尚未真正落实的情况下，却来了一个抢建宝钢的阶段。直至在一次中央工作会议决定在经济上实行进一步调整的方针，要求基本建设退够后，宝钢工程的调整才被提到议事日程上来。当时，重新考虑宝钢问题，已成为国民经济调整中带有全国性的重大课题之一。

表 11.3　宝钢与其他钢铁厂每吨设备费比较(元)

项目	宝钢	武钢	攀钢
规模	650 万吨	150 万吨	150 万吨
烧结	54	25	20
焦化	706	56	58
炼铁	230	52	53
炼钢	181	75	80
初轧	344	55	55
轧板	388	308	—

据我们对宝钢原有决策的回溯分析，它有以下几方面的问题，值得认真研究。

1)全盘引进成套设备与材料，造成成本高，投资多。与国内其他钢铁联合企业相比，平均每吨设备费要贵一倍多，其中焦化设备要高出 12 倍以上(表 11.3)。

再者，在与外商谈判中，没有利用外商竞争的有利条件，一味相信新日铁，造成宝钢的设备费过高，如新日铁的焦炉报价高于德国奥托公司 9 000 万美元;新日铁的高炉报价高于英国戴维公司 5 100 万美元，而我们不买低价的设备，却宁肯买新日铁的高价货。

此外,为了在1980年抢建宝钢,国内能生产的材料不用,却进口钢管桩、钢材、水泥、钢结构等材料,支付了大量的外汇。还进口国内可以供应,且便宜的耐火材料12万多吨。

凡此种种,都导致宝钢的投资大大超过国内其他钢厂(表11.4)。

表 11.4 国内主要钢厂每吨钢的投资比较表

项目	宝钢	鞍钢	武钢	包钢	攀钢
吨钢投资(元)	3 184	587	747	1 200	935
规模(万吨)	650	680	200	200	150

2) 厂址选择不妥,造成严重浪费。宝钢地区属软土地基,承载力小,地下水位高,因此,必须采取地基加固措施。为此,需用钢管桩、钢筋混凝土桩、砂桩、砂石垫层等。为克服地势低还必须采取防洪排涝措施。为从国外进口矿石,要分别在浙江与宝钢兴建驳船码头。为不用含盐多的长江水,而需要从72公里之外的淀山湖取水,又需埋设管道。为满足宝钢建设,需从鲁、浙、皖等地调运沙与石料。更为根本的是,日本属岛国,运输方式以水运为主,而我国与日本国情不同,即使产品制成,大部分却不能从水路运往内地。

3) 设计不符国情,不计经济效果,盲目追求世界最先进水平,耗费极大。如宝钢工程内部有公路129.7公里,特级公路造价81.2元/平方米,一级公路造价71.8/平方米,而国内钢铁厂厂区公路一般造价仅20元/平方米。

4) "条条"与"块块"的分离。宝钢之所以决定上马,其中一个重要的原因,就是想利用上海工业的先进技术为宝钢服务;同时,也为了有利于上海原有钢铁工业的发展。然而,实际建设中却是双方泾渭分明,互不联系,形成了在同一个地方有两套并行而分割的钢铁生产设备系列的不合理现象。

总之,从对宝钢工程原有的决策以及实施过程的回溯分析可见,宝钢原有决策在选址、地基处理、设备引进以及经营方针等方面都存在着严重的问题,致使宝钢成为一个投资大、成本高、耗汇多、偿还能力低的企业。回溯分析这些问题,对于宝钢的追踪决策是有极大益处的。

但是,回溯分析除了应指出原有决策的问题以外,还应在原有决策中寻求其合理的因素,这对于追踪决策同样有很大的益处。关于这一点,将在下面结合"双重优化"的问题予以讨论,在此不赘述。

(2) 非零起点。一般决策指的是人们为了达到一定的目标,从两个以上的方案中经过分析比较,选择一个最佳的或满意的方案。这种决策所选定的方案,尚未付诸实施,处于"纸上谈兵"的阶段,客观对象与环境也未受到人的决策的干扰与影响,就这一点而言,一般决策乃是以零为起点。

追踪决策则不然。它所面临的对象与条件,已非处于初始状态,而是经过人们按照既定方案,施加了一定时期的改造、干扰与影响。因而,追踪决策极为重要的一个特征,即是非零起点。这一特征是决策者进行追踪决策时,万万不能等闲视之的。

以下具体分析详略。

(3) 双重优化。一般决策的方案选优是属于一次优化的范畴,即从并列的方案中择优寻好即可。然而,追踪决策的方案选择,却具有双重优化的性质,即它所选择的方案,既要优于原有决策的方案,又要是诸新方案中的最优的方案。

根据追踪决策的双重优化的特征,我们认为宝钢工程的方案,应在以下四个主要方面着重考虑。

1) 损益值的比较。以一期工程而言,若采取停建方案,将已有设备五马分尸,搞不好则近百亿的设备将变成废铁一堆,造成极大的浪费。若采取缓建方案,把国外设备暂时封存保管,待日后启用,则需新建库房 20 万平方米,每年要花几千万元的保管、维护费用。而且,若超过了合同规定的保证期和考检期,外商就可"以次充好",使日后建成正常运转失去保证。可见,若采取一期工程下马的方案,则损失是巨大的。

反之,若采取一期缓中求活的方案,则需继续投资 33.9 亿元,其中国内费用约 26 亿元。

2) 钢铁需要量的分析。当前处于调整时期,应努力改变农轻重比例严重失调的问题。鉴于农业与轻工业发展到一定时期,势必要求钢铁工业的支援,这种情况,单靠钢铁工业的老厂挖潜、改造并不能完全解决问题,而新建一个钢铁联合企业一般需要 7 年以上的时间,等到需要大量钢铁时,再临时抱佛脚,是极为被动的。因此,对于建设周期长、投资大的钢铁工业,国家应根据长远发展的综合平衡来计划资金的投放。

我国要实现四个现代化,钢铁总是需要的。当前,全世界按人口平均的钢产量指标是 160 公斤/人,而我国仅为 35 公斤/人左右,约占世界第 40 位。这种情况显然不能适应我国四化建设的需要。

为了解决钢的产量和品种的不足,历年来不断从国外进口钢材,据统计,1953~1979 年,26 年间进口钢材总计 3 600 万吨,占全国消耗钢材总量约 19% 左右,耗费外汇 170 亿美元。自 70 年代以来,进口数量逐年增加宝钢工程建成,若能部分满足国内产量和品种的需要,将节省大量外汇。不仅如此,对我国这样一个大国来说,长期靠进口钢材来搞建设,也是不行的。

3) 引进设备和原料方面。经过追踪决策而制定的新方案,必须改变全盘引进的作法。宝钢工程的成套引进,是由外商承担总包,我国很少有自制设备的权利,并且不能选择其他国家的厂商,而日方却可不与我方商量就成套代购,大大限制了我们的自主权,这不但造成极大的浪费,而且不利于我们在技术上的提高。据专家估计,宝钢的设备自制比可达 50% 以上,钢结构可全部自制,耐火材料和施工材料大部分可自给。

矿石来源同样也存在问题。新日铁在设计宝钢工程时,所采用的矿石原料来自 5 个国家、12 个矿山,其中不少是由新日铁和日本其他企业控制的矿山。几经周折,才减少了几个矿点。

澳大利亚矿山远距宝钢 3 600 海里,而巴西矿山距宝钢更有 12 000 海里之遥。运费之高,实属惊人,致使宝钢铁矿总平均价达 116 元/吨。因此,在追踪决策的新方案中,必须考虑矿石如何立足国内的重大命题。

4) 经营方式。宝钢建在上海,犹如一棵由国外移植过来的大树,它应该从上海的土地上得到营养,又为上海带来益处,使它在上海生根、发芽、结果。特别是要带动上海钢铁工业挖、改、革,使宝钢与上海联成一体。然而,宝钢目前基本上是"条条"经营,与上海脱节,这样的宝钢是没有生命力的。

上海是一个小型钢材的生产基地,所生产的产品,多数属国家急需的短线品种。近年来,上海的钢铁生产,虽在逐年增长,但在生铁供应、能源消耗、钢材质量、环境污染、布局分散等方面,存在着严重的问题。若将宝钢工程与上海钢铁工业的挖、改、革,作一体化的考虑,则可促进上海的钢铁工业的发展。首先,若宝钢每年供钢坯 220 万吨,则上钢可每年少从外地调生铁 170 万吨,减少二次熔化,大大节省能源消耗。其次,采用宝钢的先进技术,可扩大上钢钢材的品种,提高钢材质量。再则,有助于上海的环境改善和城市煤气化。对于宝钢而言,也可以增加收益,为国家多作贡献。

总之,宝钢追踪决策所选择的新方案,在以上的四个主要方面既必须优于原有方案,又必须优于其他新方案。

二、齐鲁乙烯工程选址分析 *

城市环境规划的中心任务是为污染工业区挑选一个工程地质条件良好,不与农业争好地且处于下风和下水方向的合理位置。现以山东淄博市新化工区的选址分析来说明这一过程。

1. 地理位置和适于建设的土地类型

淄博市的张店至辛店一带位于鲁中山地山前丘陵向华北平原的过渡带,主要分布山麓冲积洪积平原,张店东北部分布有四宝山丘陵区(简称四宝山区)。四宝山区与鲁中山地隔有一个东西向的湖田向斜平原,本区东部为淄河的洪积冲积扇,辛店便位于这一扇形地上。胜利石油化工基地和辛店电厂位于丘陵和扇形地的交界处,处于辛店西南方。临淄故城位于辛店北面,处于扇形地边缘。

本区适于挑选为建设用地,而又不与农业争好地的土地类型主要是①缓坡地;②坡积洪积平原和冲积洪积平原。

2. 土地类型与下风下水的关系

本区处于张店和临淄两气象台之间,张店的盛行风向全年为偏南风,东风和东北风的影响也不少,各月风频情况也大致如此,只不过冬季西北风的频率稍为加大。东南风风频虽小,但每天下午 6~7 时换风时常有低风速的东南风出现。临淄全年风频以西南风为主,但东南风和西北风的风频也不少,冬季盛行偏西风,夏季盛行偏东风。

本区平原部分都属水源地分布范围,其中以淄河扇形地水源地和湖田向斜延伸到大武村的水源地,地下水储量丰富,适于工业开采利用,四宝山区东西两侧两个水源地也有较少储量可供开采;其他水源地分布于冲积平原上,更适于农业利用。

位于本区中部的四宝山区成一向北开口的小盆地,四周分布有环状丘陵,中部还分布有花山及其向东北伸延的缓丘。四宝山区正处于本区的下风下水位置。因此,若不考虑现有工业的影响,四宝山区内侧,特别是花山一带,由于分布有不少次地和荒地等适于工程建设的土地类型,处于下风下水,又接近铁路交通和高压电网,距张店只有 5 公里左右,若从大武水源地到此进行相应的引水工程,建设为一个工业区(化工区或石油化工区)是完

* 原载《环境科学研究与进展》,科学出版社,1980,351~355。

全有条件的,而四宝山区外侧,特别是接近张店一带的山前地带作为这一新工业区的居住区是比较合适的。

3. 现有工业布局存在的问题

张店至辛店一带现有的规划和工业布局有不少不合理的因素:

(1)张店化工区处于市区的上风上水。

(2)张店钢厂位于市区北部,虽然稍为处于下风下水,但占用不少良田,若进一步在四宝山区西侧进行建筑,也将受到其大气污染的影响。

(3)张店化纤厂位于四宝山西侧,仍处于水源地的上水位置。张店化肥一厂位于四宝山区内侧,但挑选于内侧平原上,没有挑选山前次地进行建设,进一步在花山建设时,也将受其大气污染影响。

(4)胜利石油化工基地处于辛店和水源地的上风上水,实际用地面积很受限制,工厂布局自电厂向东,到第二合成氨厂又折向南,分布过于分散。张店自来水目前从淄河扇形地设井取水,正处于第二合成氨厂下水位置。

(5)计划的胜利石油化工基地的齐鲁乙烯,准备挑选金岭镇南的次地进行建设,仍处于自己水源地上水,排污问题不易合理解决。

4. 三个建设地域的比较

胜利石油化工基地和金岭镇南齐鲁乙烯工程选址两地,若与四宝山区比较,其建设条件都不如后者优越。

如前所述,胜利石油化工基地不仅处于城镇和水源地上风上水,而且适于工程建设而又不与农业争地的地面很有限,其结果导致第二合成氨厂占用良田,电厂向西发展,计划的扩建工程也只能西移至金岭镇南,仍然处于上水位置,并且距离辛店又远,不得不另寻生活福利区。胜利石油化工区由于布局过于分散,难以形成集中的生活福利区,齐鲁乙烯工程再向西发展,布局将更分散。

四宝山区除了上述优越条件外,全区基底由闪长岩岩体构成,防震性能良好,距张店又不远,可以适当利用张店现有的规模较大的服务行业,使其新建生活区服务措施规模适当缩小。因此,当初胜利石油化工基地若选在四宝山区内侧,而把生活区布置于四宝山区接近张店的山前地带,条件将比现在更为有利。

5. 四宝山区"新"化工区的规划问题

假如把四宝山区内侧定为拟建的扩建工程厂址,加上与之相应的配套化工项目、张店扩建化工项目都配置在这里,则这里将成为张店第二化工区。其规模并不小,可把厂区配置于花山及其向东北延伸的缓丘上,两侧坡积洪积平原也可考虑加以利用。生活区可配置于环状丘陵西列的东侧,中间的冲积洪积平原不用于建设,改为菜园,并起到一定的隔离和防护作用。

引水工程可从大武水源地过胶济铁路加压越过环状丘陵引到此区,铁路专用线可从杜科站出发东北行引入此区,污水排放渠向北直修至小清河。

假如胜利石油化工基地的齐鲁乙烯工程不以四宝山内侧为厂址,这里仍可成为张店第二化工区,作为张店新建、扩建、迁建项目的用地,这样一来,规模将有所缩小。

四宝山区"新化工区"距张店只有 5 公里上下,与张店关系至为密切,为了使张店市区更为紧凑,并加强新化工区与市区的联系,张店的非污染工业可配置在四宝山区西南侧山前地带。若考虑发展与化纤生产配套的纺织工业,则张店化工区各化工厂的三废必须加强治理,目前不能治理的项目在扩建的同时逐步搬迁到四宝山内侧。张店钢厂处于这里的上风位置,大大限制了这里的发展条件,因此钢厂规模不宜进一步扩大。

总之,张店未来工业的发展,污染工业应配置于四宝山区内侧花山一带,非污染工业配置于四宝山西南侧山前地带,这样配置可使市区更加紧凑,也避免占用良田,有利于利用现有市区的服务行业。

三、选址的规划决策人行为分析[*]

作者在 1976 年参加淄博市的城市规划工作,接触到胜利石油化工基地及其配套工程的选址问题。当时胜利石油化工基地已基本建成,只是配套工程乙烯和聚脂装置还处于选址阶段。远在文化大革命期间,淄博市城建局的某同志曾建议胜利石油化工厂址设于胶济线以北的水源地下游区。但是当时山东的小三线有一个不成文规定,必须在胶济线以南。在这条极端脱离实际的不合理规定条件下,胜利石油化工基地被安排于辛店镇西南的丘陵山前一带,虽在胶济线以南,但处于辛店镇上风上水,特别是处于本身的水源地淄河冲积洪积扇的上水,而且这里东邻良田,只有丘陵山前很窄的冲积洪积平原带可资征用,各工厂布局不得不自辛店电厂向东到第二合成氨厂又折向南,一直延伸很远,布局过于分散。并且第二合成氨厂名义上在胶济线以南,实际上处于平原紧靠胶济线,又位于张店镇自来水厂设于辛店附近的水源地的紧接上水位置。

计划的乙烯和聚脂配套装置,准备选址于金岭镇南的山前冲积洪积平原进行建设,但仍处于其本身的水源地——大武水源地的上水,排污问题不易合理解决,金岭镇位于张店和辛店两地之间,在这里建设,布局将更为分散。

上述两装置的一些相应化工项目,又计划继续设于张店东南的化工区,这样,必然使张店化工区向东发展,其结果不仅会占用良田,而且会增加张店市区污染,还可能污染其附近的湖田向斜水源地。

乙烯和聚脂装置的选址本来就有争论,为此,中国科学院地理研究所经济地理研究室曾在我们工作之前对此问题进行过调查论证。但他们限于只对三个有争论的地址进行论证,其中有一个压煤层,一个缺乏水源,这两个很容易被否定,剩下就是金岭镇南这一处于水源地上水的地址了。地理所的报告强调,在三废进行处理后可以选用这一厂址。

作者到这里工作后,超出上述那三个地址重新考虑乙烯和聚脂装置及其配套工程的选址问题,建议改选于四宝山区的花山一带,这里处于下风下水,距离张店镇又近,可以就近利用张店镇的生活服务措施,并写了专门报告。

但是,这一专门报告因种种原因并未能得到反映,淄博市城建局的某同志曾经多次呼吁把这一意见向上反映,也未得到重视。

---

[*] 原载《环境科学理论讨论会论文集》,中国环境科学出版社,1984,166～168。

打倒"四人帮"后,作者改写了原有报告,作为论文"城市规划与环境保护"的实例加以分析,从各方面对金岭镇南和四宝山区内的花山两地址进行比较分析,论证花山地址的优越性,报告曾寄淄博市城建局,虽有所反映,但并未获得重视。

三年后,此论文到 1980 年底才正式发表(见《环境科学研究与进展》,科学出版社,346~355 页,1980)。而乙烯装置已在金岭镇南兴建,盖了部分住宅和平整了土地。为了进行厂址的环境预断评价,又请了一些专家讨论此厂址的合理性与否。由于厂址选于水源地上水,建成后开工势必污染自己水源地,大家都认为厂址选得并不成功。

我们认为淄博市不论辛店的胜利石油化工基地,还是张店的化工区,以及金岭镇南的乙烯和聚脂装置厂址,都挑选得很不成功,大多处于上风上水。胜利石油化工基地布局还过于分散,至今很难形成统一的生活服务设施。淄河冲积洪积扇水源地已受污染,若再加上乙烯和聚脂装置建成开工,大武一带的水源地也将受到污染。因此停建这一工程,不仅是基建压缩问题,更主要的应看作是合理的环境规划和保护的要求。要恢复这一工程,不是再在这里修建,而是应在花山一带兴建。

实际上,齐鲁乙烯工程已经建成投产。

第十二章　行政区案例和实例——省级

一、典型案例——海南省*

1. 开发的优劣势

海南开发具有明显的互为联系而又对立的优劣势:

(1)海南是我国最大的陆地热带分布区,但又处于热带的北部,可发展热作,而又受到冬天冷空气南下所带来的寒害影响,特别是岛北地区影响更明显。南部可发展冬泳,但从区位条件来看只对我国内地和港澳台地区有这一优势,对世界其他主要旅游客源国来说,可以前往冬泳的地点实在太多,海南很难排在众多热带海滨和岛屿的前面。

(2)海南的区位优势是面向东南亚和华南、港澳,对日本和韩国有一定吸引力,但远离世界发达国家和主要旅游客源国(西欧和北美),使海南的产业结构面向东亚和东南亚,可发展劳动密集产业、原料和原材料供应、资金密集行业、面向西欧和北美劳动密集产业,还可发展劳动技术密集产业。若不发展高技术,要进一步打入这两地区市场,便非常困难。

与此同时,海南岛的风景资源从整体来看,与北京、西南地区、甚至敦煌、洛阳、大同、西藏等地以传统旅游文化资源为主比较起来,要吸引北美和西欧主要旅游客源国的游客,其吸引力不能估计过高。

(3)海南的区域开发与旅游发展要发挥后发展地区的后发性效益,必须有一段比较长的低工资和低物价作保证;海南要成为购物旅游天堂,也必须有低物价作保证。海南要保持一定的"中"工资、低物价,洋货价格要比大陆低才更有旅游吸引力。

(4)海南科学技术文化都相对落后,缺乏熟练工人,管理和科技人才原有水平相对较差,文化观念相对落后。所有这些都影响到海南的经济社会文化发展战略的实施。我们提倡海南的文化发展战略应为开疆文化,即开拓疆土的文化。历史上汉族南下与当地黎苗民族合作,在众多名人"贬官"的文化启发下进行开发。解放后国家对海南的农垦和矿业开发,都是海南开疆文化优良传统的继续,因此,现在要在海南建大经济特区,要充分发展后发展地区的后发性效益。海南应提倡有献身精神的开疆文化,本地人和南下外地人要摒弃"捞一把"的淘金思想,而是要下决心当踏实的实业开发和实业经营者。

(5)海南的开发优势存在着一定的难以跳出的"怪圈",这一怪圈的产生原因是,海南的区域优势是面对国内循环更为有利,而面对外汇市场的循环,只对港澳台有优势。因此,发展外向型经济的国外循环目前对海南来说不太有利。

---

* 原载《资源开发与保护》,1990,6(2),71~75。

2. 发展战略

海南作为经济特区,其发展战略要考虑发展学的出口导向型战略,但实施发展途径三个阶段的划分不一定要很严格,要考虑原有基础条件,要兼顾不同阶段的适用技术,建立一种协同的混合经济结构。

对旅游开发也要考虑一定的发展阶段,从以热带风光观光旅游和冬泳、避寒、娱乐旅游来看,面对我国内地和港澳台起步更为可靠。可以三亚的海滨旅游娱乐业作为"龙头"发展项目,除了面对港澳台外,还可面对日本、韩国、部分东南亚游客;对西欧和北美游客,除了他们到我国内地和香港旅游,分流部分来此或其他短期游览者有一定吸引力外,近中期不能估计太高。

发展外向型经济需要考虑国内外两个循环关系,对新成立的海南省来说更是如此。海南岛尽管是我国热带景观最突出的地方,但从全世界来看却处于热带北部,冬季,特别是北部仍可能受冷空气南侵的影响,夏季东部有台风侵袭为害。因而并非最适于热作种植,特别是标准热作的种植。即赤道性作物(橡胶、可可、油棕、腰果)在这里种植已处于偏北,甚至是边缘位置。但部分热带水果(香蕉、芒果、龙眼等)对港澳有一定的优势。咖啡和甘蔗、椰子等一般性热作,虽在海南岛可大力发展,但并非紧俏产品。其中咖啡,据著名华裔新闻评论家梁厚甫分析,若有相应焙制加工技术,可发展为具有国际竞争意义的拳头产品。

如前所述,海南岛的冬泳对我国内地和港澳旅客有优势,但在全世界看来也很普通。与此同时,海南岛目前市场结构实际上是以面对国内循环为主,铁矿石、原盐、糖、橡胶大部分调往大陆,而煤、石油、钢铁、化肥、农药则由大陆调入。

海南岛发展的劣势是暂时缺电、缺煤和石油,而且海口、三亚和已开始建设的洋浦港近期或远期也可能缺水。此外,还缺资金、技术和人才。

针对海南岛的优、劣势,其发展战略:引进科技和资金是目前的启动环节;而提高文化,提倡开疆文化则是长远考虑,只有这两者有进展才能保证海南岛的经济能顺利发展。

海南岛在上述发展战略的方针指导下,其战略措施是在稳定国内循环的基础上分步骤积极参加国际大循环。稳定国内循环是如何给海南岛调出初级产品,调进工业产品以一定的剪刀差补贴。

参加国际大循环,要以出口农产品和热作、矿产(石油)、水产、精细农业产品、劳动密集行业(包括食品、纺织服装、橡胶和热作加工、南药、工艺旅游产品、饲料、建材产品等)、劳动技术密集行业(家用电器等)等"快变量"作为启动环节,而以基础工业和能源工业这些"中"变量作为推动结构转换的环节。海南岛可能用远景海上和陆上石油和天然气产品来解决能源的缺乏,并要从国内外引进机械工业和电子工业,实现机电一体化,即同时发展第一、二、三代基础工业,以推动在海南岛发展加工装配、电子、汽车、出口机电产品、摩托车、精细化工、钢铁、石油化工、高技术产业、部分高级生活用品工业等的发展,以达到快、中、慢变量协调发展,并在不同发展阶段有"偏斜"的外向型产业结构。

海南岛的发展还必须解决投资机构问题,从国内引进资金和人才,引进高技术是促进海南岛繁荣,并进而引进外资的必要基础,要吸引大陆企业南下投资,并带来技术和人才,特别是要吸引三线高技术南下;吸引外资则以港澳台为主,并面对东南亚、欧美、甚至韩国、原苏联、东欧,当然也要吸引日本资金,但不能寄以过大的期望。本地政府的企业都要股份化,政府不是学习深圳成立资产管理局,而是成立由董事会控制的海南控股公司。企业可以出售给南下企业或个人,也可以出售给外资,更多的是以原有股份和地皮折价参加各种联合企业。

由大陆南下的企业、海南控股公司、外资和个人等入股的联合企业,应为海南开发的主体机构,当然还要允许外资独营,个体企业也可不加限制地让其依法独立发展。

为了在海南建立真正的西方经济运行仿生环境,还必须有内外不分的金融环境、股票、证券和期货交易市场,允许企业向银行抵押资金另创新企业等与之配合,并发展跨国公司,方能更好的发展国际大循环。

为了保证海南发展外向型经济,还要考虑控制劳工和物价、土地价格,更须考虑合理税收和建立各种监督检查机构。税收在营业税和所得税方面要优惠,但要增加流转环节税,土地使用费,以及一定的地方附加税等。监督检查机构除了考虑会计独立,监督检查机构要由党、政、企、群联合组成,不由地方政党直接领导,才能建立真正的"廉政公署"。应该特别指出,具有真正监督的开放改革才能蒸蒸日上;缺乏监督的开放改革将为贪污漏税提供缺口,使开放改革在群众中丧失信誉。

海南岛的上述发展战略设想是使该岛成为一个自由岛(即相当"自由港"扩广范围的自由岛)的设想。海南作为自由岛的经济发展将大大巩固我们南海诸岛的后方国防力量。属于我国的南海诸岛的领海,包括曾母大陆架、曾北凹陷、西沙裂陷、南沙岛块等大地构造单元具有含油气远景,要开发这些海洋油气矿藏,必须以海南岛为依托,以海南岛的经济发展为基础。我国已应联合国教科文组织的要求,在南沙的永署礁建成了海洋观测站,这标志着我国开发南沙群岛的开始。

海南岛的自由岛政策将为我国培养一代适应当代国际经济环境的经理阶层、白领职员和具有"全能工"特点的新蓝装当代劳工,以及政府管理干部,这些新的产业人员和管理干部再回大陆将大大增加大陆企业的活力。

海南的发展若能引进大陆的中高技术和进行国内外合作,将会加快其发展。台湾和香港已经有人提出,若能引进大陆高技术,将可促使其产品升级换代,并进而与韩国,甚至日美产品竞争。目前,我国高技术的工艺成品率不高,而且缺乏商品经济意识,若到海南进行国内外合作将可克服这两个缺点,使其插翼起飞。

为了进一步落实发展行业结构和建设项目,海南岛常被划分为 4~6 经济区或经济圈。经济圈的划分强调以一定辐射吸引中心、特别是注意海港的辐射腹地影响,可以彼此有一定重叠。我们根据钟功甫、刘国光和陈栋生等的研究,并作补充修改,划分了六个经济圈;其中,洋浦开发区准备由日本熊谷组(香港)承担开发,因出售地价过低,以及缺乏开工目标和固定日期规定,曾遭到部分全国政协委员反对;我们的意见是,中央各部的一级公司应该联合起来,组成集团公司,抽调部分资金到洋浦承担部分开发任务,形成竞争对手和对国内外同时进行分期出售土地开发的局面,加速该区的开发,以获得国内外各界人士的更大支持。应当指出,出售土地给外国公司,但并没有给这些公司以治外法权,因而与旧中国的租界有本质之差别。随着东南亚的形势缓和,包括缓和与越南的关系,海南加速发展轻工业和食品工业,可与越南煤矿进行互换贸易,若海南加速发展热带产品加工工业,还可以东南亚为原料基地,进口相应的热带产品,扩大生产规模。

3. 旅游开发

研究海南旅游业的发展,应以风景结构研究为基础,通过旅游活动行为结构与市场结构(客源分析)、旅游接待服务设施结构联系起来,以进行旅游经济、管理研究,并拟定相应的旅游发展战略。

海南岛的旅游风景结构可归纳如下(图 12.1):

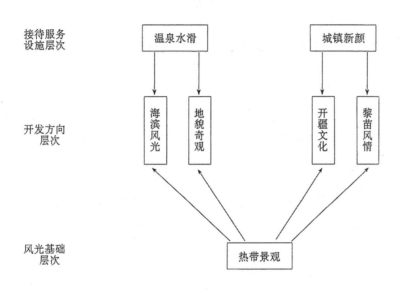

图 12.1　海南岛旅游风景结构

(1) 热带景观,包括热带雨林、红树林、椰林、动植物自然保护区、热带作物种植园,甚至热带园林、行道树、庭院林木等都属于热带景观。

(2) 开发方向层次,包括自然风光的海滨风光和地貌奇观(火山口溶岩、溶洞、花岗岩石蛋、海蚀地貌等)、人文风光的开疆(开拓疆土)文化和黎苗风情。还可以通过深入调查修整一定的宗教胜迹,发展宗教旅游。例如,三亚崖州古城有唐高僧鉴真和尚的史迹,可考虑由海外集资加以修复。

(3) 海南岛的花岗岩分布有众多的温泉,目前以兴隆温泉宾馆最为闻名,因而"温泉水滑"是海南一个非常有吸引力的旅游接待服务设施,具备接待国宾的条件。海南岛的城镇,特别是海口、三亚、通什,甚至有些小城镇,如那大、兴隆、万宁等已形成良好、或一定的接待服务条件,具备接待国内外游客的"城镇新颜"基础。

针对上述风景结构,笔者认为,海南岛的旅游开发重点是:

(1) 三亚以大小东海和牙龙湾为主的旅游娱乐业。牙龙湾是一个环形海湾,并有一定的岛屿分布,同时兼有松软沙滩,岬角天涯,各种礁石等风光,是一个不可多得的发展旅游娱乐业和避寒冬泳的基地,与已开辟的大东海在一起,可作为海南岛吸引外汇旅客的"龙头"开发项目。牙龙湾从三亚市海湾的功能分工来看,无疑应向高档,甚至豪华方向发展。但目前可以采取控制发展方式,少数高档和豪华宾馆和娱乐业由外商独立投资,另辟一隅进行中档开发,以使牙龙湾尽快热闹起来。当然,高档、豪华与中低档要保持一定的距离,不宜穿插分布。

（2）海口和三亚的购物天堂。海南作为大特区必须国货比港澳台和海外便宜。深圳、珠海物价与国内倒挂，已大大降低对国内的旅游吸引力。从长远来看，海口和三亚要发展为具有"边境低物价效应"的市场面对国内，以及国货低价市场和免税商品面对港澳台等外汇旅客，才能发展为购物天堂。

（3）热带景观环岛路线旅游。这是目前开展的主要旅游活动，应该合理组织，逐步提高其旅游服务质量。进入海南旅游，目前不是先到海口"正"中心，便是先到三亚"副"中心，将来还可能有清澜和洋浦两个入门。因此环岛路线的安排近期要考虑海口和三亚两个进出正副中心，远期还要考虑清澜和洋浦两个入门加以合理组织。《羊城晚报》等单位举办的1988年龙年最佳旅游路线评选，海南岛环岛五天游被评为最佳旅游线，说明环岛旅游已经成为广东人的旅游热线。

（4）以兴隆温泉为主的"温泉水滑"休养疗养旅游。近期主要发展兴隆温泉休养旅游，并与大东海和牙龙湾旅游娱乐业相配合。兴隆温泉限于发展休养旅游，一些次要温泉可同时发展休养和疗养旅游。

（5）黎苗风情旅游。应开发黎苗的节日（例如，三月三）活动和图腾文化。

为了进一步提高和宣传海南岛的风景资源，促进重点旅游区的开发，补报一定的国家级风景名胜区是很有必要的。我国已公布了两批国家级风景名胜区，海南刚成立省，可以要求补报，建议报下列三处：

（1）天涯海角风景名胜区。包括陵水县和三亚市一带的海滨风光、南湾猴岛、清真教徒墓葬群、海陵珍珠养殖场、牙龙湾、落笔洞、大东海、小东海、鹿回头、大小洞天、崖州古城和温泉以及沿海一定的岛屿。

（2）清澜湾铜鼓岭椰林、红树林风景名胜保护区。包括清澜港红树林，东郊椰林，铜鼓岭月亮湾和海蚀地貌，花岗岩风化地貌（风动石、"永远牧羊图"）等。

（3）东山岭风景名胜区。包括海南第一山东山岭、山尾青云塔、大洲岛（燕窝岛）、兴隆华侨农场热作风光和温泉、六连岭、港北内港小海湾等。

针对上述海南岛的风景结构和区位条件，海南岛的旅游业要国内外同时起步，近期更须面对国内，开通北京至湛江、上海至湛江的直通快车客运，增加广州至海口轮船和飞机班次，修整从雷州半岛渡海到海口的海安码头，可以更好吸引京、津、沪、穗四处主要客源市场的游客来海南作热带景观旅游和购物旅游。由于南北方气候差异，将来海南旅游业发展后，还可以在冬季从北方借部分汽车来海南运营，特别是从秦皇岛市借用，他们是很欢迎的。

在经济核算，即考虑投资成本利息和折旧回收条件下，及时发展牙龙湾和大小东海的现代旅游娱乐业，可以吸引港澳台游客，以及到国内和香港旅游的北美和西欧客人分流来海南旅游。

总之，海南旅游开发近期要注意重点的资源建设和合理安排高中低档比例的接待服务设施，并通过一定的中期交通和旅游商品组织，以求形成有自我发展能力的旅游业。还要考虑根据旅游业的"二元结构"，即观光游览以天然和传统文化景观为主，而旅游业又是一个现代产业的矛盾关系，逐步提高娱乐旅游的现代化水平。

4. 结论

海南的发展战略和旅游开发需要积累资金,才能有所建设和发展。海南资金积累除了吸引部分外资外,主要靠两方面:

(1)利用特区的优惠政策经营一定的进出口贸易以积累资金。特区的优惠条件产生于免税和低税的价格差,这种价格差存在着一定的租金(广义理解的)利益。海南进行这种"寻租"有一定的合理性,但不能进行像汽车事件"大倒",寻求违法的"租金",而要发展"沙头角"模式的,以日用消费品和食品、服装纺织品为主的低物价政策吸引国内旅客,安定岛内居民的薄"租"多销活动,有利于广大群众的合理优惠政策。

(2)海南积累资金的更重要途径是发展实业生产和实业经营,只有实业开发才能保证有更多的商品出口,换回来更多的洋货,才能更好进行薄"租"多销,实业开发道路是一条更为根本的进行资金积累的途径。

二、典型案例——安徽省 *

1. 总战略

区域发展战略首先要从本区在全国中的特殊地位出发,在共性中找出个性,可能更容易确定其战略目标。安徽省处于我国内地向沿海过渡的前缘,按技术"东靠西移"的观点,安徽要起"二传手"的作用。但由于本省基本上处于津浦线和京汉线两个南北延伸分布的发达地带之间,是我国东部发达地区的经济低谷,因而实际上,目前就要充分发挥这种"二传手"作用还有很大的困难。但在整个京汕线(从北京经九江到汕头)的南北向经济低谷中,安徽,特别是淮北和皖北却是唯一交通相对发达、能源相对充足的地区,当然处于安徽北面的陇海线东段,也同时兼有这种优点。京九线的河北、山东段,九汕线的江西段的交通和能源条件都不如安徽。

另外,安徽省的农业潜力大,具有一些还未被大家认识的优势,因此目前这种潜在优势也未得到发挥。

安徽旅游资源更是在全国中名列前茅。但与北京、西安的古典文化资源比较起来,安徽省更适于发展国内旅游,当然也要吸引港澳和日本游客,逐步扩大外汇旅游市场。

我国东部这一南北向的经济低谷是一个很有潜力的地区,以交通和技术开路,特别是修通京九线,这里完全有可能步其东西两个发达带的后尘,加快振兴起来。各种交通运输是互相补充,甚至是互相促进的,单纯从运输量考虑,认为汽车运输和航运可以代替铁路运输是不全面的。我国在交通建设方面必须补第二次浪潮的课,因为建设铁路常常成为振兴落后地区的关键措施,修通京九线便属于振兴这一落后地区的关键措施。

安徽的区域发展战略,若能在第一产业建立开放型结构的基础上发展第二产业,通过旅游业发展第三产业,通过交通和流通促进经济全面发展,并把合肥建成为一个科技出版文化城市,使其带动全省经济技术开发,并真正起全国技术东靠西移的"二传手"作用,安徽将可在这一经济低谷中首先振兴,成为消除我国这一经济相对落后地带的榜样。

---

* 原载《理论学习》(安徽),1986,(6),24~27。

2. 产业结构的调整

（1）第一产业包括农业和矿业开发。安徽中部处于北亚热带，南部属中亚热带，北部处于暖温带南部，作为我国南北分界的秦淮线横穿安徽中部偏北。这种过渡位置使安徽兼有南北多种作物，但目前除稻米和茶叶外，安徽尚缺乏突出的优势经济作物。

只认识稻米是安徽的优势，而把安徽定为商品粮基地是不够的。我国北方适于种植粳稻，但因水源有限，只能局部种植；江南到两广一带主要种植籼稻。只有北亚热带和暖温带南缘水源比较充足，既可种籼稻，又适于种粳稻。安徽正处于这种情况，因此安徽是我国可以大面积种植粳稻的主要省份。粳稻是一种通用性的优质大米，在安徽可当中稻和晚稻种植。因其生长期较长，推广粳稻必须压缩双季籼稻种植面积，建议推广大豆、粳稻轮作制，以提高水稻种植的商品经济成分。粳稻价高而易销，若大豆销路不好，可以通过发展专门系列的豆制品生产来解决。我国目前豆制品生产过于简单，质量也偏差，还未充分发挥其潜在优势。尽管我国是大豆的原产地，豆腐首创于我国，但我国的豆制品生产，包括豆腐生产，远远落后于日本，应该考虑从日本移植豆制品生产技术。安徽可在这方面建立一个可向全国推广的经验。总之，安徽水稻的种植目前要逐步提高粳稻的比例，适当压缩双季稻的种植。

我国农民已经基本解决了温饱问题，但不少地区的营养结构仍然是低层次的，蛋白质在食品中所占的比例偏低，普遍仍处于蛋白质饥饿状态，导致食用过多的碳水化合物。推广大豆—粳稻轮作制不仅有利于恢复地力，提高粮食生产的商品价值，而且通过生产更多豆制食品，有利于消除农民的蛋白质饥饿状态，降低粮食的消耗量。

安徽省所拟定的经济社会发展战略总体设想认为："集约经营的多样化农业"是安徽农业发展战略的重点，这种提法是很正确的。但为什么要以此为重点，若不给以解释，也会被视为农业发展的共性，而不被认为是安徽农业发展的个性。

如前所述，安徽除了作为稻米和茶叶发展的商品基地外，很难找到其他经济作物能够连片分布，具有建立生产基地县的意义。当然淮北个别县份，例如亳县的烟叶和药材，砀山的梨等可算例外，但这种例外不多，分布面积也不大。

安徽中南部属丘陵山地，地貌条件复杂，缺乏大面积分布的连片土地类型；淮北虽属平原，但由于是河流泛滥多发区，小地貌起伏变化大，土质更是插花多变。上述这些条件都不易形成作物集中连片的专门化生产区域，而是形成相应于一定土地结构的多种作物的生产区域，因此不具备单一作物的专门化商品经济优势，而是具有一定的结构优势。正是这种结构优势，是安徽还未得到大家充分认识的一个潜在优势。

我国对以一种作物为优势的专门化及其相应的加工产业的发展已有一定的经验，经常把其列为该种作物的基地县给以扶植发展，但对多种作物组成结构优势及其相应的加工产业系列发展却还很缺乏经验。安徽现在提出走一条"集约经营的多样化农业"的发展道路恰好反映了这种"结构优势"的特征，若能闯出一条道路，将可为全国土地类型分异复杂的地区建立一种有推广意义的发展模式。

安徽除了继续发展山区养牛业，产粮区养猪业和普遍的养禽业外，还可把平原畜牧业作为重点加以发展。平原，特别是我国东部平原，不仅是作物生产基地，也应是畜牧业的基地。河南周口地区在这方面已取得良好经验。安徽淮北自然条件与其类似，应该向其学习，特别要求发展目前紧缺的肉牛生产,饲养菜牛的优良品种。

(2) 安徽是我国一个偏南分布的煤矿生产基地。其自然结构,主要是淮北和淮南一带兼有南北方特点,北方缺水,南方缺煤,而本区兼而有之;这里既是平原地区,又有一定的丘陵分布,建材原料也不缺乏。因此若加以开发建设,可以使其发展成为兼有辽中和苏南两方面的优势。安徽中北部偏东一带与陇海路东段和津浦线在一起,应成为我国补第二次浪潮课的重点地区,可作为"八五"、"九五"第二产业的重点投资带。

(3) 安徽第二产业应走资源转化型的多元化发展道路。第二产业要大力发展食品和轻纺工业,但必须研究发展哪些具体食品和纺织品,走一条人家尚未走过的发展道路。各地也应有所分工,开展"一地一品"的分工,也即各地都发展其本身的拳头优势产品,不仅村镇和县城要有分工,中等城市的发展也应有所侧重。

"一地一品"的分工,要与当地的农产品发展联系起来。例如,阜阳地区近年来香油生产多了,出售不易,限制了芝麻进一步扩大种植,若能发展具有保健意义(可降低人体胆固醇含量)的香油系列点心制品,并提高其保鲜能力,这种点心制品便可以销到京津沪等大城市;从四川输入"魔芋"作为食品添加剂,可以提高香油点心的保鲜能力。

说实在的,安徽的食品工业不仅要把其一般产品质量提高到上海水平,使原来由上海输入的一般食品改为本地生产,走一条"初级进口替代"的道路,而且要研究生产外地未生产或生产不多的中高级产品,同时走"高级出口替代"的道路。食品工业这两条道路,前者可通过与上海联营而发展起来,后者则必须有所选择,才能有所突破。实际上安庆的食品工业正走着一条从外地引进技术的初级进口替代道路,必须在此基础加以提高。蚌埠要建设为食品工业城,也必须在"初级进口替代"的基础上,发展一定的"高级出口替代"食品,才能提高其竞争能力。目前这类产品如午餐肉罐头,香麻生酥(高级夹心糖果),香草麻片,珍珠饴,名酒和名烟,黄山可乐等,还必须进一步提高其竞争能力,并增加更多的"创汇"食品。

第二产业的另一方面是继续发挥安徽现有的一定地区和城镇(马鞍山、安庆、铜陵、淮南、淮北等)的钢铁、建材、化工等的优势,以及煤电资源的有利条件。

(4) 安徽第三产业首先要抓交通运输,振兴皖西的关键是修京九线的商阜和合九线。长江黄金水道也要大力发挥其作用,安徽是长江沿岸中等城市密度偏大的河段,分布有马鞍山、芜湖、铜陵、贵池和安庆5个中等城市,可以说是长江沿岸经济比较发达的河段,是很有开发利用远景的。应该通过两通,也即改善水运与陆运的互相配合条件,使水运和陆运互为促进,并通过流通来促进这些城市经济更快地发展起来。例如,若能恢复芜湖米市的集散作用,把芜湖作为通过水路向福建和两广沿海的贸—工—农开放型农业地带输出大米的集散地,则可以使芜湖更快繁荣起来。目前要疏通这一水路运输还存在着因粮价过低而出现的剪刀差矛盾,需要通过一定的政策加以调整。安徽的籼稻主要通过这条解放前便已畅通,而解放后一度中断的传统水路向南方输出,而粳稻则适于通过铁路向北方,特别是西北输出。

(5) 旅游业应为安徽的一个最有前途的发展方向。黄山居我国十大名山(黄山、五岳和四大佛山)之首,因而号称为我国第一名山。从综合评价角度来看,黄山可认为是我国"山景之王"。安徽还有众多其他风景名胜。1984年笔者到安徽亳县、阜阳、合肥、巢湖等地考察旅游,曾向省旅游局建议,应该把安徽当作一个旅游省来建设,以求通过旅游业带动安徽第三产业,甚至部分第一、二产业的发展。实际上,旅游业的发展是牵一发而动全身,直接和间接可以带动整个国民经济更快的发展。

由于交通条件,目前到安徽旅游多从外省直接进入有关旅游点。省会合肥还未能成为一个旅游业吸引基地,以使游客先到合肥,然后再辐射到安徽有关风景点去旅游。为了把合肥建设为一个安徽旅游业的吸引中心,我们曾向省旅游局建议,要在安徽博物馆中增设安徽旅游馆,以使外地游客通过旅游馆认识安徽各地的旅游价值。

此外,还必须加强合肥的旅游开发建设,合肥城市规划很注意让更多的田园绿地伸进市区,没有使城区发展成为"铁饼"一块,还建设有环城绿化带公园(包括逍遥津公园、包河公园,西山公园等),使合肥的绿化条件在全国城市中名列前矛。若再规划建设一定的风景旅游点,如首先要整修和恢复"庐阳八景"其中的"教弩松阴",可适当在明教寺附近拆迁,扩大其游览范围;若把"梵刹钟声"的兴国禅寺认为就在明教寺内,则可在教弩台上恢复"钟楼",每天定时敲钟,重兴此景,两景都在城中明教寺内,可提高该寺的游览价值。"藏舟草色"原地点在合肥城西北角杏花村,可配合建设杏花村公园把此景修整为该公园主景。"镇淮角韵"原址已成为闹市,不易在原有地点恢复,可配合建设北环城绿化带在南淝河岸边重建。还可在这里同时恢复"淮浦春融"景色,两景合在一起,更丰富其旅游内容。"蜀山雪霁"可配合把大蜀山建设为森林公园,因该景为天气变化景色,只要为之建碑亭,即可恢复。"巢湖夜月"和"四项朝霞"位于巢湖北岸,水陆路交通方便,宜先整修中庙和老山,然后再逐步整修"四顶山",可把这两景列为合肥城郊旅游点。对合肥八景还须仿北京八景和杭州十景,各建石碑或碑亭,以使其标志明显,为游人所识。此外,安徽博物馆若增修旅游馆,则合肥完全有条件发展为一个来安徽旅游的进出吸引基地。

(6)第四产业主要指科技信息产业。杨纪珂曾建议把合肥建设为科技出版文化城市。由于科技文化出版事业的产值和利润在目前还偏低,国家若不把其当作事业机构,给以一定的经费支持,是很难发展的。

从长远看来,杨纪珂的意见是正确的,但目前要使合肥的产业结构转向,还存在着相当的困难,可以通过一定的政策控制来使传统工业逐步转向。

3. 实施条件和政策保证

安徽区域发展战略研究必须包括落实产业结构调整的实施条件和政策保证研究。实施上述安徽发展战略必须开展下列相应的保证条件。

(1)搞好自然保护和环境保护是保证安徽经济持续发展的必要措施。首先城镇要开展环境保护措施,其次是山区,特别是大别山和皖南山区要搞好水土保持,封山育林以恢复植被,要禁止对坡地在未进行水土保持措施情况下便加以开垦的做法,提倡居民用煤,以减少樵采,还要避免过度放牧和砍伐水源涵养林。

目前大别山区和部分皖南山区的水土流失是非常严重的,导致下游河流泥沙增多,必须及时采取相应措施,严厉禁止砍伐山区水源涵养林,大力封山育林,才能真正控制水土流失。保护河流上游植被,将会减少中下游河滩地农业的洪患水害。

(2)通过一定的政策,控制某些传统工业的发展,使城市的产业结构有所转向。例如要使合肥的产业结构转向科技出版文化产业便必须规定相应的政策。某些不符合本地区产业结构方向的企业,例如合肥的一些重化工企业,它们具有很大的经济和技术自我发展能力,为了使其利用这种现有经济实力和技术优势,可以通过批准其兼营某一其他行业,例如电子、精密机械、仪器、仪表、新型材料等,而使其产业结构逐步转向。但兼营行业常有更高的环境质量要求,因此必须注意避免受原有工业的污染影响,须另择新址(但有一定的困难)。

(3)为了贯彻所拟定的发展战略的合理结构方向,必须考虑建立相应的人才结构开发导向模式。从提高人的价值观出发,使人才,特别是管理人才从"传统人"向"现代人"转变,甚至向"后现代人"转变。所谓现代人是指具有工业社会节奏,又具有信息社会开拓精神两方面相结合的一种新型人才。

如何改变人的价值观,与目前兴起讨论的文化发展战略很有关系。文化发展战略的根本任务是如何使人才结构从"传统人"转变为"现代人",首先是管理人才,包括领导阶层要现代化,具有现代人的价值观。

人才结构可能出现过早现代化,即"后现代化"。例如,有些管理人才出国参观,看到国外已在淘汰铁路而大力发展高速公路,再加以受托夫勒的思想影响,认为富国和穷国可以同时在第三次浪潮上起步(只适用于某些小国家),而不考虑我国是一个人口众多的大国,忽略了我国必须补第二次浪潮的课,包括补铁路建设之课的思想。我国京九线的1985年第二次下马,以及广东省曾经忽略铁路建设都属于这种表现。如今京九线的建成,是非常正确的决策,对于振兴京九沿线的经济发展,将起着决定性的作用。

人才结构更多表现于缺乏现代化远景分析,停留于"传统人"的守旧思想。例如,安徽要实现上述产业结构的调整,像推广大豆—粳稻轮作制,合肥产业结构向科技文化出版事业调整,安徽要发展输出型的食品工业,都必须具有现代人的开拓精神,才能逐步推广贯彻。

(4)为了贯彻上述产业结构的调整,还必须考虑税收的控制作用,考虑级差地租拟定税率,适当增收一定的地方建设税都非常重要。目前 这些税收调整各地都在逐步试行,有的已在试点。安徽经济发展比较落后,财源有限,可以考虑对一些不影响物价、不增加企业成本的有关方面先行调整。例如,广东1985年起开始征收公路建设税(其税率达客运的20%~40%),有利于平衡客运。安徽也可试行征收公路建设税,其收入专款专用,用于改善安徽公路建设,将可间接促进安徽经济发展。

三、典型案例——振兴宁夏的五项措施*
(关于不发达地区发展的对策)

宁夏回族自治区具有三个特点:一是为全国唯一省级回族自治区;二是内部发展极不平衡,西海固地区为全国主要贫困地区之一,而沿黄平原经济相对比较发达,为西北地区一个发展轴;三是资源特别是水、煤资源丰富,但又受交通限制,使资源优势难以发挥出来。如何振兴宁夏,是解决不发达地区发展的典型例子。为此,我们认为要加速宁夏发展,首先应采取以下五项措施。

---

* 原载《宁夏计划经济》,1981,(1),43~48。

1. 充分发挥宁夏回族的文化优势,积极迎接新技术革命,加速现代化建设

与我国其它少数民族相比,回族具有较大的文化优势,具体表现为四个方面:

(1) 回族没有自己的语言文字,与汉族同文同语,从而具有直接吸收世界现代文明的可能性。从现代文明发展来看,工业文明主要发生于英语世界。我国作为汉语世界,在解放初期,由于历史原因放弃了英语学习而转向俄语,从而与英语世界几乎断绝关系。在英语世界技术发展最快的时期(本世纪 50 年代到 70 年代),我国没有及时将欧美先进技术转换为汉语文明,使我国在第二次浪潮中被抛在后面。从传播学角度来看,文明的传播首先是语言文字的传播,技术设备的转移必须有相应的语言符号作为学习及利用的基础。今天,经过十多年开放发展,我国英语翻译出版能力及出国交流人员均有很大发展,可以在较短时间内将欧美的有关先进技术、科研成果在语言上转换为汉语,可以使国内更多的人能看懂学习。而对汉语语言文字不同的少数民族来讲,由于语言符号的障碍,还需要将汉语转译为本民族文字,在这个转换过程中,由于不同语言符号之间存在的意识差异,常使语言转译存在着偏差,并且转换次数越多偏差越大。另一方面,转译时间也较长,特别是少数民族翻译力量很弱,使有自己语言文字的少数民族很难直接吸收先进的文明。然而,与汉族同文同语的少数民族(回族、满族、畲族等)就具有很大文化优势,从而可以与汉族一起迎接新技术革命。因此,宁夏最大优势是这种文化优势。

(2) 回族与伊斯兰世界具有同宗教的文化联系,而伊斯兰世界又特别重视宗教关系。因此,利用宗教关系可以不断发展宁夏与伊斯兰世界的经贸、技术合作。同时通过宗教交流,促进宗教现代化,可以使宁夏回族首先实现意识现代化而后带动行为现代化,这是不发达地区现代化的关键。

(3) 宁夏回族自治区商品经济意识比较强,主要有三个原因:一是宁夏回族多为经过长途迁徙而来,在这个过程中必然伴随着商品活动;二是古代丝绸之路的影响;三是宁夏自然环境决定了本地难以独立发展,需要与外地进行商品交换,而黄河交通为这种商品交换提供了基础。但由于解放后全国封闭政策及对宁夏等不发达地区单纯救济的不合理政策,使宁夏回族商品经济意识逐渐淡化,以至形成依靠国家的保守意识与行为。改革开放后,随着越来越多江浙一带手工艺人的到来,使宁夏回族商品经济意识重新萌发起来,加上当地干部的带动,近几年,宁夏回族商品经济意识越来越浓厚,表现为劳务输出、建筑队、饮食业、手工技术等发展越来越快。这种商品经济意识是保证宁夏加速发展的重要前提。

(4) 从 1958 年以后,宁夏接收了大批沿海地区(上海、青岛、大连、天津等)迁来的大中型企业,从而带来了大量技术工人和管理人才。这些人员的到来,进一步加速了宁夏文化发展,这是宁夏振兴的宝贵财富。

宁夏的这些文化优势构成了宁夏振兴的最大优势,为充分发挥文化优势,可采取以下措施:① 进一步发展职业中等教育,加强农业技术与城市工人培训教育。对不发达地区来讲,发展职业中等教育的效益最大最快,对社会素质的提高也最有利,并且投资也较小。宁夏作为不发达地区,必须转变中等教育思想,尽快将多数以考大学为主要目标的中学转为职业教育中学。如果将农村大多数中学改为农业技术中学,将城市部分中学改为技术中学,同时,保留部分重点中学以考大学为目标,这样,使青年经过 2～3 年职业技术学习,就可以具有一技或多技之长,则他们很快就会通过劳动而致富,这对社会安定也极为有利。因此,宁夏等不发达地区必须从中等教育改革入手,实行中等教育双轨制,选择重点中学以考大学为主,部分中学改为职业培训教育中学。在初期,政府可制订一定鼓励及强制政策保证职业中学的发展,当职业中学学生运用所学技术致富后,自然就会增加职业中学的引吸力。② 阿拉伯后裔回族还分布在南方,他们是从阿拉伯半岛经海路到我国的,如在广州市、泉州市、扬州市、三亚市都有阿拉伯后裔的史迹。因此,他们容易与阿拉伯国家建立文化、经济联系。同时,这些城市具有较好的地理位置,宁夏可与这四市进行合作,发挥双方优势,共同发展与中东伊斯兰国家的经济贸易联系。特别是最大的特区海南省三亚市,具有优惠的经济、贸易政策,宁夏可积极与三亚市联系,在三亚市共同开办伊斯兰开发区,吸引伊斯兰石油输出国的巨大石油美元与市场。同时宁夏可利用特区的优惠贸易政策来带动本区出口贸易。建议宁夏尽快成立专门组织机构与三亚市联系,尽快开办三亚伊斯兰开发区。

(5) 利用宗教文化的共同性,加强宁夏与阿拉伯国家的经济、贸易、技术联系。目前,伊斯兰世界有两大类地区,一是拥有巨大石油美元的石油输出国,二是比较落后的伊斯兰国家。这两类国家共同点是均为食物进口大国,每年要从国外(主要是美国、澳大利亚)进口大量粮食与牛羊等。同时石油输出国也是轻纺产品的进口大市场,因此,宁夏在发展与阿拉伯国家经贸技术关系时,可采取不同方式与对策。对石油输出国,主要开发其劳务市场、食物市场、轻纺产品市场、机械产品市场,引进其资金。可以与其开展合资农业,利用宁夏丰富的土地资源,由石油输出国出资金,在宁夏建立出口农业基地,用农产品支付资金,这对双方均有利。由于伊斯兰宗教对食物特别是牛羊等的屠宰有一定宗教要求,因此,他们从国外主要是进口活牲畜,这很不经济。宁夏可利用宗教的关系,从本地与外地收购牛羊,由阿訇按宗教要求进行屠宰处理并进行速冻后再出口。另外,还可吸引石油输出国资金来发展民族教育。对于较落后的伊斯兰国家,重点开发其技术市场,特别是农业技术与轻工业技术,包括农用机械、食品机械、纺织机械等。同时,还要为他们培训技术人员,提供零配件。宁夏与伊斯兰国家的经贸技术关系应加快进行,以免为日美欧完全占领。为加快合作关系,宁夏可首先派出援助性医疗卫生队,通过医疗卫生援助与各国建立良好关系,之后就很容易进行产业合作。

2. 加强干部现代化建设,带动宁夏群众致富

宁夏长期封闭及等靠国家救济的思想,使大多数群众商品经济意识很淡薄。在温饱不足时尚能努力劳动,当温饱刚解决后即不求提高,长期以来国家单纯救济政策进一步加剧了这种保守思想和意识。因此,不发达地区的振兴发展,在初期不可能依靠群众自发活动,而必须通过干部的带头作用来组织广大群众致富。也就是说,不发达地区的振兴发展取决于干部的能力与作用。

宁夏乡镇企业远不如沿海地区,为解决这个问题,首先要选拔有能力的人担任乡镇、村的主要干部。同时,可采取两项重要措施来加速干部现代化:一是选派农村、乡镇有能力的中青年干部到沿海乡镇企业发达地区的乡镇企业中挂职锻炼,经过三年锻炼再回到本地发展乡镇企业,这样不仅锻炼提高了人才能力,而且可以切实加强宁夏与沿海地区的合作关系。二是在宁夏本区选择一些有经商办企业能力的科技人员到县、乡镇担任科技副县长、乡(镇)长,发挥他们的技术才能与信息网的作用,带动各地乡镇企业发展。对于选派去的科技人员的户口是否迁动由本人决定。

3. 加强多种形式的联合,促进宁夏二元经济结构的现代化

宁夏作为总体不发达地区存在着明显的二元经济结构,主要表现为:① 比较发达的城市与落后的乡村并存。② 在城市中,比较先进的大中型企业与较落后的地方企业并存。宁夏这种二元经济结构主要是外来型而不是内生型,即一方面是自 1958 年从外地迁来的大批三线企业及近几年中央投资兴建的若干大型企业所形成的现代化程度较高的骨干企业,另一面是宁夏本地工业企业技术及规模均相对落后、现代化程度较低。这两种企业属于不同的亚文化集团,具有不同的行为。中央所属大中型企业多从外地迁来,原有配套企业均在外地,管理人员和技术工人也多为外来人员,因此,这种相对独立的外来企业与本地落后条件相对比的二元经济结构对双方发展均不利。对大中企业来讲,所需大量零配件和原材料需从外地购进,必然增加产品成本而降低了产品竞争力;同时,也易受交货时间、运输等影响。另外,长期相对独立发展,易与当地政府产生一定摩擦。对宁夏地方来说,由于大中型企业自身发展对宁夏本地资源依靠性不大,其零配件和不少原料主要从外地购进,从而对宁夏地方工业发展带动作用不大。

因此,如何解决中央所属大中企业与本地企业的协同关系,是加快宁夏二元经济现代化的关键。为此,可采取以下对策:① 制订鼓励政策,支持中央所属大中企业科技人员、退休老工人到地方企业进行技术指导与产品开发,特别要鼓励"星期日工程师活动"。事实上,许多中央所属大中企业中科技人员多,且许多科研成果在本厂无法生产应用,只有到地方企业才有可能投产。对乡镇企业、地方企业来讲,从大中企业中聘请星期日工程师、退休老工人,具有投资小见效快的特点,且信息快而准,非常有利于地方企业、乡镇企业发展。② 鼓励中央所属大中企业将其从外地购进的零配件生产转到本地企业中生产,由大中型企业给予技术指导及部分资金,这样,可以节省大量运费而降低产品价格。对于这种合作配套企业,应给予低税优惠政策。③ 加强科研机构与地方企业的技术开发与生产联合,由科研机构提供新产品生产技术,由地方企业进行生产,获利按比例分配。除了科研机构外,地方企业还可从大企业、专利局中引进技术。④ 鼓励高校、科研单位到乡镇办企业,这些单位技术力量强、产品开发能力高,且信息条件较好,如果在税收、信贷方面给予优惠,鼓励他们到乡镇办企业,利用本地资源或从外地购进资源进行市场需要的产品开发生产,将会大大促进乡镇企业的发展。⑤ 宁夏食品工业非常落后,大量食品从外地购进,使每年大量资金外流,而本地大量农副产品得不到加工。同时,宁夏农产品资源丰富,且开发潜力较大,这是发展宁夏食品工业的重要保证。因此,宁夏地方企业应以食品工业为突破口进行振兴。从宁夏特点来看,可重点开发两大系列食品:一是保健营养食品,如枸杞子系列食品,除了已有的枸杞酒、罐头、软糖、酱外,还可进行深加工,将枸杞作为食品添加剂生产各种保健营养食品,如枸杞口服液、枸杞面条、枸杞面包等。此外,还有糯米系列食品、甘草系列食品等。二是清真食品系列,清真食品不仅是一种民族食品,也因脂肪含量低而是一种较好的保健食品。这两大系列食品均有巨大国内外市场,如果将各种食品按各市场的需求特点进行包装,并配以中外文说明,将受到市场欢迎。通过食品工业发展,可以带动宁夏农牧渔业进一步稳定发展。同时,食品工业投资小见效快,完全可以成为宁夏地方工

业主导产业之一。⑥改变政府对落后地区的单一救济政策,将每年用于直接发放到个人手中的救济金集中起来,进行落后地区经济开发,包括改善交通、发展林牧业、水利设施等。通过按劳付酬进行开发,将救济金支付到个人手中。这种方式比单纯救济有巨大作用,不仅可以帮助落后地区群众改善生活,更重要地是为以后发展打下基础,否则只能是越救济越穷。

4. 精减机构,强化决策能力,降低行政费用开支,保证宁夏顺利发展

宁夏作为全国比较小的省级行政区,人口只有 450 万,不及沿海一个市人口多。但宁夏行政人员占社会劳动者总数中的比重远高于全国水平。1985 年,宁夏行政人员占社会劳动者总数比重为 2.24%,全国平均水平为 1.70%,山东省为 1.34%,广东省为 1.85%。这必然会增加宁夏行政费用开支。1985 年,宁夏地方财政开支中行政管理费占总支出的 9.21%,高于企业挖潜改造和新产品试制费(为 4.13%),支农支出(为 6.75%)。同期,全国行政管理费占总开支的 7.7%。从近几年增加速度来看,"六五"期间,宁夏行政管理费用支出年均增长率为 13.73%,高于财政总支出速度(为 11.36%),而同期用于企业挖潜改造与新产品试制开支年均增长率为 1.35%。同期地方财政收入年均增长率为 7.39%。这些数据表明,宁夏存在着十分严重的机构臃肿现象。这种状况必然会降低宁夏机构的工作效率,使官僚主义作风更难消除,从而严重降低了政府作用。机构臃肿效率低下,是宁夏发展的主要限制因素之一,因此,宁夏必须切实加快机构精减,提高政府办事、决策效率,保证宁夏顺利发展,同时,将节省的行政费用用于发展教育与技术开发。宁夏地小人少,在行政机构设置中可不必与其他大省区、中央等对口设立,可将若干功能相近的机构合并为一个。这样,不仅可以提高决策能力,而且可以节省大量办公设施,精简工作人员(如打字员、办公室工作人员、司机等)。必须正视这一问题,即对于集权与放权来讲,发达地区与不发达地区的选择是不同的。发达地区在发展过程中通常选择放权,而不发达地区则选择合理集权,其原因在于发达地区经济长期发展,已经形成了良性运行的机制与基础,各种社会、经济组织关系日趋复杂,各种关系之间相互作用、相互制约,共同组成了一个有机联系的复杂大系统,这个系统自身可以正常运行,对外来干涉特别是行政干涉需求较小,因此,发达地区要求政府放权、加强自主的呼声越来越高。而不发达地区情况与发达地区不同,本身发展的群众及社会基础非常弱,各种社会经济关系之间相互作用、相互制约机制很不完善,如果没有政府集中领导,社会经济的发展将是不稳定且缓慢的。因此,对于宁夏等不发达地区来讲,采取合理集权,对于加速发展也是很重要的。强调集权决非推崇专制,也决非鼓励官僚主义,关键不在于集权的形式而在于集权的内容。传统的、专制的、官僚主义的集权政府是一人说了算的独奏型。其机构臃肿,决策行为常受主要决策人的行为变化而变化,因此,这种独奏型集权属于非理性集权政府。我们要求不发达地区建立的是理性二重奏型集权政府。具体来讲包括:① 合并相似功能的行政机构,将分散管理的、责任范围不清的有关行政局合并成为具有较高决策权的委员会,在委员会中分设各部门小组,如可将农业局、畜牧局、林业局等合并为农村发展委员会,将工业局、二轻局等合并为工业发展委员会。委员会制订有关发展战略与对策、法令等,而将分属各行政局的企业独立出去,政府通过税收、信贷调控企业发展。② 政府设立规划决策人与智囊团双重组织。现行的政府决策组织存在严重的问题,一是主要决策人受精力与知识所限,对许多问题难以作出正确

决策,二是副职过多,有很大内耗使政府决策能力与作用降低。为此,必须加快不发达地区决策组织的建设。我们认为对宁夏来讲,可设立政府主席一人,副主席一人即可,而设立相应的助手一职。助手主要由有关专家担任,起智囊作用,根据主席要求进行有关问题的分析、调查、研究,供主席决策参考。这样,可以大大提高决策能力及可靠性,助手可设 4～5 名,主要包括经济金融助手、行政事务助手、外事助手、技术顾问等。因此,助手不同于秘书也不同于副职,只有研究咨询权而无决策权。但主席应参考助手的咨询结果。当然,这种改革是相当困难的,因为这涉及到相当多人员的精简,但这是加快宁夏发展所必须的一项改革。

5. 走出宁夏,加入沿海发展战略,加速宁夏发展

宁夏地处内陆,本地市场较小且受交通制约较大,因此经济发展受到一定影响。从国家全局来看,近期主要是沿海优先发展,因此国家投资主要在沿海地区。同时,沿海地区人口多收入水平高,具有巨大国内市场。如果宁夏只限于本地发展将是很缓慢的,而只引进不输出也仅是半开放。宁夏一方面资金不足,另一方面投资效益又很低。从 1985 年来看,全国流动资金利润率为 35.35%,而宁夏只有 16.18%;全国固定资产净值利润为 15.18%,而宁夏只有 4.47%;全国固定资产原值利润率为 10.25%,宁夏仅有 3.17%。由此可见,宁夏要想在短期内赶上全国水平和发达地区是很难的。因此,我们认为宁夏可积极参与沿海发展战略,打破不发达地区普遍存在不愿意输出资金与技术,认为本地不发达就不能将资金投向外地的思想。借鸡下蛋比养鸡下蛋更快。具体讲,就是到沿海利润率较高的地区进行投资,这样,相同投资额宁夏所获得利润比在宁夏投资高几倍。将所获得利润一部分在沿海地区继续投资,另一部分则抽回宁夏用于更新发展。因为,相同资金在宁夏所获利润较高,并且有利于宁夏产品出口及提高技术与管理水平。此外,宁夏存在的二元经济结构,其中拥有一定先进技术,完全可以到沿海地区进行技术输出、合作开发。特别是毛纺、橡胶、化工、机械、机床、轴承、啤酒、矿山成套设备机械等方面,宁夏拥有先进技术,完全可以到沿海地区去设立分厂或合资,不仅可以增加收入,而且可以带动宁夏产品外销。

以上五项对策仅是振兴宁夏的部分措施而不是全部,是否正确供讨论参考。

四、一般实例(广东、四川、新疆)

1. 广东实例

广东原来因处于东南沿海前线,长期以来,国家重工业投资有限,原来经济发展水平远低于沿海京津沪和辽宁、山东等省。广东是最早实行对国家经济大包干的省份,但由于原来经济水平差,包干上缴国家的数目并不大。后来,广东利用毗邻港澳、东南亚,有众多港澳同胞和东南亚华裔的条件,在国内最先走开放的临海型经济道路,建立了深圳、珠海和汕头三个经济特区,并逐年扩大开放区范围。

深圳和珠海初期投资考虑成本和利息回收较少,利润也不显著,因而有一定的争论。汕头经济特区独立于汕头市之外发展,经济效益明显,但发展规模较小较慢。为此,曾对广东的外向型经济发展有过争论。尽管如此,广东全省作为港澳的后院,随着香港经济的升

级换代,三来一补企业的建立,促进了广东乡镇企业的发展;向港澳输出新鲜农副产品对广东农村经济的繁荣也起了重要作用,并且正在发展高产值和高创汇的精细农业;同时合资企业和商务贸易、旅游业的发展,亦促进了城镇经济的发展;而国内外高技术行业与广东的合作,也促进了广州、深圳、甚至佛山、汕头和珠海的技术发展。

广东这条带有侨资型的开放战略尽管其他地方学起来有困难,但不失为一成功的道路,已为大家所公认。

广东外向型经济的发展还面临着如何升级换代,即从初级劳动密集产业向以技术和知识密集型为特征的产业转移的问题。特别是深圳、广州、甚至佛山、珠海、中山、东莞、顺德、汕头、湛江等城市也要有所考虑。劳务价格(特别是在蛇口和深圳)的提高,以及劳动密集产品国际竞争的加剧,都迫使早期开放区要面向这个外向型经济的"第二波"转移,才能顺利发展。而原来的"第一波",即初级劳动密集产业可向农村地区,或山区县份转移。

号称珠江三角洲的四小虎的发展途径,除了作为港澳后院具有上述诸多途径外,佛山特别注意引进人才,很早接受从三线转来的一批广东籍技术干部,佛山对大学生都先接受,然后再考虑分配,而不是像别地那样,有适合岗位才接受,从而使佛山的技术力量和教育水平,目前在广东仅次于广州和深圳而名列前矛;顺德注意公共关系而使其进出口贸易顺利进行;中山则以旅游业起步带动贸易和投资;东莞利用作为位于广深走廊主要城市的优势,大力发展三来一补和合资企业,以及创汇农业。对比这四个不同途径,显然佛山最有后劲并向外向型经济"第二波"转移。

还必须注意到,广东也存在着经济梯度的不平衡性,以珠江三角洲为主的粤中被称为广东的第一世界;汕头市和湛江两市被称为第二世界;而粤北地区两阳(阳江市)和海陆丰(汕尾市)、梅县等地被称第三世界。此外,还存在着落后的山区。修通粤西肇庆至茂名铁路,以及筹建粤东铁路是振兴广东东西两翼经济的关键措施。广东第三世界的发展战略当然不同于珠江三角洲,像雷州半岛南端的徐闻县从收购两广的废品加工开始以振兴经济,很有点出于内地人意料之外。像粤北连县和南雄,粤东北梅县除了与沿海合作发展外向型经济外,还要考虑占领桂东、湘南,或赣南、闽西南落后市场。

广东在发展外向型经济,参加国外大循环的同时,也要考虑占领国内市场。

2. 四川实例*

四川位于我国开发的"T"字型一级轴的上游,特别是四川盆地,作为天府之国,物产丰富,沿江和沿铁路分布着众多作为增长极的城市,构成四川纵横分布的一些点轴开发重点。

四川按国家计委的划分属于西部地区,按地理学的划分四川盆地和川东属于中部(内地)地区,川西才属于西部地区。因而按三个梯度一个半重点的开发理论,四川,特别是四川盆地属于半个重点的开发区。

四川除了物产丰富外,重庆① 是我国西南最大的城市和工业基地;成都作为四川省会和大型工业基地是西南第二大城市;四川还有众多三线建设重点,这些三线城镇是我国某

---

* 原载《资源开发与保护》,1989,5(3),3~7。
① 指重庆 1997 年成为直辖市之前的情况而言,特予说明。下同。

些高技术的优势中心,其产品和某方面技术力量辐射半径可能遍及全国,并且具有出口创汇力量,具有明显的向东辐射的反梯度态势。四川一方面要进行资源开发和加工增殖,另一方面也要为全国提供比较先进的技术装备和工业消费品。

还必须注意到,解放后的铁路建设,使四川过去单纯依靠长江向东出海,现在已有铁路出口畅通全国;加上公路建设和空运,若再加强黄金水道长江的通航能力建设,从全国看来,则四川盆地属于交通方便的地区。

四川本身也具有三个梯度的划分,重庆和成都属于第一世界,沿铁路和沿江主要城市属于第二世界,边远县份和山区属于第三世界。除了这三个世界划分外,四川的三线企业具有一定的高中技术"嵌入"的经济特点。有些进入世界先进水平的高技术与落后农村并排分布,彼此之间缺乏联系。在中等城市建设的三线企业(如绵阳)与城市关系比较密切,但由于产品供应全国,也很难带动该市中小企业发展。

总之,四川的经济发展战略要冲破盆地意识,促进四川三个世界彼此之间,以及与三线企业的联系,面向国内外,大力发展商品经济,振兴大企业,开拓三线企业高中技术的商品价值,开发地方资源,繁荣城镇,促进边远县份和川东山区以及川西经济发展。

在这一总战略方针指导下,具体措施主要是:

(1)建立全方位的多层次多系列市场观念。四川的商品要面向港澳、美国、西欧、日本、甚至俄罗斯、东欧,针对不同地区和国家考虑不同系列的出口商品,也要面向国内东部沿海、中部地区和西部落后市场。四川的三个世界在考虑其市场结构时,都要面对现实。发达城市可以高起步,考虑更多出口创汇,其他地区发展商品经济,要考虑从占领落后市场起步,甚至学习广东徐闻县从废品回收加工振兴经济。还有四川盛产名酒,目前除少数名牌产品外,产量已经过多,要考虑从东北出口俄罗斯远东市场。全方位开拓四川产品市场,发展适应不同市场的商品,也不能只满足于四川物资的出川下江,而是要冲破盆地意识,适应当前东亚贸易形势,到国内外建立川帮商业和企业的广大队伍,也许这是四川振兴经济的关键中的关键。

(2)按照我国经济发展的三个梯度划分,东部经济发达,技术相对先进,经济效益高,但资金相对紧缺;西部经济相对落后,经济效益较差,资金虽不多,但未能合理投资,因而反而有余额。四川虽处于西部,但因有一定的东部特点,资金也相当紧张,这是限制四川发展的主要原因。四川与全国合作引进资金和东部技术,发展联合股份公司,也要考虑紧缩本地部分投资,调出部分资金到沿海各个港口创办或联营兴办"窗口"企业。特别是鼓励企业南下到海南岛创办国内外联合企业,引进新工艺后,再移植回四川。

(3)四川有部分大企业和三线"嵌入"企业,又有丰富的农副产品,所缺乏的是处于这两者之间的轻工、食品和纺织的加工能力和技术水平都差。四川作为我国建设的半个重点,国家安排的重化工和基础工业建设可能逐年有增加。但只发展这些大企业,四川的经济仍很难繁荣,因此四川各级地方政府应以发展资源加工增值工业为重点,筛选出现有拳头产品,发掘优势产品;推行"一地一品",城市优势产品系列化和加强包装工业等发展,以增加产品的辐射半径和出口创汇能力,并降低外运物资毛重运量,以缓和出川货运紧张。四川工业发展,应是大企业振兴与资源开发加工以繁荣地方经济并重,并带动农副产品发展和提高。

(4)四川农业为了适应资源开发及其加工工业的发展,不仅要从粗放经营走向集约经营,而且要根据地域分异特点筛选优势产品。四川盆地大部分属中亚热带气候,南部分布着一些南亚热带岛状地域。山地上半段还可具有北亚热带和暖温带气候特点。若能根据这种地域分异规律安排作物和果类种植,将可大大提高四川农副产品的商品率。在分不同地域进行不同集约经营的同时,在重庆和成都郊区,以及川南的内江、泸州、宜宾、自贡等地要着手发展为高级宾馆服务和创汇出口的精细农业和观赏农业。精细农业是以国内外市场需要为导向,生产有竞争能力的高技术、高档次、高品质、高产量、高效益、高收益的农产品及其深加工产品。其经营内容有:精制包装粮食、名贵蔬菜、清洁蔬菜、优质果品、无籽西瓜、杂交优质种子、水产品种苗、特培花卉(多次开花、多种颜色及高产量等)、盆景、观赏植物、特种草、高级草皮、珍珠和珍禽异兽等,还有微生物及发酵的肥料养剂、保鲜剂、生长刺激素、高级天然精制品(香水、香精、色素及天然饮料)等。四川其他城市郊区也可以根据市场导向、本身区域和人才特点,选择上述一定的产品试验发展。

(5)节制生育和加强人才培养,提倡第二职业和星期日工程师,开展成年职业教育,甚至培训能工巧匠。在落后地区提倡"一人一技"是提高农村文化、改善人口教育水平结构的必要措施,也是农村发展的基础条件。

3. 把新疆建成一个开放型的经济区 *

从我国国土整治区划看来,可以把全国自东向西分为沿海地带、内地地区和边远地区三个一级区,新疆可以划为边远地区内的一个独立经济区。

新疆地处我国西北边陲,更需要加强东西对话。可以通过河西走廊北达天津东至上海,这两地都是其出海口。但最短的出海口则为苏北连云港。因此,新疆除与上海合作外,更重要的是要参加连云港的开发区建设,以此引进国外技术。

据分析,我国东部的中段有两个经济发达区:一个是位于北面的,以京津唐为经济中心及胶济线经济发展高水平区域;南面是以上海为中心的长江流域经济发达地区。中间夹着一个沿陇海线延伸的狭长的生产水平相对较低的区域。连云港正处于全国这两个经济发达地区之间的"经济低谷"地带的出口,也即位于我国沿海的脐部,具有广大的经济腹地,包括苏北、鲁南、皖北、晋东南、川北,以及河南、陕西、甘肃、青海、宁夏、新疆、内蒙古西部等涉及12个省区的广阔范围。为了加强我国"东西对话",利用连云港的广大经济腹地,促进陇海沿线这一"经济低谷"带特别是其东段的发展,开发连云港是非常有意义的。

考虑到发展集装箱的亚欧或东亚至中东、北非的联运,修通新疆北疆铁路是必要的(现已建成通车)。这样可形成太平洋口岸至大西洋口岸,即形成亚欧最便捷的陆桥,也即恢复"古丝绸之路"的联运。不论从蒙古通原苏联、或者接通新疆铁路,都要比目前东亚、东南亚货物在日本集中,再航运至原苏联,通过西伯利亚大铁道运往欧洲要节省路程和费用。连云港按上述方式发展,完全可以成为一个具有世界意义的、很有竞争能力的综合性港口。连云港的最有利条件是发展集装箱运输。要发挥连云港的这一优势,先修北疆铁路具有决定性意义。因为,北疆天山北侧经济发达,特别是玛纳斯河流域为解放后新疆的重点开发地区,其经济发展程度在全新疆首屈一指。

北疆铁路与连云港建设是互相促进的。新疆参加连云港开放区的建设,对开发连云港

---

* 原载《新疆日报》,1984 年 12 月 7 日。

可起一定的作用。总之,连云港若按上述模式发展,可同时起着类似荷兰鹿特丹的国际吞吐港和瑞士苏黎世的国际金融中心这两方面的作用,与此同时也将带动新疆的经济发展。

当然,新疆不只应向上海和连云港开放,还要向国内所有省区开放,欢迎各省区到新疆创办企业。新疆也要到各省区参加有关建设。新疆内部也应实行开放,乌鲁木齐与各专区、自治州可以互设商店,合办企业。各专区和自治州首府也应与所属县互相开放、互设商店和合办企业。首先新疆可以在北京、上海和广州三地设立窗口商店,由各专区和自治州分别创办不同的商品柜台。

为了迎接这种开放型经济,新疆的六大支柱产业——农牧业、食品和轻纺工业、石油和石油加工业、动力工业、建材工业、有色金属工业等也应各有侧重。首先必须扭转农业自给自足的封闭型经济,大力发展农业专门商品生产,南疆应以瓜果、牧业、长绒棉、蔬菜为主要商品生产方向,北疆以粮食、甜菜、牧业为主要商品生产方向。大力发展矿业,进行技术适当高起步的轻纺、能源、有色金属等工业建设。

必须特别指出,新疆的瓜果在全国质量首屈一指,新疆还是我国长绒棉的主要产区,其质量冠全国,若能加强纯种化和不夹杂物,则可以超过苏丹、摩洛哥等国的进口棉。目前国外对高质量的细支纱精纺棉布需求很大,而一般粗支纱棉布在国内外销路都不好。要纺高质量细支纱棉布,需要长绒棉花,新疆正好具备这个条件。总之,像新疆这样的干旱区,其大农业专门化方向应以牧业、瓜果和棉花为主,在南疆可以约束粮食生产,甚至可以从内地进粮食。

第十三章　直辖市案例——北京的 总体发展战略问题*

一、存在的困难和必要的思想转变

北京城市进一步发展存在着很多难以克服的困难,主要是:① 水资源不够。② 能源更加紧张。③ 交通和通讯条件很难一下便提高和解决已存在的各方面困难。④ 环境进一步恶化。

针对这四个困难要加以解决,城市发展和规划建设的思想必须有所转变,主要是:

(1) 对生产发展必须有"退一步进二步"的思想准备。解放后,我们单纯从政治方面出发,给北京以过多投资,使北京成为全国三大经济中心之一,这远超过其水资源和环境的容纳能力,从今天看来这种生产力布局,值得探讨。

从总体发展战略来看,北京必须严格控制传统工业的发展,淘汰一些过时的"破铜烂铁"生产设备,必须认识到,这种"退一步",是为北京的技术升级换代,便于以后"进二步"作为必要的准备。总之,北京近期的国民经济增长率应该有所降低,才有利于技术结构的转化。

(2) 北京市的城市规划建设若不加控制,便会像摊大饼那样不断地向郊区蚕食发展,应加以控制,有意识的沿一些干道向外围发展,以保持干道之间的旷地(田园、水面、园林等),甚至可以发展环城绿地,使城市保持类似"星形"的城市,以使绿化系统均匀分布。这样便可以使北京城区在向外围发展时,有更多的绿化系统穿插分布于"建成区"的"水泥沙漠"中,有利于改善建成区的环境质量。

(3) 北京的生产建设与环境保护有一定的矛盾,控制传统工业发展,把传统工业搬出市区,合理配置,可以改善城区环境质量。北京山区水土流失严重,导致发生水土流失的原因主要是坡地开垦、过度樵采和砍伐森林、放牧(特别是放牧山羊)等。目前坡地开垦有一定控制,但由于郊区缺乏能源,过度樵采仍相当严重,深山区的水源涵养林在"皆伐更新"的思想指导下,由于过量砍伐,正在日益缩小。北京已开始接受控制山羊发展的宣传,但原有山羊的放牧仍属过度,特别是在春季时,山羊放牧破坏最大。除了绿化造林外,还必须在禁止樵采和放牧的条件下,大力封山育林,让植被自然恢复。

这一思想转变,也即从只考虑生产发展向同时考虑环境保护和自然保护转变,这是保证北京经济持续和长期发展的有效措施。环境保护措施应是城区和工业区的重点,自然保护措施则是山区,特别是浅山区和山前丘陵台地区的重点。

例如,海淀区计经委曾经就如何拟定该区的旅游发展战略要求笔者给以咨询。我们特

---

* 在北京市座谈总体发展战略讨论会(1986 年 2 月 10 日)发言的整理补充稿。

别强调指出,海淀区既包括近郊城区,又包括山前区,因此搞好环境和自然保护,以形成青山绿水,是使海淀区成为一个以古典园林为主的文化旅游区的最根本性措施。

二、产业结构的调整

分析北京的产业结构,第一产业除了矿业开发(无烟煤和建材为主)外,郊区农业要着重发展蔬菜、水果、花卉和养殖业。

北京的蔬菜只能保证部分自给,从长远来看,要考虑我国自然条件的"气候差",特别是南北的季节温度差,冬天考虑从两广和云南、四川攀枝花等地供应西红柿,从陇海线供应韭黄等蔬菜,春天和初夏从华北南部逐步向北供应早季蔬菜。夏秋季是北京蔬菜盛季,北京蔬菜可考虑输往内蒙古和东北。北京的晚季蔬菜应从北京市北部、河北北部、内蒙古供应。这种气候差使各地的蔬菜盛季有迟早之分,形成了南北价格差,若能利用这种价格差所形成的"气候剩余价值",分区为北京设立蔬菜基地,可以更有效地保证北京的稳定蔬菜供应。我们曾向北京科委和农业区划办公室建议,开展有关北京蔬菜在全国不同自然地带设立基地,以保证其稳定供应的专题研究。

北京水果主要分布于山前地带,属暖温带干鲜果类。为了供应热带和亚热带果类,以及保证早季果类,早晚季西瓜,还需从全国调进水果供应。北京平原地区近年来由于潜水漏斗的形成,潜水位普遍降低,有利于在平原发展果类,可在北京近郊平原区着重发展葡萄、樱桃、草莓等浆果。

北京还应大力发展花卉,目前以黄土岗的花卉和门头沟区涧沟的玫瑰为主要产品,还不普遍,冬季可以考虑从南方输入盆桔、水仙等。

北京应逐步适当约束粮食生产,特别是水田或水浇地种植,以减少农业引水,可考虑发展旱作玉米和青饲玉米(特别是在长城以北地区)的生产,以发展饲料工业,促进畜牧业、养禽业的生产,同时还要发展淡水养鱼业。

北京的第二产业首先要加强公用事业和建筑业的发展。北京现有工业以冶金、机械、石油、化工、轻纺为主,这些工业都应控制发展,转向以发展食品、汽车、建材(包括新型建材),以及电子信息等工业为主,还要加强出版印刷产业的发展。加工业的发展战略应以控制传统工业,合理向郊区扩散,本身升级换代,或像石景山钢铁厂在河北迁安办分厂为发展方向。

北京的第三产业除继续改善交通运输外,要大力发展流通。北京的产品和供应都要从全国,特别是从华北角度考虑,也即在 1 000 公里控制范围内,可以用汽车直接供应来考虑其产销问题。北京市场应向全国包括华北农民,特别是河北农民开放。

北京风景资源丰富,北京的著名风景资源,也即国家级、甚至具有世界性意义的风景资源主要集中于城区、海淀区、昌平区(包括其北邻延庆县的八达岭)三处。这三处的风景资源各有特色,城区以古都面貌取胜,昌平区以历史胜迹见长,海淀区则以古典园林为主。此外房山县也有一定的自然风光和历史名胜。北京是国内外旅游热点。国外游客,特别是西方(欧美)游客,到中国旅游最向往北京和西安两地。北京又是前往西安的入境点之一。因此,北京国外游客在全国比重中名列前茅。怎样更多吸引外国游客,在于改善服务质量。增加北京六大名胜(故宫、北海、天坛、颐和园、十三陵、长城)的古典人文特色,活跃夜晚文娱活动内容,适当恢复一些带有"京味"的商业街和民俗活动,进一步美化北京人的服装,形成既是古典文化名城,又是现代热闹城市,夜晚文化娱乐活动丰富的旅游胜地。

北京是全国人民向往的中心,北京的国内旅游目前还没有充分发展,若改善交通和服务措施,可以吸引更多的外地游客。有关国家节假日(如五一节、国庆节)在举行庆祝活动时,可以更广泛地吸引国内外游客来进行参观旅游,国家应拿出一定的资金,资助这种活动,反过来,可以从旅游事业收回和获取更多资金。

总之,北京的第三产业,包括两通(交通和流通)和旅游业还未获得充分的发展,在北京发展战略中应给予更大的重视。

通常把科技信息业当作第四产业,有的把康乐产业(包括旅游、娱乐、休疗养、时装、体育、展览等业余休息)当作第五产业,童大林则把金融产业当作第五产业。北京的第四产业,包括硅谷型、科园型、筑波型的新型产业,目前已在中关村一带发展起来,但还应该进一步发展。

北京第五产业除了原属于第三产业的旅游业要大力发展外,其他各种康乐产业和金融产业也要大力发展,在发展战略中都要加以考虑。还必须大力发展咨询策略产业,包括软咨询产业。

北京产业结构的调整还必须进一步落实在地面结构上。北京市存在着城区(62平方公里,180万人)、市区(750平方公里,500万人)、全市(16 800平方公里,923.1万人)三圈的差别。市郊区还有近郊城镇,远郊区县所在地,以及平原近郊、平原远郊、山前丘陵台地、山地河谷盆地、浅山区、深山区等自然经济类型的差别。郊区特别要考虑其邻近首都的所谓"近邻"优势,包括河北省北部也要考虑这种近邻优势。

例如,顺义县是北京的一个近郊县,便要发挥近邻优势为首都服务;北京城区工业面临升代,必然有相当大的一部分配件生产要向郊区扩散,顺义一方面要容纳这种扩散,另一方面也要争取一定的工厂企业来县里定点设厂。例如,已计划这里作为两吨轻型卡车的生产基地。

总之,北京产业结构的调整战略,必然包括不同自然经济类型、不同行政分区的具体调整战略对策。

三、政策保证

北京总体发展战略必须包括有为落实相应战略对策服务的政策保证研究。下面讨论三个与总体发展战略有关的政策保证问题。

(1) 通过一定的政策控制传统工业的发展,促进技术的升级换代,发展新兴工业。国内外企业获得成功发展的途径有三种:① 对本企业的"拳头"产品使其精益求精,保证原有产品质量的提高,不断推出新型号产品。② 在本企业的"拳头"产品基础上发展成为该产品的专门产业。例如,生产复印机的企业发展为办公室自动化的专门产业,灯罩公司发展为光控制行业等等。③ 企业在竞争中创办其他新行业,从单一行业生产发展为"创办企业的企业"。

行业的合并或所谓托拉斯化,要求第一次合并所形成的"组织创新"节约必须低于分开生产所增加的"市场成本"。我国是社会主义国家,目前提倡"政企分离",但企业的成功与否又是当前面向经济的政府机关的考核成绩标准,企业是"油水衙门",政府是"清水衙门",双方不容易通过,"政企分离"便可解决所存在的矛盾。

我们认为,社会主义企业的改革可以有企业获得成功发展的上述前两种途径的控制权。第三种控制权应属于政府机关权限,政府机关作为"创办企业的企业",主要控制产业结构发展的战略和计划实施权限。考核政府政绩的标准除了其他政治和社会文化、城市建设、自然和环境保护等方面外,在产业结构方面,着重考核其作为"创办企业的企业"是否能创办既有经济效益,又不破坏生态和社会效益的企业,其本身的"组织创新"是否能节约本地区的"市场成本"。

此外,某些不符合本地区产业结构方面的企业,为了控制其发展,政府可以具有批准其兼管其他行业的权利。例如,北京的石景山钢铁公司便属于这类企业,其本身具有很大的经济和技术自我发展能力,目前采取在河北迁安设分厂的办法来让其自我发展,估计也很难控制其自我发展能力。为了使其利用现有经济实力和技术优势,政府可批准其同时兼管其他新兴产业,例如电子工业的经营权。

(2)必须逐步合理征收地方建设税,全国已开始征收港口建设税,广东开始征收公路建设税(其税率达客运的 20~40%)。税收可考虑与物价比例关系来拟定。北京也可考虑征收一定的地方建设税。

(3)城市级差地租而导致房地产税,所得税的税率差别,建议应先在北京试验进行。北京要控制市区,特别是旧城区的发展,淘汰传统工业,不考虑级差地租的税收差别是很难控制的。

第十四章　地级市行政区案例

一、振兴连云港的八项措施——区域发展战略研究案例*

我国国民经济和社会发展第六个五年计划中有关地区经济发展计划部分,把全国分为沿海地区、内地地区、少数民族地区(即边远地区)三部分,并要求积极利用沿海现有经济基础,充分发挥它们的特点,带动内地经济发展。

据郑弘毅分析,东部的中部有两个经济发达区:一个是位于北面的以京津唐为中心的及胶济线经济发展水平高的区域;南面是以上海为中心的长江流域经济发达地区;中间夹着一个沿陇海线延伸的狭长的发展水平相对较低的区域。而连云港正处于全国这两个经济发达地区之间的经济低谷地带,也即位于我国沿海的脐部。这里作为中原和西北的出海口,具有广大的经济腹地,包括苏北、鲁南、皖北、晋东南、川北、以及河南、陕西、甘肃、青海、宁夏、新疆等涉及 11 个省区的广大范围,还是上海经济区联系中原和西北的出海口,总面积约 360 万平方公里,总人口 2.2 亿。若再考虑内蒙古西部也属这一腹地范围,则还要超过这些数目。连云港腹地之广在全国各港口中位于前列,并且这一经济腹地具有很大的明确固定性。因此为了加强我国"东西对话","东西合作",利用连云港的广大经济腹地,促进陇海沿线这一"经济低谷"带, 特别是东段,连同其广大的经济腹地发展,开发和发展连云港是非常有意义的。

作为连云港的后方空间资源的经济腹地可分为四个层次:

(1)连云港市面对海州湾,以苏北和鲁南为近腹地。这里从我国沿海地带来看,特别是与苏南比较,是经济相对落后的地区。

(2)为我国建设重点的陇海线中西段(以机械工业建设为重点),包括中原、陕中和陇东等地区在内的最直接出海口。这些地区从这里出口比从上海或青岛出口可以缩短距离。如连云港至郑州,比郑州至上海缩短 428 公里,比郑州至青岛缩短 487 公里。

(3)为我国广大西北地区,包括青海、河西走廊、内蒙古西部、宁夏、新疆、甚至西藏等地区在内的经济腹地的最有利出海口。

(4)若修通北疆铁路,并使其向西经阿拉山口接通原苏联的铁路(该铁路从中亚铁路的阿克斗卡站出轨),由原苏联再接通阿克斗卡到卡拉盖雷的铁路,便可从卡拉干达直达欧洲。连云港便可以成为西欧、原苏联、东欧等国从陆路进入太平洋经济圈的最有利港口。笔者在1984 年 9 月参加了中国环境学会组织的新疆考察讨论会,当时曾向自治区人民政府汇报我们的考察意见,建议先修通北疆铁路并使其接通原苏联的意义,受到新疆自治区人民政府的赞同。如今北疆铁路已建成并与原苏联铁路连接起来。

---

* 原载《地理学报》,1986,(1),59～69。

现代港口不只要求港湾优良,而且要求经济腹地广大。连云港虽属淤泥湾,但只要是非活动性泥沙淤积,利用现代挖泥浚深技术完全可以把淤泥港改为深水大港。例如,荷兰的鹿特丹作为淤泥沉积区的港口,曾经由于出海口的河道淤积,致使港口无法通航巨轮,以后经过疏浚和开挖之后,港口可直通海口,鹿特丹港才重新发展起来。由于其港口腹地广大,故鹿特丹为"欧洲门户"。自从欧洲共同体成立之后,西欧国家的进出口货物很多都由鹿特丹港转运,使它成为当今世界第一大港,年吞吐量曾达 3 亿多吨。据报道,每年大约有 35 000 多条的远洋轮船和 30 多万条内河船只在鹿特丹港停靠。这里有各种专用码头,其中包括世界最大的集装箱码头——"欧洲集装箱码头"。

把连云港与鹿特丹作对比,可以发现有很多相同的地方,① 两者经济腹地都很广大,鹿特丹作为欧洲的门户,连云港则为我国中原和西北广大地区最直接的出海口。② 两者的经济腹地都可以分为几个层次。两者的连线又是从太平洋口岸到大西洋口岸的最便捷的途径,并且正是这一连线,是历史上的真正"古丝绸之路"。③ 两者都是淤泥岸,但都具有浚深发展为深水港的条件。

连云港具有这样优越的条件,但一直未获得充分的发展,主要的原因是:① 长期认为这里的港口因属淤泥岸,而被认为港口不能通航巨轮,对现代浚深挖泥的技术可以在淤泥港建立深水大港的认识不足。② 直接经济腹地基础差,历史上这里受到黄河改道泛滥影响,又是历史上的多发战场,使得经济一直未获得充分发展。③ 交通疏运条件主要依靠陇海线的单线铁路,缺乏港口与腹地的直接通航航道,因而一直未能促使地方中小码头与海港码头互相配合。④ 由于历史原因,市区(新浦)与港口(连云港)分离,港口缺乏城市依托,市区也未能充分利用港口的有利交通条件而获得充分的发展。⑤ 由于种种原因,国家本应在这里进行投资建设进口铁砂的钢厂和兖州煤矿出海港口,都没有选在这里。

我们曾经分析过,若把宝钢、北仑港和石臼所港这三项工程集中在连云港建设,也即把北仑港和石臼所港投资集中起来,并使建港与新建钢厂结合在一起,不仅可以避免转驳铁矿石,每年可节省运费将近 1 亿元(早期价格),而且还可利用回程空船出口煤炭,这样可省去石臼所港向日本出口煤炭的运费,也即通过进口铁矿石和出口煤炭,可使连云港浚深为深水港,因而可以同时建成为其它货运的深水泊位,特别是解决集装箱的进出口问题,即可把连云港建设为包括矿石进口,煤炭出口,集装箱进出口,并起着分流现有上海和青岛两港其它货运作用的综合性海港;进而带动我国中原和广大西北地区的进出口贸易。

目前连云港已列入我国开放城市,正在进行多方面的建设,怎样进一步发展连云港,我们从下列三方面考虑:① 经济腹地分为四个层次,也即怎样充分利用这四个层次的空间资源问题。② 从整体观点,怎样分近、中、远期协调各国民经济部门。③ 以自然结构为基础,进行该区的社会经济结构的长期规划分析,也即把自然地理、经济地理和技术经济密切结合起来,去进行区域国土经济的综合分析。提出下列振兴连云港的八项措施。

1. 建议成立连云港经济腹地协作委员会

连云港的最有利特点是经济腹地广大,年吞吐量据过去估计1990年可达 2 800 万吨以上,2000 年可达 4 700 万吨以上。这一估计原来并未考虑到我国的经济开放政策,主要从农—工—贸的顺序出发去进行估计,也即对经济腹地的相互开放合作,以及利用连云港开展内联外引合作所引起的吞吐增加是估计不足的,必须从贸—工—农的顺序出发重新去预测连云港的吞吐量。

加强连云港与其经济腹地的互相开放合作,一向为各界所重视。远在1934年11月陕西省各界连云港考察团受陇海铁路局的邀请,便曾专程到连云港进行经济考察和合作商谈。并出版有《陕西省各界连云港考察记》。1983年南京大学地理系郑弘毅建议在连云港设立对外经济贸易部驻连云港特派员办事处。在连云港腹地逐步推动按行业实行以连云港口岸为中心的联合经营,统一经营。1984年7月徐州市何赋硕市长与连云港建港指挥部指挥吴学志建议以徐州为中心,以连云港为窗口,联合发起新的"淮海战役",开发淮海经济区。1964年9月由江苏省政府举行,有陇海铁路沿线各省区和国家有关部委参加的"经济合作商谈会"在连云港召开。1984年9月笔者到新疆参加有关学术讨论会,曾向新疆领导建议,新疆要参加连云港的开发区建设,以此引进国外技术。1984年底连云港市长何仁华率连云港市赴新疆代表团于1985年1月,与新疆伊犁州和伊犁地区分别结为友好市州和市地,双方还签订了经济协作意向书。

总之,为了加强连云港与其经济腹地各省区的互相开放和合作,利用连云港的有利港口位置,带动其经济腹地加快发展,除了开展多种形式的双边合作外,还必须成立一定的协作实体,即经济腹地协作委员会,可作为外经部或计委,甚至国务院的一个直属机构。其任务是全面调查、规划和落实各项协作任务。成立这样的协作实体,一开始是互相合作,彼此促进经济发展(连云港已成立内联加工区,目的就是加强这种合作),随着连云港采取相应的措施,逐步振兴,便可以进而带动腹地发展。目前陇海沿线都考虑要从连云港直接出海,愿意与连云港加强合作。该市罗栋生副秘书长认为可先成立陇海经济协作委员会,甚至建立陇海经济区,其目的也在于成立一定的协作实体机构。

2. 把开发区发展成为内联外引加工区和金融自由贸易特区

连云港位置适中,其开发区除了发展和组织内联外引加工区,以及第三产业的合作外,考虑到其具有前述四个层次的腹地,还准备建立金融自由贸易开放区。据朱嘉明等分析,我国必须从全球出发提出新的发展战略设想。在国内建立跨地区、跨产业、跨学科、跨所有制的经济组织,还应建立我国自己的跨国公司。在我国,跨国公司应可吸收外国股份。我们认为还应在我国建立国际金融贸易中心,使其成为国内外银行 集中地,甚至发展跨国的联合银行组织。连云港若在港口内外交通全面疏通的条件下,全面发展开发区经济,具有最优越的地理条件。为此,连云港开发区必须在建设的同时,优先允许外国银行来开发区进行金融活动,还应考虑在开发区建设证券交易所,允许开发区内企业买卖公司股票,以促进开发区企业的发展。

1984年8月江苏省民建会和工商联考察团,以及省政协考察团到连云港进行考察,也建议由中国银行出面,邀请国际金融机构在连云港设立办事处,并和国外金融贸易机构、跨国公司建立联系,进行交流。连云港市已经考虑在墟沟建立一个国际金融贸易中心(街),为国内外投资创造条件。

所谓金融特区,除了为发展加工区而向外国银行开放,以及开放证券交易所外,更重要的是开放资本市场,甚至开放黄金市场,特别是对外国银行实行免税、低税优惠,允许外国银行自由进出外汇,即以优惠政策吸引外国银行在连云港注册。这种金融特区一般不需要以经济实力为依托,而是在通讯和交通条件保证下,利用免税和低税吸引外国银行注册,成为国际金融中心之一。

必须改变人们认为证券交易是投机买卖的不全面、甚至是错误的认识。证券交易首先可促进企业在竞争中发展,企业的股票升值,便可使企业除了获得正常的利润外,还可以依靠股票升值,而获得附加利润。另一方面,也使面临破产的企业可由有经验的企业家对其收购,加以改造发展,避免破产,保证区内企业之间彼此互为稳定发展。也就是说,开放证券交易所,与让外国银行进入开放区一样,实际上是为国内外投资创造更有利的金融投资环境,包括为"风险"投资提供一定的出路。

3. 重点恢复花果山风景区,开展多种形式旅游

连云港市具有众多的风景旅游资源,但各风景点分散,内容也比较简单,并且破坏相当严重,目前要全面恢复仍有困难。在连云港的风景旅游点中,以花果山内容最为丰富,并有大量与《西游记》有关的传说,旅游价值很高,因此应对山内已被破坏的风景点逐步进行全面恢复,包括恢复室内塑像和装饰,以便尽快使其成为一个具有丰富内容的、能吸引广大游客的风景旅游区。

与此同时,其它各风景区(点)以保护和小规模恢复为主,积极发展多种形式的旅游,以丰富本市旅游内容。首先可以在海州的白虎山附近,以恢复碧霞祠为中心,建立一个连云港风景缩影游园,使其成为本市众多风景点的导游指南,并可在相应各风景点建立云台明代三十六景(或清代二十四景)、海州八景、宿城八景等的碑亭或碑刻、石刻等。此外,还有历史摩崖石刻旅游(将军崖、孔望山),文学题材(花果山《西游记》)旅游,孝妇祠《窦娥冤》、东磊《镜花缘》、瞻仰(抗日山)旅游,海上旅游(东西连岛、秦山岛),民俗旅游(南城镇、徐福村),春季旅游(东磊、宿城等),温泉旅游(东海温泉),庙会旅游,高级休疗养旅游(墟沟、宿城等)。

为了配合旅游建设,海州、新浦、中云开发区、墟沟、港口区等应有不同风格的建筑和园林(表 14.1)。

表 14.1　连云港市各城镇的建筑和园林风格

地点	城市建筑风格	城市雕塑	步行商业街	公园、园林
海州	古典风格	历史文物题材	古典式商业街	风景名胜缩影游园
新浦	后现代主义风格	抽象艺术题材	西方园林式商业街	西方几何规划式公园
中云	港穗风格	假山等古典建筑小品	古典园林式商业街	古典园林引入现代建筑庭院
墟沟	青岛式别墅风格	与海洋有关的题材	海滨商业街	海滨公园　海洋公园
港口区	港城风格	与海港活动有关的题材	现代商业街	背景山地绿化

连云港市的旅游季节长达 9 个月,若再组织会议旅游,在保证各招待所、宾馆有暖气设备条件下,可以全年进行接待。在开行上海西站(真如)、西安、北京等地直达连云港的旅客列车前,可在徐州设立连云港会议接待站,接待组织到连云港的会议,还应在北京与有关单位合作开设连云港商店和以海味为主的"盐商菜"餐厅,并组织接待来连游客,以使首都各界人士对连云港有所了解。

4. 争取在连云港建设钢铁基地

我国发展钢铁工业"要发挥自己的长处，尽量避免自己的短处，主要是矿石问题。过去我们一切要靠国内矿石，从全国来讲，我们大多是贫矿，运距又很远，而且一搞就从矿山搞起，从矿山到炼铁、炼钢、轧钢，所以投资就很大，周期很长，因此，搞钢铁实在困难。这个办法要改，不能完全从矿石一直搞到轧钢，有些可以进口矿石来发展，特别是像沿海没有采矿条件的，就可以进口矿产"。

在沿海建设钢厂，连云港的地理条件最为有利。我国在宝钢建成之后，再建设沿海钢厂，就应优先选在连云港，这比冀东王滩拟建钢厂需要新建港口要有利得多。

连云港除了靠海可进口富铁矿外，作为煤输出港背负能源基地，且有徐州的石灰石和东海蛇纹石等冶金的辅助原料，而陇海铁路沿线作为我国新兴的工业地带(郑州、洛阳、西安、宝鸡、兰州等)，是钢铁工业的消费市场。从我国东部沿海的钢铁工业布局来看，自连云港以北皆有缺水之忧，连云港以南有缺煤之弊。唯连云港具充足的水源和煤源于一处，实为我国东部沿海建设大耗能工业的理想位置。

未来的钢铁基地，可建设在前云台山东南麓大岛山一带，并在此钢铁基地建设带动下，把这里连同其南部建设为一个重化工区，并使其污水在处理达到排放标准后，从善后河口排到埒子口。

建设连云港钢铁基地，在运进矿砂的同时，回程空船可绕道石臼所港，利用空船出口煤炭到日本。

5. 发展集装箱的亚欧联运

考虑到中俄关系的改善，特别是经济关系的改善，欧亚大陆桥的沟通，发展集装箱的亚欧，或东亚至中东、北非的联运，已成为可能。

大连、秦皇岛和连云港都具有进行东西方货物运输的条件。其中秦皇岛从目前的后方交通条件来说是最有利的。从运输距离方面来看，从大连到俄罗斯乌兰乌德的距离为2 910公里，从秦皇岛走通坨线到原苏联乌兰乌德为 2 513 公里，将来走京秦线和大秦线距离还可以进一步缩短。因此，《发展战略报》也认为，拟建的集通线将是大连国际货运中转港的经济动脉。而接通北疆铁路到原苏联，连云港的有利条件将超过秦皇岛，使东亚和东南亚货物海陆联运的距离会进一步缩短。

瑞典 ASG 国际货运代理公司和日本转运商，通过西伯利亚铁路经营所谓"欧亚陆桥"集装箱运输业务，使东南亚和日本运达欧洲货物，较之全走海路约缩短运距 1/3(绕道苏伊士运河)至 1/2(绕道好望角)，时间可缩短 35 天左右，运费可降低 20%～30%。1982 年整个陆桥运量达 22 万箱。ASG 公司要求就近在中国上陆，1983 年我国对外贸易运输和全苏过境公司共同签订当年从满洲里过境转西伯利亚铁路西运 30 000 标准箱的协议，年终执行结果，全国只完成 8 063 箱。第三代集装箱轮船吃水 11.5～12 米，连云港考虑建设集装箱码头，并发展欧亚联运，是可以满足这个条件的。

6. 建立合理的工业结构

从我国现有情况出发，我国正处于从农业经济向工业经济全面推进的阶段，同时又受到第三次浪潮的冲击,因此经济结构必然是由不同层次的适用技术所组成的混合型结构,而同步发展的经济结构是行不通的,我们只能要求总体协同发展的经济结构。

连云港的现有工业结构存在着一个严重的缺点,即缺少能带动城市经济全面发展的主导工业部门或企业。使得在工业结构中以区际意义不大的轻工业为主(1983 年占工业总产值的 61.5%),而且以食品工业为主要部门(1983 年占工业总产值的 34.7%),并且以中小企业,尤其是以小企业为主,全市还没有一定的大企业。由于这里的重工业,特别是冶金和机械,以及电子工业不发达,技术条件和协作条件差,故技术密集和资金密集工业所占比重不大。连云港的现有工业结构,反映出它是一个利用近腹地资源的农业地区的中心城市,远不是一个利用港口有利交通位置发展起来的综合港城。

连云港主导工业的发展必须考虑其有广大腹地和海港城市的两大优势,加强与腹地和世界的联系,输入原料,引进资金和技术,扩大市场。同时在某些方面也要依靠近腹地,依靠农渔产品和矿业开发,发展多层次深加工专门产业。此外,还应围绕旅游业和贸易来发展轻纺、食品工业。因此,其合理工业结构,应包括下列四方面:

(1)与广大经济腹地联系起来,着重发展钢铁、机械、电子等工业。前面已经指出,应当在连云港建设相应的钢铁基地。机械工业应发展高层建筑机械,港口机械,包装机械,以及多种运输机械。连云港发展技术密集型产业应以电子工业为主,起步要高一些,要能带动陇海线城市的电子工业的改造与发展。

(2)利用大港优势,发展外贸及出口加工工业、大运量工业和港口工业,包括拆船工业,以促进冶金、机械工业的发展。

(3)充分利用海洋化学资源及经济腹地内的磷化工、硅化工、精细化工等化学工业,形成系列产品。

(4)以旅游业的逐步繁荣为前提,积极开展为旅游业和第三产业服务的轻纺和食品工业,并把其产品进一步扩大到国内外市场。

建立连云港的总体协同发展的合理工业结构可分近、中、远期来逐步实现。首先应利用开放城市的有利条件,引进国内外新技术对现有企业,尤其是骨干企业进行改造。近期主要抓见效快的轻纺、食品和建材工业,除发展现有的优质和名牌产品外,要加强为旅游服务的食品和其它产品的生产。纺织工业需要进行全面改造,可与新疆签订长期购买长绒棉的合同,缩减粗支纱棉布产品。国外对高质量细支纱棉布需求很大,而一般的粗支纱棉布销路都不好。要纺高质量细支纱棉布,需要长绒棉。我国长绒棉的产区主要在新疆,而连云港从新疆购买长绒棉是很有条件的。建材工业除发展各种中、高质量建材外,还要加速开发利用花岗岩和大理石,并扩大对外出口。花岗岩必须注意避免单纯出口原料,需要引进雕刻技术,出口各种石雕。

电子工业应先立足于引进人才,要欢迎和吸引三线军工企业搬迁此地,或在连云港设分厂,或与连云港合资经营,借此引进人才,可为进一步发展技术密集工业,以及将来发展信息工业,策略性咨询产业准备条件。这也是对目前有关企业进行技术改造的一个途径。连云港市已与航天工业部合办云天振兴公司,笔者曾向该公司副总经理丁佳鼎建议,该公司应为连云港市与有关军工企业,特别是与三线企业挂钩搭桥,促进技术设备改进和人才引进,以及合资经营,并建议该公司把本市纺织工业细支纱化,把发展花岗岩石雕列入业务项目。笔者还对该公司与连云港市在墟沟海湾头合建云天第一园宾馆提出了一些具体设计要求和意见。

从中期来说,连云港市还必须着重发展化工业,特别是在建设钢铁基地的同时,发展海洋化工、硅化工、磷化工、精细化工等。在此基础上进一步加强机械工业的发展。陇海铁路沿线是我国新兴机械工业的重要分布带,但大型钢铁厂不多,故在连云港市建设钢铁基地以带动陇海线的机械工业进一步发展,是非常必要的。

远期,连云港市应形成由重化工、电子、机械以及为旅游服务的轻纺工业等组成的、协同发展的产业结构。

7. 依托连云港,把苏北建设成开放型的农业基地

苏北自然条件优越(优良的气候水热条件和平原地貌),属暖温带南缘气候,而在背风向阳地方有北亚热带岛状飞地分布。由于种种原因,其经济条件相对于沿海其它各地来说,特别是与苏南对比,发展要差得多,是我国东部沿海经济发达带中的不发达区。其实,这里具有优良的工农业发展条件,这里若给予更大比例的投资将可以收到良好的效果,发展成为连云港近腹地的苏北经济,这对促进连云港建设也有很大的意义。

苏北水热系数接近1,土壤呈中性。据京汉线沿线统计,具有类似这种自然条件的地区,以县和专区为单位的粮食单产平均以京汉沿线属最高。因此苏北若经营管理得当,也可以成为全国的高产粮区。

苏北还有多种多样的经济作物,以连云港为出海口,出口农产品,尤其是精加工蔬菜到日本,距离在全国来说是比较短的。因此苏北在建设高产商品粮基地的同时,也应发展出口经济作物和为开放区服务的以发展优良品种为主的各种农产品,以及与之相应的专门加工产品。

8. 全面改善交通和通信条件

要保证上述各项措施迅速实施和见效,改善交通与通信条件是非常重要的保证。空运最近已经开航,航运要迅速通行,直达铁路也需增开通北京、上海西站(真如)、西安或郑州、合肥等地客运。加速港口,特别是配合中、小码头和新墟运河的建设。应鼓励相应省区在连云港投资或合资建设相应的大、中、小码头。陇海路复线工程和连云港至河南的高速公路也需及时建设。通信设备也需全面改造和加强。

结 论

世界海洋型开放经济经历了三个发展阶段:二三百年以前即工业革命以前,世界经济重心在地中海,古代的希腊,罗马和埃及,后来开拓新大陆的西班牙和葡萄牙,都是围绕地中海分布的,当时的航海技术只能在地中海发展开放型贸易经济,可称之为"地中海时代"。此为第一阶段。

第二个阶段是工业革命时期的大西洋北部。大西洋北部和当时中低吨位远洋轮船航海技术的关系,很类似在此以前的大帆船与地中海的关系。因此,北大西洋成了资本主义工业革命和现代科学的发源地。近代航海技术又有很大的发展,巨型的远洋轮船使太平洋的交通运输形势处于非常有利的地位,因此有这样的观点,即世界的经济中心正在向太平洋转移。美国的经济除了向南部转移外,也向西部,特别是向西南部转移。亚洲和拉美一

些国家和地区也抓住太平洋沿岸的有利位置,主要靠加工出口而发展起来,澳大利亚也利用这种形势加强了自己的经济发展。因此,美洲、日本、东南亚一些国家和澳大利亚,形成了环太平洋的经济圈。中国的对外开放,将大大促进海洋开放型经济的第三个阶段——"太平洋时代"的到来。

必须注意到,我们可以取道原苏联把货物主要是通过集装箱方式运往西欧;原苏联、东欧国家和蒙古想要进入太平洋经济圈,取道我国出海最为便捷,而太平洋货物运往西欧、原苏联和东欧国家也需要利用我国口岸。

总之,连云港作为我国开放城市,应利用开放条件和促进港口建设,特别是考虑逐步发展集装箱运输,在适当时候建设相应的钢铁厂,并促进北疆铁路的建设。连云港可以从一个初级加工的港口城市开始,经高级加工的技术密集和资金密集工业与国际集装箱转运港口阶段,有可能逐步发展成为东亚国际性商业金融中心的自由贸易港。并在相应的时候,接通连云港到石臼所的沿海铁路,把石臼所改作为连云港的附属港口。这样就可使连云港兼有东方的"鹿特丹"(荷兰,世界上最大的港口,欧亚陆桥的西端)和"苏黎世"(瑞士,国际金融中心)的特点。

港口建设必须注意发挥其综合运输能力,并且注意其腹地经济条件。单纯追求优良的港湾条件,或者只修专业性码头,其结果都不能形成综合运输能力。石臼所与北仑港的教训是深刻的。

过去常认为连云港属淤泥港,不能通行巨轮,因而一般地理著作对连云港的地位估计偏低。其实,由于现代挖泥技术的进步,连云港作为基本冲淤平衡、冲略大于淤的淤泥沉积港,而且海湾西部海底在 7.5 米以下,东部海底在 9.5～11.5 米以下即为坚硬的胶泥层,若开挖深航道,一开始便基本上不发生塌方,完全可以发展为优良大港。修建 5 万吨级航道(浚深至 −13 米),长度为 18 公里。也就是说,通过相应的航道浚深,连云港完全可以通航 5～10 万吨级的轮船。

二、连云港区域全息发展战略和实施政策研究[*]
——三步法研究总结案例

1. 近代发展落后的原因

连云港近现代发展,特别是自开港以来未获得充分发展的原因是多方面的,概括来说,① 长期以来,被认为是淤泥港,不能通航巨轮;② 曾处于两种外国势力的过渡带;③ 开港不久,即发生战争,并且一直是多发战场;④ 近腹地曾经是黄河泛滥区,生产未获得充分发展,中、远腹地,特别是远腹地经济发展差,使这里长期处于经济低谷的出海口;⑤ 本区的优势产品——盐业在现代一直以生产原盐初级产品为主,没有及时发展相应的盐化工;⑥ 历史上的原因,港、城长期分离,港口与远腹地又缺乏直接水运联系,因而使本港从一开始便以建设"大"码头为主,长期缺乏地方中、小码头与其配套。

解放后,连云港的潜在优势仍一直未获得充分发展,首先对现代浚深挖泥技术可以在淤泥港建立深水大港认识不足,不仅在地理教科书和地理文献中一直未有认识,而且不少

　　* 原载《河南大学学报》(自然科学版),1986,17～29。

科学家还以此否定连云港有条件建立深水大港。这特别表现在是在连云港或在石臼所港建立兖州煤矿的输出港的争论上。

可以说,连云港在解放后获得的纵向计划投资是相当有限的,使得连墟沟片一直发展不起来,新浦反而获得一定的发展,原来港城分离的局面反而得以加强。由于缺乏纵向计划投资,原盐生产仍然不可能发展相应的盐化工产业。计划沟通墟沟和新浦的运河(以使得港口能与近腹地直接通航),更缺乏资金进行建设。

所有上述原因,使连云港及其附近地区,实际上包括陇海线自商丘以东的东段,也即苏鲁豫皖四省接壤地区,至今仍然是我国东部沿海发达地区中的不发达地区。但在这一不发达地区中又存在着一些分布于铁路沿线的中、小城市,还包括其相应出海港口,属于不发达地区中的相对发达的地方。在发达地区中的不发达地区的这种中、小城市应该是补第二次浪潮的课的重点,其初期经济效果可能比在发达地区的大城市要差,但中、远期的效果却是很有希望的,应该看到这种"希望"。

因此,从中、远期来看,陇海线东段,包括连云港应成为我国第二产业的重点投资带。连云港作为我国西北和中原地带,以及苏鲁豫皖接壤地区的直接出海口,将有可能振兴,一改变其长期落后的被动局面。

连云港的优势需要国家纵向计划投资才能得到发挥,包括省级、省级联合、国家级的优势。长期以来,正是这些优势没有发掘出来,或者宣传论证不够充分,使得应该在这里投资的没有在这里投资,已经在这里投资(例如碱厂)半途可能下马。这也许是连云港解放以来,特别是一直到现在仍未获得充分发展的最主要原因。

我们自 1985 年 1 月开始所作的连云港发展战略研究的重点即在于此,发掘、宣传和论证连云港的不同等级优势,以求促进有关投资得以列入相应的纵向计划,并引起全国各界重视。

2. 从对应变换分析角度看产业结构的调整

从地区出发,自然结构既要考虑本地内部的自然结构,还要考虑其外围背景结构。后者对连云港来说要着重考虑其经济腹地的多层结构。

下面分 5 个产业层次结构来讨论本市的产业结构调整方向。

(1) 第一产业包括农业和矿业开发。本区气候水热条件主要属暖温带南部气候,但分布有一些北亚热带岛状地面,主要分布于沿海岛屿的狭窄陆地和后云台山倚山傍海、背风向阳的南坡和东坡部分地方。这种水热气候条件有利于稻、麦、大豆、花生、棉花、白薯等作物生产,也有利于葡萄、山楂、板栗等干鲜果类生产,更适于种植多种蔬菜和花卉。部分北亚热带岛状地面还适于种植茶叶,可以说,这里是茶叶具有商品意义的最北分布产地。但因这种岛状分布地面面积很有限,故本区应以生产供旅游者购买的"花果山"云雾茶为主,而无法满足广大居民对低档茶的需要。

连云港市的土地结构特点是种类多,但又以平原类型为主,并且具有广大的滩涂分布,因此很有利于多种经营,又有利于专门化的农产商品基地生产。苏北若经营管理得当,可以成为全国的高产区,还可以成为棉、油、蔬菜、花卉、一定水果的生产基地。

苏鲁豫皖接壤地区,可以连云港为出海口,出口农产品,尤其是精加工蔬菜,将来还可考虑出口花卉到日本,也要考虑向韩国出口,更可考虑利用"气候差"向北方城市,特别是京津、东北和内蒙古城市输出"应季"蔬菜。例如,冬季向北方供应蒜黄等。

苏鲁豫皖接壤地区应从大经济作物观点出发去发展农业生产,才能做到真正"加强外向、输出第一",也即要把农产品的商品生产和提高"输出"商品率作为发展方向。苏北地区除了生产粳稻优质大米(香稻、黑米等)外,一般粮食可逐步转化为发展饲料生产,进一步发展养殖业。

对连云港市来说,要进一步落实优质粮油、瘦肉型猪、良种禽蛋、奶产品、水产品、优质果品、蔬菜、花卉盆景、水貂、长毛兔等生产基地等建设。为了保护植被,特别是低山丘陵的植被,应控制水土流失,不宜发展山羊基地。

连云港地处海州港沿岸,海州湾渔场是全国八大渔场之一,盛产带鱼、鳓鱼、鲳鱼、乌贼、对虾等20多种经济鱼类。牛山岛区是江苏省唯一海珍产品产地,有海参、鲍鱼、扇贝等。

连云港沿岸也是淮北盐场主要分布地,因此江苏省盐务局也设在连云港。1984年连云港市原盐产量达70万吨,产值6171万元,其中上缴税利3480万元,地方分成为1583万元。这些数字说明盐业对国家、对连云港市都作了很大贡献。

第一产业还应包括矿业开发,苏鲁豫皖接壤地区的矿业开发着重于煤矿和建材工业,应建立相应的能源基地,并应组织煤炭和建材大力出口,以及煤炭输往我国南方省份。对连云港来说目前以磷矿、蛇纹石、水晶和石英、大理石、花岗岩、建筑用砂开采为主,还有少量的蛭石和瓷土开采。此外,还可考虑发展玻璃用砂、玄武岩,以及云母红宝石、蓝晶石和金红石的开采。磷矿是连云港发展磷化工工业的基础,蛇纹石矿目前已作为宝钢配套工程加以开采,将来也可作为拟建钢铁厂的配套工程加以扩建。花岗岩要大力发展石雕制品出口,才能提高产值。

(2)第二产业包括公用事业、建筑业和加工业。公用事业(水、电、煤气等供应)和建筑业是带有基础设施的第二产业,目的在于保证加工业的相应配套要求。连云港的加工业,也即工业的产业结构方向过去偏向于从现状出发,认为以轻纺为主。自连云港列为开放城市以后,相应提出要同时适当发展电子工业,甚至发展汽车工业。我们过去一直认为宝山钢铁公司本来应选在连云港进行建设,1985年1月我们到连云港考察后提出,连云港在远期应形成以重化工、电子、机械以及为旅游服务的轻纺工业等组成的协同发展的产业结构。

要形成这种协同发展的产业结构,必须进行下列相应宣传和论证:

a.在宝钢建成以后要优先考虑在连云港建设钢铁基地。我们认为,我国目前必须大力补第二次浪潮的课,而钢铁工业应该是优先要考虑的"补课"发展方向。据有关预测,我国2000年钢需求量为11 500万吨,而计划钢产量仅7 000万吨。近年来每年进口钢材达1 000万吨以上。因而我国无论如何都必须在宝钢建成之后继续投资建钢厂。

在什么地方建钢厂最合适?据著名地球化学家涂光炽等研究,"我国铁矿号称拥有440亿吨储量,仅次于原苏联和巴西,居世界第三位。但问题不少,品位30%的贫矿多,品位50%的富矿少。另外,富矿分散各处,不利于开发"。"今后在我国东部发现较大型风化壳型富铁矿的可能是不大的,但是所谓夕卡岩型和混合型富铁矿和甚至沉积型富矿可能会出现一些,不过,这种富铁矿一般规模较小。"因此,在沿海走进口铁矿建设钢厂的道路是一种更为节约的钢铁工业发展道路。

连云港位于这一中、远期第二产业重点投资带的东端出海口,除了靠海可进口富铁矿外,作为煤输出港背负能源基地,又有徐州石灰石和东海蛇纹石等冶金辅助原料,而且陇海沿线作为我国新兴工业地带(郑州、洛阳、西安、宝鸡、兰州等),是我国钢铁工业的消费市场。从我国东部沿海的钢铁工业布局来看,自连云港以北皆有缺水之忧,连云港以南有缺煤之弊。唯连云港兼具充足水源和煤源于一处,实为我国东部沿海建设大耗能工业的理想位置。

1985 年 1 月我们在对连云港考察之后,根据上述分析,提出了"争取在连云港建设钢铁基地"作为振兴连云港八项措施之一。1985 年 5 月 23 日冶金部部长和江苏省省长在南京商谈江苏省钢铁工业发展时,部长提出:连云港在适当时间寻求外商合资(独资)建设年产 300 万吨钢的大型联合企业。省长表示赞同。为了在国家计委"七五"计划座谈会上拿出一个建厂的意向资料,委请马鞍山钢铁设计研究院作了"江苏省连云港建设大型钢铁厂初步设想"方案。该设想指出,1984 年江苏省缺钢材 300 万吨,利用外资和我国开放城市建设的优惠条件,引进先进技术设备,建设大型钢铁厂,加速我国钢铁工业发展是十分必要的。连云港有建设大型钢铁联合企业的基本条件,但外部条件如港口码头、铁路、电力、煤炭等尚需国家统筹安排。例如,徐州煤田产量已达 1 000 万吨/年以上,但煤种仅有炼焦用的气煤和少部分肥煤,主焦煤需由国家安排或考虑进口[1]。连云港市据此已正在寻求外资合作,引进年产电炉钢轧材 120 万吨的钢厂[2]。

b. 连云港发展化学工业,除了利用区内磷矿、石英和水晶等资源发展磷化工、硅化工、精细化工等化学工业,形成系列产品,并配合钢厂发展焦化工外,特别需要宣传和论证本市发展盐化工的优势。连云港 60 万吨碱厂已在本市建成投产,但选址却很不理想,限制了墟沟市区的发展,也将给未来发展的新区造成环境污染。

在连云港市发展以盐化工为主的海洋化工,不仅可以使淮北盐场的过剩产量有销路,而且可以使其扩大生产,促使本区盐业摆脱长期只是生产原盐的落后初级生产阶段,转变为与之配套的专门加工产业。这也是振兴连云港的重要措施之一。

随着南黄海石油的发现和开采,连云港有可能成为其相应的近陆基地和发展石油化工。

c. 机械工业除了发展高层建筑机械、港口机械、包装机械,以及多种运输机械外,要特别把汽车工业作为连云港的一个带头产业部门来发展。据《世界经济导报》报道,从现在起,到未来三四十年,我国正步入一个汽车需求激增的时期。当人均国民生产总值进入 500 美元上下时,汽车市场将摆脱增长平缓的格局,进入一个高速发展的时期。据专家分析,到本世纪末,我国汽车总的保有量大约在 1 000 万辆到 1 400 万辆。其中小客车将占 20%左右,不低于 250 万辆,约为现有的 10 倍。

在什么地方建设汽车工业来满足上述的需要?我们认为应该在沿海港口城市选择合理的区位。连云港在建设钢厂的同时,可争取纵向计划投资(包括吸收外资)建设一个大型汽车厂,先生产重型汽车,也包括生产公务、商务、旅游用车等小客车。据专家分析,到本世纪末我国还缺公务用车 65 万辆,商务用车若达到广州 1982 年商务用车水平,沿海 14 城

---

① 马鞍山钢铁设计研究院:江苏省连云港市建设大型钢厂的初步设想,1985 年 6 月 15 日。
② 连云港市计划委员会:关于在连云港市筹建钢厂与外商洽谈合营情况的报告,1985 年 10 月 19 日。

市需11万辆,若全国263个城市都达到这个水平,则需50万辆。旅游用车按每年增10%计算,需30万辆。以后再逐步扩大轿车生产(包括出租的和私人的)。据《世界经济导报》报道,如三人乘坐一辆公共小轿车,它们最终能耗甚至低于新型铁路。

汽车工业在西方工业国家一度被喻之为"夕阳工业",但对正在实现工业化的发展中国家,也即后发展社会和地区来说,汽车工业却是蒸蒸日上的"朝阳工业",成为国家经济发展的主要支柱产业。发展汽车工业也属补第二次浪潮之课,我国过去汽车工业大部分集中在内地,这种汽车工业的布局必须转向沿海,但沿海大城市(大连、天津、青岛、上海、广州等)都已处于超过环境各方面容量允许的过饱和状态。而在沿海中小城市中,有可能列为钢铁工业基地,而且有一定的技术优势,并且水陆交通便利的,目前只有连云港和宁波具有这些有利条件,都可以考虑作为汽车工业的布局地点。相比之下,连云港还处于我国东部沿海脐部地位,向南向北从海运输出汽车,位置最为有利,应该优先考虑。

d. 连云港的轻纺工业是目前连云港的工业优势,以罐头、饮料酒等食品、造纸、工艺、部分纺织品为优势,除加强某些"拳头"产品向精益求精提高外,还应使其向专门产业发展,以使"拳头"产品系列化,组合化,加强国内外市场竞争能力。

连云港近期要着重抓这些见效快的轻纺和食品工业,还要发展建材工业。除了发展已有的优质名牌产品,形成专门产业外,还应该研究改善包装,逐步发展更多为旅游服务的食品和工艺品。

(3) 第三产业包括交通运输和各种劳务业(住宿、商业、旅游、娱乐、医务等)。连云港的交通运输包括港口、铁路、公路、航运等方面业务,这些条件都需进一步改善。港口正在大力建设,只要预留集装箱码头,逐步发展,有可能满足连云港的发展要求。改善徐州枢纽设施,改徐连段铁路为复线,增修临沂至连云港铁路,加修连云港经岚山头至石臼所铁路,配套建设燕尾港、陈家港、海头港等中小港口,特别是要开挖新墟运河,以改善连云港的交通运输能力。

连云港长期以来由于缺乏直达交通,而给人以交通不便,地方偏僻的"不良"印象。为了改变这种不好印象,连云港必须全面改善现有的交通和通讯条件,大力发展海运、铁路、空运直达交通。公路则应在旅游盛季,甚至一般季节,开发上海、南京、青岛、泰安、曲阜等地直达连云港的客运,以发展经连云港、减缓铁路交通压力的"过境"旅游。

围绕发展旅游业应该是连云港服务和娱乐业发展的方向。区域旅游发展战略着重以风景结构为基础,考虑接待服务设施的现状和发展条件,去拟定该区的旅游活动行为层次结构,以求扩大旅游市场,改善旅游管理。连云港的风景结构、旅游活动行为结构和市场结构如表14.2所示。根据这三方面结构的对应变换分析,连云港的旅游业是以观光游览为基础,开展多种形式旅游。其旅游市场要求在保证直达交通的基础上面向京津沪、苏鲁皖、豫陕等大中城市的国内游客,还有国内外船员游客,部分对文学题材有兴趣的港澳游客,还应组织沪宁以及苏北中等城市市民前往泰山、曲阜、青岛旅游的过境旅游,以扩大国内旅游市场。国外游客除船员外,还可组织从日本乘海轮到连云港作过境旅游,然后前往开封、洛阳、西安等地的旅游团。

江苏省只有连云港有海滨沙滩,连云港是江苏省避暑疗养的最佳地方。因此还要发展夏季海滨游泳娱乐旅游和各级休疗养旅游。同时,还应该组织更多的省内外会议在连云港召开,并适当组织相应的旅游活动,以使全国各界对连云港有所认识和了解,有利于扩大横向联系和合作,更有利于促进纵向计划投资。对连云港来说,还可通过这些专业活动,扩大学术和技术交流,提高本地的科学技术和文化水平。一般说来,对"后发展地区",特别是交通不便的偏僻地区都需通过会议旅游来增进领导、学者和专家对其有所了解和认识。特别是连云港在冬春旅游淡季,可以通过增加一定的取暖设备,以便通过会议旅游平衡淡季接待设备的收入。

还必须注意到,连云港的旅游点比较分散,目前首先要重点恢复作为国家级风景名胜区的花果山,并开展多种形式旅游,以使这一历史上的旅游胜地重放光彩。花果山作为中国四大古典小说名著之一的"西游记"的神话传说的"发源地",包含着浓郁的宗教色彩,除了修复景点外,更须修复原有庙宇,恢复室内神像和宗教装饰,尽快恢复宗教活动,才能通过宗教旅游吸引更多港澳同胞,甚至东南亚侨胞,还有日本的游客,这样可迅速扩大收入,并以庙宇收入来进一步修复文物建筑。其他庙宇,包括赣榆的徐福庙、海州白虎山的碧霞祠、东磊的延福观都需尽快恢复,然后,包括已恢复的锦屏山龙洞庵,都需尽快恢复宗教活动。

表 14.2　连云港市旅游发展内部结构对应变换分析[*]

风景结构		旅游活动行为结构					市场结构		
总特征	分特征								
神史山海结合	1. 历史摩崖造像和碑刻	1. 观光旅游	4. 神话宗教旅游	10. 题材历史和文学	8. 购物、会议、商业、过境旅游	1. 国内游客	2. 国内外船员	6. 的游客具有文化素养	4. 会议代表、过境游客、国外商业企业家
	2. 与神话传说和文学题材有关的庙宇								
	3. 与神话传说有关的奇形怪石和洞穴								
	4. 过去曾分布于海上的神山——云台山							7. 瞻仰代表团	
	5. 烈士陵墓、古城、古村、名人故居等		6. 瞻仰和民俗旅游						
	6. 海岸和海岛风光、松软沙滩		2. 海滨娱乐旅游	9. 海上旅游	7. 休疗养旅游			3. 本地游客	5. 休疗养员
	7. 山地幽谷、瀑布、奇树名木		3. 春季旅游						
	8. 温　泉		5. 温泉旅游						

[*] 编号代表重要性或发展顺序。

连云港市政府带头搬迁到墟沟,有利于给外地人形成连云港是海滨城市的观念,不仅有利于吸引更多游客,有利于扩大海滨娱乐旅游,而且墟沟作为游客的主要接待地,从墟沟进入花果山的游览路线在进入该山时,著名的猴石首先映入眼帘,一下便与《西游记》联系起来,给人以丰富想象。而目前从新浦进入花果山,大多数人都直接返回新浦,以至于未见到这一花果山的造型地貌代表——唯妙唯肖的孙悟空猴石。

以往连云港由于交通不便,其风景资源还未为国内各界所了解,只要加以适当恢复建设,结合"神"、"史"特点,恢复一定的宗教活动,发展山海观光和娱乐旅游,连云港的风景资源,将对国内游客日益增大吸引力。

连云港的服务行业和娱乐活动也要配合旅游业逐步发展。目前要特别注意开展海滨游泳娱乐和海上游艇旅游。

(4)第四产业主要指科技信息产业。这方面目前还不是连云港的重点,但提高普通教育质量,积极发展高等教育,大力开展成年教育,却是目前就要抓紧和提高现有水平的重要任务。

作为信息产业基础的电子工业目前应立足于引进人才,要欢迎和吸引三线企业搬迁此地,或设分厂,或与连云港合资经营,首先为第二产业的自动化高技术服务,促进各项工业,特别是重化工企业重新"朝阳化"。

(5) 第五产业有不同所指,国外偏向于认为是指康乐伦理产业,包括旅游、娱乐、休疗养、时装、展览等业余休息和满足文化兴趣的产业。我国目前除了旅游业外,其他的第五产业还处于初创阶段。童大林则认为金融为第五产业。

从长远看来,连云港很有条件发展为离岸金融中心,也即可考虑在交通和通讯条件大力发展后,特别是在建设内联外引开发区和旅游业,以及开展亚欧集装箱运输之后,可以把连云港作为金融特区加以开放,发展兼有苏黎世型和拿骚型的离岸金融中心。除了对外国银行实行免税、低税优惠,允许自由进出外汇,也即以优惠政策吸引外国银行在连云港注册外,还要实行严格的存款保密和自由的严格规定,并对外资或合资企业开放证卷交易所、资本和黄金市场。

3. 战略目标和分期对策

根据上述产业结构的逐步合理调整,连云港在本世纪末将可建成为一个具有开放型农业结构,基础设施(交通、能源、通讯、市政等)良好,文化教育日益现代化,用电子信息技术装备的,也即"朝阳化的",以重化工(钢铁、汽车、机械、盐化工等)为主,兼有轻纺、食品、建材的工业结构,内联外引加工区已经建成,欧亚陆桥集装箱运输已经开通,金融特区初具规模,旅游业繁荣发展的新型大城市。

为了实现上述战略目标,必须考虑相应的分期对策。近期为调整准备阶段,着重发挥地方级优势,促进经济起飞,加强与目前所能吸引和辐射范围的横向联系,宣传和论证省级和国家级优势,以促进纵向计划投资。中期为建设阶段,在纵向计划投资的支持下,逐步建立合理的产业结构,宣传和论证更高级产业优势,以争取国家批准发展。远期为建成阶段,形成合理的产业结构,并准备进一步的巩固、提高和发展。

总之,连云港近期应在调整农业结构、大力发展农产品商品经济基础上,发挥目前各项工业拳头产品的优势,先走轻型和小型的道路,开展"一地一品",各地都有重点的出口型、商品型生产。与此同时,大力加强横向联系,宣传和论证本市作为第二产业重点投资地区的意见。还要着手建设内联外引开发区。

中期各种"拳头"产品要逐步转变为专业产业;农业从大经济作物观点出发,不仅经济作物要改善品种和提高商品率,而且把粮食作物也要当作经济作物来栽培,发展与其相应的专门产业,使本区农业尽快转化为输出(包括出口)第一的开放型农业结构。在全面改善交通和通讯条件的基础上发展欧亚陆桥运输,加强各级经济腹地的合作,宣传和论证连云港有设立离岸型金融中心的优势。

在争取纵向计划投资的基础上,中期还要建设钢铁、汽车工业基地,发展以盐化工为主的化学工业,使连云港的产量结构从轻纺向重化工转变。轻型产品,以及重化工的零配件要向郊区所属各县逐步转移,并全面建设内联外引开发区。

本市属我国旅游业处女地,要通过大力发展两通使连云港在中期转变为旅游"新"热点。我国京津一带和长江下游区是我国经济发达带,中原陇海线开封至西安一带的经济也相当发达。这三区的居民对其本地旅游点早已游览过,其旅游兴趣将向我国其他地方转移。若连云港在早期有所准备,整修各重要风景旅游点,到中期便有可能因本市距上述三区不远,而把旅客吸引向这里来。同时,还要开展面向日本的过境旅游。

连云港远期要形成以重化工为主的工业结构,农业应为以出口贸易型为主的结构,大力发展欧亚陆桥运输,建成为金融特区、旅游业繁荣的欧亚大陆东端的大城市口岸,兼有荷兰鹿特丹和瑞士苏黎世的特点,成为我国的东方大港。

连云港的地理背景结构兼有苏南和辽中两方面特点,苏鲁豫皖接壤地区为连云港的近腹地,在本世纪末下世纪初可以发展为一个兼有目前辽中和苏南两方面优势的"黄金地区",使我国东部沿海黄金海岸这一潜在发展区真正发展起来。连云港的发展战略目标只要加以努力,并有一定的实施政策保证,是完全可以达到的。

4. 实施政策保证

(1) 1986年初我们建议成立连云港经济腹地协作委员会的实体机构,经过一年来的酝酿,已经开展了苏北"铁三角"(徐连淮,还可能包括盐城)的徐淮经济区、苏鲁豫皖接壤地区(淮海)经济区、陇海经济区等级别的协商讨论,以求酝酿成立多级别的协作实体。

陇海沿线七省区已经与连云港建港指挥部达成初步协议,决定在"七五"期间,共同投资建设7个万吨级以上的深水泊位,开拓一条中央与地方并举,共同开发利用港口的新路。连云港的内联开发区也已动工兴建,还要进一步落实协作任务,以充实其内容。还可以考虑由各省集资支援连云港建设新墟运河,以后采用通航收费的办法来回收建设资金,使陇海线能腾出运输能力,以便更好地运输"中腹地"通过连云港的进出口物资。

连云港作为上海经济区联系中原和西北的出海口,苏北"铁三角"徐连淮经济区将是上海经济区与拟议中的陇海经济区重叠的地方。这种重叠位置包含着协作和竞争,若处理得好,将更有利于发展。

这种竞争和协作关系,还出现于山东石臼所港和连云港之间,由于兖州经菏泽到新乡的铁路已经接通,形成了两港共腹地的局面,石臼所港更有利于作为我国北方煤炭的输出港;连云港更有利于发展为包括集装箱运输在内的综合性港口。但连云港的城市依托和技术力量要远高于石臼所港,因此更宜在连云港建钢铁基地。修通临连铁路和连云港经石臼所到青岛的沿海铁路,将更有利于腹地的协作和分工。

必须注意到,各种交通运输是互相补充而又各有独立性,可代替性的范围是很有限的,连云港经济腹地的合作也应包括交通建设的合作,各种交通运输都应发展,当然应有所分工,并安排先后建设次序,但不是可以互相代替的。

(2) 转变人才准备和技术方向。连云港的人才结构必须首先有所转变,才能带动社会经济结构作相应的调整转变,除了培养硬科学人才外,还须培养具有现代人价值观的软科学管理人才。对硬科学人才要加强其横向知识面,使其从狭窄的"线性专家",转变为具有创造性的纵横结合的"系统人才"(工程师和专家);软科学管理人才更应向综合方向发展,有利于提高其管理和咨询水平。领导人更须首先有现代人的价值观。

技术方向除了准备和提高现有的轻纺和食品、机械、化工人才外,还要更多准备钢铁、机械、交通运输、港口建设等方面人才。所有工程人才都应向自动化、少污染的现代高技术方向逐步提高和转变。农业人才应向栽培和品种人才转化。还必须培养具有现代和后现代抽象艺术素养的工艺美术人才,以求改善包装和设计出畅销出口、为旅游服务的轻纺和工艺美术产品。

淮海大学要加速建立,如前所述,不宜把该大学搬到新浦,而应在墟沟平山一带建设。淮海大学仍应以培养硬科学技术人才为主,但应注意使其具有创造性,具有相应的工程经济知识,即要培养具有"软化"能力的新型硬科学技术人才,当然也可适当培养一些具有"硬化"能力的软科学人才。

(3) 为了筹集地方建设资金,必须逐步合理征收地方建设税,建议对"后发展地区"给以征收地方附加税的一定机动权力,将有利于"后发展地区"形成自我发展能力。

(4) 正确处理政企关系也是发展战略实施落实的一项政策保证。我国是社会主义国家,目前提倡"政企分离",但企业的成功与否又是当前面向经济的政府机关的考核成绩标准,企业是"油水衙门",政府是"清水衙门",双方不容易协调,通过"政企分离"便可解决所存在的矛盾。

政府应作为"创办企业的企业",主要控制产业结构发展的战略和计划实施权限。考核政府的政绩标准除了传统的行政职能外,在产业结构方面,着重考核其作为"创办企业的企业"是否能创办既有经济效益,而又不破坏生态和社会效益的企业,其本身的"组织创新"是否能节约本地区的"市场成本",以增加本地产品在国内外市场的竞争能力。

连云港作为"后发展地区",根据前述发展战略目标和分期对策的探讨,连云港的产业结构有一个规模很大的调整发展过程。政府在这一个过程中作为"创办企业的企业",必须特别注意缩小在"迷津"中前进的搜索空间。正确的发展战策决策在于摆脱所谓踩着石子过河的经验主义,建立一个"捷径推理"的合理发展途径。

三、促进青岛成为国际性区域级港口城市*

1. 华北主要门户港

青岛位于黄海西岸,有胶济线可直达内地,腹地广大。其腹地可分四个层次:

(1) 青岛市辖 6 区和 3 县级市,要从青岛市所辖各区市去考虑青岛市工业布局,即所谓"大青岛"的观点。

(2) 胶济线五市(济、青、淄、淮、烟)的协作联合是青岛的近腹地,各市之间分工协作将有利于本区的发展,也会促进青岛的繁荣。分工协作主要以某市的优势行业带动其它各市的相应企业,形成该企业的集团,以扩大出口和内销。

(3) 山东省主要是鲁西北和鲁西南,以及临沂山区是青岛的中腹地,其中有部分地区可为石臼港所分流。

(4) 华北地区。地理学所称的华北地区,指长城以南、秦岭淮河以北,向西延伸到兰州,包括河北、山西、陕西中北部以及甘东等地。除了南北两翼沿海地区具有更近的出海口外,其余都可以青岛为出海口。特别是河北和山西两省以青岛为出海口最为有利,这一腹地是青岛的远腹地。

---

* 原载《经济地理》,1989,(1),17~21。

针对上述四个层次,青岛市在北方各港口(秦皇岛、天津、龙口、烟台、威海、青岛、石臼所、连云港)中,1987 年吞吐量(2 600 万吨),虽次于秦皇岛(4 410 万吨),但高于天津(1 856万吨)。秦皇岛特点是,以散装煤和石油为主要出口物,件杂货运量较少,位置也稍为偏北;天津新港淤积相当严重,年清淤泥量几乎与吞吐量相当,因此,难以有进一步发展;而青岛位置适中,其港湾面积大且水深,货运结构煤、油、件杂货并重,为我国北方航线中枢及外轮进入我国北方最近便的贸易大港。青岛有可能发展成为中国华北地区的门户港。

要发挥青岛作为华北地区门户港的作用,改善交通和通讯条件非常重要。为此,青岛至蓝村的复线工程需尽快动工,使胶济复线全部通车。

当代国际交通以航空为主,要把青岛发展为国际性城市,增设国际航空线是决定性措施。首先,开通东京经青岛至北京与西安的航线,也必须争取开通青岛至香港的航线,这将有利于把现在的省办交易会扩大为华北地区的外贸交易会,促进经济技术开发区更快发展。

发展国际交通,还可争取把青岛发展为我国华北旅游区的第二个航空入门港,以分北京的入境客流,进而带动以曲阜和泰山为主的齐鲁文化旅游。

在以连云港为桥头堡,经陇海、兰新线至原苏联的最便捷欧亚大陆桥开通前,可以考虑以青岛为桥头堡,开辟经胶济线、石德线、石太线、同蒲线、集二线经蒙古入原苏联的现实欧亚大陆桥联运,以此加强我国在太平洋的贸易地位,带动沿线特别是内地经济发展。

2. 加深城市性质的认识

青岛城市职能包括港口、工业、外贸基地与旅游、海洋科研等方面,怎样进一步发挥这五个方面的作用需要作更深入的分析。

(1)发挥青岛的港口作用在于逐步使其目前作为山东门户港提高为华北门户港。为发挥这一作用,必须加强内联作用,让山东各市、地区,以及河北、山西、甚至宁夏、陕西等省区直接在青岛设码头,设仓库,设商店,建立休疗养基地,特别是建立外贸机构,通过流通和扩大出口,促使港口发展,加速青岛繁荣。

(2)工业要以重点产品为龙头,加速市区工业产品的升级换代。加速与腹地的技术转让联合,以促进市区工业发展。

青岛市各郊区市在发展独自工业的同时,必须积极接受市区零部件扩散及低增值工业的转移,以充分发挥各地资源和劳动力优势。其中,根据各地的具体情况,可将崂山区所在地李村作为市区发展方向;将胶州市、胶南市、即墨市作为机械工业扩散地;而莱西市、平度市可作为食品与轻纺工业为主的转移地。青岛市区应充分发挥技术、信息、贸易等优势,带动各郊区市协同发展。

(3)青岛作为外贸基地,除了调整工业结构,充分发展高中技术加工业外,还要以大经济作物的观点去调整农业结构。从长远看,若能以外贸留成与互购贸易,青岛可直接进口粮食,以便逐年腾出更多地面去发展以暖温带果类(葡萄、苹果、梨、樱桃、草莓、山楂、板栗)、花生、地瓜干、蔬菜、花卉等为主的输出型农业经济。为此,可以根据不同地区水热气候条件与土地结构建立不同的基地,包括花生、板栗、山楂、苹果、葡萄等基地。并以基地为单位成立专业技术开发中心,以促进其发展。

（4）旅游业在青岛占有很重要的地位,但不足之处是近中期难以转变为以国际外汇旅游市场为主,而国内旅游给青岛的压力过大。据预测到 1990 年,青岛市国内游客将达590 万人,而外汇游客只有 10 万人。要扩大青岛的国际外汇旅游市场,首先要认识开通国际航线的重要性。青岛可作为日本和港澳地区进入北京和西安热点旅游的分流入门港。

青岛作为游览我国古典文化（北京和西安）的航空分流入门港,不仅要发挥青岛市本身的过境旅游作用,还要发挥带动齐鲁文化旅游的辐射作用。代表我国文化精华的古典建筑和史迹资源固然集中在北京和西安,但曲阜和泰安的古建筑不次于北京。齐鲁文化史迹资源（如齐国君墓的殉马坑等）也有其特点。中国三大殿,北京的故宫太和殿只占其中之一,另二殿（曲阜孔庙大成殿和泰安岱庙天贶殿）都分布在山东。对日本、欧美、港澳游客也有很大吸引力。

青岛崂山是从海边平地矗立的中山,高达 1 133 米。在国内仅此一处,故有"东海第一山"之称。建议加以绿化,并画龙点睛整修已有的宗教建筑,崂山则可成为我国很有吸引力的风景名胜。崂山又是我国道教胜地,太清宫是仅次于我国道教协会所在地北京白云观的第二道观。该派创始人之一邱处机在这里活动过。这里有较多石刻,众多的浪漫主义传说,使其更富有神秘而浪漫的宗教气氛。市区湛山寺始建于 1935 年,虽为现代建筑,但曾办佛学院,为当时国内著名的佛教学府。因此,青岛也可面对港澳、台湾和日本发展宗教旅游。

青岛长期进行国际游舰靠岸旅游,也可进一步宣传发展。游艇游客游览市区有宾至如归之感;游览湛山寺、小鱼山、崂山则有异国情调之趣。

若把一年一度的"青岛之夏"艺术节扩大为国际艺术节,同时进行国内外各种流派（包括西方现代派）文艺、歌舞、民俗、时装等表演,也可以大为提高青岛的国际旅游吸引力。

青岛作为开放城市,定期举行华北地区外贸交易会及国际交流会议,也将会扩大旅游外汇市场。将来还可考虑逐步设立一定的领事馆（主要面向德、日、美）,以扩大外事旅游内容。

（5）青岛目前是我国最主要的海洋科研和教育基地,有利于培养外向型的开放精神。要扩大并使其成为更全面的科研和教育基地,首先要办好青岛大学,使其成为具有交叉科学职能的新型大学,特别要发展面向现代化的社会和人文科学。提高青岛科研和教育的现代化水平,以适应信息时代的要求,有利于促进青岛成为国际会议中心。

3. 改善城市面貌的规划措施

（1）青岛市区近来已有很大的发展,特别是向东发展到辛家庄一带,沧口及四方也发展到小白干路,市区"重心"已从市西南向北转移。我们建议火车客运站在改建时,应向"中组团"转移,以沙岭庄站比较合适。这里正处于青岛市区南北向沿岸中段,有大面积填海空地可利用。全市各处居民到沙岭庄站的距离大致相等。东部居民不必通过海滨游览"热区",以减少沿海旅游路线的压力。

火车站改建后,可将新站至现在青岛站之间的铁路改为地面有轨电车,利用新建的沿海路向北延伸至沧口,构成贯穿全市的公共交通干线,从根本上解决青岛市区交通拥挤不堪的状态。

（2）青岛市近年来由于建设资金短缺,同时居民增多,致使城市建设风貌呈现背景建筑"火柴盒化",甚至在原来的海滨别墅区也大量进行建设,而使景观艺术面貌呈现一定的退化。

整顿和美化市容对青岛作为一个旅游城市来说目前已列入市政府议事日程。首先要集中整修从流亭进入市区到中山路的干道，也要挑选一定的商业地段加以整顿美化，海滨交通干道（如广西路、莱阳路等）也要整顿美化。

（3）青岛由于历史原因，长期规定，青岛市海滨的每幢建筑都不能相同，而且应以别墅为主，使这里形成具有西方建筑风貌的海滨城市，包含不少特殊风格的建筑。其中最著名的有德国侵占青岛时所建的提督府（现为市政府）、提督官邸（现为迎宾馆）、花石楼（海滨提督别墅），以及八大关的各种不同国别风格建筑。据不完全统计，青岛有24种国别风格的建筑，几乎成了世界各国建筑造型的陈列馆，故有"万国建筑博览"之称，可以将各座别墅的风格、国别及特点用精致铜牌加以说明。

为了保存青岛海滨区的特殊建筑风格，必须坚持每幢建筑各有特点，不要雷同。特别要求从贵州路到太平角这一段代表青岛精华所在的海滨，应以别墅建筑为主，再不能插入现代高楼。沿海地带除了开放小青岛外，还要争取开放汇泉角。

（4）青岛作为避暑胜地在旅游盛季国内旅游压力太大。当游客拥向海滨精华所在的鲁迅公园和第一海水浴场时，日游客可达20万人次以上，人满之患，拥挤不堪；而石老人海滨及号称"东亚第一海水浴场"的薛家岛烟台前湾则寥寥无人。因此，采取分流措施是非常必要的。首先，鲁迅公园、第一海水浴场、栈桥均应收门票，而且价格可以逐渐提高，以限人流。其门票收入可以用于其它旅游点开发。其次在石老人旅游开发区配合石峰宾馆建设，可先画龙点睛，在石老人海蚀柱北山修建主亭，并修建通至石老人的道路，开发石老人海水浴场，不收费，加强夏季交通，鼓励个体公共交通，以分市区浴场人流，同时配合参观游览经济技术开发区，加强薛家岛烟台前湾浴场开发，可起到一定分流作用。可在烟台前湾浴场开设帐蓬旅馆，增加由市区至薛家岛的班轮，以加强分流。

除开发市区旅游外，还应加强郊区县的风景点开发，也可分流市区压力。这些风景点的交通最好由各县级市经营，以发挥各地开发旅游点的积极性。

（5）青岛市区已与崂山区城李村隔路相望，城市规划仍强调要与李村保持一定的分隔，我们认为这种人为的限制是不合理、不必要的。李村处于沧口工业区的夏季上风处，可选其北侧的丘陵地发展青岛市新区，逐步使市区向东发展。1987年我们建议撤销崂山县，成立李村区和崂山区，现崂山县已全部改为崂山区。该区除李村一带发展为市区，其它各村镇通过接受青岛市区零部件扩散，发展集体工业，发展蔬菜和浆果（包括葡萄、樱桃、草莓）、花卉等，以供应市区需要。

（6）成立统管崂山风景区的崂山区后，区政府可设立于沙子口镇。崂山风景区首先要作整修，把现有的庙宇，尤其是太清宫、上清宫的屋顶翻修为琉璃瓦顶，以形成万绿丛中有"亮顶"。除了开发山区的庙宇风光和南九水、北九水（内外九水）的山林景色外，还要开发外崂的山海相望景色。例如从太清宫经钓鱼台至崂山头的八仙教，应广作宣传，观看这一奇景。

4. 促进经济技术开发的繁荣和外贸引进工作

青岛经济技术开发区是在假定前湾规划港口和环胶州湾规划公路建成，甚至规划修通青岛市至薛家岛过海交通（桥梁或地下隧道）的条件下选定的。虽然这些规划措施有的已列入"七五"计划,有的存在建设困难,但其最终建成,最快也要"八五"后期才能成为现实。经济开发区则要求尽快建成,并吸引外资投入。这种内外建设非同步性,使开发区显得离市区太远,内部建设既不配套,彼此距离又偏大,过于分散,增加了基础设施投资,因而投资效果并不理想,外资引进工作进展也慢。

建议把开发区改为内联外引区,先通过内联,吸引山东各地、河北、山西,甚至陕西、甘肃、宁夏、内蒙古、新疆、青海等省区来这里合资或独资经营当地产品,进行组装出口。可采取长期租用土地政策,给开发区优惠待遇,加速开发区的繁荣,才能更好地吸引外资。因此,青岛市经济开发区不应只是青岛的,而是广大腹地共同的,只有这样,才能加速其发展。

目前开发区原来对外商特有的优惠条款多数已扩大到老市区,从而使开发区与老市区在优惠待遇方面已相差不多,也就削弱了开发区对外商投资的吸引力。因此,建议上级制定为开发区更优惠的政策,以便集中吸引外资。

此外,开发区发展公司也要把各项业务包括农业开发、交通运输、旅游、商业、部分工业项目扩大到市区,以增加开发区的业务活动范围,弥补目前的经济开支。

青岛开发区不仅可发展面向日本的出口加工区;也可向西欧开放,吸引西欧各大公司来开设出口加工企业,这对于他们向日本出口具有一定利益,我国可给予关税优惠及开放部分国内市场的优惠。这是用市场换技术与劳务费的一种战略。

5. 加速齐鲁文化现代化

山东为齐鲁文化发源地,迄今还保留着众多的齐鲁文化和儒家文化史迹。齐鲁文化有其优良传统,但也反映了儒家文化的保守、自满。青岛地处海滨,为我国早期开放港口之一,一向具有外向型经济和新文化特征。同时,青岛由于其所处地位,连同烟台市在一起,可作为齐鲁文化现代化的先锋。从改变人的价值观出发,怎样跳出儒家文化,从传统人过渡到现代人,也即具有工业社会的节奏感又具有信息社会的开拓精神,特别需要更新文化观念,这是齐鲁文化现代化的关键。而齐鲁文化现代化是保证青岛成为国际性外贸港口城市的关键中的关键措施。

在青岛开展国际艺术节,开展时装表演,更多发展国际旅游,加速对外开放,都将有利于齐鲁文化现代化。

6. 经济体制改革和经济模式的建立

青岛体改委决定 1987 年重点开展下列工作:

(1) 四个突破:开展多种承包制、企业集体规范化、发展外向型经济、开辟和发展金融市场等四个突破。

(2) 三个探索:物化劳动如何按比例分配、城乡一体化如何提高、建立纺织工业新体制组织等探索。

(3) 一个系统化:劳动制度改革系统化。

体制改革的目的在于保证积累资金、控制物价、合理利用资源,处理好刺激效率与公平分配的关系。但是目前所开展的各种承包制及厂长负责制均难以很好的实现上述目的。原因在于企业发展不仅取决于其内部环境的关系改革,更重要的取决于企业与外部环境的关系改革。近几年,我国体制改革一直以企业内部改革为主,而对改革企业与外部环境的关系,特别是为企业创造一个良好的竞争环境方面比较落后。我国企业面临的主要问题是不公平的市场竞争条件;资金严重短缺;政企不分;企业本身就包括住宅、托儿所、计划生育等方面的"小社会";由于领导行为短期化造成技术创新意识淡化;职工与企业关系不明确,明为公有制,实为无人所有,而厂长负责制和承包制又有可能使职工变相成为雇用工而产生许多社会问题。为此,我们认为通过实行股份制,可以解决上述问题。同时,将无人所有的公有制转为由持有集团即股票持有者公有的股份制,相对于马克思所讲的对应于高度发达的社会主义高级阶段的高级公有制形式的全民所有公有制,股份制则是对应于不发达的社会主义初级阶段中的初级公有制,它只是部分人(股票持有者)公有。因此,建议青岛今后应大力加强股份制改革,特别是大中企业与新建企业的改革。

我国沿海经济开发区除了存在双轨制的矛盾,即实现改革体制的企业与原有体制企业的矛盾外,由于出现开放企业,因而实际上存在着三轨制矛盾。摆脱双轨制,处理好三轨制矛盾是经济发展的关键。给开放企业以优惠待遇是非常必要的;给经济技术开发区以一定的免税和低税优惠,就是"国家办洋行",因而利税都高,可以促进发展速度。

青岛所属各县近年来经济有较快发展,其中胶州市(原胶县)与胶南市发展更快。胶州市的发展有以下几个主要原因。

(1)历史上当地居民商品经济意识比较强。

(2)胶州市曾作为地区专署所在地,因而有一定的骨干国营企业,技术力量有一定基础。

(3)临近青岛可以"引进"青岛的技术力量和依托青岛发展集体企业,开展出口贸易。

(4)胶州市干部对商品经济意识有正确认识,积极推动该市商品经济发展。

地区经济模式是适应地区不同特点而建立的商品经济管理体制模式。不同地区有不同的特点,因而模式的具体内容可能差别很大。但其不变量是如何建立商品经济意识,这种商品经济意识可能是由群众自下而上自发推动起来的,也可能是干部自上而下加以带动发展起来的,双方互相促进,其效果可能更好,胶州模式便是一种双方(干部与群众)互相推动发展起来的商品经济管理体制模式。

青岛市其它各县级市如胶南、即墨具有与胶州市类似的条件,也可发展胶州这种经济模式;平度则需同时注意家庭专业户、专业村及更多小商品生产的作用;而莱西应兼有这两方面的特点。

怎样使农民进入集镇从事小商品生产、摆摊开店,从事贸易和服务业,甚至发展集体工业,承担建筑业和家庭劳务,是一个相当复杂的问题。目前离乡不离土,进城不进厂,不让农民在集镇和城市落户的措施,必然导致一个进城农民在农村和城镇同时占用两份土地和生产资料,造成资源特别是土地的浪费。这在目前我国土地人均占有量较低,生产资料紧张情况下,将导致土地更为紧张,生产资料更为浪费。农民进城,其份额土地固然可以由其他农民承包或由农村妇幼老耕种,但这均不利于地力提高,更不利于发展各种专业户,也即土地很难集中由专业户经营,从而难以提高劳动生产率,也就不可能加强农业发展。

针对这种情况,我们建议在六个县级市城镇中及各重点乡镇中,开辟长期土地租用区,向全市农村开放,采取谁建谁用,相应收取税收的开发对策,只要是从事商品生产均可。对于迁此居住及经营的农户,要办理户口迁移手续,其口粮由自己解决,政府给予卫生保健、教育、市政等方面支持,后期还可以在该区开办医院、学校与行政管理机构。这样,不仅有利于缓和农村土地和生产资料的紧张及农村家庭专业户甚至专业村的发展,更有利于加强我国城镇化水平,促进商品生产及城乡协同发展。

四、安阳市的区域发展战略*

1. 发展条件

(1) 安阳位于豫北的北端,豫北号称有"三海",即有三宗大规模产品:煤、石油和农产品。实际上安阳却是处于能源环境中部,而其本身相对缺乏能源。石油分布在安阳东面的濮阳市,煤主要集中分布于鹤壁和焦作,安阳的煤矿分布相当有限,安阳的矿产主要是建材砂石原料和一定的铁矿。安阳在豫北"三海"中只有大农业产品占优势。

(2) 安阳在豫北平原五市和新乡地区中是一个工业基础和人才力量配合相对最好的城市。在豫北五市一地区中,濮阳、焦作和鹤壁属于以地下资源为主的城市,焦作市是一个重工业城市,濮阳和鹤壁是矿业城市,安阳市和新乡市属以地上农产品资源为主的市和地区。从位置分布来看,焦作和濮阳在豫北偏安一隅分布,鹤壁远离京广线,城市规模也偏小,使得在豫北中习惯以新乡为中心,加以新乡在解放初期曾为平原省省会,文化在豫北中最为发达。但新乡的工业发展和产值却不如安阳,因而豫北以哪个市为中心还很难定论。这也反映了豫北平原各市同时兼有协作和竞争关系。

安阳市在豫北平原中具有一种特殊的地位,安阳工业发展和产值在河南省占第三位,仅次于郑州、洛阳,号称为河南的明星城市,从全国来看,是一个准明星城市。

(3) 安阳处于晋冀豫接壤地区,也即中原协作区的最中心位置,是位于这一接壤地区的"真正"接壤地区所在。晋冀豫接壤地区是一个多中心地区,处于本地区南北京广中轴线的邢台、邯郸、安阳、新乡四市,邢台偏北分布,经济基础较差;邯郸作为冀南中心,现在也是本区首屈一指的城市,但它不具有徐州作为淮海经济区的交通枢纽位置,稍为偏北一隅分布;新乡是豫北的文化中心,但又偏南分布,工业也不如安阳。本区其他各市都偏于一隅分布,更不能构成本区的中心。

安阳在中原协作区 15 个城市中具有特殊的位置,这些城市大多属矿业城市和农业区的行政中心城市,除邯郸和安阳、焦作外,原有工业技术都相当薄弱,特别是利用本地资源的食品和轻纺工业更为薄弱。而安阳则有可能利用现有的人才和技术的相对优势,去占领中原经济协作区,甚至扩大到山西南部、豫东、鲁西南的市场。

(4) 限制安阳发展的制约因素是水资源短缺、电力紧张、资金相对短缺等。安阳水资源近期即有缺水之虑,远期考虑从小浪底水库引水 2 亿立方米较为现实,南水北调中线工程引水的希望并不可靠。资金来源据此次调查按正常比例估计,前 5 年缺口 5.588 亿元,后 10 年可达基本平衡。从 15 年所需总投资与资金来源比较来看,缺口不算大,战略目标有其可行性,但地方要作非正常比例的扩大投资则有相当困难。若考虑到国家直接投资,也即争取更多的国家投资项目,如玻壳厂、安钢等,仅从资金来源条件看,有可能实现,甚

---

* 原载《安阳发展战略》,河南人民出版社,1988,103~127。

至超过原有拟定的战略目标。

电力缺口则可通过相应的安阳电厂扩建,建设第二发电厂,外地输电进入等途径来解决。

安阳市目前已经形成一个大农业比较全面发展,并有一定名、特、优农业产品,工业已有一定规模,基本上形成以轻工、纺织、自行车、医药、冶金、机械六大优势,并有一定产品在产量和质量方面居全国或全省的前列,第三产业也有一定的发展的产业体系。潜在的工业优势有电子、食品、饲料、化工、建筑和建材等。

安阳上述的成绩是在省、国家相对投资不多的情况下,主要是本市自我发展所取得的,确实是来之不易。安阳市目前工业门类比较齐全,但工业各部门、各行业之间缺乏有机联系,未能形成一个围绕核心产业发展的产业群体——圈层结构。大部分产品都是在中等技术水平下所形成的中等产品,拳头产品还不够多。

为了克服这种分散而又齐全的工业体系,要发展更多的拳头产品,争取占领省或国内市场,并争取出口,更需考虑多生产占领中原市场的产品。

农业目前以种植业为主,林业和牧业的比重偏低,尽管后两者在"六五"期间的增长速度较快,但农业商品基地的开发建设和农村工副业发展才刚刚开始,渔业几乎从零开始,显得增长速度很快,而实际所占比例非常有限。

最后,安阳具有丰富的风景旅游资源,这些风景名胜一方面具有很高的历史地位,而且名气大的很多,但实际内容却不够充实(例如,安阳县的唐修定寺塔、汤阴县演易坊和"三岳"等),有的破坏严重(如袁宅和养寿园),有的缺乏建设(如殷墟原只进行发掘,而未对发掘史迹进行相应的开发和保护,使其具有旅游价值),有些庙宇信仰地位高却未获得重视,有的还埋在地下,还未为人所知(如内黄的颛顼和帝喾两帝陵)。因此要发展安阳旅游事业,必须广泛宣传,逐步筹集资金,进行恢复建设,其远景是很有前途的。

2. 促进发展为明星城市的七项措施

(1)调整现有工业结构,建立一个既利用本地资源和交通有利区位,又具有开放竞争能力的重轻并举的产业群体。安阳现有工业体系偏于分散而齐全,因而竞争能力不强。从长远来看,安阳要形成以钢铁、食品(包括烟草业)、机械、自行车、电子等五方面为支柱的带头行业,以化工、医药、轻工、纺织、建材、包装装潢等为支持行业和协作配套行业,以运输、能源、供水等行业为基础行业的圈层式群体结构。这些行业中,有些目前在结构中不一定占有突出的地位。例如,食品工业,若不包括烟草业,其所占的比重是相当有限的,仅占工业产值4.04%,总利税1.11%(1985年)。机械工业目前不够发达,利税偏低,发展缓慢,产品是小批量、多品种的生产。电子工业现状也不理想,但玻壳厂投产后可以逐步改观。与此相反,烟草和自行车工业则欣欣向荣,烟草工业占工业总产值7.6%,总利税的29.8%,自行车工业占工业总产值的6.23%,总利税的5.11%。

怎样调整安阳的工业结构,关键是扩建安钢为大型钢铁基地,并利用安阳在豫北"三海"中仅有的"一海",即大农业产品优势,发展食品工业。

河南发展战略(《河南省经济社会发展战略规划研究报告》第五稿,1986年1月)认为,河南钢铁需求量到本世纪末达817万吨,按现有计划发展还缺617万吨。而全国钢铁需求量预测到本世纪末全国达1.15亿吨,其缺口为4000万吨。因此,为了补第二次浪潮的课,我国仍需大力建设钢厂。

河南发展战略还认为应走大中原的钟摆式煤-钢基地的道路建设钢铁工业,但在哪里建设并未指出。我们认为,河南现有的最大钢厂是安阳钢铁公司,正处于这种钟摆式煤-钢基地的最有利区位,在解决扩建的水源供应条件下,可以把安钢扩建为 300 万吨的钢铁联合基地。可以通过一定的交通建设,使晋煤从石臼所出海,回程运进口铁矿供应安钢发展钢铁工业。

在冀南和豫北建一钢厂是符合我国生产力布局要求的,安阳与邯郸的差别,若依靠进口铁矿,安阳优于邯郸,若依靠国内选矿建厂,邯郸优于安阳。从投资角度来看,要开发邯邢铁矿,并建设相应的选矿烧结厂,在邯郸扩建钢铁联合基地,其投资额要比在安阳扩建为大。故我们偏向于认为,安钢扩建为钢铁联合基地应列入我国钢铁工业发展计划。

钢铁工业占安阳现有工业总产值 14%,利税总值 22.4%,在安阳现有工业中占有举足轻重的地位。安阳自行车、机床、电器设备制造所需的钢材紧缺。安钢规模扩大,产品规格增加,必然带动机械工业发展,并为安阳市就业和居民生活(如取暖)带来发展。

安钢规模的扩展,必将带动化学工业的大发展。安阳化工可随安钢而起,利用焦化副产品发展煤系列化工,进而争取利用中原油田伴生气开发油气系列产品,并最终达到与中原油田联合,发展精细化工。

安阳食品工业除烟草业外,现有状况非常薄弱,与其丰富的农产品原料和潜在的市场容量很不相称。据估算,中原协作区食品工业按全国要求达到工业产值 20%,到 1990 年达 74 亿元,到 2000 年应达 160 亿元,而该区现有人口 4 421.39 万人,现有食品工业产值不够 12 亿元,足见中原协作区存在着食品工业的巨大市场。若把晋南、陕北、豫东等食品工业不发达的地区包括在内,则安阳食品市场的容量将更为可观。

安阳在这一地区中具有相当雄厚的工业优势,比其他各市更有发展食品工业的条件,若能及时发展中高档食品工业,将可占领这一广阔市场。食品工业着重发展下列四方面产品:

1) 发展农产品的深加工和综合加工产品,包括发展饲料工业,促进畜牧发展,可以包括玉米的淀粉糖加工系列产品,屠宰业的分选肉精加工,专业和分级面粉加工等。尤其是后两者目前在我国北方很薄弱,若能迅速发展,可以占领更大的市场。

2) 发展名、特、优、新、廉产品。

3) 大力生产通用的中高级优质产品,以改变目前通用食品依靠外地进口的局面。

4) 加强名烟和名酒的生产。如汤阴宜沟双头黄酒、滑县冰糖酒、林县唐代古井酒等。

安阳现有食品工业是市区与各县水平相差无几,而且由于种种原因,各县的"名牌"食品与外地联系更多。安阳市区的食品工业还未能很好带动所属周围各县的发展。因此市区食品工业的发展要高起步,直接引进中高档产品,要在包装、装潢、广告、新产品开发、市场信息等方面带头革新。目前我国食品工业以广东、上海、北京、天津、武汉等地水平为高。其中广东食品由于从香港等地引进先进技术,取得很大成功,已有超过京沪汉等地的趋势,其产品正向北方大力渗透推销。所以,安阳要绕过京沪汉,直接从广州、深圳引进技术,从而形成一类足以占领北方市场,与国内传统食品相竞争的港穗风味食品。

随着食品工业的发展,安阳大农业要为其提供相应的产品,并建立相应的农业商品基地。

安阳的轻纺工业也要向高档化发展,自行车行业是安阳轻工业的支柱,有很大的发展前途;安阳还可通过显象管玻壳的定点生产,适当发展电子新兴工业;并利用已有的医药工业优势,发展新型药剂生产;还须配合旅游业大力发展工艺美术产品。

(2)从大粮食观点向大经济作物观点变化,发展开放型的农业商品经济。开放型的农业商品经济要求不仅要大力发展各种经济作物,而且要把粮食也当经济作物来种植,而且要同时从大农业观点综合发展农、林、牧、副、渔各方面。

据何振明分析,安阳在这方面需要做如下工作:

1)以滑县和安阳县为主建立优质小麦基地,并在此基础上发展专业和分级面粉加工,也即不能只限于生产标准粉和富强粉,还要发展适应于不同食品的专业面粉。

2)发展优质棉、无毒棉生产基地(包括内黄、汤阴、安阳等县),并在此基础上发展棉绒生产、棉籽加工、籽壳养菌蘑等生产,还可考虑从国外引种棉籽加工人造牛油的生产线。

3)建立玉米、饲料加工基地(安阳、汤阴、滑县、内黄)。

4)建立林果业商品生产基地,包括:① 在林县(现为林州市)山丘、安阳部分山丘,建立风景旅游观赏林和水土保持林;② 在林县和安阳县的山前丘岗、坪台地带建立发展暖温带果业生产基地,包括苹果、梨、桃、石榴、核桃、板栗、柿、山楂等;③ 在平原建立林果生产基地。从陇海线附近到邯郸以南是我国最有利于种植泡桐的地区,黄河故道林海也基本建立,再加上近年来果业、特别是内黄沙区的枣林、滑县和汤阴的泡桐,本区有可能发展为我国平原覆盖率相对最高的地区。此外,还可以在黄河故道推广种植山楂,在平原的城镇郊区推广种植葡萄、草莓、樱桃等浆果;④ 以内黄为核心建立良种西瓜生产购销基地,并发展季节性的西瓜供销市场,发展西瓜系列产品,加工时要特别注意更新产品。例如传统的瓜子生产一直很少改进,近年来,有些地方不断推出新产品(例如话梅瓜子),以占领更多市场。还必须考虑气候差异,生产适应不同气候的瓜子。例如南方瓜子进入北方市场,因北方气候过干,使瓜子也变干,适口性差,以至于降低其销路。安阳气候带有北方特点,若能生产新型优质瓜子,更能打入北方市场。

5)建立畜牧业,养殖业商品生产基地,包括:① 在林县建立以太行山黑山羊和本地青白羊为主的裘皮羊商品生产基地;② 建立以内黄、滑县平原洼坡地为中心的肉牛、奶牛商品牛生产基地;③ 建立以安阳、汤阴县为中心的瘦肉型猪商品生产基地;④ 建立多类型饲养业商品基地,为本地食品加工工业和食品出口贸易奠定基础。这方面包括商品兔、貂、蜂、肉鸽和信鸽的生产,也包括建立以"道口烧鸡"、"老庙牛肉"、"汤阴烤鸡"为拳头产品的肉鸡、肉牛生产加工基地。

6)建立以安阳郊区和各城镇郊区为中心的蔬菜和花卉商品生产基地。要考虑我国自然条件的"气候差",特别是南北的季节温度差来发展蔬菜生产。这种"气候差"使各地的蔬菜盛季有迟早之分,形成了南北价格差,若能利用这种价格差所形成的"气候剩余价值",可以使各地的蔬菜有更稳定和均匀的供应。多年来本地蔬菜供应便有"春出夏进"之说。因此,安阳蔬菜业除了考虑本地的供应外,更需考虑如何去占领北方京津和内蒙古、东北市场,冬天向北方供应韭黄、蒜黄,春天及夏初向北方供早市菠菜、西红柿、豆角、莴笋等。安阳市的蔬菜生产还要考虑占领濮阳、鹤壁等矿业城镇的市场。花卉生产在本市也大有前途。

7)大力发展农村工副业生产,主要是建立以食品工业为主的系列生产,建立以烧石灰、砖瓦、水泥及预制板为主的农村建材业。还可以考虑各地的传统产品和技术优势,发展一村一品的专业生产,并逐步发展为专门系列生产,甚至发展专业市场。

(3) 大力发展交通和流通,形成更完善的铁路交通系统,加强横向联系,更充分占领中原协作区市场,是进一步振兴本区的关键措施。

在这方面首先要打通东西向铁路交通,有两个方案可供选择:

1) 由于新菏铁路已经修通,因此晋煤和豫煤已可以通过新乡不经京广线而经菏泽、兖州从石臼所出海。还可以进一步加强东西向铁路建设,若把安阳至岗子窑的铁路向北与邯环线接通,把现在汤濮窄轨铁路改建为标准轨,并为了濮阳油田能通过铁路出海,则需增修长垣至濮阳的铁路,那么晋煤便可以通过这一"陇海北线",绕涉县、彭城、水冶、鹤壁、汤阳、濮阳、长垣经石臼所出海,而不经京广线。从长远来看,修通安阳经五陵、滑县至长垣的铁路,还可进一步缩短这一铁路的里程。晋煤出海的回程可运进口的铁矿,为在豫北提供发展大型钢铁基地的条件。由于晋城月山(长焦线)至侯马的铁路已经动工,"八五"通车,故安阳建成钢铁基地后,从安阳至山西的回程可以钢材输往山、陕等省,实现煤-钢钟摆式运输。

2) 若考虑到京九铁路的衡商段在 1995 年可以通车,若加修安阳经五陵、濮阳,到台前与京九铁路交会,并在京九线黄河南站再向东经梁山修至兖州的铁路,则更可缩短运程的迂回度,使煤-钢钟摆式运输更为便捷,但其线路增修里程将多于上述方案。

促进安阳扩大流通的关键措施是把安阳建成为中原协作区的商业贸易中心,或贸易展销中心。晋冀鲁豫接壤地区是一个多中心地区,多中心接壤地区须克服长期形成的分散离心惯性,在竞争中加强联合,优势互补,互惠互利。要克服这种分散离心惯性,首先要分工建立各种不同的中心。例如,邯郸目前是本区首屈一指的工矿城市,本区协作联络处可设于此处。新乡可作为本区文化中心加以建设。安阳位于本区几何中心,正处于真正边缘接壤处,故最适于在这里建立本区的贸易展销中心,还可以在这里发展成本区金融中心,进行各种金融包括外汇互补有无的业务,以加速本区资金的周转率,以改善本区的资金短缺局面。

及时发展以港穗式的中高档食品和"现代化"的传统产品为主的全面食品工业,以占领中原,甚至山、陕和豫东市场,可以更快促进本区贸易展销中心的发展。

总之,成立中原协作区贸易展销中心、金融中心和及时发展食品工业,是促进安阳加强横向联合,促进流通发展的最有效措施。

(4) 解放思想,发展多方位、多层次的健康开放式现代旅游业,以促进第三产业的全面发展。根据安阳的风景资源结构,安阳的旅游发展战略可以历史名胜古迹和自然风光两方面观光旅游为基础,开展宗教、会议、过境和空中体育等多种形式旅游业。其旅游市场应以国内为主,包括中原协作区的宗教旅游,京广线上的会议和过境旅游,本市各城镇、鹤壁和濮阳两市,甚至豫北其它两市(新乡和焦作)的郊区和团体的旅游以及青少年返回大自然的林县山区旅游;也应吸引港澳和日本游客,包括争取 48 次特快客车在安阳停车,以吸引港澳游客在这里作过境旅游,然后转车接送经内黄游二帝陵后到山东梁山和阳谷的水浒题材旅游,以及到泰山、曲阜、邹县等地进行专线旅游。

(5) 搞好城市规划,协调城乡关系,适当调整行政区划,以保证经济和旅游事业的发展。安阳市解放后离开故城区在城北和铁路西扩建新区,使得故城面貌得以保留;由于殷墟旧址的保护,也使市区西北侧保留了大片旷地,避免了城市形成铁饼一块,有可能在殷墟旧址逐步改造为游览园林。我们认为安阳沿京广线东侧向南发展更为合适,殷墟遗址可以适当扩大。

据侯渐珉分析,把市领导县以来的安阳市域作为一个整体来看待时,其内部的城乡两个子系统尚未形成一种相互开放、紧密联系的有机结构;区域社会经济系统处于一种松散的、有序程度较低的状态;系统内部的城、乡之间、城市内部的企业之间、各乡村之间,都包含着浓厚的自然经济的封闭气息,系统亟待整顿、改革和进一步分化。

对于城市系统来说,要真正能起到工业带动的龙头功能,就必须有相应的产品结构和产业结构。一般说来,整机型产品、轻工产品具有较强的扩散能力,能起龙头作用;而零部件产品和中间产品,原材料工业由于不需要成龙配套,扩散能力有限,只能是低层次的资金和厂房的联营;重工业产品则由于乡镇企业自身特点,并不能作为龙头,但重工业和矿业开发的基建任务重,农村可以在建筑和建材方面为之服务。产业结构也很重要,劳动密集型的产业不能大规模扩散,只有技术密集和资金密集的加工品阶段的产业才能有力实行零部件加工。

从原料来源和工业部门联系来看,作为先进行业的安阳自行车行业的协作联系较好,目前也是技术向乡镇扩散较好的工业部门,已把鞍座和脚蹬零件分别扩散到东郊鞍座厂和三官庙脚蹬厂。由于安阳各行业的300多种工业产品中,有60%的产品是50年代水平的,达到国内或国际先进水平的不到5%,这些自身就没有太大市场的企业,当然就很难对乡镇企业起到应有的辐射作用,乡镇企业也不愿找这样的企业联合。这使得北京、上海和郑州等地对安阳超距离辐射胜过安阳本身的近距离辐射。据林县、内黄、滑县、汤阴县的调查,各县的几个较大型厂家与外地联合较多,极少与安阳市区工业有横向联系,其中也许与内黄、滑县划给安阳市领导迟有关。这也说明,其原来归属的濮阳市也缺乏本身对其所属各县的近距离辐射作用。

根据上述分析,安阳市要加强城乡联系,要慎重选择核心产业,努力提高工业产品水平,才能扩大安阳市的近距离辐射作用,对已具备扩散条件的产品要强化其扩散势能,例如自行车业的市属公司以生产整车和质量要求较高的零件为主,其余零配件多下放到乡镇企业生产,市公司要对这些企业进行技术指导和质量检验的严格要求。

目前安阳食品工业主要是乡镇企业生产,一些传统名特产品具有相当优势和实力。安阳食品工业发展若能走合理分工、城乡结合的道路,即市区食品工业尽管目前还比较差,但不应低起步,而应高起步,直接引进港穗高技术,主要发展港穗风味的中高档食品,并在包装、装潢、广告、市场信息方面加以提高和扩散,也即市区食品工业要担负对传统名特产品的宣传和推销,并负责对外地先进水平的食品工业的引进,那么将更有力地促进安阳市的城乡联系,共同繁荣。

为了促进城乡联系,安阳市的行政区划最好能作局部调整。这主要是安阳县附设在市区中,其行政建设也集中城区,不能发挥其促进农村乡镇繁荣的作用,甚至安阳县也没有城建局编制。实际上安阳县各级领导居住在"第一世界"安阳市区中,而水冶镇则是该县的"第二世界",也未获得县领导重视。安阳县东部原属邺县管辖,过去以白壁集为县府,自从撤消邺县合并于安阳县后,安阳县东部包括白壁集本身成为该县的"第三世界",发展缓慢。

为了改变这种不平衡状态,建议撤消安阳县,提升水冶镇为县级市,管辖安阳县西部;恢复邺县和白壁集的县府所在地,并争取收回原属邺县、现归属河北临漳县的原邺城南北一带地域,这对于论证安阳为七大"古都"之一将更为有利。

此外,滑县在一定时间后也可以提升为县级市。滑县城除包括道口镇外,也要把旧城关划归道口镇领导,道口镇应向东发展,使其与旧城关联系起来。在旧城关的明福寺塔一带建立滑县公园和博物馆,引导道口镇居民到城关游玩,将可促进这两地的关系。这两地的人口和产值要合并起来统计,将更有利于在一定时候以后把该镇提升为道口市(县级市)。若保留滑县,则可使其设于旧城关,以加速城关的繁荣发展。

汤阴作为一个旅游和轻工业县城,在一定时候以后也可提升为县级市。据张奇等的调查,汤阴的宜沟、菜园、五陵;安阳的善应、铜冶、白壁、吕村;林县的城关、河顺、临淇、姚村、任村;内黄的楚旺、井店;滑县的留固、白道口、万古、焦虎等 18 个乡政府所在地,也应尽快改为乡制镇,实行镇领导村的新体制,以加速乡镇企业的发展。

(6)为了保证安阳经济的持续发展,还必须进行人才的准备,技术方向也应有所转变。

1)首先安阳对人才需要有破格提升的决心,对有真才实学的人才要比大城市提得快,安阳市要下决心在本地提升一部分人才。与此同时,还应加强成人教育和继续教育。安阳自行车工业公司之所以有现在的成绩(成本从 106 元降低为 90 元,质量从倒数第一上升到全国名牌产品),原因在于能人领导,招聘各地专门人才,大力自培人才,进行智力投资等三方面,因而被人才学研究列为案例之一(王通讯《宏观人才学》,211—212 页,人民出版社,1986)。

2)为了加强安阳大学的建设,要聘请具有改革精神的著名教授来兼任校长,政府要拨专款供该校委托著名大学代招推荐研究生,以求在五年以后便能先后充实一批优秀的年青教师。

3)要培养具有创造能力的纵横结合人才,即能把专门研究建立在广泛的相关科学基础上的系统人才,工程师要了解其所设计、其所发明或改进设计的商业效果,还要懂得如何改善包装设计,以提高产品的装潢外观,促进销路,也即培养具有开拓性的设计工程师。

4)工业人才应向自动化、少污染的现代化高技术方向转变,以适应进一步发展重化工、机械和电子工业的需要,特别要培养配料工程师,以节约成本,培养具有现代化抽象艺术素养的工艺美术人才,以扩大产品销路。

5)大力准备和培养食品工业人才,甚至可以成立食品研究所,以促进安阳这一远景支柱行业的尽快而又高起步地发展。为了引进港穗风味食品,要培养饼干和糖果业人才。随着山楂的种植,要准备有把山楂饴发展为山楂水晶糖的技术、酿制山楂酒的技术。为了使制品增加保鲜度,要从四川和深圳、珠海引进魔芋系列食品技术。例如,著名的水冶油酥火烧、道口烧鸡、老庙牛肉都可以添加"魔芋冻"而增加其保鲜度。为了使优质小麦的价值得以充分发挥,要准备分级和专业面粉的加工技术。为了扩大屠宰业利润,并求打进京津高级宾馆市场,要准备分选肉精加工技术。为了扩大汤阴烤鸡生产,要仿造现有从国外引进的烧鸡生产线。要发展上述技术,都要准备相应的人才。

6)农业人才要向栽培和品种人才转化,以求培养更多的优质品种,或引种合适的优良品种。

7) 搞好水土保持和环境保护是保证安阳经济持续发展的重要条件。安阳山区和丘陵水土流失相当严重,不少地区已经是基岩直接暴露,特别是奥陶纪灰岩分布区风化碎石层很薄,几乎缺乏上覆土壤层,要在山区发展用材林相当困难。因此安阳市山区包括林县太行山区和安阳县山区,应发展水源涵养林和风景观赏林为主要方向。可以建立两个自然保护区。① 安阳西南部从清凉山以南一直到雪花洞一带,风景名胜分布密集,一共有 20 多处名胜古迹,可作为一个市级国家森林公园加以保护和开发;② 林县西部太行山区的石板岩、黄华山、洪峪山一带可以建立水源涵养林自然保护区,邻近名胜处可以部分发展风景观赏林。

这两个自然保护区可以先公布然后再逐步筹建,并上报省和国家环保局大自然保护处和林业部有关自然保护区的主管部门,以争取上级拨款建设。

如前所述,安阳市平原地区也有发展林业的良好条件,特别是发展泡桐与粮食的林粮间作,在黄河泛滥故道发展林果业和花生间作。

安阳也要注意防止工矿业和城市的"三废"排放所引起的环境污染,特别是发展钢铁工业和各种化工工业时,更要注意环境污染防治。

3. 实施政策保证和经济模式的确定

针对安阳的特点,除了宣传安阳所取得的现有各方面成就外,首先要宣传:
(1)安阳有丰富的大农业产品,有条件大力发展食品工业。
(2)安阳旅游业的前景远大,是历史文化名城和我国七大古都之一。
(3)安阳具有设立中原协作区、商业展销中心的有利条件,安阳必须积极参加中原协作区的有关活动,加强横向联系,并有信心在一定时间后要占领该区的食品市场。
（4）安阳还要大力宣传具有建设钢铁联合基地的有利条件,还必须召开一定的论证会,以扩大宣传影响,才能更好争取到纵向计划投资。

为了论证和宣传上述各方面,安阳市长特别需要重视公共关系活动,要亲自为这些远景发展向上级机关汇报,亲自参加各种重要横向联系合作会议和实际合同签订。为了准备扩大安钢为钢铁联合基地,安阳市要重视扩建的水资源供应保证条件论证。此外,安阳市还应向市内外全面开放,欢迎来安阳开办和合办企业、商业、仓库、旅游业等,以使"流通"更快地扩大起来。

安阳要进一步搞活经济,采取上述战略措施必须有相应的经济模式保证。已经总结出来的经济模式有苏南、温州、珠江三角洲、海安、泉州、天津大邱庄、江苏耿车等模式,他们各有其形成背景。安阳可以重点从这些模式中,吸收苏州模式的依托中心城市的集体经济乡镇企业;温州的家庭工业和专业市场;海安模式充分利用当地资源发展商品经济的生态农业;珠江三角洲和泉州模式的输出贸易思想;耿车模式的自上而下由干部支持发动农村能工巧匠开展乡、村、户、联户四个层次办企业,四个轮子在集体所有制和家庭经济双轨上运转,注意发挥"一乡一品"的商品生产优势,其商品经济从最初级的废品收集和加工,到聘请外地大城市职工生产中高级产品打入国内市场,并争取少数商品进入国际市场。据此,建立符合安阳不同地区特点的经济模式。

例如,安阳的林县城关镇和安阳县柏庄实际上已有一定的专有经济模式;再如水冶镇以人精而著称于豫北,人们商品经济观念强,其本身又有一定的工业基础,可以温州模式和苏州模式为基础,发展符合本地经济模式;安阳郊区和汤阴县城关镇也可以使用类似的模式加以提高;黄泛区可采用耿车与海安结合的模式;林县山区和安阳县东部主要采用耿车模式;对商品经济不发达的山区和农产品为主的平原地区,还要以第三产业相对超前发展,来推动人们的商品经济意识。

建立经济模式的最终目的,是因地制宜推动商品经济发展,具有商品经济观念的地区,群众会自发寻找相应的经济模式,缺乏商品意识的地区,则需要干部去推动。实际上不论耿车模式、大邱庄模式,还是苏州模式,都强调县、乡各级党政领导者应是发展乡村工业和地区经济的实际决策人和模式总结者,因此安阳市委党校应有专门的培训班,培养党政干部具有从事建立经济模式的宣传、推动和总结能力,在改革浪潮前,党政关系中,党应是改革的推动者和带头人,督促和引导忙于日常事务的政府领导人和厂长以改革带动经济发展。

以上各种商品经济模式都包含着集体经济和个体经济,对这两种经济加以支持和提倡鼓励,是形成适应本地区经济模式的必要条件,安阳必须解放思想,大力支持和提倡这两种形式,才能加快经济发展。最后,若白壁集恢复为邺县县府所在地,还可在城市规划中选一新区或一新街,开辟为单轨制的自由投资区。在该区内推行自由经营,个人、集体、外地、外省,甚至国外都可以在这里创办企业(包括企业和商业服务业),自由竞争,政府负责合理征收各种税收,规划市政和公共设施,甚至经营房地产公司出售房屋,监督偷税漏税和非法营利。这种自由投资贸易新区在广东已在个别集镇试办,取得很大成绩,安阳也可在白壁集试办这种经济模式。若在安阳创办金融中心,将可促进白壁集自由投资区的资金来源。

我国正处于从广大的农业社会向工业社会的全面推进时期,同时又受到第三次浪潮的冲击。因此发展战略的经济结构必然是由各种不同技术层次的适用技术所组成的混合型经济结构。与此同时,其经济模式也不能是单一的,而应根据各地背景和条件,建立适应本地的模式。

为了补第二次浪潮之课,我们认为应在我国东部发达地区的相对不发达地带中的相对发达的中、小城市补第二产业的课,也包括补铁路建设的课。陇海线一带南北两侧,特别是其东段符合这个条件,因此安阳作为一个已具有一定自我发展能力的第二产业的城市,若给以进一步的相应投资,可以期望有良好的经济效果,因此应成为我国补第二次浪潮课的第二产业重点投资城市之一。这应是安阳市对外宣传论证的主要口径,也是争取纵向计划投资的论据。

五、促进泸州发展为明星城市的六项措施[*]

泸州市原辖市中区和泸县、纳溪、合江、叙永、古蔺五县。总面积 12 233 公里², 人口412.81 万人,其中市中区城镇人口 22.8 万人。这里在长江南北两岸,北边海拔在 300 米以下,南部海拔在 400 米以下,属南亚热带气候,其他地区为中亚热带气候。地貌从南向北依次为低山、丘陵、切割台地、沟谷、沿江阶地和冲积河漫滩、阶地的交替分布区。矿产有天

---

   * 原载《中南地理研究》,1986,5(2),1~13。

然气、煤、硫铁矿、建筑材料等。天然气蕴藏量 615 亿米³,已开采 300 亿米³,煤地质储量 10 亿吨,已探明有工业价值的为 3 亿吨,硫铁矿 34 亿吨以上。

历史上泸州一直为川南重镇,在四川四大城市(渝、成、泸、万)中名列第三,向为川西和云贵山区物产下江的集散地。由于四川铁路系统的建设和行政位置的变更,在 50 年代中后期至 60 年代这里曾一度衰落。70 年代由于天然气的发现,三线企业的建设,泸州经济有所发展。但因为一直未通铁路,仍处于交通闭塞阶段。1983 年从地辖市提升为省辖市,辖泸县、纳溪和合江三县,其后又把埋藏有大量煤和硫铁矿的叙永、古蔺二县划归市辖。

泸州素有酒都之称,盛产各种名酒。国家级名酒的老窖特曲(大曲浓香,60 度),出口庄老窖大曲(50 度)、古蔺郎酒(大曲酱香,54 度)驰名中外。省级名酒更为众多,包括有老窖头曲、玉蝉大曲、三溪大曲、泸江大曲、海潮大曲、金井大曲、泸州老窖、绿豆大曲、蜀南大曲、荔乡大曲、古蔺大曲、仙潭大曲等曲酒和其他高粱酒、各色果酒等。最近还生产出老窖低度补酒,38 度的低度老窖特曲,还可进一步降低度数。境内还有众多地方名胜,很有开发价值。兴文石林虽不属泸州管辖,但距离这里不远,若隆泸铁路通车,从这里往兴文(128 公里),比从宜宾前往(179 公里)更为方便。

泸州的最突出特点是具有"准"南亚热带气候。我国南亚热带气候只分布于台湾南部、福建莆田以南沿海、两广沿海、云南南缘、以及西藏南缘一带,但在这一带以北的中亚热带中,分布着少量南亚热带岛状飞地,包括川西南和滇西的一些背风坝子,其中最大的一片飞地便分布在泸州一带。四川盆地广大地区属中亚热带气候,唯独泸州在上述高度以下的范围属南亚热带气候。而且这里的土壤因受紫色砂页岩的影响,以中性和微酸性土为主,微碱性土也有一定的分布。因此从自然条件来看,这里具有非常优良的农业发展条件,可以认为是四川一块得天独厚的宝地。我国有二条水果气候带,这二条气候带水果种类多,质量优良,产量高,商品意义大。北边为盛产苹果、梨、杏、葡萄等的暖温带水果带;南边为盛产荔枝、龙眼、菠萝、香蕉、甘蔗的南亚热带水果带。中亚热带只有柑桔类水果具有大宗商品经济意义。

由此可见,泸州市的气候优势是在四川广大的中亚热带气候背景中出现一块特殊的南亚热带气候,可以种植荔枝、龙眼、香蕉、橄榄等四川其他地方没有,在我国能种植的地方也不多的这些水果。从甘蔗的生态条件来看,泸州比内江一带也更适于甘蔗种植。

发展为明星城市的六项措施:

(1)中近期重点发展高技术、少污染的第二产业;随着古叙煤矿和硫铁矿的开发,远期将由一个工业城市逐步转变为工矿城市。泸州现已具有比较强大的天然气化工(以泸州天然气化工厂为主)和工程机械工业。此外,还有泸州化工厂,是我国生产纤维素及其衍生物的主要工厂,泸州火炬化工厂是我国生产重水规模最大的厂家,以及四川塑料厂,军工企业等。应发挥天然气化工和工程机械这两个优势,以及其他骨干企业的作用,使其向纵深提高和横向扩散两方面发展,一方面要向高技术少污染方向提高,并发展"拳头"和有市场意义的新兴产品;另一方面通过横向扩散带动地方工业发展。泸州市计委所拟定的七五计划纲要认为,化学化工业要充分利用天然气资源,继续发展氮肥、有机硅系列产品、甲烷氯化系列产品、皮化系列产品等"拳头"产品。积极开发甲醇系列产品、植物油综合利用,以及其他精细化工,还要抓好以烧碱为主的基本化工原料,以应燃眉之急。工程机械工业以茜草坝的"三长"(长江起重机厂、长江挖掘机厂、长江液压件厂)为主,在其向纵深发展的同时,还必须注意把这三厂的配附件及技术力量向地方工业扩散,以促进地方相应工业的发展,特别是注意发展包装机械工业。

要争取隆泸铁路开工,以开发古叙煤、硫资源,随着这部分资源开发,泸州将相应发展电力、煤化工、碱化工、矿山机械等工业,其产业结构也将发生相应的转变。

总之,泸州市近中期除了发展天然气化工、工程机械、食品为主的工业外,还要大力抓建材工业,远期将转变为多种化工、机械(包括工程和矿山)、电力、食品、建材为主的工矿城市。有关食品工业发展方向将在下一措施中讨论。

我国工业发展必须大力补第二次浪潮的课。近期必须大力发展第二产业。我们认为在中小城市补第二次浪潮的课最为合适,泸州不宜作为新兴产业,包括电子工业的基地,泸州要发展电子工业,主要为本地第二产业和军工企业的自动化高技术服务。

(2)建立开放型的农业结构。如前所述,四川盆地基本上都属于中亚热带气候,只有在泸州一带在相应高度以下有一片南亚热带气候,是非常宝贵的独特气候资源。泸州一带是否可称之为南亚热带气候,据著名气候学家丘宝剑在 60 年代研究,四川省的南亚热带气候只见于川滇的攀枝花、米易、宁南的金沙江河谷一带。泸州虽然低温平均值合乎南亚热带标准,但积温和最冷月气温不够条件,因此被归属于中亚热带气候。

把泸州列为中亚热带气候,但这里却生长着中亚热带不能种植的南亚热带水果(荔枝、龙眼、香蕉、橄榄等),因此笔者在 60 年代便认为川南"略有南亚热带景色"。这可能是最早尝试从四川盆地的中亚热带背景中区分出一块川南的"准南亚热带"区域。

最近,丘宝剑更详细研究了四川的亚热带气候,明确地指出,四川盆地由北而南可划出北、中、南等亚热带。中亚热带两年五熟,双季稻(或小麦与玉米、甘薯等)之后种喜凉作物或绿肥,盛产柑桔、油桐,最冷月气温 4~8℃,低温平均值 −4~0℃,>10℃积温 5 000 ~5 800℃。南亚热带一年三熟,双季稻之后种喜凉作物,代表林果为龙眼、荔枝、香蕉,最冷月气温大于 8℃,低温平均值高于 0℃,>10℃积温多于 5 800℃。

泸州最冷月平均温度 7.3℃,低温平均值 1.1℃,>10℃积温 5 772.7℃,比上述标准稍低。四川寒潮南下的主要路径是嘉陵江谷地,川东首当其冲,川南偏安一隅。因此,降温量>10℃的寒潮在这里冬季期间几乎没有,极端最低气温只为 −0.8℃,无霜期 328 天,但实际平均有霜日只有 15 天。这些条件都有利于南亚热带水果在此越冬。由此可见,泸州具有南亚热带的水果分布,但有些气候指标比两广沿岸的南亚热带稍低,因此有时又称之为"准南亚热带"。

南亚热带气候适于种植荔枝、龙眼、橄榄(青果)、香蕉和甘蔗、菠萝、大叶种茶、甘蔗、各种优质柑橙等。荔枝、龙眼、橄榄在这里已有分布。荔枝目前正处于发展时期。龙眼由于管理不善、酸雨污染、树龄老化等原因,在本区主要产地兰田坝、张坝等地,正处于衰落阶段,近年来结果不多,产量下降,面临绝境。

从长远来看,本市属于南亚热带气候的低地,应向完全开放型的种植园商品经济发展。近期着重发展荔枝、龙眼和青果。荔枝生长期间要求高温、高湿,最适宜温度为 24~29.5℃,过高反而生长不良,冬天还要有一段相当的低温时期。在热带地区,因得不到所需的低温而结果不良,因此荔枝是最典型的南亚热带水果。如果枝叶老熟,温度降到 −2℃ 至 −3℃时,在短时间尚不致冻死,倘若气候反常,秋冬气温高或雨水多时,会促使荔枝在冬天抽吐枝梢,再突遭寒流侵袭,就是在较高的温度下,也会遭受冻害。龙眼在霜期短或无霜的地区才可栽植,冬季温度降到-1℃以下,则有发生冻害的可能,如降到-2℃以下,连续几天,则受冻更严重。但根据广东、广西的材料,龙眼抗寒力还较荔枝为强,低温达到-3℃,龙眼受害较荔枝轻,而且产量较高。橄榄(青果)对温度要求也高,在南亚热带以北种植已不太适宜,但当温度降到-1℃至-2℃时,在短时间内尚不会受冻害。

从泸州的冬温条件,特别是极端最低温度条件,以及寒流降温条件来看,都适于种植这三种南亚热带典型水果。荔枝和龙眼都是喜温、喜湿和喜阳的树木,但龙眼的喜湿要求比荔枝还高。两者的树形都为伞形冠状,树冠下天然整枝明显,反映它们都属阳性树,荫蔽枝不结果,必须剪去。

对土壤的要求两者稍有差别,荔枝以酸性土最为适宜,因为荔枝有菌根,而其菌根适于在酸性土上生长,与荔枝共生,对荔枝生长和丰产起着很大的作用。龙眼对土壤要求不太严格,但以表土深厚、肥沃、排水良好的沙质或砾质土壤为最适宜,土层较厚则根系生长旺盛、树势强壮,产量高,寿命长。

泸州荔枝虽有千余年历史,但引种复壮只有200多年的历史。为了与引进良种相区别,本地荔枝称为"酸荔枝",现在的甜荔枝,是从广东移植过来的。泸州荔枝有晚熟性,闽粤荔枝盛产于6月份,6月底鲜果供应基本上结束,而泸州荔枝早熟品种7月中旬才上市,晚熟品种8月份上旬上市,完全值得空运港澳市场出售,以衔接闽粤荔枝供应,售价可比闽粤荔枝更高。若能利用地势高差,在高于400米的向阳背风小气候环境适当栽植晚熟品种,其上市季节可延至8月中旬。此外,本市荔枝比闽粤荔枝更适于制作罐头,具有果大、色白、纤维软化、汁液透明的特点,故比闽粤荔枝罐头价高而易销。

影响荔枝生产的天气因素,如黄沙和阴雨都不易克服,黄沙属高空天气过程,是我国西北干旱区从高空吹向东部的粉尘,冬季(1月)高空1500米,有一股气流绕道长江中游和贵州吹到川南,是本地黄沙的主要来源。若花期恰好有黄沙天气发生,常可导致荔枝减产。

龙眼在本市主要产区(兰田坝、张坝等)虽面临衰败,但并不等于泸州不能种植。龙眼的衰败原因是多方面的,管理不善(不加施肥和栽植过密)、树龄老化和酸雨污染等都是原因。泸州市冬半年(11~4月)低温期间酸雨发生严重,最低值可降至pH3.20,一般也都低于5.60的酸雨标准。这个时期降水量相对少,污染物未得到充分稀释,加以逆温出现普遍,大气污染物在逆温层下聚积,一遇降水天气过程,SO_2等以凝结核形式随雨水降落,加剧了降水酸度。酸雨对龙眼树叶和花都可导致为害。

酸雨是带有区域性的污染,其影响范围较大,但可以挑离市区较远的地方,可以离开河谷和市区的严重逆温地段,发展这些水果。因此龙眼作为一种喜温、喜湿、喜阳、喜沃土的果类,可挑远离市区,基岩为紫色砂页岩的向阳背风梯田沟进行种植。

据我们实地调查,龙眼在本市分布范围相当广泛,一直可分布到江门与古宋间低于400米的谷地中,而且个别植株还挂果累累。实际上,除泸州这一大片南亚热带范围之外,川南还分布着一些更小片的南亚热带岛状地面。如宜宾县盛产荔枝的大塔乡处于背风向阳的环状谷地中,江安至长宁的长宁河谷地(长宁的年平均有霜日比泸州还少,只有8天),都属于这种岛状地面。

荔枝和龙眼是名贵果类,在我国适种区非常有限,在四川也只有属于南亚热带气候的地区才能种植,可以预测,其市场不论怎样扩大产量,价格不会下降。合江计划到本世纪末、下世纪初荔枝产量达到 0.5 亿公斤,再加以纳溪及泸县同样发展,平均四川省每人也只能吃 1.5 公斤,到时估计也很难满足实际需要。

橄榄也适于本区种植,目前群众也看到其经济利益,正在大力扩种,随着其产量提高,还需要发展橄榄蜜饯,即所谓南方凉果食品。

泸州市的柑桔种植也必须考虑气候垂直带分异,一般说来 400 米以上的中亚热带适于种川桔和广柑等,400 米以下的南亚热带建议不再种植这类四川大部分地区都可种植的果类,而主要试验引种需要热量更高的温州蜜柑(芦柑)、潮州椪柑等,也即发展皮松易剥离的良种柑类。

在 400 米以下发展甘蔗,其产量和含糖量也比内江地区为高。400 米以下地区还适于种植香蕉,还可以试种热量要求更高的菠萝,适于加工"红碎茶"的大叶种茶等,后者可从广东英德茶场引进相应品种和制茶技术。

苹果和梨在本区低处种植品质欠佳,宜于 600～700 米以上高度种植,并需引进优良品种。

总之,本区存在着两个气候带,下部准南亚热带应以完全开放型的水果种植园商品经济为方向,川桔、广柑、水稻不是这里的优势。我国适于种柑桔类水果的面积广大,因此柑桔类除优品种外,其价格将保持稳定,估计不会逐年上涨,从长期看来,其价格将远低于荔枝、龙眼。上部中亚热带可向开放型的农业结构发展,除发展稻谷外,还适于种植高粱、玉米、柑桔、茶叶、烟草等作物,坡地可发展杉树和竹木种植,茶叶看中加工适于出口日本的乌龙茶和输往香港的普洱茶。

我们主张大经济作物观点,就是说在适于种植特殊经济作物的地区,需发展种植园,不一定还去种植粮食;粮食作物也要当作经济作物来种植。例如:生产高质量的名贵大米(香稻、血糯、黑米等);种植作为制酒原料的优质糯高粱;种植进行深加工的良种玉米(例如甜玉米)和芋头等;还须发展饲料工业,并大力发展畜牧业和养禽业。

为此,必须调查本地各种农产品、畜产品,包括蔬菜的优良品种,拉大收购差价,定点发展这些优良品种,首先保证供应与之相应的专门加工产业,生产优质产品,有的还可供应高级宾馆,以提高宾馆名菜质量。

泸州市与农产品相应的食品工业,除了已负盛名的酿酒工业外,还应注意发展食品工业。本区叙永、古蔺盛产魔芋(又名魔芋、鬼芋),魔芋属天南星科,现为风行日本的低热量抗肥保健食品。魔芋豆腐和魔芋烧鸭一向为川馆名菜,峨眉山的雪豆腐(雪魔芋)为驰名中外的名菜。

泸州食品工业首先要争取发展魔芋系列食品,魔芋的膨胀系数达 80～100 倍,其所含葡萄甘露聚糖具有可逆性能,常温下呈液糊状,升温至 60℃ 为固态,冷却后恢复液糊状。若作为食品添加剂和填充剂,可使面包、蛋糕保持新鲜细软可口;还可作为果酱、果汁、水果糖、酒、咖啡、豆制品、肉制品、儿童营养乳制品、人造鸡、人造肉、人造火腿等的添加剂和填充剂;可使饮料存放后不易发生沉淀,也可加入罐头食品等。还可加入馒头,挂面和粉条。馒头因之色白、松泡而可口,体积相应加大;挂面细滑富有弹性,水煮不糊不浑,隔顿还能吃。

泸州食品工业基础好,盛产奶粉、肥儿粉、减肥茶、各种传统地方食品(纳溪泡糖、泸州葡萄糖、泸县弥陀风雪糕、叙永桃片糕等)品质优良。泸州食品工业在普遍提高其质量,以占领川南和云贵北部市场的同时,要开发魔芋系列产品,下江占领国内外市场。此外,随着水果的大量种植,在发展罐头工业的同时,要发展蜜饯加工。本省内江为甘蔗产地,糖业发达,故其蜜饯制品为全省之冠,泸州除向闽粤学习蜜饯加工技术外,还可从内江引进。"力元"为本地特产,若能利用荸荠加工马蹄粉、马蹄魔芋粉、马蹄魔芋膏等,则这些壮阳低热量保健食品,可能会风行港澳和东南亚华侨市场。还可以利用泸州医学院的技术力量,发展相应的滋补保健食品。

经营传统名产食品不能满足于目前已经产不够销的现状,而应该提高其质量、扩大其产量,改善包装,使其占领更大的国内外市场。例如,纳溪泡糖和"力元"(蜜饯马蹄)若再加精制提高,并改善包装,完全可以占领更大的市场。目前精装的纳溪泡糖若适当加入魔芋添加剂,既可防腐,又可保持新鲜度,还要适当减少每块体积,固定大小,外加米纸,每块都用透明纸包装,每盒外加塑料封套。精包装后,便可占领更广阔的市场。贵州威宁一带,由于地势高达2 200米以上,其所产土豆品质不亚于北方所产,在川黔一带,首屈一指。泸州可与之合作,利用该地土豆就地加工,以生产高质量米纸,既可改善泸州食品的内包装,还可直接输出占领南方市场。

不论南亚热带和中亚热带都有利于蚕桑生产,因此本地区还须适当发展丝绸工业,还应发展本市的传统草席、猪鬃、桐油、棕片等生产。

(3) 大力发展交通和流通,为发展旅游事业作好准备,通过两通和旅游发展第三产业。

争取尽快修通隆筑铁路隆泸段(可以先不过长江),是振兴泸州和川南的必要措施。此段铁路从石燕桥出线,线长50公里,约需1亿元投资。从目前我国的交通结构,特别是从其通达性来看,铁路是最便捷的交通,修通这段铁路,将会给泸州带来更大的繁荣和发展,而不能单纯从货运量去估计这一铁路的意义。我国长期以来,偏向于注意修铁路干线,而对于振兴地方,或联系干线之间的短途铁路却迟迟未能修建。泸隆线、黄沙线(黄石到九江)、金温线(金华到温州)都属于这类性质的铁路,用不多资金修通这类铁路可以带来地方的繁荣,或缩短干线间的运距,其所带来的社会经济效益远大于只从货运量去估计其意义。

泸州为川滇公路进川的入口,川滇公路正在加宽修筑,计划运贵州之煤,从泸州下水供应川东,这将大大促进川江水运的发展。还必须利用原有机场,尽快恢复民航,以求快速接送旅客进出泸州。

泸州直接腹地主要为川南各地,除市域城乡外,还应把经济触角扩展到江安、长宁、珙县、兴文、隆昌、荣昌、永川、富顺、南溪、宜宾、自贡等广阔市场,并要开拓后方云、贵腹地市场,不能只限于工程机械产品外销全国,还应使食品工业占领云贵北部市场;争取更多的南亚热带果类占领四川市场,外销港澳,并在不久的将来生产魔芋系列食品下江占领国内外,特别是港澳、东南亚市场。

泸州旅游事业才刚开始发展,泸州风景名胜以地方级为主。但在其西南128公里处分布有省级名胜兴文石海洞乡,泸州在大力恢复发展地方名胜的同时,将可吸引更多游客从这里过境前往兴文游览。特别是若恢复民航,开辟泸州至广州直通航线,将会吸引更多港澳游客前来游玩,同时可间接促进本市以更快的速度向外资开放。

桂林、路南和兴文是我国三个最大的岩溶(喀斯特)风景区。桂林(包括阳朔)以峰林、峰丛和溶洞取胜,路南以石林取胜,兴文兼有这两种风景特征,既有峰林、石林和溶洞,还有前两地没有的漏斗风景。兴文溶洞规模大,其中的天泉洞(袁家洞)目前只开放上部第三、四层,属非封闭洞,钟乳石景色虽一般,但洞中的穹庐广厦、泻玉流光及其相应的天池倒影,由顶棚溶穴的多变造型而形成的"卧龙长眠"却是其他地方少见的奇景。兴文石林造型地貌众多,若与路南石林比较,还嫌过于分散,显得分布不够集中。兴文的另一特色是石芽造型多变,形成群羊下山奇观等胜景,却是路南所没有的。兴文的风景资源还未充分开发,应尽快开放天梁洞和天龙洞,并争取开放天泉洞下部地下河。对现在一些没有造型的石峰,以及游览区内的地面要停耕还林,恢复植被。兴文石海洞乡将可建设为与桂林和路南齐名的国家级风景区,泸州也可参加兴文石海洞乡的旅游建设。

港澳游客向往祖国风光,特别喜欢游玩桂林,桂林成为港澳游客的热点。目前港澳游客正在向川、贵、滇转移。因此,兴文旅游市场要面对港澳,若能开办泸州到广州直通航线,广州至成都铁路直通快车,并广为宣传,兴文将可继桂林之后,成为港澳游客热点,亦可间接地推动泸州旅游业发展。

与此同时,必须大力恢复和建设泸州地方级旅游点,除了建设市区旅游点外,还须重点建设郊区的龙马潭、方山、玉蟾山、凤凰湖、杨桥水库等风景区。

龙马潭位于泸州市北缘,为龙溪河的一个已被切断的曲流阶地和分布其上的天然离堆山,神话传说优美(王昌龙马和摇竹现鱼传说)。原有古庙,但已破坏,现辟为公园。此地意境幽雅,曲流环绕,景色绝佳,若能在公路口建一古典牌坊,修建通潭风景路,形成茂林修竹,并把风景区四周农田逐步改建为荔枝、龙眼、柑桔园,这里将成为泸州郊区第一名胜。

方山历来为泸州第一风景名胜,兼为川南佛教胜地,有著名的老和新云峰寺分布其间。历史上又与唐太宗、唐玄宗、明建文帝等传说有关,还被认为是八仙之一的韩湘子在这里修炼羽化成仙之处,而成为游人向往之地。该山呈典型的方山地貌形态,耸起于长江北岸切割台地丘陵之上,高649米。这里植被茂密,山前和山上景色幽雅,沿山顶四周悬崖绝壁的边缘上,砌石为墙寨。因此兼有四川四大名胜,即峨眉之秀,青城之幽、夔门之雄、剑门之险的各自特征。山中原有六座庙宇,佛门香火曾盛极一时,素有小峨眉之称。位于山麓的新云峰寺及其寺旁塔林还比较完整地保存下来,但庙前的石刻牌坊毁于十年浩劫,而剩虎溪上的迎龙桥的精工细雕的龙脑,还有从石棚到方山朝山道半途上的二龙桥石刻还侥幸保留下来,虎虎有生。

凤凰湖为纳溪县来凤乡附近的一个中型水库,处于长江南岸悬崖之上。从纳溪通火炬化工厂的公路一侧支线上爬有如登山,当汽车驶到悬崖尽端,即拐进丘陵起伏区,给人以"世外桃源"之感。车行不久即到凤凰湖水库,该水库为一河道型水库,游艇处其间,两岸茂林修竹,娇翠欲滴。逆水而上,蜿蜒曲折,干支水道分流不明显,不辨东西,如入水浒迷宫,不减当年阮家兄弟故土,给人以水上桃源之感,实为川南游艇最佳处。目前9公里进山公路太差,若能投资改建,便可通班车,并在沿江公路入口处修建牌坊"世外桃源凤凰湖",进山悬崖全加绿化,成为茂林修竹;丘陵起伏面上,除目前已绿化的杉树林外,沿路两旁梯田沟可遍植桔树林,公路两旁,特别是转弯处,适当栽植松树孤立木,使其起"迎客松"的作用。凤凰湖岸线曲折,并有不少小岛分布,若能适当点缀亭榭建筑,并在上游仙人桥处布置景点,这里有条件建设为泸州最有吸引力的旅游区。

玉蟾山位于泸州以北 35 公里的福集镇以南,以摩崖造像众多而成为著名风景区,并有黄庭坚和杨升庵的著名"玉蟾"和"金鳌峰"字刻。这里分布着由紫色砂页岩所构成的成片摩崖,具有一定的"丹霞地貌"造型。除了主景金鳌峰一带的集中石刻外,山顶为一平坦地面,山顶下北侧有摩崖向东延伸,并修有石级小路,沿途有石刻分布,可通"古玉蟾关"(现已修复,并有杨超所题关名)。宗教的气氛分为世俗、庄严、清净、神秘等四种。这些气氛的形成,与环境特征,庙宇形成,佛像造型及其本身级别等有关。玉蟾山目前兼有这四种气氛,部分佛像已经五彩着色,显得过于世俗。进一步修建,须加分区,使其各具不同宗教意境气氛,才能增加游兴,并使信徒,特别是华侨、海外信徒更为信仰。距福集镇以北 2 公里多处,自九曲溪河公路桥北侧有小路约 1.5 公里可通属省级文物保护单位的著名龙脑桥石刻。该石刻造型特殊,与方山的迎龙桥、二龙桥等,反映了川南的一种特殊造型艺术。泸县政府计划恢复这里的桥亭,绿化沿岸,逐步使其成为重要的文物旅游点。

还必须逐步修复近现代史上的一些著名人物(蔡锷、朱德、恽代英、刘伯承等)的历史遗迹和活动旧居。例如,位于大州驿的护国崖便可辟为护国镇的一个沿江游园。位于市区苏公路的川南师范学堂与恽代英活动有关。龙透关遗址和原泸县盐茶道署(现为泸州市委党校之一部)与刘伯承活动有关。纳溪丰乐乡玉登坪的"救民水火"碑,泸县况场乡"除暴安良"碑和陈家花园,市区南极路石园诗社旧址等与朱德活动有关,都应加以保护,逐步修整改建为旅游点。

对一些历史遗迹,如宋代抗元古城老泸州(弥陀镇长江对岸神臂山上),古汉安城遗址也应加以保护。明建文帝曾流落此地,其活动遗址,包括泸州弥陀中心场建佛寺、玉蟾山、方山、龙贯山等地,都需作调查核实,以后逐步加以恢复,也很有旅游价值。玉蟾山上一号摩崖造像"一佛一僧",便相传"一佛"即为建文像。

新划到泸州的叙永县有古建春秋祠,一名为陕西馆,位于城西大街,清光绪二十六年建。主要建筑有乐楼、走楼、大厅、正殿、三宫殿等。走楼栏杆石刻精美,祠中曲池上还叠有假山。在古蔺县境,赤水河与古蔺河会合处,是红军长征"四渡赤水"的渡口之一,即太平渡,渡口建有"太平渡革命文物陈列室",对外开放。

此外,一些宗教性建筑也有一定的旅游价值。例如,泸州市的天主教堂"真原堂",为中式建筑,很为特殊,也可辟为参观旅游点。

(4)把泸州的市中区建设为具有古典和现代城市分区的架空式山城建筑面貌,恢复市区名胜泸州八景,并大力发展各种服务行业,使其具有旅游吸引力。

泸州市包括主城、小市镇(泸县)、兰田镇、茜草坝、高坝、安富镇(纳溪县)等分区。高坝距主城 13 公里,安富镇距主城 20 公里,其他 4 处基本上相邻分布在一起,但为长江和沱江所分割。兰田镇、茜草坝、安富镇基本上分布于平坝中,但主城与小市镇的后部位于丘陵起伏的地面上,目前这两种不同地貌背景都采用平地而起的普通建筑风格,使主城与小市镇的山城风貌不够突出。建议主城和小市镇要采用架空式的山城建设风貌,近期修建高楼,都应有架空通道和外廊从建筑中层通过,使高层分为上、下两部分,便于居民生活。中、远期要考虑地貌条件,适当建架空式步行街和立体道路交叉。

泸州市主城已决定保留白塔(报恩塔)附近市场街的古典区,可把这里建设为古典步行商业街,首先要在迎晖路和治平路的下口修建牌坊,以吸引游客。与此同时,还应在新区仿上海张庙一条街,建现代花园式步行商业街。通过这两条商业街吸引人群,以减少主要交通干道的人群压力。

泸州市应大力扩建忠山公园,整修市内公园现存地面,修建滨江公园,逐步恢复原有八景,可先在相应地点仿杭州十景修建牌亭。例如,位于长江南岸的沙弯月亮岩为一曲流陡崖,摩崖石刻现还遗留,但大佛寺早毁,可先在这里绿化,并建"东岩夜月"(泸州八景之一)碑亭,作为一个小型游览区加以建设。还可以在长江与沱江汇流处适当填方,修建"海观秋凉"碑亭。这里现已为市民夏季游泳场。还须修整百子图滴乳崖风景区,这里为一峡谷跌水,茂林修竹,环境荫湿,景色甚佳,碑刻和庙宇仍存,若加修整,其游览价值远胜于目前的忠山公园。此外,要注意沿江侧景的规划设计,市区要规定一定的天际线起伏控制高度,使沱江和长江、报恩塔、钟鼓楼、甚至忠山公园成为更多建筑的共享空间,或道路的对景。例如,报恩塔附近便不宜建高楼,使之成为沱江大桥的对景。天际线起伏控制高度若处理得当,可使泸州从市内或市外观看,都更为协调美观。

泸州市各分区都具有相对的独立性,因此各区都应持综合发展观点,配备相应的商业服务区和绿化园林。此外,泸州、纳溪安富镇以及合江县城对岸都有镇塔分布,可在这些镇塔附近修建沿江公园,以吸引游客。长江和沱江两岸分布有成片的龙眼和荔枝林,也应成为泸州的风景林带,可择几处逐步发展为旅游点。

(5) 搞好环境保护和水土保持,是保证泸州经济持续发展的重要条件。

泸州化工和军工工业相当发达,目前废水、废气污染相当严重。废水排放因长江流量大而被掩盖,但却导致沿江,特别是沱江鱼类减产,珍贵鱼种几近绝迹。废气排放导致形成区域性酸雨,特别是在冬春季大气扩散不易,酸雨更为严重,成为龙眼受害和减产而濒于绝境的原因之一。本市城市规划考虑到环境保护,建议把新建大型化工企业布置于市域最下游处,而且在其下城镇密度小、江河自净能力强的榕山镇,结合建设计划生产有机硅系列产品的四川天燃气化工厂,使其发展为化工镇,是正确的。但仍需加强三废的处理。

与此同时,本区到处成片开垦坡地、樵采和砍伐,导致植被遭受破坏,水土流失非常严重,河流泥沙增多。目前在合江、叙永、古蔺等县还存有成片原始森林,不宜对其进行砍伐开发,而应把其作为水源涵养林划为自然保护区,并在有一定天然风光处开辟部分地面作为旅游区。

为了加强水土保持,应提倡退耕还林还果,农户烧煤,以减少樵采。还应大力提倡封山育林和人工造林,在 500~600 米以上的地方,可大力种植适于中亚热带气候生长的杉木和各种樟树,400~500 米以下缓坡可修梯田式台坡种植果木,>23°的坡地封山育林种植各种杂木或樟树、楠木。栽植杉木要考虑 20~30 年后第一代杉木成材采伐之后,土壤条件会连续变坏,至多只能营造第二代杉木,而第二代杉木主要是生产小径用材而已,因此必须考虑栽植杉木后的植被演替,避免砍伐后引起水土流失。

(6) 人才准备与技术方向的转变。为了保证泸州经济持续发展还必须进行人才准备,技术方向也应有所转变。

1) 工业人才应向自动化、少污染的现代化高技术方向转变。

2) 农业人才应向栽培和品种人才转化,以求培育更多优质品种。泸州市园艺研究所重点要研究南亚热带果类种植,建议改名为南亚热带园艺研究所。

3) 必须培养具有现代化抽象艺术素养的工艺美术人才,以改善包装和设计畅销的丝绸制品,并发展地方美术工艺产品。

4) 培养现代化食品工业人才,特别是魔芋系列食品人才。罐头工业应向旅行和快餐以及一人食罐头转化,同时向软包装转化。还必须培养能制作保健食品,包括添加魔芋的低热量保健罐头、少胆固醇食品、色味香俱全的食品人才,包括菜谱也应向这些方向转化。为此,建议在泸州市成立专门的食品研究所。

5) 培养综合性的管理人才。我国城市工业管理方向,可采用 X,Y,Z 三种理论的混合总体协同结构。即以 X 理论为基础,建立一条讲究时效的合理劳动生产线,用 Y 理论的民主梯级制进行管理,使用 Z 理论的劳动报酬和福利待遇,以生产 Y 理论的美化轻型产品。

总之,泸州市人才培养除了注意有关硬科学人才外,还须培养一批软科学管理人才。对硬科学人才要加强其横向知识面,使其发展为具有创造性的工程师和专家,以利于引进国内外先进技术和专利,或独立进行革新和发明;软科学管理人才更应向综合方向发展,有利于提高其管理和咨询水平。

六、沿海开放改革与泸州对策——追踪考察报告[*]

泸州在上述发展对策的基础上,要特别注意:① 位于黔滇入川通江的区位有利位置;② 境内分布有南亚热带气候;③ 具有远景开发的煤矿和硫铁矿资源;④ 有一定的旅游风景资源分布。

近年来泸州进行新区开发,制酒工业蓬勃发展,老窑名酒再度夺魁,黔滇入川交流贸易和机械、化工工业有所发展,保健和名特食品很有起色。隆泸铁路和兰田坝金鸡渡码头已经动工,空运也已通航,泸州脱离国内交通网线联系的半封闭局面将在 90 年代初全面改善,泸州市已与遵义和毕节两地合作发展赤水河流域经济联系,将大大加速泸州作为滇黔入川通江的流通作用。

泸州按有关计划论证,有可能成为我国"八五"后期、"九五"的建设重点,在此之前应抓好以下几点。

(1) 泸州工业除了抓大企业的振兴外,对现有机械和化工企业要克服短期行为。既要抓正常运行生产,也要进行技术革新,为升级换代作准备,以求改变 50 年代工艺、60 年代设备、70 年代设计,很难生产出 80 年代产品的被动局面。与此同时,泸州要大力发展饮料和食品、包装生产,把酒城发展成为四川饮料和名特、保健食品生产中心。泸州各大企业要联合筹资南下海南岛或到沿海港口创办国内外合资企业。例如,"三长"可考虑联合在海南岛洋浦与当地(和外资)合办长江"泸海"重型机械厂。洋浦为海南岛最优良港口,距石碌钢厂并不远,很适于在这里发展重型机械工业。此外,各大企业要腾出力量兼营食品包装机械工业,甚至兼营或联营饮料和名特保健食品。现有制酒、名特和保健食品、饮料工业要加强联合,并要从港穗引进技术,以巩固本市名特产品和开拓新的名特产品。

(2) 建立开放型的农业结构。泸州长江两岸地区属南亚热带气候,要大力发展荔枝、龙眼、橄榄、枇杷、木瓜,甚至香蕉、菠萝的种植,并进行相应的加工;400 米以上的地方属中亚热带,可发展柑桔、李子,更高处还可发展早熟苹果、梨、水蜜桃、樱桃等;南部的一些

---

* 原载《资源开发与保护》,1989,5(3),6~7。

背风干热河谷,则适宜种植西瓜和相应的水果。泸州适宜种植从云南引种的大叶种茶,进行加工红碎茶和普洱茶,出口创汇;在中亚热带适宜种植小叶种茶,可加工花茶和乌龙茶。泸州还盛产魔芋、荸荠等,因此,泸州发展水果和茶叶生产,包括罐头、饮料、凉果等加工都很有前途。此外,从大经济作物观点出发,泸州还要大力发展罗沙米、甜玉米、高粱,发展烟草、蚕丝、草席、食用菌等种植优势,重视魔芋食品的研究和发展精细农业。

(3) 继续加强和改善交通、流通条件,促进泸州真正成为黔滇物资入川通江的口岸。隆泸铁路的建成是振兴泸州的关键措施。兰田金鸡渡码头的建成也将促使黔滇物资进一步入川,恢复码头口岸的作用。若能在兰田修复力行路西口北侧的古庙,开展宗教旅游,兰田有可能吸引更多游客。此外,泸州名酒节要扩大,包括饮料、食品和香烟在内的交易,并有相应的旅游和娱乐活动相配合,才更有吸引力,以达到繁荣地方经济的目的。

(4) 泸州在新区已有一定的建设规模后,要安排资金整修和恢复市内名胜古迹,把新区建成现代城市风格,老城突出架空式古典山城面貌。目前要考虑:① 配合修建主干道通新区立交桥,在立交桥下配合老窖酒厂古典大门,修整龙泉古井,建中式古亭,立交桥栏杆配以古典式石狮,桥上路灯安装成宫灯式,把这里建成泸州市中心的一个古典共享空间。沱江大桥两岸若能建成古典式建筑,将可增强老城区的古典气氛。② 修整报恩塔及其附近古典市场,包括通迎晖路的廊阶,使其成为古典步行的商业街。③ 最近发掘出原百子图石刻,在四川和北京引起很大反响,此旅游点离市区很近,若尽快整修恢复,其旅游吸引力将超过忠山。④ 泸州在整修上述三方面后,配合朱德在泸州的活动史迹,突出古城面貌及其周围风景点,争取上报为国家级历史文化名城(该城现已被批准为国家历史文化名城)。

(5) 据杨冠雄等研究,贵州赤水县十丈洞瀑布的规模并不次于我国第一瀑布——黄果树,并且周围有林海风光和丹霞地貌与其配合,很有旅游吸引力。此瀑布距泸州110公里,结合风景特征和旅游活动行为分析,这里的风光可归结为"景中游"五大观,即山岳林海、丹崖峡谷、沟底花海、中洞飞帘、十丈高瀑等,我们赞之为"川南黔北第一胜景"。因而,杨冠雄和保继刚等建议以泸州为中心合作开展川南黔北旅游区。川南黔北旅游区包括有玉蟾山石刻、泸州古城新貌、滴乳岩百子图石刻、方山、春秋祠、丹岩紫霞峰玉皇观、天生桥及其溶洞、川黔边境林海、笔架山和法王寺、十丈洞瀑布、兴文石林等风光。这一旅游区以泸州为辐射点,向东辐射十丈洞,向西南辐射兴文石林,向南辐射叙永春秋祠和丹岩玉皇观,向北辐射玉蟾山,甚至大足石刻,将有很大的旅游吸引力。1987年初我们考察了叙永丹岩紫霞峰玉皇观,鉴定为川南丹霞地貌,这里还有众多祀奉各种动物的小庙,为图腾文化的遗存,若加以宣传,并与城里的春秋祠以及县南的天生桥配合,叙永可成为川南的一个值得开发的旅游点。此外,在开通泸州至成都和重庆的空运以后,还要争取开通至桂林和广州的空运,以吸引港澳旅客。

(6) 泸州要注重人才准备和培养,技术研究方向要有所转变和提高,大企业要在工艺方面下功夫,要南下海南岛创办国内外联合企业,培养现代经理阶层、白领职工、当代新劳工,掌握国外新工艺,以促进泸州的企业真正现代化。为建立开放型农业结构做准备,建议把泸州园艺研究所改名为南亚热带园艺和精细农业研究所,并使其研究技术方向真正向这两方面转变;还可成立食品研究所,从事名特和保健饮料、食品,包括食品经济的研究。

七、白银市发展战略——振兴、繁荣和发展*

1. 地理位置和自然特征

白银市位于甘肃省中东部,南距兰州 90 公里,辖三县(会宁、靖远、景泰)、两区(白银、平川)。面积 21 158.7 公里²,人口 1 313 152 人。1986 年城镇人口 261 792 人(其中:白银区 124 000 人,平川区 46 011 人,会师镇 12 447 人,靖远城关镇 30 221 人,一条山镇 23 081 人,芦阳镇 26 032 人①)。

建国后白银的行政位置和疆界历经多次变动,现在的白银市是 1985 年 8 月 1 日恢复成立的。行政位置的变化,实际上延慢了白银市的综合发展,特别是市政建设的发展。

白银市的自然条件处于黄土高原向内陆蚀剥高原的过渡地区,因而南部有水土流失为害,北部有一定的风沙为害。南部要保持水土,北部要御防风沙。南部和东部高,并向北部和西部倾斜。会宁南部为高于 2 000 米的华家岭东延黄土梁背;东部为主峰可达 2 858 米(南沟大顶)的崛嵬山;西部是黄河以西过渡为 1 500~1 750 米的剥蚀高原;西南部可上升到 2 500 米。黄河及其支流下切为 1 300~1 500 米的谷地。在高原上耸立着一些高度不等的断块山地,如主要为位于靖远东南的崛嵬山,靖远县中北部走向为东南西北的哈思山(主峰大峁槐山 3 017 米)、松山(主峰 2 679 米)、水泉尖山(2 250 米)、山掌(2 479 米)、黄家洼山(2 665 米),以及位于景泰县中部的基本作东西延伸的寿鹿山(主峰老虎山 3 251 米)、米家山(2 304 米)和西北部的昌林山(主峰 2 954 米)。

从气候带来看,白银市处于暖温带与中温带的过渡地区;又是我国从半湿润向半干旱甚至干旱气候的过渡地区,兼有从森林草原、典型草原、荒漠化草原、草原化荒漠和荒漠五个自然亚地带,加以上述的地势起伏,使得白银的农业水热分异相当复杂。干燥度分异主要表现自东南向西北逐渐变干,而随着高度上升,也可以出现降水增多的情况,不仅形成山地湿润森林带,还可形成山麓高原的"二阴地"旱作农业。热量分异更多受到地势高度的控制,而可以出现"反"水平地带,即南低温、北高温的地带性表现。

会宁南部地势增高,加以处于本区东南,群众称为"二阴山地",因而具有中温带的森林草原和草原特点,适于旱作农业发展,但却限制暖温带果业的发展。会宁北部和靖远南部处于雨影区,已进入荒漠化草原地带,加以侵蚀切割严重,地貌破碎,这里没有足够的降水可保证旱作农业发展,又缺乏引灌条件,是农业发展困难的地方。

白银北部的黄土高原和剥蚀高原,气候虽然更为干旱,但具有高扬程引灌黄河水的条件,加以地势偏低,反而可以发展水浇地和种植暖温带果类,在某些地段还可种植水稻。

不能进行灌溉的高原半荒漠,则是发展滩羊的好牧场。北部和西部高于 2 300 米的高原和山间谷地呈二阴地,也可以发展旱作农业;山地超过 2 600~2 700 米则可出现以青海云杉为主的针叶林带,主要分布在崛嵬山、松山、寿鹿山、昌林山等地,是良好的水源涵养林地带,为山麓灌溉农业提供了水源。

白银市的矿产资源以铜和煤为主,但铜矿目前靠深部开采已供不应求,使白银公司开

---

* 原载《干旱区资源与环境》,1988,2(4),22~32。
① 此数字偏高,包括一定的农村人口。

工不足。平川区是甘肃主要产煤区,目前正在建设坑口火电站。加上上游黄河已建成的水电和本市黄河段计划的水电建设,这里的电力资源十分丰富。其他矿产有伴生的金和银等,还有硫铁矿、芒硝、石膏、石灰岩、大理石、重晶石等。

2. 半荒漠地区的新兴工矿城市

白银市作为一个新兴工矿城市,其形成和发展与白银公司的建设分不开。大体可分为两个发展阶段:第一阶段,"一五"期间,由于这里有一个大型含铜黄铁矿床(储量为244.8万吨),并且适于露天开采,因而从区位效应出发,利用黄河上游水电资源优势,挑选了地势相对平坦、邻近露天矿、从黄河高扬程提水进行开发。又处于包兰铁路与白宝(红会)线交接处,交通方便。现在的白银区,就是在荒无人烟的半荒漠地区白手起家的。国家投资21.73亿元,兴建属于白银有色金属公司的露天矿山、铜矿冶炼厂、氟化盐厂、药剂厂、综合试验厂、水泥厂、小铁山矿、三冶炼厂等。另外,还建有银光化学材料厂(805厂)、西北铜加工厂(884厂)、稀土公司等中央投资企业;地方企业则有长通电缆厂、棉纺厂、针布厂、针织厂等。到"六五"期间为止,国家总投资26亿元。

通过上述建设,白银作为一个人工外力推动的城市已形成一个铜城面貌,市政建设尽管有不少缺点,主要是国家投资企业分散选点,较难形成集中的商业服务区,但自从设市以来,注意以原有白银公司居住的服务行政管理区和市属企业区建设一个市中心区,开拓作为中心公园的金鱼公园,再加上银光化学材料厂逐步与市中心区连接,而且又兴建银光、铜花、西山,计划修建森林等公园,从而使白银市这一铜城面貌已有很大变化,行道树和众多公园绿茵相连,公园中还出现了水面,服务行业也大有改善,一个"北国江南"城市面貌出现在半荒漠地带的干旱高原面上,实不容易,甚至可以说是一个奇迹。

由于露天铜矿已经开完,正在建设的深部铜矿已经投产,但产量降低,成本高,使白银市工业在1980~1984年间出现停滞不前,甚至倒退现象。白银公司原有设备近年来开工不足,虽然依靠综合提炼,生产部分金、银等以补铜产量的下降,但若只依靠现状,白银市很难再继续发展下去。

为了保证白银市继续发展,国家计划在"七五"计划期间投资27亿元,把白银市建设为有色金属城,这是白银市发展的第二阶段。已经开工建设的有属于白银公司的白银铝厂、西北铅锌冶炼厂、厂坝铅锌矿(天水成县)、884厂锌材车间,以及银光厂TDI生产线、靖远火电厂、平川区煤矿新井等。上述项目投资后,铜、铝、铅、锌等有色金属产量将从现在的5万吨,增加到30万吨,并可相应生产大量硫酸。

白银市发展第二阶段的基础是电力区位效应与现有管理技术的集聚效应相结合,尽管铅锌矿来自本省天水和从青海调拨,氧化铝粉来自外地(山西、河南等),但铝锭、铅锭、锌锭还是决定在这里生产。

白银市作为一个铜城正在逐步转变成为一个有色金属城。其在全国的地位有下列四方面的特点:

(1)我国习惯上分为东部沿海地带、中部地带、西部地带三个经济开发梯度。按这种划分,白银市应属于西部的三级梯度。但从白银市的建设性质来看,为生产原料的重工业城市,具有中部地带特点,即以能源和矿产资源开发带动经济全面发展的特点。因此,应该认为白银市是处于西部地带,但又具有二级梯度性质的城市。

（2）从有色金属的技术管理力量来看,白银市在全国名列前茅,因而具有一定的反梯度性,也即具有能向东辐射的技术管理力量。

（3）从点轴论来看,白银市处于我国东西向陇海—兰新轴线上,可以积极参加该线所属区域的联合开发。

（4）白银市作为一个有色金属基地,并有条件成为甘肃仅次于兰州的科学技术副中心,若合理规划和积极开发建设,进一步发挥其集聚效应,可以成为一个发展增长极。

总之,白银市是国家地域开发布局作为"第二梯度"建设方向的重点投资区,国家前后拿出近 50 亿元一再在这里建设投资,主要先是从区位效应、后又考虑集聚效应出发,在本市生产短线、缺口的统配物资。长期以来,这些物资一经生产出来,就被国家调拨,大部分转运到其它地区加工,这里成为国家安排生产统配物资的一个"厂家",甚至可以说是一个"分厂"。过去以本地铜矿为原料,输入外来的电,以后原料也将是外来的,电则将有部分为本地的。但不论本地或外地来的,白银市这些国家中央级投资企业,以完成国家下达的计划为主要任务,长期以来缺乏市场经济观念,只起一种生产某种"过境"统配物资的"厂家"作用,很难促进地方经济与之共同繁荣。

3. 经济发展的症结

白银市在 1985 年 8 月以前为兰州市属的一个区,与其外围的农业县关系不大。作为一个区级政府,白银的上述经济结构可能有一定的合理性,完成一定的"过境"统派物质流的生产,但利税上缴兰州市,延慢了白银本身的市政和地方企业建设,也使白银区成为周围落后农业地区的一个"孤岛"。由于这个"孤岛"分布在干旱的半荒漠高原面上,加之大气污染相当严重,污水排放影响也不小,从外围来看,一个企业"孤岛"的面貌很影响人们对白银的正确认识。

白银从区提升为地级市,成为一个地区级中心城市,其目的是改变上述的不合理状况,发挥城镇辐射和引导作用,以带动周围落后农村的发展。通常认为制约着白银经济发展的最主要因素是大企业经济、城镇经济和农村经济这"三张皮"处于不协调和互不联系的现状。地方工业基础薄弱,全市工业固定资产中,市县(区)属企业固定资产只有 0.79 亿元,仅占 4.8%;"七五"投资中市属工业只有 0.96 亿元,仅占 4.8%。

虽然发展战略研究从经济开始,但近来也逐步扩展到社会和文化发展战略范围。结合我国西部特征,我们特别对白银市进行了社会文化方面的分析。分析结果发现,经济的"三张皮"在人才结构方面有很大差别,甚至于形成明显的社会亚文化集团,而集团之间缺乏交流,这可能是白银市经济发展的症结所在。

据谢长青分析,白银市的社会经济结构具有两元特点:

由外部引入力量形成的,以大企业为主体的城市社会经济结构,正是这一结构使本区从人口特征来看具有年轻型的特征,反映一个新兴和正在发展的工矿城市,同时也决定了白银市具有人才结构文化水平相当高的特点。

据董恒宇对本市人才结构分析,白银公司等中央企业以及白银市、区、县领导的相对文化水平并不低。特别表现在科技人员占全民所有制单位职工总数的比例上,白银市达 15.4%,高于全国(7.9%)和西北五省(8.4%)的近一倍。

另一方面,由于这里自然条件恶劣,人的素质、特别是文化素质低下,因此又同时存在落后的农村经济。

这两种对比强烈的经济,形成了两种不同的社会亚文化集团。白银的企业建设者来自浙江、上海、东北、四川等地,他们带着各地的特点,居住在一起,形成一种大企业混合文化,每当休假探亲,加上出差的机会,他们外出的机会多,容易感受到我国东部新思想和新信息。因此,他们的思想活跃,观念新颖,形成先进的亚文化集团。

与此同时,农村背景由于封建和落后的社会经济影响,使人的价值观念落后,墨守陈规,安于现状,不思进取,导致人的文化素质低下,很难接受新技术,从而形成一个满足于温饱的农村亚文化集团。

落后的农村文化,导致人们认为农业出路不大;在传统文化影响下,读书做官论在这里却有很大的影响。因而尽管背景文化落后,但白银各县,特别是会宁县中小学却有较高水平,竞争性也很强,每年高考入榜率并不低,高考成为少数有志之士跳出"农门"的有效途径。但由于本地落后,大部分毕业生很难有相应的就业单位,因而很少回到"故"土。

白银这两个不同的亚文化集团,长期彼此隔离,更谈不上有什么婚姻联系,以转换集团位置。在这两个截然不同的亚文化集团之间所缺乏的,并不是市、县级领导,大企业技术人才和普通工人、农民两头,而是缺乏中间层次人才,包括中小企业的技术人才、企业家、供销人员、熟练技术工人,以及乡、镇、县的经委、农委负责人、农村中的能工巧匠等。考察中特别感觉到,县级领导文化水平较高,而乡、镇和县负责经济的领导干部仍然受自然经济观念的约束,缺少与外界发生经济联系、进行商品交换的内在冲动,对技术、管理和经营也缺乏基本知识。充其量,采购员和推销员多由"见过世面"的转业军人担任而已,而其他中层领导人才十分贫乏。

本地人认为做生意是不光彩的行为,因此,很多做生意的都是浙江人,本地人不会也不愿当工匠,城镇上从事油漆、裁衣、配锁、修理的手艺人也来自江浙、四川等地。正是这些人填补了中间人才的部分空隙,形成了本市的第三个亚文化集团。他们基本上是由江浙、四川等地外流来的没有基本户口的小商贩和手工匠所构成。

由此可见,正是二元文化结构,长期相互隔离发展,而且缺乏中间人才,使得白银的二元经济结构目前还很难协调起来。白银作为国家"七五"投资重点,使面临衰落的铜城,有可能振兴,并发展为我国有色金属基地。但不克服与二元文化结构相适应的二元经济结构,白银城镇的繁荣,以及落后农村的发展,都是很难做到的。克服二元结构是促进白银繁荣和发展的关键措施。

4. 促进城镇繁荣和农村发展的三项措施

(1)配合大企业建设,发展地方经济。白银市已有和正在建设众多的大企业,这些企业一般归中央或省管辖,它们各自配备了较完整的设施,形成了一个"小社会"。但由于选点过于分散,这些小社会一时还难以调整集中。这些大企业资金和技术力量充足,新建企业基建任务重,长期以来处于文化落后的农村经济背景中,其所需技术力量靠国家统配,招工来自大企业亚文化集团的第二代子女,基建任务主要从外地建筑公司招标。另一方面,地方工业基础薄弱,缺乏资金、技术和设备,缺少有竞争性的"拳头产品",因而很难形成自己的工业格局,落后的农村经济更难发展。这就是白银市经济的"三张皮"缺乏彼此相互联系的现状。

要解决这种互不协调的经济格局,大企业要认识到之所以有白银市,自然是以白银公司为主的大企业的出现,但是,如果地方和农村经济不发展,即地方功能不全,也会影响大企业的稳步发展和横向联系,影响白银市的繁荣。因此,大企业要下定决心扶植地方和农村经济发展。扶植的措施主要有:

1) 安排一定比例的有色金属或其它产品给地方发展加工工业。当然,因为目前有色金属为短线缺口的统配物资,因而比例不宜过大,地方则要以生产精加工产品为主。如生产各种工艺美术雕塑(从城市雕塑到钟座雕塑),也可考虑到塑料镀制的仿有色金属制品。

2) 基建施工要照顾本地的各县、镇、乡的建筑公司和施工队。实际困难是本地建设公司和施工队的技术和设备水平低,很难承担主要建设项目,如会宁县建筑工程公司(集体企业)有 448 名职工,下设了三个施工队,仅有一名助工、一名技术员,定为四级建设企业,5 万元以上的工程无法设计。因此要实现会宁县输出 5 万工人的计划,首先要求各方面,包括全国政协(全国政协以会宁县为脱贫致富的定点县)、市、白银公司等大企业下决心从资金、技术力量和设备上,把此建筑公司发展为股份开发公司,使其能承担大中型建筑项目。

3) 大企业的零配件、部配件、甚至部分生产环节要扩散给地方发展。最好是合办股份公司,从资金和技术管理方面扶植地方。例如,银光厂的某个生产环节(如:合成聚氨酯橡胶或聚氨酯涂料)若有可能,最好直接设在会宁县城会师镇。

4) 大、中、小企业的产前产后服务要由地方来承担,大企业的附属商业服务机构要适当让出来,由地方经营,或折股参加经营。也就是说,大企业要从"小社会"解放出来,主要由地方来发展"大社会"服务行业。

地方经济除了配合上述四方面接受大企业的扩散外,还必须主动为大企业进行配套服务。本市大企业工资类别比较高,据统计部门估计,1986 年白银市的城镇居民除用于消费和汇出、带出白银市的资金外,当年节约 8 000 多万元,全市各银行的新增城镇居民储蓄存款 4 800 多万元,充分说明白银市的城镇居民购买潜力相当大。

白银市有几百家工矿企业,这些企业每年要消费许多的文教用品、电器用品、五金产品、各种包装材料和日用杂货、劳保用品。白银市人口有 100 多万,他们需要吃、穿、用消费品,这些生产资料和生活资料不能全靠从外地采购,而现在商店摆设的基本上都是外来产品,并且这种情况在西北各城镇也都有一定代表性。也就是说,白银市本身及其周围地区存在着一个广阔的食品和日用品市场,白银地区企业首先要占领这个市场。

白银技术管理力量要占领这个市场目前还相当困难。建议成立一个食品和日用消费品开发股份公司,与京、沪、穗等地联营,从高起步占领这个市场,开发食品、家具、皮革、地毯、工艺雕塑、日用办公用品、纺织、针织、劳保用品等。资金可以由大企业、银行、地方财政,以及通过群众发股票集资解决。白银现有食品工业特别落后,卫生条件更差,全市没有一家比较大的综合性食品厂。首先应与深圳或广州联营开办生产港穗风味的食品(饼干、糖果等),以占领白银市本身和西北市场。食品工业重点发展应放在靖远县城。

白银市属重点企业长通电缆厂,以及省属的针织厂和棉纺厂当然也要加以发展,白银的地方纺织工业要加速发展,轻纺工业和食品工业的发展,可以在一定程度上解决工矿城市就业人员的男女比例问题。

(2) 促使农村自然经济向商品经济转化。白银存在着满足于温饱的农村背景亚文化

地区,现代化信息进入该地区不多,如何改变农村保守意识,发展商品经济,是发展落后地区的关键,其主要措施为:

1)从大经济作物观点出发,因地制宜发展各种暖温带经济作物和林木,包括瓜、果、蔬菜、花卉(包括玫瑰)等;粮食也要当作经济作物来种植,种植优良品种;开展饲料生产,促进畜牧业发展。还可种植晚季蔬菜,考虑用汽车装运输往西安(小于600公里距离)。

2)发展农副产品加工生产,不要各乡镇都全面发展,而要筛选优势产品,发展小商品的"一村一品"生产,以求形成各有差别的专业村、专业镇。甚至可考虑从废品回收再加工开始。

3)开展劳务输出,包括建筑业和保姆的劳务输出。为此,培训和引进建筑人才是振兴本地建筑业的关键。保姆要考虑在兰州和白银推广北京现行的计时保姆劳务,由农村妇女队长带队在城市集体居住,以保证妇女外出的安全感。

4)积极提倡穷乡僻壤向新灌区和川区转移,开展集市和庙会,适当发展农村集镇,通过活跃第三产业促进农民形成商品经济意识。

5)文化宣传删去宣扬帝王将相和游侠的封建意识内容,增加如"野山"、"月月"等宣传商品经济内容的电影和电视节目。

考虑到本区幅员广大、类型多样,发展农村商品经济,既要根据自然地域类型差异,也要考虑与具有一定地域类型组合结构的行政区加以安排.即所谓分类型和分行政区,因地制宜发展农村商品经济。

从类型角度来看,本区主要有下列土地类型:① 河谷川地,属中温带的暖温谷地,灌溉条件优越,因此除发展水浇地农业外,要大力发展瓜果业、庭院经济和以猪、家禽(鸡、鸭)为主,甚至发展牛、羊的饲养畜牧业。② 高原高扬程灌区,作为新垦区,位置稍为偏低,除发展水浇地农业外,可适当发展瓜果业,包括以枣为主的干果业。庭院农业,发展以猪和鸡为主的饲养畜牧业,发展羊、牛的放牧和饲养相结合的畜牧业。灌区边缘可发展滩羊放牧饲养业。③ 会宁南部属二阴山地的森林和草原气候,可发展草田轮作制和封山育林,适当发展杏树,以及以猪和鸡为主的饲养畜牧业,羊和牛的放牧和饲养相结合的畜牧业。④ 黄土切割峁梁区,属半荒漠气候,水土流失严重,除河谷阶地发展水浇地,包括砂田水浇地外,峁梁顶靠砂田保持墒情。坡田带有"闯田"性质,靠降水多少决定产量,要推广草田轮作,封山育林育草,适当控制山羊放牧,发展以猪,鸡为主的饲养畜牧业。偏僻地区要提倡向川区或灌区迁移。⑤ 高原和山间谷地二阴地,以旱田为主,带有一定的闯田性质。要推广草田轮作,总结旱作农业的增产经验,发展牧业和饲养结合的畜牧业。⑥ 半荒漠地区山麓和河谷上游的小型灌溉绿洲,发展绿洲农业,牧业除以猪和鸡为主的饲养畜牧业外,要大力发展滩羊放牧饲养业。⑦ 高原山地,目前还保留有部分山地森林,要作为水源涵养林自然保护区加以保护,不能当作用材林加以采伐。

从分行政区角度来看,各区县的因地制宜措施为:

1)会宁县要利用地属白银、南通定西的有利区位位置,发展粮食、杂粮、豆类、油料、肉蛋禽,一定的果类、食品和饲料加工。商品流仍以面向定西为主,继续占领原来从定西输出的市场。会宁资源有限,目前要给以一定的推动力才能具有自我发展的能力。这些措施主要是:① 由全国政协、甘肃省、白银市有关单位协助该县组建能承担大中小工程的建筑公司,或联合股份开发公司,促进该县输出五万以上的建筑工人,主要承担西北的建筑业务。② 该县缺乏矿产,但隶属白银市的邻县(靖远)、区(平川)为煤矿产地,市里已决定拨一矿井由会宁县开采,建议尽快落实。③ 白银市各大中企业要考虑一部分零配件,部配件和后继产品,放在会宁县,与会宁县联合形成一定的生产企业,当然这些企业的原料和产品要选 运输量不大的,以使凯恩斯的乘数作用能在会师镇发挥起来。④ 要腾出一部分水浇地发展果业,主要是甘沟以北的灌溉三级阶地,发展苹果和葡萄等。⑤ 要从思想和生活上保证组织会宁保姆下兰州和白银,推广计时保姆制。

2) 靖远地处白银中部,邻近白银区和平川区,又是东西向包兰公路与南北向交通交汇处,而且河谷川地在三县中所占面积最大,县城正处于黄河川地中,可作为粮食、瓜果、蔬菜、肉猪基地,还可发展鸡、鸭养禽业,适当发展渔业;北部干旱区可发展滩羊放牧业。靖远还是黄豆、白兰瓜、黑瓜籽、地毯和毛毯的外贸出口基地。靖远建筑业和建材业发达,而且是整个白银市中商品经济相对发达的地区。因此,从靖远的种种条件看来,县城应作为食品城来建设,先考虑生产粮食制品,如挂面、通心粉、速食面等;也要考虑与外地联营,特别是与广州和深圳联营,生产港穗风味食品。

3) 景泰县有一定的矿产资源(石膏、石灰岩、煤炭、陶瓷原料、硫铁矿),又是高扬程灌溉区,而且又是滩羊的优良产地。因此,重点发展粮食、油料、滩羊、建材(水泥、砖瓦、砂石、石膏板等),适当发展干鲜果(枣、葡萄、苹果等)。新灌区居民大多从偏僻山区迁来,自然经济思想严重,加以地下水埋藏量有限,目前散村分布相当严重,村镇不够集中。因此,要优先发展村镇集市贸易,发挥集聚效应,特别要考虑给水选址,建设一定的乡镇。在此基础上考虑邻近包兰铁路的有利交通条件,为各村镇选择"一村一品"的发展方向,发展小商品生产,特别要考虑从废品回收再加工开始,根据产品空心化过程及商品流行圈分布,下决心先从占领中落后市场开始,然后再逐步筛选一定拳头产品,在占领落后市场基础上,参加发达市场的竞争。还要利用建材优势,同时组织建筑公司,承包外地业务。

4) 平川区是甘肃省重点煤矿区,又是坑口电站所在地,可重点发展煤炭开采和电力工业,适当发展煤化工和一定的食品工业。配合矿区进行运输的零配件生产,还要发展瓜果、滩羊皮和外销商品。

(3) 适当加强城镇建设。发展第三产业和地方旅游业,繁荣城镇经济,增进居民身心健康。白银市居民购买力高,由于大企业亚文化集团与其祖籍地区有千丝万缕的联系,加以本地第三产业不发达,买不到高档、甚至中档产品,因此资金外流相当严重。应利用居民剩下大量的待购存款,发展第三产业,以减少资金外流,进而繁荣城镇市场。

白银地区资金缺乏,可以通过兴办由各方面集资经营的服务行业,开发股份公司,甚至收回部分企业服务行业,折股参加开发公司,发展白银城区商业一条街,出售高、中档商品。还要集中发展文体娱乐业,以及相应的剧场、电影院、图书馆、展览馆、博物馆、体育场建设。与公共建筑相配合的城市雕塑要以工业产品为题材,并采用现代抽象风格。

白银旅游业主要面向国内,可从会议旅游开始,以使各级干部了解和认识白银;地方企业要组织前往所属各县名胜郊游;白银市要拿出部分资金协助整修靖远法泉寺。可作为白银市郊游的地点有:① 靖远寺湾石窟、靖远县城钟鼓楼和乌兰山、法泉寺石窟一日游;② 崛崌山青少年返回大自然旅游和打拉池红山寺石窟、红军会师纪念亭一线;③ 会宁郭蛤蟆古城、桃花山和红军会师塔一线;④ 可作为宗教旅游的有崛崌山东麓潮云寺和会宁县铁木山将军庙,这两地配合庙会还可以开展贸易交流市场,活跃地方商品经济。为了配合宗教旅游,要严格保护铁木山的林木,最好划为自然保护区;潮云寺目前林木不多,也要在其汇水盆地内封山育林,严禁放牧。此两地与法泉寺都可列为白银市重点文物保护单位。

此外,从长远看来,开展黄河峡谷旅游,白银公司计划在黄河四龙口一带修建公园和扩建休养所,也应该积极筹备进行,更可带动上述靖远一日游路线。

景泰县还可组织职工郊游五佛寺石窟、长城和寿鹿山森林风光。靖远县的哈思山主峰大㟹槐山高3 017米,峭壁矗立,可以由市体委出来组织登山训练,甚至与国家体委联系,在平川区办一个登山训练基地,开展体育旅游。开展职工郊游,可改变白银居民认为该地出城区便是一片荒芜之地的不全面的认识,使大家认识到白银有雄伟的黄河峡谷、石窟艺术、山地森林、古迹名胜、寺庙古建、革命史迹等风光,使广大企业职工认识白银、了解白银、进而热爱和建设白银。

白银市还要加强交通、邮电、通讯建设。从长远看,红会线要争取向东接通计划中的宝中线。白银已有直通兰州中川机场的公路(70公里),要广泛宣传,以吸引更多国内外人士前来白银联系业务和商务。邮电和通讯更需尽快加强,改变目前落后状况。

5. 五级白银的发展战略

(1)白银原是我国重要铜城,随着"七五"计划的建设,白银有可能发展成为我国最大的有色金属生产基地,要从这一级水平来看白银的发展战略。与金昌市合作在白银创建西北有色金属学院,修建中国有色金属博物馆(陈列世界和我国的有色金属分布、矿冶和用途的展览),甚至在有条件时,开办有色金属市场,以至国内外贸易交流会。宣传白银在我国有色金属生产中的地位,提高白银在国内的知名度。通过争取更多的会议在白银召开,吸引各级干部出差到白银,甚至一般游客到白银游玩,以使全国各界认识白银,了解白银。还要宣传白银有条件发展为甘肃省的科学技术副中心,西北的有色金属科研中心。目前已有西北级的西北矿冶研究院,还需吸引更多的西北级科研单位在白银兴建。白银正在通过电力"区位"和管理技术的集聚两方面效应,发展我国重要的有色金属基地。上述措施在于进一步发挥集聚效应,这是白银作为有色工业基地的主要发展战略。

(2)包括三县二区及众多大企业、二局(矿务局和电力局)在内的大白银的发展战略,是针对"三张皮"彼此脱节而提出的。由于"七五"的国家投资,白银的振兴是指日可待,但地方经济的繁荣和农村经济的发展必须大力促进。振兴、繁荣和发展是大白银市的三个互相促进的发展战略措施。

从全省发展情况看,兰州是综合性工业中心,天水是轻工业中心,白银是重工业中心。兰州、白银、天水这一三角地带的工业今后将是甘肃省的工业支柱,白银市在这里占有重要位置。白银的重工业发展大大超过轻工业,一个以开发原材料和资源型的城市,要达到轻重比例大体一致是不可能的,但适当发展轻工业,以平衡产品结构,安置好女工就业是非常必要的。因此,白银市的主要工业发展方向为有色金属、煤炭、电力、化工、建材、食品、轻纺等。

白银市的市场结构,据李伟分析,可分四个层次:本地、西北、国内、国外。食品、纺织和家俱,应该先把重点放在本市市场。特别是食品工业,应先搞好副食品、糖果、饼干、面包、饮料等高中低档结合的产品。西北市场主要包括甘肃省其它地区、宁夏和青海东部,白银可向这一地区提供煤炭、化工原料、建材、电器用品和某些轻工产品,以及瓜果、蔬菜等,还要争取发展港穗风味食品打入这一市场,继续扩大向这一地区派建筑队,承包建筑工程。特别是今后黄河水电资源开发,这一地区的建筑和建材市场更为广阔。能进入国内、国际市场的产品,主要是白银公司的有色金属和化工原料,银光厂的民爆化工产品,西北铜加工企业的制品等中央所属大企业的产品。长通电缆厂的电缆、针布厂的纺织机械也在国内占领部分市场。白银市部分瓜果、豆类、杂粮农产品,滩羊皮,乡镇企业生产的元明粉、地毯、毛巾等也畅销国内外市场。考虑白银市的产品结构,面向上述四级市场,如何增加商品种类并提高其商品率,也是白银市的一个重要战略措施。

(3) 第三级白银是白银市政府的发展战略。白银市除了配合中央所属大企业的全面"振兴"(包括建设)外,还应以繁荣地方经济、发展农村经济为主要战略措施。据谢长青分析,采用引进技术和改造社会经济文化条件相结合的综合发展战略,是不发达地区的一条既得近利、又无远虑的持续发展道路。引进和发展适应技术,可以很快产生明显的经济效果,但如果不注意自身社会经济条件的改造,不注意培养自己富有开拓精神和创造能力的企业家、科研人员和职工队伍、管理人员,以及引导农民具有商品经济意识,那么现在的不发达地区只能永远靠发达地区扶持,永远是落后地区。改造社会文化意识,发展商品经济意识是一条从根本上缩短与先进地区差距的措施。引进技术和人才的经济效果可短期见效,而改造经济环境却是一个长期的过程;技术的发展通过引进可以是跳跃式的,但文化程度的提高是一个从小学、中学到大学的连续过程,因此采取一定措施,培训技术工人和中间人才,开展成人教育,对干部进行商品经济意识培训,电视台和广播电台的播放以改革题材为重点,删去落后的传统文化内容,等等,都是加速这一过程的重要措施。

采取上述综合发展战略,将可稳步加速城镇和农村的繁荣。白银市的地方工业,一方面是发展有色金属工艺品、铝合金门窗生产、铜制建材用品、电器用品、泡沫塑料制品;另一方面是发展食品、家俱、皮革、毛毯等。白银市的农业,则需要从大经济作物观点出发,发展农牧业商品经济生产。此外,还要重点抓中等职业教育、成人教育、部分电大,以培养本市的"中间人才"为重点。还要抓紧全市各区县高中重点班的建设,继续保持本市的大学升学率高的优势,特别是在市区保持这种优势可以稳住科技人员,不致于继续"一江春水向东流"。在各县保持这种优势,有利于保持一定的"高水平"落榜人才,再加以一定的职业培养,即可成为本市急需的"中间人才"。

(4) 白银公司是白银市的最大中央企业,可以说没有白银公司便没有现在的白银市,第四级白银即指白银公司本身。白银公司是我国二级经济梯度的国家建设重点,其有色金属的技术管理力量在全国名列前茅,因而这是一定的增长极,具有有色金属行业的自西向东的反向辐射经济能力。白银公司从长远看来还须与国内有关企业和本地企业,甚至国外企业,加强横向联合,以至发展股份化的集团公司。支援和协助地方经济繁荣是白银公司必不可少的另一个发展措施。主要是:① 部分产品留一定的比例,由地方发展后继产业加工。② 与地方合资兴办市级产业,如白银市服务行业开发。③ 在公司中成立第二职业处,提倡大企业工程师关心乡镇企业的"雕虫小技",促使星期日工程师,甚至非星期日工程师帮助地方企业发展。寻求一种具有先进性而操作又简单的适用技术,即所谓"黑箱"技术,大企业的工程师在这方面是大有用武之地的。第二职业处应为中间搭桥的服务处,不应该是一个赢利机构。工程师的劳务报酬以本人所得为主,第二职业处可扣少量或不扣手续费。④ 协助地方开办建筑施工公司,承担本企业建筑任务。第三点措施尤其重要,适用于一切大、中、小企业,须大力提倡。

白银公司培养职工具有大白银意识和企业亚文化也是一个不可忽视的发展战略措施,应更多地组织职工认识、了解和热爱白银,使其具有大白银意识。白银公司原计划建设四龙口公园,要积极筹划。还可适当拨款与市县一起修复本市风景结构最好的法泉寺石窟,形成四龙口公园与黄河风光寺湾石窟、靖远县钟鼓楼和乌兰山、法泉寺这一条最有吸引力的白银1~2日旅游路线;还可组织职工开展哈恩山登山体育旅游,培养白银的登山体育队,使之成为白银公司的体育广告窗口。

建立职工大白银意识、组织职工开展地方旅游和发展体育广告窗口等,在于培养生活节奏现代化的新一代工人和工程师,也即培养新的一代懂得现代生活,又有远大共产主义革命精神的边远建设者。

（5）第五级白银区的发展战略比较简单。重点:① 发展为城市居民服务的食品、纺织等轻工业,发展为大企业服务的劳保用品,并利用大企业的产品、副产品,发展加工业,适当利用本区大、中企业的技术优势,发展一些新兴产业,如有色金属工艺产品生产等;② 农业要利用部分黄河川地引灌水浇地发展瓜果、蔬菜、花卉、渔业生产,向白银和兰州供应;③ 白银目前服务行业还比较差,可以配合市政府集中建设商业一条街,发展服务行业;④ 要协助本市所属的三县来白银参加施工的建筑队和计时保姆的生活住宿安排,也可开办简单旅馆,安排工人和保姆的住宿;⑤ 区政府还要抓技术工人的培训工作,甚至组织师资下乡为农村乡镇培训"一人一技"的能工巧匠。

6. 干部决定一切

西部地区商品经济意识很差,不单是群众缺乏,中层干部也相当缺乏这种意识。目前我国已提出来的经济模式大多形成于商品经济发达地区(如温州、苏州),甚至还兼有外来经济影响(如珠江三角洲的佛山、东莞,福建的泉州等)。相对来说,安徽的阜阳模式和江苏宿迁的耿车模式形成于商品经济相对不发达地区,而且耿车模式的交通不太方便。而干部在这两个模式中的主动推动作用具有决定性意义。

白银属于西部地区,背景传统文化相当落后,大企业亚文化集团长期在计划经济指导下存在,目前还生产国家缺口、短线的统配物资,也不需要有商品经济观念。因此要繁荣发展白银经济,建立各级干部的商品意识具有决定性的作用。

培养干部商品经济意识要从党校开始。西部地区党校的重点应该是举办干部改革培训班,而不是另成立其他的培训学校。这种培训班主要是县、镇、乡中层干部培训班,也可吸引部分大中企业的中层干部、工程师参加,使其与乡镇干部相互交流,以后才有可能组织工程师下乡,解决脱贫致富的"雕虫小技"问题。

促使白银市几个亚文化集团的交流也需要干部去推动。① 星期日工程师是大企业亚文化集团与农村背景文化集团交流的最好途径。② 登记从外地流来的商贩和工匠,甚至可以让其迁户口来这里落户,但不解决口粮和原有的配给定量,是使其与当地居民交流,甚至通婚,以至推行计划生育的有效措施。③ 要繁荣城镇,还需向农村居民开放,欢迎农民集体和个人进城按商品经济规律落户经商和办工业,承担建筑任务,改变"离土不离乡,进厂不进城"的不彻底措施。农民进城要落户办户口,成为不供应口粮和其它配给用品的城镇户口,但农民子弟有考取城镇中小学的权利,并要遵守节制生育规定,让农民进城接受城市这本当代文明教科书的影响,使农民接受现代文化。进城的农民要退回土地,不再享有使用权,由当地政府统一租给专业户经营,当然政府对承租土地有一定的抽回权,若原有农民在城市破产回乡,可以重新取得原有数量耕地的使用权。这样做有利于农村分工进一步专业化,加速具有相应规模效益的集约化专业户的形成,也间接促进农村城镇化的加速发展。

上述几个措施都是促使白银市各个亚文化集团逐步互相交流的准备性措施,真正地打破亚文化集团的界限,还有待白银的全面繁荣和农村经济的发展。

对农村落后地区来说,干部思想中再不能有依靠救济来解决当年的贫困的想法,而是要利用政府各项救济金开展以工代赈的措施,进行国土开发和整治。对白银来说,由于主干铁路(包兰、红会线)和公路(兰银、兰西线)纵贯本市,而且地方公路也已具有相当的网络,白银当前的国土开发和整治主要是修通穷乡僻壤至现有交通线的公路;在南部推广小流域承包制,开展水土保持工作。水土保持工作也要落实到各级干部的承包责任制上,才可能见效。

我国经济改革的开展,带有由地方创新,中央加以总结推广的性质。长期以来,东部民风开放,大部分经济改革措施都从东部总结出来,总结时要有一定的规范化,因而不免缺乏灵活性。东部发起的创新取得良好经济效果后,西部才跟着走,但当中央规范规定出来后,有时不免一刀切,其结果导致"东部砍尾,西部砍头"的局面,使西部的改革措施进展不大,经济效果也不显著。白银干部大多从以计划经济为主的中央大企业调来,要适应商品经济也要有一个时间过程。

干部要有对政策进行提前预测的能力,可以通过捷径推理(即起点到目标接近直线的推理),设计一个改革的总目标。这个总目标不外是下列三个方面:① 建立一个适应社会主义需要的高效商品经济;② 加速开放过程,不仅经济要全方位开放,文化观念也要多层次多方位开放,当然经济开放要克服贪污浪费,文化开放要克服包括封建和资本主义在内的腐化堕落意识,但不能用封建保守观念去抵制开放的改革文化;③ 实现相应的民主化。要实现这些改革目标,改变人的价值观是关键中的关键。干部首先要具有工业社会的节奏观,信息社会的开拓精神,懂得商品经济运行规律,才能去预测改革的前进步骤,并使这些步骤成为达到总目标的必须阶段。

本区升学率相当高,不少白银人散布全国各地当干部、工程师、技术人员等。白银的大企业亚文化集团与东部有千丝万缕的联系,大企业可与东部的干部、科技人员相联系,通过外地白银籍干部,引进技术和资金,也是干部政策不可缺少的一个组成部分。保证大学升学率是提高本地文化竞争、促进大企业亚文化集团稳定、输出更多外地白银籍干部,并使其关心白银发展,从外部促进白银发展的一个具有远见性的干部培养政策,因此在白银坚持和加强高初中、甚至小学重点班是完全正确的。

干部政策对我国西部来说,具有决定性因素,而且是一个深远性的措施。白银若能建立一种"干部决定一切"的经济模式,对西部地区将具有推广意义。

第十五章 县和县级市行政区案例和实例

一、保证邹县经济起飞和持续发展的措施[*]

1. 邹县的自然结构和风景资源

邹县是山东济宁地区的一个新型工矿城市,兖州煤矿的实际所在地。济宁地区的行政中心在济宁市,而交通中心在兖州,文化中心在曲阜。随着邹县的经济起飞,邹县有可能发展为该地区的经济中心。济宁地区这四种中心不在一起,而分布于四处,既有优点,也有缺点。

邹县全县面积 1 386 公里^2,人口 87 万,其中邹县所在地人口约 10 万。一般说来,影响产业结构的自然结构和风景资源有下列几方面:

(1)邹县气候水热结构属我国东部季风大区的暖温带南部,年平均温度 14.1℃,7 月均温为 27.2℃,1 月均温为－1.1℃,全年无霜期为 202 天。年平均降水量为 752.9 毫米,夏季雨热同季有利于作物生长。邹县的这种气候水热结构使其水热系数即干燥度稍大于 1,土壤接近中性。一般说来,据京汉沿线统计,具有类似自然条件的地区,以县为单位的粮食平均单产在京汉沿线属高产地区。因此邹县若经营管理得当,可以成为我国的农作物高产区。

影响本区农业生产的气象灾害,主要是干旱、暴雨、冰雹和干热风。这些灾害普遍发生于我国季风气候区,对邹县来说,除个别年份外,其自然灾害与北方的干旱、南方的暴雨比较起来,都不能算是严重的,甚至可以说这里的自然灾害与全国各地对比起来,是相对较少发生的地区。

(2)土地结构包括沟谷、平原、台地、丘陵、低山等类型,东部以丘陵为主,并有低山分布;中部以孤丘和台地为主;西部自津浦线以西,除西南部外以平原为主。因此地势东高西低,西南部最低处低于 40 米,地势低洼,排水不良。平原(包括台地)自津浦线从 70~80 米向东升高 100~200 米,最高处为凤凰山(648 米)。本区基岩包括属于地台区褶皱基底的前震旦纪杂岩和属于盖层的石灰岩。前者分布于全县各丘陵低山,其主要岩石为花岗片麻岩,风化后,土质松散,若缺乏植被保护,水土流失严重;后者分布于北部和西南部的低山丘陵一带,发生水土流失后,基岩常直接出露地表。

(3)水资源结构。由于本区河流处于上游位置,因此相对短促,加以植被破坏殆尽,水土流失严重,因而河流流量变化大,除所修部分水库外,可资利用的地表水不多,河谷本身也淤积严重。地下水有一定的开采量。综合地下水和地表水可利用量多年平均为 1.90 亿立方米,其中地上水为 0.783 亿立方米,地下水为 1.117 亿立方米(深层水未开发利用)。

---

* 原载《自然资源》,1989,(6)同 17~21。

中水年为 1.69 亿立方米,中等干旱年为 1.10 亿立方米。目前全县工农业用水在中水年需水量为 1.94 亿立方米,中等旱年需水量 2.32 亿立方米,水量现已不够。随着工农业发展,扩大灌溉面积,缺水更多。有些地方已出现地下水下降漏斗,工农业争水也已发生。

(4) 矿产资源结构。本县西部平原,地下埋藏着丰富的煤炭,称为兖州煤矿。兖州煤矿地质储量 33 亿吨。其中唐村、南屯、北宿、落陵、鲍店、东滩、里彦、横河等矿都在邹县境内。除了落陵矿、横河矿为地方开发外,兖州煤矿 10 对矿井,有 6 对在邹县境内,计划开采规模年 946 万吨,占全矿区开采规模 1 365 万吨的 2/3。兖州矿务局及其相应设施和基建机构因此也设于邹县。

(5) 风景资源。邹县为孟子故乡,分布有三孟(孟庙、孟府、孟林),县北境外还有孟母林分布。自然风光以县城东南 8～10 公里的峄山和城北的铁山和岗山的花岗岩地貌为主,峄山还分布有古海蚀地貌——海蚀柱和海蚀崖。人文风光除三孟外,还有峄山的宗教建筑和摩崖石刻,铁山和岗山、葛山等摩崖石刻,以及孟母三迁遗址、重兴塔、子忠书院和文庙遗址、邾国故城、野店大汶口文化遗址等。邹县若对这些自然和人文风光加以整修,完全有条件争取列为我国历史文化名城。

2. 区域发展战略的四项措施

根据邹县的自然结构和风景资源特点,我们认为邹县的社会经济结构对策,也即促使其经济起飞和持续发展的措施主要有下列四项。

(1) 把邹县建设为工矿明星城市。十年动乱以后,我国很多中等城市,包括常州、咸阳、佛山、沙市、襄樊、丹东等,经济发展速度快,不仅产值高,利润大,而且产品销路好,出口创汇多,并且有很强的辐射作用,带动了周围地区经济蓬勃发展。这些城市被誉为明星城市。邹县随着兖州煤矿的逐步建设,完全有可能步上述城市的后尘,发展为一个工矿明星城市。

邹县的煤矿井分布在津浦铁路以西,随着其建设投产,以及相应的配套洗煤厂、坑口电站的建设,邹县西部将兴起一批工矿镇(中心、北宿、平阳寺、唐村等)。从中远期来看,邹县的能源,包括煤炭和电力的供应将是充足的,因此邹县有可能围绕煤矿开发,发展煤化工、精细化工、机械加工等工业;远期还可发展冶金工业,还要大力发展食品工业,配合矿区建材工业,各村镇要大力组织建筑施工队。

邹县地方工业的现有"拳头"产品是县木器厂的聚胺脂保温板,县酒厂的钢山特曲,县造纸厂的白鹤牌 40 克有光纸,县罐头厂的凤凰牌山楂饼、山楂罐头,县肉联厂的分割肉,还有鸳鸯牌男衬衫,素丽牌毛华中山服,玫瑰牌沙发椅,盾牌双屑铸锅,28 克卫生纸,广式月饼等,有条件争取创省优质产品。1985 年计划增加硅溶胶、胶浸布、铺地砖、玻璃钢道口栏杆、425 号水泥、铝合金家具等新产品,还计划增加蔬菜罐头、儿童营养强化糖果、杏园酥、新型板式家具、套装家具、西装套服等新品种[①]。

邹县地方工业,包括部分村镇工业应特别注意与技术先进地区,包括省内和江浙地区的企业合作,或引进先进技术,以取得比较稳定的成绩和明显的经济效果。

由此可见,邹县工业的发展道路应是争取国家配合煤矿开发投资,创办电力、机械、煤

---

① 杜锡铭,依靠科技进步,振兴邹县经济,铅印稿,1985,1。

化、冶金、建材等工业。地方工业除为国家投资的工矿企业配套外,还要发挥现有拳头产品,大力引进外地先进技术,特别要注意食品和陶瓷、玻璃工业的发展。

在发展地方工业时要注意在农村形成专业村,集镇也要有一定的产品优势,但对整个邹县来说,"产品结构"比较齐全也不是发展方向。总之,全县各级市镇乡村不宜都走综合发展的道路,"产品齐全"在今天已不是优势,而应走"一村一品"的道路。

(2) 争取恢复历史文化名城面貌。邹县是孟子故里。孟子为亚圣,因此三孟与曲阜三孔比较起来规模较小,但却有其特色。孔子为大成至圣文宣王先师,历史已把其提升到相当于帝王的位置,成了历代皇帝的"先师",因此三孔的建筑袭用帝王建筑体制,规模宏大。孟子作为亚圣,其建筑不能袭用帝王体制,孟庙的红垣碧瓦,与孔庙的红垣黄瓦,自然要相差一个级别,但这里在亚圣坊仍可见和玺彩画。亚圣殿前的八根石柱,通体浅雕龙凤花卉,当然不能与孔庙的深浮雕双龙戏珠相比,但说明亚圣也可稍为越制。孟庙规模巨大,由五进院落组成,而且两边都有侧院,各类殿宇六十四楹,占地达 60 余亩,古木苍苍,翳天蔽日,特别是古柏众多,在国内幸存的庙宇柏树中,除了陕北黄陵黄帝庙外,可算这里保存最好。

亚圣府(孟府)为一般府第建筑,与衍圣公府(孔府)在大门、二门、仪门、正厅当心间阑额上可施"双龙捧珠"的和玺彩画,当然不能相比。但其格局也相当壮观,前后七进院落,共有楼堂阁室一百多间,且有后花园,占地也达 60 余亩。

孟林可与孔林相比,孟母林(现在曲阜境内)可与梁公林相比,孟母故居凫村可与尼山相比。总之,曲阜因孔子而负有盛名,成为我国历史文化名城,邹县因孟子而著称。两者之差别,是封建等级所造成的。亚圣不能越至圣之级别,故三孟从规模和形式来看都不如三孔。但这种差别并不妨碍邹县也可成为历史文化名城。通过这两者相比,还可以使游客了解到我国封建体制的级别差异。

此外,邹县还有孔子"登东山而小鲁"的历史悠久和风景优美的峄山,鲁国的东山即为以后的峄山,还有铁山和岗山等摩崖石刻,因此邹县争取列为全国历史文化名城是很有希望的。

自从公布了全国第一批历史文化名城以后,不少省市都在考虑上报第二批名单。山东有可能列入第二批名单的城市有邹县、聊城、蓬莱。而泰安已列入国家重点风景名胜区(泰山),济南(大明湖和千佛山等)应争取列入国家重点风景名胜区第二批名单。因此山东省列入第二批名城最有资格的提名者很可能就是邹县。但由于宣传不够,邹县并未列入第二批名单当中。

为了恢复历史文化名城面貌,邹县的城市性质不能只限于是以煤矿开发为重点的工矿城市[①],而应同时为文化古城。邹县城市规划必须注意使城市景观艺术面貌美化,并有一定的文化古城风格,其主要措施如下:

1) 建设一个均匀分布的绿化系统,也即引入更多的非水泥地面进入城市水泥地面空间中。邹县城镇总体规划在南沙河两岸及城区小河岸旁广植树木,形成两条防护林带。目前首先要对从林业局经城关公社、烈士陵园向西南流,从造纸厂流入南沙河的城区小河进行清淤,增修护岸,两岸各预留 50 米地面不进行高楼建设,以后逐步拆迁改建为沿河林荫

---

① 山东省邹县城镇总体规划说明书,铅印稿。

路。

　　北面铁山和岗山(钢山)一带应全面绿化,除了建设铁山公园外,把岗山摩崖分布处也建设为游览区。

　　2) 为了保证铁山全面绿化,铁山两侧不宜征为建筑用地。市区可沿津浦线东侧向西北发展,虽然征用一部分良田,但可使城市平面不成"铁饼一块"分布,而在外沿形成绿化旷地与建成区交错分布的形式,保证了把非水泥绿化空间引入建城区,有利于郊外新鲜空气从绿化区上空进入市区。即使在静风大气条件下,也有利于城市污染空气向外围扩散。若能把铁合金厂的铁路支线两侧也加以绿化,则更有利于市区北部污染气流向外围扩散。本市南部则可通过上述两条防护林带来改善其环境。

　　此外,本市盛行风向以南风为主,地势东北高西南低,地表水排水方向,南部从南沙河排出,北部的地表水大部分向西排,过铁路,从明沟导入白马河。因此市区铁路西北部东侧处于本市下风下水地位,不仅适于矿务局设计单位和基建单位向北扩建,还可作为工业区,包括从市区迁建部分污染工业到此地建厂。

　　3) 为了恢复邹县的历史文化名城面貌,必须逐步恢复老城区及南关的古典面貌。邹县旧城位于现市区南部,城墙已被拆除,但城市除东门里大街建了一部分现代楼房外,大部分还保存原有面貌,可先在西门里大街的西门口和北门里大街的北门口修建古典牌坊。城区街道切不要再加以拓宽。西门里大街可逐步改建为古典步行商业街,南门里大街和南关可逐步改建为传统的四合院民居,南关还可开设部分古典式的文物旅游品商店。

　　搬迁烈士陵园,并恢复这里的孟母断机处和三迁处、子思书院等古迹,修整孟庙和孟府,扩大其藏品展览,恢复孟府的后花园,把北门内的重兴塔连同其附近的小湖改建为古典园林,适当修整文庙现存建筑,都将会促进恢复这一带的古典面貌。

　　还必须把位于市区北部的铁山公园建设为古典公园,与南部的古典旧城区遥相呼应。铁山摩崖为六朝刻石,距今已有 1 400 余年,刻字 1 500 多个,字径大小不一,或如巨斗,或如手掌,排列有序,浑然一体,清末魏源赞其书法"字大如斗,雄逸高大",对"六朝如此墨王,而世莫知名"。铁山摩崖石刻位于该山南坡花岗片麻岩的 45°斜坡石屏上,极易遭受风化和流水侵蚀破坏,因此最好建古典式建筑于其上加以保护,还可点缀公园风景。

　　为了加强邹县城区的古典面貌,火车站前可建"孟母教子"的城市雕塑,北部铁山公园以南和旧城区可以假山园林为主,建小品点缀街景。

　　西北部的煤矿基建和设计机构区,以及铁西的矿务局区,可以建现代化建筑,并配以反映工矿技术的抽象化城市雕塑,使其突出工矿城市面貌。

　　4) 对邹县郊区其他风景点,如孟林,孟母故居,孟母二迁处,邾国故城,岗山,葛山,尖山,摩崖石刻等地也要加以修整,都有利于恢复邹县历史文化古城面貌。

　　峄山为邹县另一重要名胜,该山历史悠久,秦始皇登峄山,留有李斯撰写的小篆石刻,称为峄山碑(该碑现存刻石为元代重刻,已移至孟庙处陈列)。孔子"登东山而小鲁",留有名胜小鲁台。加上历史名人,孟子、刘邦、司马迁、李白、杜甫、苏东坡、赵孟頫、董其昌、郑板桥等帝王和文人骚客都曾登临峄山,并留有诗文墨迹,因此一直为鲁南胜景。

　　峄山不仅留有丰富历史篇章,而且自然风光也很优美。一般记载都认为这里怪石万垒,还传说是女娲炼石补天,留下乱石滚滚,危及人间,由神仙将亿万块石丸移置一处,堆积成峄山。这种传说反映这里主要由花岗片麻岩因球状风化所构成的石蛋、叠石、陡崖、馒头崖、崩塌堆积洞所形成的地貌形态。我们这次考察还发现有海蚀柱、海蚀崖所构成的两级高度 170 米和 380 米的古海蚀地貌。这可能是我国虽经沧海桑田变化，但还能保留下来的距海最远(约 200 公里)的古海蚀地貌[1]。

峄山海拔 545 米，周长 10 公里许，为鲁南道教胜地。宗教的迷信气氛分为世俗、庄严、清静、神秘四种。峄山兼有这四种迷信气氛，必须研究原来峄山不同景区、不同庙宇的迷信感应气氛的特点，在修整时逐步加以恢复，才能形成多种宗教意境气氛，既能增加游兴，还能使信徒特别是国外和华侨信徒更为信仰。

目前，首先要保护好残存古海蚀地貌，修整从峄山街上山的西路登山道，修整白云宫，增植桐树，以恢复"峄阳孤桐"的古胜景。接待设施应设于峄山街南头及街上，村北口的"子孙石"一带以上不宜设接待设备，而应配合修登山道，尽快加以绿化，对一些有造型地貌的前后方则应预留构景视线，便于观赏。

总之，邹县通过改善城区景观的艺术面貌，形成兼有工矿城市和历史文化名城的不同风格分区；修整历史名胜，建设市区绿化带和公园，邹县完全有条件争取列入历史文化名城的新名单中。

邹县还可以通过恢复历史文化名城而大力发展旅游事业，通过发展旅游事业带动第三产业发展。目前从上海到曲阜游客主要从兖州下车，兖州完全是一个过境点，本身风景资源不多，应宣传从邹县下车，游了三孟后，再游三孔。邹县火车站应设旅游广告进行宣传，并出导游手册，便可吸引游客从邹县转往曲阜。邹县还必须在曲阜设旅游商店，出售邹县特产和导游手册，吸引到曲阜游客前往邹县旅游。

(3) 建立开放型的农业结构。邹县气候水热条件优良，土壤接近中性，土地类型多样，以平地类型占优势，有利于农林牧副渔即大农业综合发展。

从大经济作物的观点出发，可以建立开放型的农业结构，这种结构的特点是：

1) 发展商品生产，并提高各种农产品商品率。邹县面对矿区，而且正处于我国东部沿海发展带中。我国东部沿海必须从农—工—贸为顺序去考虑生产安排转变为从贸—工—农出发去发展商品经济。邹县农业除了为矿区和城镇服务外，还可以建立花生、山楂制品、枣、香椿芽、精加工蔬菜等出口基地。

2) 农产品要提高品质，大力开展各种农作物优良品种的种植。邹县农业区划很注意优良品种的调整，可以进一步加以落实，并采取具体措施支持各产区尽快发展起来。邹县的高级宾馆和饭店要研究出孟府菜谱，为之供应优质农产品，促使其烹调出符合现代化要求的佳肴，也即少胆固醇、色香味俱全的古典孟府名菜。此外，还要生产精美的孟府点心。

3) 对邹县来说，不仅要发展适合当地种植的经济作物，还应该提倡发展优质大米，主要是香米和试验引种黑米等。与此同时，大麦要当啤酒原料来发展，高粱要当制酒原料来种植，邹县也要开展培育作为制酒原料的大麦和高粱的优良品种研究。玉米也应作为饴糖、制酒、膨化食品等的原料，或直接引种甜玉米品种作为零食点心和汤菜配料去发展。此外还应利用一般粮食发展饲料生产，把粮食作物转化为各种肉蛋经济产品。

4) 邹县牧业比重在 1957 年曾占大农业的 41%，最近几年一直保持在 15%左右的水

---

① 陈传康：峄山古海蚀地貌的发现及其意义，手稿 1989。

平[①],可见邹县饲养业很有潜力。邹县除山羊外,不论猪、牛、兔、鸡、鹅等都可大力发展。

5) 发展与各种农产品相适应的专门产业。邹县要大力发展食品工业,包括为矿区和市镇服务的糕点糖果和名酒、烧鸡等。这些产品都要提高质量,改善包装,使其现代化。例如,糕点和面包可以把四川盆地周围的山区特产魔芋作为添加剂而提高其保鲜日期,高粱饴和山楂饴要向高级软糖转化,要生产少胆固醇烧鸡,钢山特曲要降低度数,等等。邹县特别要有研究与山楂有关的专门产业,除了生产现有的山楂饼、山楂罐头、山楂饴外,还要研究生产山楂软糖、山楂酒和汽酒、山楂晶、山楂饮料、山楂点心等。

6) 大力发展国内外贸易,使上述各种产品都转变为商品经济输出,以增加地方收入。经营商品生产,特别是对某种传统名产食品来说,不能满足目前已经产不够销的现状,而应该提高其质量,扩大其产量,改善包装,使其占领更大的国内外市场。也必须从传统的商品生产向现代化的商品经济转变,才能摆脱自然经济对企业的束缚。

为了更好地发挥因地制宜的区域优势,建议邹县可分为四个农业区,另有两个副区:

I 西部平原粮果牧林区

I₁ 西南部低地粮豆渔区

II 西南部丘陵低山林粮油果牧区

III 中部丘陵台地粮油果牧林区

III₁ 北部丘陵低山林果粮牧区

IV 东部丘陵低山台地林粮油牧区

虽然各区都应以综合发展为方向,但各业的重要性要按顺序排列,以反映其不同的区域优势。为了保证发挥不同区域的优势,提高粮食的单产是腾出更多的土地来发展经济作物的保证条件之一,邹县科委在邹西部分小麦低产区进行变中产为高产的开发试验研究是很有意义的,并可因地制宜地向全县低产区推广[②]。

为了保证副业的发展,还必须注意各工矿镇的规划建设,邹县的区级集镇凡附近有矿井都已起步发展,区级镇离矿区较远者则起步较慢,但也有所前进。这些区级镇都要面向为工矿企业配套服务。像平阳寺应向北向西发展,以便与鲍店和横河两矿接近,使其成为为这两矿服务的集镇,还必须预留空地建设集镇公园为集镇和矿区居民服务。像太平镇虽位于西部平原中,目前附近的里彦矿还未动工,因此只能为工矿市镇生产相应配件和食品,组织建筑队等。太平镇引进符离集烧鸡生产技术在全邹县中质量最高,笔者到太平镇考察后,建议他们要生产少胆固醇的符离集烧鸡新产品打入山东市场,并告以这方面的生产工艺。

东部各区除了积极发展农产品商品经济生产外,目前要生产砂石建材原料为西部矿业开发服务,还必须组织建筑队承担矿区基建任务,有可能也要为矿区市镇生产相应的零配件,邹县和矿区领导必须在这三方面有意加以扶持,才能促进东部经济也相应发展起来。

(4) 大力开展水土保持,恢复植被,美化环境,改善水资源条件。邹县中东部的丘陵低山植被破坏严重,风化的花岗片麻岩的砂砾土直接出露地面,而且大部分被开垦成旱地,

---

① 吕瑞泉:对邹县实现农业现代化的看法和想法,手稿。

② 吕瑞泉、徐广达:邹县小麦生产情况及其某些建议 1981,8。

一遇大雨,水土流失严重,当河流从山地丘陵流入平地,便发生严重的淤积。导致植被破坏的因素除了不合理开垦之外,樵采、放牧山羊也是重要的原因。

为了恢复邹县中东部环境的生态平衡,必须禁止在大于25°的坡地进行开垦,退耕还林、还果,小于25°的坡地要修梯田发展粮油作物和经济林木。邹县境内几条作东北、西南向和东西向分布的低山带,更须大力封山育林恢复水源涵养林。

邹县田黄的十八盘林场,与尚河梨杭林杨、泗水县黄山林场连成一条东西向林带,起着良好的水源涵养作用。群众反映下大雨也不见洪水下山,别处小河雨后很快断流,这里却流水不断[①]。邹县城前区的渔汪岭村[①]和大黄林村[②],通过封山育林也已获得良好的水源涵养林效果。

邹县煤矿充足,因此在提高农村经济收入的同时,要提倡农户烧煤,以减少目前的过度樵采,更需要从现在起便禁止任何事业和企业单位去进行樵采。还必须控制山羊的发展,尽管外贸部门为了出口山羊绒而提倡发展山羊。因为,各种牲畜中以山羊对植被的破坏能力最大,山羊善爬陡坡,冬春时节不仅吃地面干草,还啃草根。邹县山区地面的物质松疏,因此须控制山羊发展。

邹县经济要持续发展,搞好生态平衡与合理区域结构是非常重要的。一方面可以保证因地制宜的利用各种不同种类的土地,另一方面也可保证不发生土壤加速侵蚀,防止水土流失,进而改善地表水和地下水的贮存条件和状态。

3. 结论

一个区域的经济振兴和持续发展,需要具备如下条件:

(1)具有一定的资源开发条件和外来刺激推动力,邹县经济在这方面得天独厚,随着兖州煤区的开发,邹县经济已经有了初步振兴,要进一步起飞,还必须进行上述前四项措施的实施。

(2)搞好当前经济,使经济有一个明显起步,以推动近、中、远期经济协同发展,主要是引进外地先进技术和人才,发挥现有拳头产品优势,提高各级产品的市场竞争能力,开发有市场意义的新产品。市场服从于"机不可失,时不再来"的帕格森时间,才能不失时机地发挥地方优势。

(3)加强环境和自然保护是保证经济持续发展的重要措施,邹县特别要注意加强水土保持工作,除了开展造林绿化外,还要广泛进行封山育林,包括不要捞取林下枯枝落叶作为薪柴,才能更好地保护土壤,制止水土流失。

根据上述分析,邹县若开展上述几项措施,完全有条件在一定时间内发展为明星城市,作为后起之秀,与现有明星城市并驾齐驱。

二、转变思想,从多透视角度看冷水江市发展战略*

冷水江是在"世界锑都"——锡矿山的发展和本地煤铁资源开发的基础上,逐步建立

---

* 吕瑞泉:邹东山区农业生态平衡的初步探讨,油印稿。
① 大黄林试点村农业资源保护开发利用总体规划,油印稿。
② 原载《邵阳师专学报》(自然科学版),1989,(1),39~42。

起来的工矿城市。地处湖南中部,资水中游,湘黔铁路中段。总面积439公里²,现有人口30万,其中城市人口13万。现为娄底地区的一个县级市,但又是湖南省计划单列的一个市,行政体制有一定的不协调。自1969年恢复市制以来,已基本形成煤炭、电力、冶金、重化工、建材为主的工业体系,是湖南重要的重化工基地之一。冷水江市发展战略要求转变传统思想,从多透视角度加以提高。

(1) 从只考虑湖南省级区位优势,转向发展多层次区位优势,即从重点生产锑品和湖南短缺产品,转向多方面市场分析。

冷水江作为"世界锑都",现年产锑(金属量)13万吨左右,产值5 000万元,年创汇1 600万美元,主要属于原材料初级产品(精锑和特号锑白等),锑产品深度加工才开始,已开发细粒氧化锑、超微粒氧化锑、催化剂型氧化锑、醋酸锑、焦锑酸钠等新产品。

冷水江的钢铁、铁合金、煤、电力、纯碱、化肥、电石、铅锌、精细化工等产品,在一个较长时间内均属湖南、甚至华南、全国的短缺产品,表面上没有市场问题,但却成为国家统配物资。湖南省投资建设这些厂家,目的是取得这些短缺统配物资用于发展湖南全省经济,或出口。因而很少考虑通过这些厂家的建设来带动地方经济发展,也使这些厂家长期以来缺乏市场经济观念,只起一种生产某种"过境"统配物资的厂家作用,很难促进地方经济与之共同繁荣。

本市建材工业也相当发达(水泥、耐火材料、平板玻璃、建筑装饰材料、石料等),在国内外市场也有一定的竞争能力。本区轻纺工业才起步,是本市工业的薄弱环节,重轻比达12∶1,两者很不配套。作为第二次浪潮基础工业的机械工业和第三次浪潮基础工业的电子工业也很薄弱,影响了本市工业的升级换代。

为了扭转上述工业结构向资源开发型的过度倾斜,要考虑下列多层次区位关系。

1) 作为湖南省能源、有色金属、钢铁、化工基地,要考虑征收一定的产品地方税来平衡原材料初级产品与加工成品的剪刀差,以支援发展地方经济。

2) 可以通过京广线南下广州、深圳、珠海,北至江汉洞庭,从长江,从湘赣线东至宁波、上海、厦门等地出海。要与这些城市和地区联合建立冷水江的出海窗口,并欢迎这些城市和地区到冷水江来投资经营或联营。

3) 冷水江作为湖南中部地带的一个能源、原材料基地,要发挥其承东启西的作用。例如,轻纺工业起步可与沿海地带联合,从占领湘西及我国西部后方市场起步,再逐步筛选拳头产品,反向出口。

4) 发挥湘黔走廊的联合区位优势。

5) 发挥湘中"银三角"(冷水江、娄底、邵阳)三地的竞争和联合区位优势,其中4)和5)两方面优势要求专门作具体研究。

要从上述5级区位优势来调整冷水江市的产业结构,并提出近、中、远期的发展步骤。

(2) 从矿区规划建设转向城镇规划建设,发挥城市的集聚效应,是促进本区轻纺、食品工业和第三产业,包括旅游业发展的基础。重点建设原来作为锑品转运地发展起来的,而现在距火车站(冷水江东站)还有5公里的冷水江,加快建成现代城市面貌。近期除使冷江、集中和布溪三片联片成为中心区,修建资江大桥,还要加强直达沙塘湾和禾青两工业区以及到锡矿山、金竹山、利民等矿点的交通,加强中心区及其外围的风景绿化建设(波月洞、青年文化体育公园、红日岭、大乘山),以吸引郊区各工矿卫星镇居民到市区来作商务交流和购物游览,才能更充分发挥市中心区的集聚效应。并把非污染性的轻纺、食品工业布置于市区,充分发挥城镇集聚效应,才能保证第三产业和旅游业的发展。沙塘湾和禾青两工业区都处于资水上游,影响下游市区给水,要注意控制污染。本市盛行风以偏南、偏东南为主,因而市区向西发展,并把污染工业放在西北是正确的。

(3) 从不发达的郊区农业转向现代郊区精细、甚至创汇商品农业。冷水江市属于中亚热带中部湿润季风气候,年平均气温16.8℃,年平均降水量1 400毫米,雨热同期,气候适宜,有利于从大农业和大经济作物观点去发展现代农业。该市种植业和养殖业正在向郊区农业转化,但还不够发达,建议分下列三阶段逐步发展:

1) 近期从大经济作物观点出发,即不只经济作物要发展,粮食作物也要当作经济作物去种植。发展现代郊区农业,转向发展蔬菜,果类,并发展饲料工业促进养殖业发展,以满足市区城镇各种副食品供应。

2) 中期要在郊区农业基础上考虑发展精细农业,即以现代科学技术为基础发展高档次、高品质、高产量、新稀奇、名优特的农产品及其深加工,以求达到高效益实绩,高收入的实惠。可先考虑从生产优良品种蔬菜、清洁蔬菜、特种草、高级草皮、观赏植物和观赏鱼、盆景、珍禽异兽等开始。但要考虑一定的适用于本市的种类和品种结构,先试验后推广,以求占领湖广的高中挡,特别是涉外宾馆市场。待新化和溆浦划归本市领导后,在注意水土保持,发展林业基础上,还可考虑发展优质果品、优质种子,以及水产品种苗、养殖业种苗、名贵和特培(多次开花,多种颜色,高产量)花卉等的生产。

3) 远期要考虑在现代郊区农业和精细农业的基础上,争取农产品出口,在发展农产品包装技术基础上发展创汇农业。

湖南农业目前偏向于考虑粮食和大宗经济作物的生产,注意了各种基地的建设,但对现代郊区和精细农业的发展还很少考虑,冷水江市若能抓住湖南省这一薄弱环节,捷足先登,将可在带头中获得高收益。为此冷水江要吸引和培养这方面人才,建议及早成立现代郊区和精细农业研究所,承担开发、推广、产销挂钩等方面研究。并通过与广东、福建、北京和河北联合,开展有关研究和实地经营。

(4) 从忽视文化建设转向多层次多方位开放文化的发展。冷水江存在工矿企业、城镇、农村等差别,必然形成一定的互有区别的文化群体,可称之为亚文化集团。本市的企业文化群体科学技术水平高,与外界信息联系多,但缺乏商品经济意识;城镇文化商品经济观念比较发达;农村背景文化偏向于保守自足倾向。促进各亚文化群体交流是促进本区经济发展的润滑制,目前要着重开展下列四方面工作:

1) 提倡国营企业职工开展第二职业,以促进乡镇企业发展,各厂矿要成立第二职业处,提倡企业工程师关心乡镇企业的"雕虫小技",企业工程师在这方面大有用武之地。星期日工程师是企业亚文化集团与农村背景文化集团交流的最好途径。

2) 开展成年教育,培养各种中间人才,包括中小企业的技术人才,企业家,供销人员,熟练技术工人,以及乡镇、县的计划经济与农业管理负责人,农村中的能工巧匠等。可开办各种各样的技术培训班来促进中间人才的培养。

3) 抓好基础教育,保持入学率,避免文盲率进一步增加。

4) 节制生育,控制人口膨胀,是避免文化教育结构进一步恶化的必要措施。从长远来看,只有节制生育才能在中远期更有利于各文化群体的交流。

加强上述四方面工作,将有利于各文化亚集团交流,以求汇成注重发展商品经济的文化意识。

(5) 调整行政区划范围,发挥地市的辐射作用,带动农村地区集镇经济发展。

冷水江市解放后行政区划不稳定是妨碍该市发展的一个重要原因。1960年第一次建市,1962年撤销,1969年恢复市建制,其级别仍为县级市,在撤销市时只为新化县的一个特区。当时主要从湖南省生产缺口统配物资出发,把其作为一批国营直属厂家来考虑,因而只要有一区级政府加以配合,来管理户口和农业生产便足够了。恢复该市建制以后,因为是一个县级市,目前还保留了这两方面作用,但已开始把重点转向城镇建设,并考虑全市发展战略方向。然而,由于所辖范围太小,仅有12个乡,城市发展受限制,因而不论城市规划和发展战略的拟定,都受到很大的影响,难以充分展开。

要把冷水江市转变为一个湘中经济圈中心,建议把其调整为地级市,并把新化县归属其领导,调整新化县部分乡镇划入市区,以便市区向西发展,并可考虑把属于怀化地区的溆浦县也划归冷水江市领导。溆浦县划入冷水江市对该县经济建设将起促进作用,有利于其经济发展转为东向。这些措施将是促使上述4方面意见得以实现的关键措施,并使其从重点注意城镇建设转向考虑区域发展战略的必要条件。

冷水江从区提升为县级市,其职责已有所改变,现在又要求提升为地级市,目的在于成为一个地区级中心城市,以改变目前所存在的一些不协调、甚至不合理状况,促进调整本市产业结构,发挥城镇的辐射和引导作用,进而使其发展为湘中经济圈的真正中心城市。争取修通邵阳至冷水江铁路(走经花桥接金竹山站),将有利于湘中经济圈"银三角"的形成和发展。这段铁路可作为地方铁路加以建设。

若通过锑矿和其他矿产深加工与国外联合开发,并多方出口创汇农业和轻纺产品,冷水江这个古老锡矿山,就能打入国际市场,赢得"世界锑都"的真正美誉。

三、把敦煌建成为开放型经济结构的旅游县*

1. 风景旅游资源的种类和特征

1) 石窟寺艺术。敦煌以石窟寺艺术著称海内外,包括莫高窟,西千佛洞,分布于安西县的榆林窟(万佛峡)和东千佛洞距这里也不远(140—180公里),也可列入敦煌县的旅游范围。莫高窟和榆林窟都是全国重点文物保护单位,其中莫高窟更是名列前矛,甚至可以列为全国第一的著名石窟。榆林窟和千佛洞正在重修,目前只开放莫高窟。这些石窟修建于由固结很差的砾岩构成的河谷两岸陡崖上,虽然开挖容易,但若不加保护维修很容易崩塌。石窟历史悠久,崩塌相当严重,目前采取的水泥厚层护壁的加固方法,并非上策,只作到为保护而保护,完全破坏了石窟寺的原来外貌。

须知,这里并非单纯的石窟艺术,而是"石窟寺"建筑,这种石窟艺术包括雕塑、彩画和建筑三方面。目前这种保护方法(包括已开放的莫高窟),只保护了雕塑和彩画,其建筑外表已完全丧失了石窟寺外貌,大大降低了这里的旅游价值。

据说敦煌文物研究所的专业人员以学历史与雕塑绘画为主,学建筑的寥寥无几,也许

---

* 原载《阳关-酒泉地区双月刊》,1988 (5),62～64;(6),48～52。

这就是导致这里不注意恢复"石窟寺"建筑外表的原因。像正在加固的西千佛洞,在陡崖下方可以采取这种厚层护壁方法,通道以上的各个洞口,完全应该使其具有一定的石窟寺外貌,而不是以粗砂砾水泥贴面的长方形丑陋洞口面向观众,通道栏杆采用仿古典木栏杆形式,并染以红色,其艺术价值便可以大大提高。

莫高窟现有的建筑外表也是很不成功的,有的甚至被改造为完全现代的建筑,使这一颗丝路明珠的外表黯然失色。

我国分布有众多石窟寺,如何重修是一个很重要的研究课题。敦煌的这种简单加固办法,把精美的寺庙改建为这种粗砂砾水泥贴面的外表,应该说是很下策的措施,对石窟内雕塑和彩画起了保护作用,但却破坏了寺庙外表建筑。

2)历史遗迹旅游资源。敦煌古为丝绸之路的咽喉。汉武帝在河西置四郡,以敦煌最靠西。故古人习惯以此地为界,出敦煌向西,称为西域。丝绸之路进入新疆的三条路线都是以敦煌为出发点。如果把河西走廊比作古代中西交通的咽喉,敦煌便是随时能够张合的唇齿。史书上说,去西域诸道,"总辖于敦煌",就是这个意思。

敦煌历史遗迹众多,其中最有名的是汉长城西垂遗迹。汉长城西达新疆罗布泊,目前在甘肃境内甚至明长城嘉峪关以西仍有断续分布,其中敦煌县境在疏勒河南还遗存连续的汉长城遗迹(汉代称之为障),并且还分布有城、塞、亭、燧、烽、堠等古代军事防御工程。城与塞为一类,以主守卫,大者为城,小者为塞。亭、燧、烽堠为一类,以主烽火为责,视其规模大小和管辖级别而分为亭、燧、烽、堠。设在两族、两国交界之处,封土积石以为标志,称之为堠。故堠仅设于边远之地,其主要职务,在窥敌情,起候望察出入之责。

现存的城塞,以大小方盘城最为有名。小方盘城被认为是汉朝的玉门关,在县城西北80公里的戈壁滩上,相传和阗玉经此输入中原,故名,是丝绸之路北路必经的关隘。现存城垣完整,呈方形,东西长24米,南北宽26.4米,残垣高9.7米,面积633米²,西、北墙各开一门。玉门关位置在历史上曾多次迁徙,据张维华考证,汉玉门关原在古敦煌的沙洲城以东,后随防守线的伸展而有所移动,至于何时西迁至此处,尚无考证。据陈良考证,六朝时因今安西通哈密一道日渐重要而迁至今安西双塔堡附近。唐代玉门关也在这里,其后玉门关又东移到玉门镇,因此小方盘城便称为古玉门关。近世考证,对小方盘城是否为古玉门关却有争议。

大方盘城俗称河仓城,在县城西北60公里的戈壁滩上,西距古玉门关20公里,建于汉代,是汉至魏晋时期我国西部防线储备粮秣的军输仓库,供玉门关一带官兵食用。古城坐落在高出河床2米许的自然土台上,呈长方形,东西长132米,南北宽17米,残垣处最高67米,内用南北向的土墙两堵隔成连续的仓库三间。

烽燧,敦煌到处比较常见,有时三五成群分布,如三个墩、五墩、空心墩等处。其中最有名的为号称阳关遗址的北面敦敦山上的汉代烽燧,为古阳关候望之地,故有阳关耳门之称,保存尚好。阳关为丝绸之路南路必经之关隘,因居于玉门关之南而得名,一般认为在此烽燧以南的古董滩即为阳关所在地,滩因地面暴露大量汉代文物,如铜箭头、五铢钱、石磨、陶片等而得名。1972年,酒泉文物队从古董滩向西翻越十四道沙梁,发现了上万平方米的板筑遗址。经过发掘,有城堡墙基和房屋遗迹,还发现五铢钱、铜箭头、汉代灰陶片,以及耕地、窑址、水渠遗迹,总分布面积达十平方华里(1华里为0.5公里)之广,并认为这才是古阳关遗址。

近年甘肃考古工作者又发现阳关至玉门关之间有段长城遗迹,只有十几至几十厘米高,宽仅一米左右,有些地段城墙有二、三道之多,墙间有浅沟。有的学者认为,这就是古代将土挖松,用以辨认偷越者足迹的"天田"。

　　玉门关和阳关地处内地西陲,古诗有"春风不渡玉门关"(唐王之涣),"西出阳关无故人"(唐王维)等名句,道出了从京师到边远之地的遥远和荒凉之感。从今天看来,正是这些名句使这两关闻名海内外,增添了这两地的旅游价值。

　　敦煌地处我国内陆干旱区,降雨量极端稀少,因而使得上述这些汉代军事防卫工程一直可以保存到今天,有的还非常完整。此外,汉长城的修筑方法也非常特殊,一般是生土板筑,有些地段每层生土间还夹一些纵横交错的芦苇杆或红柳、胡杨、罗布麻等,砂土层厚20厘米、芦苇等层厚5厘米。至今还可见到这种墙基和烽火台,其芦苇杆仍保留完好,未见腐烂痕迹,这与气候干旱有关。同样的原因,有些烽燧还保留有当时备用的积薪红柳。这种特殊情况只要加以解释说明,对来自湿润地区的游客,一定会惊叹不已。

　　古城也是重要的历史遗迹旅游资源。历史上的汉代敦煌的龙勒县,即唐朝的寿昌县,现还有遗址可寻,位于南湖之东的沙漠中。寿昌县故城还有一部分露在沙丘之上,站在废城墙上望,可看到滚滚黄沙从北面袭来,将古城 8 300 余米² 的地面吞噬殆尽。寿昌故城与阳关遗址目前都埋藏在沙漠中,更增加了它们的神秘性。

　　汉敦煌郡治遗址,在今敦煌县西南的党河西岸。公元 421 年因战争,城外攻兵筑堤阻党河水灌敦煌城。党河水向北冲去,圮其东垣,卒被攻破,使旧城剩留在河西岸。据清代《敦煌县志》所绘故城图还可见"沙洲"故城的南、西、北三面的断续城垣,东西宽 718 米,南北长 1 132 米。现在则仅剩残垣几处,西北角城墩保留较好,若不再作保护措施,很快便会被居民取土破坏。城内现仅存白马塔一座,相传为晋朝期间西域高僧鸠摩罗什为纪念他的白马驮经而筑,此塔历代重修,现还非常完整。

　　3) 以自然风光为主的风景资源。敦煌属内陆干旱气候,自然风光比较特殊,从柳园坐汽车到敦煌,要经过一段黑丘陵与上复黑色砾石、下为黄土的干滩交错地区,在地下水较浅处,还可见稀疏的绿色灌丛,呈现着一种特殊的风光。这些黑丘陵由二叠系和石炭系的黑色砂页岩构成,其风化砾石在片流作用下,便覆盖了干滩表层。

　　汽车继续南下,要经疏勒河盐碱化滩地,可见西湖农场绿洲,越过疏勒河又可见到汉长城遗迹,很快便可进入敦煌绿洲。从柳园到敦煌一般认为是穿戈壁而过,自然风光相当简单,其实只要沿途加以导游,从内地到这里的游客,还是会很感兴趣的。特别是最早映入眼帘的那段黑丘陵分布区,还有汉长城遗迹、敦煌绿洲都是非常吸引人的风光。

　　敦煌有名的自然风光游览区主要有:

　　鸣沙山和月牙泉　　沙漠列入旅游胜地,并且距城不远,目前在我国只有这里的鸣沙山及其配景月牙泉。鸣沙山古称神沙山,沙角山,在县城南 6 公里,东西长 40 公里,南北宽20 公里,高达数十米。登山俯视,新月形沙丘成片起伏,山下丘中有状如新月的清泉荡漾,即为月牙泉,古称沙井,俗名药泉。天气晴朗之时,从山顶滑沙随人体下坠,鸣声不绝于耳。据史书记载,有时在晴朗天气,即使风停沙静,也会发出丝竹弦之音管,成为敦煌八景之一——"沙岭晴鸣"。

　　月牙泉处于四周沙山环抱之中,有一翡翠般的清泉,宽约四五丈,长约十五丈。泉内水草丛生,清澈见底,泉水涟漪萦回,久而不溢,天旱不涸,风景十分美好。铁背鱼、七星草,连同鸣沙山的五色沙,号称当地三宝。公元前 113 年,汉武帝得乌孙天马,天马生渥洼池,后有人怀疑月牙泉就是汉代渥洼池,清朝时还在此立了石碑,以资纪念。

月牙泉原有龙王庙、菩萨殿、药王殿、玉皇楼、雷公台、天王殿、七真殿、无童殿、吕祖殿、娘娘殿、接官亭、牌楼、廊庑等古建筑。十年动乱前还留有古庙几座,十年动乱间还可见断壁残垣,现已荡然无存。目前在入门处修建了接待设备及月牙楼。

五月端阳敦煌县城中青年男女纷纷结伴到月牙泉来游玩,登沙山,观泉景;六月六日前后,则多至此埋沙治脚病(关节炎);九月九日为重阳登高,构成每年敦煌人游月牙泉的三次高潮,成为这里的重要人文特色风景资源。

天马产地黄水坝　敦煌南湖绿洲靠从沙漠戈壁中溢出的四股泉水发展起来。其中最大的一股每秒钟流量为 0.8 米³,一座古来就有、历代多次重修的石坝,将涌出的泉水栏成一小湖,叫黄水坝。湖畔长着水草,引来饮水的马、骡和羊群。这一池清水原名叫渥洼池,汉代叫寿昌泽,天马出渥洼池的故事就发生在这里。《汉书》《资治通鉴》都记载了汉武帝如何经暴利长得天马的故事。

敦煌八景　敦煌八景中,除两关遗迹、千佛灵岩、古城晚眺属石窟寺艺术和历史遗迹旅游资源外,其他五景都与自然风光有关。在鸣沙山可见沙岭晴鸣、月泉晓彻、绣壤春耕三景。沙岭晴鸣已如前所述,月泉晓彻指一轮新月挂于天空,与月牙泉、古庙相配成景。这一景色在十年动乱前所拍照片,具有无限的神秘感,与敦煌石窟照片一直是外地游客的向往对象。

敦煌地势平坦,土地肥沃,每年冬去春来,大地解冻,万民齐耕,绿苗秀发,桃李盛开,便构成了绿洲的"绣壤春耕"的人间胜景,在鸣沙山俯观此景色,更为亲切而动人。

"党河北流"和"危峰东峙"属自然风光。中国名江大河,多东向、南向入河海,党河之水独自南而北流,夏季洪水暴发,甚至可以淹没大半个敦煌城,"一泓新涨波痕浅,两岸并排树影疏",也属观览胜景。县城东南 30 公里有三危山,临近千佛洞的主峰王母殿海拔 1 778 米,由千佛洞东眺,或由安敦公路转望东南,三峰峙耸,雄伟壮观,称为"危峰东峙"。

古建筑风景资源　敦煌的古建筑资源最重要的当然是石窟寺,如前所述,莫高窟和西千佛洞实际上并没有被当作古建筑而是被纯粹当作一种保存有壁画和塑像的石窟,按目前这种单纯加固的保护措施,石窟寺面貌将全部丧失,因此很难再被认为是一种古建筑。

十年动乱期间,敦煌的古建筑,除了白马塔外,几乎全部破坏,目前仅在党河西还有原来的西云观,保留有大殿、中殿、厢房和两个亭子的古建筑,现为苗圃,将来计划改建为公园。

白马塔身共分九层,高约 12 米,最低一层是八角形,经历代整修,用条砖包砌,每角面宽 3 米,直径约 7 米,全塔形态属明代喇嘛塔风格。如今这座坐落在绿洲田野的古塔,巍峨屹立,挂铃叮咚,颇为壮观,吸引了很多中外游人。但若不注意,随着城区扩大,这座建筑也会很快成为分布于现代建筑中的一座古建"盆景",那就会大大降低其旅游观赏价值。

总之,敦煌作为一个古城,现存古建筑这样少,出于外地游客意料之外。因此在敦煌适当增加与恢复古建筑,是非常必要的。

敦煌城　敦煌城目前有一座简陋的博物馆,市中心的十字街头和东大街为闹市,市场气氛在旅游盛季相当热闹。敦煌城的接待设备还算不错,特别是敦煌宾馆的新楼设计出自甘肃省建筑设计院女建筑师张澄雁的手,造型别致,现代化建筑的外表通过贴以装饰性横条玻璃瓦和壁画而具有一定的古色古香气。前门外壁有一幅陶瓷镶嵌壁画,为仙女迎宾图,房顶上则有假烟囱,其四面镶嵌有敦煌著名壁画瓷砖。进门后的前门大厅可通售货部和饭厅,还可通主楼住房。大厅顶借用了莫高窟藻井形式,下方设有双层水池,水池中央及侧壁上,分别有反弹琵琶浮雕和飞天圆雕,这一大厅实为现代化宾馆的进门"共享空间",但却有浓厚的地方古典风格。

2. 重要风景旅游点的开发建筑

(1) 莫高窟和西千佛洞。如前所述,莫高窟和西千佛洞的维修方法只注意保护石窟艺术,并不利于发展旅游事业。必须在文物保护基础上改善旅游接待能力,目前不让群众带相机进入参观范围,而铁栏杆内又植有成排杨树,使游客在栏杆外不能拍到敦煌全景,也必然使自带相机的游客扫兴,实际上敦煌石窟不宜在其前面植高树,只宜植低矮灌丛,以使石窟面貌更呈雄伟神秘气氛。

若能在旅游盛季服务员以唐代古装人物出现,则更能吸引游客,也必须有一定的道士和和尚参加接待,才能真正具有石窟寺的古代感应气氛。

敦煌石窟西侧为鸣沙山,为一座覆盖在基岩丘陵上的沙山。据我国沙漠专家赵松乔的研究,这里的盛行风既有东风,也有西风,在这两种盛行风作用下,使沙山具有金字塔沙丘形态,并且东风比西风强,因此总的说来,鸣沙山不可能对莫高窟构成沙埋的威胁。但在刮西风时,沙溜现象还是相当严重的,必须随时加以清理,否则也可把个别石窟埋没。历史上就曾发生过这一现象,但不能据此而认为沙漠已经威胁着莫高窟的安全。某些外国专家,例如,埃及沙漠学家萨塔在参观莫高窟时,便曾这样认为(即沙埋威胁),记者跟着也对这种错误结论加以报道(人民日报,1981年1月16日)。

(2) 敦煌城。敦煌城已开展了城市总体规划,我们认为敦煌城重点建设可以通过下列措施来恢复古城面貌。

1) 建设一座古建筑式样的博物馆。

2) 城市雕塑宜采用敦煌壁画风格,已建的邮局前大转盘的反弹琵琶雕塑的形象,只适于从东侧观看,其他各侧观看都显得很不自然,处于大转盘中的雕塑是一种供环状道路向其集中观看的对象,因此必须从各个方向看来都能成象,这一点在进一步修建城市雕像时,必需特别加以注意。目前应考虑先在城市入口各处修建相应雕塑。

3) 可在白马塔附近一带修建一座敦煌古迹风光缩影游园,并把现存的几座沙洲古城残垣,也列入游园中加以保护。

4) 规划中的敦煌市场是一座规模巨大的古建筑群,我们认为目前更宜先修古典步行商业街,在街口修建古典牌坊,以吸引游客。步行街内修建一些古色古香的铺面,售出商品和经营其他服务行业。此外,还可考虑增修一条现代化式的步行花园商业街。

5) 修复西云观,并把现有苗圃扩建为一个古典园林。

(3) 鸣沙山和月牙泉。这里首先要修复牌坊和两座古庙,一座为药王庙,一座为龙王庙,前者塑我国历代名医(神农、扁鹊、华陀、孙思邈、张仲景、王叔和等)塑像,并配以以"西方仙药"(七星草、灵芝、雪莲、曼陀罗等)为题材的壁画,后者为月牙泉的泉神——当地龙王的庙。

（4）开展汉长城专线旅游,适当修复通玉门关的公路,接待旅游者游玩大方盘城、小方盘城(玉门关)、阳关。目前阳关已建有小型接待站,还必须组织游客参观阳关城遗址,因此对阳关城遗址必须适当整修。

还可以把渥洼池改建为水上公园,修建天马与假人(即暴利长)塑像,并适当整修寿昌古城,把这两处也作为汉长城专线旅游的一部分。

（5）恢复敦煌八景,可以杭州建十景碑亭,乾隆修北京八景石碑为例,修建八景碑亭或露天石碑。莫高窟前方可修一座碑亭和一石碑(危峰东峙、千佛灵岩)。鸣沙山前也可修一座碑亭和一石碑(沙岭晴鸣、月泉晓彻),月牙泉公园前方可修一"绣壤春耕"碑亭,沙州古城西北角残垣上可修一"古城晚眺"碑亭,白马寺东侧面临党河旁可建一"党河北流"石碑。

此外,还可以在渥洼池修碑,仿清人在月牙泉旁所立的"汉渥洼池"碑式样,以改正原来传说的存疑。

3. 怎样把敦煌建设为一个旅游县

敦煌处于我国暖温带干旱气候区,县城海拔 1 138 米,年平均降水量仅为 39.9 毫米,年平均气温 9.3℃。全县总面积为 3.12 万公里^2,各种土地面积和比例如下:

戈壁　2697.6 万亩[①]　　57.6%

沙漠　765.7 万亩　16.3%

山地　600.0 万亩　12.8%

绿洲　210.0 万亩　4.6%

荒地　406.7 万亩　8.7%

全县现有林地 406 万亩,其中天然林 378 万亩,有草原 118 万亩,90%分布于荒地中。现有灌溉面积 27 万亩,耕地面积 235 万亩,仅占绿洲与荒地总面积的 38%。

1983 年底总人口 100 343 人,其中农业人口 85 028 人,非农业人口 15 315 人,全县粮食总产达 5 769 万公斤,棉花总产 467 万公斤,农业总产值 4 886 万元,农村人均收入达到 575.4 元。主要工业产品有芒硝、石棉、机砖、地毯、阳关夜光杯等。全县 1983 年工业总产值 2 804.5 万元。芒硝为干旱气候的盐湖沉积,其分布区,东起甜水井,西至罗布泊,全长 600 公里,其中 85%以上的高品位硝储量约 500 万吨。

根据敦煌的自然条件和社会经济特点来讨论这里的产业结构,其第一产业应以棉花、芒硝、瓜果(主要是葡萄、杏干、梨、桃、枣等)、蔬菜等为主。特别是这里的棉花虽属陆地棉,但质量优良,其产量为甘肃省之冠;另外瓜果和蔬菜更是质量优良,既可为旅游服务,也可以大量输往青海柴达木盆地。第二产业以食品和工艺、文化艺术产品(字画等)为主。第三产业主要为旅游服务,特别要注意扩大旅游服务季节。

为了促进上述产业结构的调整和发展,敦煌县首先要发展饲料工业,增加牲畜家禽饲养,生产中高级旅游食品,改善食品包装。还可以利用这里的优质棉花,除外调部分外,发展精纺细纱布生产。当然,还更需要发展为旅游服务的工艺产品,包括古字画的描摹和复制品生产。

---

① 1 亩=1/15 公顷。下同。

敦煌县历史文化悠久,具有众多的从事古文化研究的人才,生产高质量的文化艺术产品很有条件,但如何解放思想,开展现代工艺美术研究,以改进包装工艺和使工艺产品多样化,还必须进一步提高。

敦煌县最缺乏的人才是第二产业的加工工程师,必须培养能生产各种高级旅游食品,包括生产啤酒和汽水的工程师。目前这里的旅游食品,除了面包的质量不错外,其他都非常一般。还必须培养包装工业的工艺美学人才,现代食品包装要求底色鲜艳,一般采取以有定形或无定形的鲜艳"形彩"加以组合,有时还可以配合类似东方草书的无定形线条,形成无题材的,但能给人以美的感受的画面,再配以精细的商标和食品名称和内容说明。若为传统食品,还可以在商标和食品说明中配以古典精致图案。采用这种包装,既可远观,又可近看,也即以鲜艳色彩组合吸引购买者,而又以精致商标和说明,使购买者知道这是名贵的传统食品。

总之,现代食品包装的图案设计,若以纯抽象艺术为背景,突出古典或传统风格的精致图案,常可获得很大的成功。纯抽象艺术可以包括纯色彩的几何组合构图,及其进一步发展的光效应艺术,还可包括美国抽象画家波洛克所开创的手法,即前述的以无定形形彩与线条的组合。精致图案可包括敦煌壁画形式,也可包括和玺、旋子、苏式等彩画风格。应该特别指出,敦煌壁画都属写实作品,很少包含抽象艺术成分。现在我们所看到的壁画,有时很象抽象艺术,实际上都是褪变变化后的形象,不是其原来壁画的形象。因此对以敦煌壁画为题材的图案,都宜恢复其原初写实形象。

要发展敦煌的第一、二产业必须注意人才的培养,并应加强有关科学研究,为此敦煌必须成立食品和工艺美术两个研究所。

敦煌的第一、二产业的发展应着重为第三产业,也即旅游业服务。目前旅游季节为4月中到10月中,还不到半年,因此要扩大旅游季节长度,可以在早春(3、4两月)和晚秋(10、11两月)开展会议旅游,把旅游季节延长至9个月以上。随着我国经济和科学技术发展,特别是向开放型经济转变,国内各种业务和学术会议交流将不断增多,在早春与晚秋接待各种会议到敦煌开会,并组织相应的旅游,敦煌的现有条件,优良的宾馆设施,古典的传统文化是很有吸引力的。

敦煌目前只有专业的秦腔剧团,这种地方戏只能满足地方群众要求,而目前根据壁画改编的歌舞,特别是仿唐歌舞,仿彩塑歌舞都在国内外享有盛名,但敦煌本地却不会自己演出。建议由敦煌宾馆筹建一敦煌歌舞团,既可在旅游盛季为游客演出,还可在旅游淡季(冬季)到全国各地,包括港澳巡回演出,扩大敦煌古典艺术的影响,也是吸引游客前来旅游的有效措施。

敦煌要发展为一个旅游县,必须以开放型经济为基础才能更有成效。过去我国商业宣传习惯于采用"发展经济,保障供给"的封闭型口号,目前这一反映自然经济的口号还到处可见。我们这次到敦煌,却看到另一个口号:"发展商品生产,活跃城乡经济",说明由于这里所处的地位和条件所决定,使敦煌人更易接受开放型经济思想。怎样把敦煌建设成为一个具有开放型经济结构的旅游县,必须开展下列工作。

(1)大力发展旅游事业,改善现有的接待设备和服务态度。首先莫高窟不宜采取封闭型的接待方法,敦煌文物研究所的思想也必须开放,必须增加建筑艺术研究人才,使文物保护与旅游开发更好地结合起来。在加强第一、二产业为旅游服务的同时,要解放思想,理直气壮的在早春、秋天大力组织会议旅游。

（2）敦煌地势比青海柴达木低 1 500 米左右,气候条件优良,敦煌的大农业除了为本地旅游服务外,包括以农产品为基础的食品工业,都应以柴达木为广大市场。目前柴达木大量通过柳园进口外地食品和用品,敦煌若能生产大量家禽、家畜,中高级食品、蔬菜、瓜果,甚至粮食和纺织品,则可以非常有利地占领柴达木市场。可与柴达木各地达成一定的协议,为该地供应大部分农产品和部分食品。

（3）敦煌目前首先要在北京、上海、广州、兰州、酒泉等地设立窗口商店,出售敦煌工艺产品和特产,并接待组织到敦煌旅游和开会,也要欢迎上述各地到敦煌设立商店。兰州饮食公司已与北京崇文饮食公司联合计划在北京天坛北门修建敦煌楼饭店,也应认为是敦煌设于北京的窗口。敦煌还应在青海格尔木、冷湖、茫崖等地设立农产品和食品商店,同时接待到敦煌的旅游客人。

敦煌绿洲自然条件优越,历史旅游资源名闻海内外,还有一定的矿产资源（芒硝为主）,若经营管理得法,经济起飞并不困难,敦煌已计划到 1994 年便提前六年实现国民经济翻两番的任务。我们认为只要加强智力投资,培养相应人才,按上述战略方针发展经济,到本世纪末,敦煌县的总产值翻四番是可以达到的。

四、一般实例研究（顺义县、南县、巩县）

1. 北京顺义县*

针对本县的下列三个自然经济特点:

（1）本县的自然特征主要是处于暖温带偏北的平原地貌。境内除东北边缘有少量丘陵外,大部分属平原地貌,但内部仍有地势高低差别。过境的潮白河纵贯本县中部,两岸分布有原为天然堤的阶地,牛栏山经顺义至李家庄一带便属这类阶地,地势偏高,适于发展果业。其他各地,除西南部温榆河属过境河外,大都属于发源于本县及其附近的小河。东部金鸡河具有一定的下切作用。境内随地貌和第四纪沉积物分异而有洼地、砂地、壤质平地、天然堤阶地等不同地貌类型。

（2）顺义县经济过去比较单一,一直被当作北京市的粮食基地,第一产业偏大。"一种二养三挖（沙）四烧（砖）"成为这里的传统产业结构。十年动乱以后,正从这种偏向于第一产业的封闭型产业结构向开放型的郊区产业结构转变,已有很好的起步。特别是服装行业的产量可占全市 1/4,具有较强的竞争力量。

（3）本县属北京郊区,要发挥近郊优势为首都服务。北京城区工业面临升代技术革新,必然有相当大的部分零配件生产要向郊区扩散。顺义一方面要容纳这种扩散,另一方面也要争取一定的工厂企业在这里定点设厂。该县目前在粮食生产、食品工业、纺织服装工业、建材工业等方面具有较好的基础。要争取把后三者作为基地加以发展,并且已被计划作为两吨轻型卡车的生产基地。

本县发展战略,也即产业结构方向可分四个层次来讨论（表 15.1）。

（1）农业必须从过去的农—工—贸的封闭型结构向郊区的贸—工—农的开放型结构

---

* 原载《自然资源学报》,1986,1(2),16~17。

转变.把粮食也当经济作物来栽培,不要只追求粮食产量,而应发展各种优质品种,发展饲料工业和畜牧业、奶牛业、养禽业、水产业等;各种经济作物、果树、蔬菜等也要发展优良品种,定点收购,精加工后向市场销售;名贵品种可与高级饭店挂钩,供其制作名菜;还可以利用郊区近邻市区优势,大力发展葡萄、樱桃、草莓等浆果,供应市场。也即必须从封闭型的大粮食观点向开放型的大经济作物观点转变。

表 15.1　顺义县产业结构层次表

第一层次	第二层次	第三层次	第四层次
郊区开放型农业	食品工业 建材工业	纺织服装工业 机械加工工业 印刷、电子工业	以第三产业为主的机场镇和农业开发区
第一产业	就地取原料的第二产业	再加工工业	开发区

（2）大力发展食品工业,必须引进先进技术,生产各种高级食品,供应首都市场。在现有建材工业的基础上,加以扩大提高,发展新型建材。这两项工业属利用本地资源的直接加工工业,应从目前的粗加工状态向精加工提高。

（3）本县产业结构的第三层次是利用已有或进一步准备一定的技术优势,发展引进一定原材料的再加工工业.纺织服装是利用现有技术优势的加工工业,必须在服装设计方面大力提高,不仅要生产流行服装,也必须注意生产体型服装,包括生产传统体型服装.机械加工应以接受城区零配件生产向郊区扩散为主要方向,还要抓紧落实轻型卡车在本县的定点设厂.印刷和电子工业是必须准备技术力量的加工工业。电子工业目前可先与酒仙桥各厂挂钩,为其生产一定的零配件,同时积极培养技术力量,配合开发区再作进一步发展。印刷工业技术必须提高,若能印刷高质量的书籍,才有可能为北京各出版社承担印刷任务。

（4）计划在飞机场以西一带建立经济技术开发区。此开发区与海淀、昌平、涿县等拟议的科技开发区比较,不如上述三地,不宜发展为科技交流或科学信息产业开发区,而宜建设为面向机场服务的第三产业、食品工业、农业以及部分电子工业的开发区。天竺和后沙峪两乡可作为农业开发区建设,可就上述有关方面与外资合作,或与北京有关企业单位合作,内联外引逐步在飞机场附近发展一个周围具有现代大农业基础的,以第三产业,包括旅馆、饮食服务业、现代娱乐活动为主的机场镇。

上述产业结构的四个层次是相互联系的。开放型农业是发展现代食品工业的基础,建材工业是对本区砂石原料开发的再加工,发展第三个层次(纺织服装、机械加工、印刷、电子等)产业,在于积累资金,提高技术,将有利于前两个层次的升级提高。开发区除了为机场服务外,也在于引进新技术,并加以扩散,促使全县各行业的技术改进和提高。

2. 湖南南县*

南县处于洞庭湖冲积平原的中心部位,具有下列的自然经济特点:

* 原载《自然资源学报》,1986,1(2),17～18。

（1）位于中亚热带北部，寒害较多，故不宜栽种怕寒作物和果树。柑桔和甘蔗目前有一定的种植，并且有所发展，都只能是相对优势。本区更适于种植水稻、蚕豆、大豆、高粱、玉米、小麦、大麦、棉花、黄红麻、苎麻、油菜、凉薯和多种蔬菜，还适于发展蚕桑。

（2）属平原水乡。土地结构为"五田三水一路一村"，为鱼米之乡。盛产各种鱼类和湘莲，还有菱角、茨菰、荸荠、茭白、蒲草等湿生作物。洪水灾害威胁严重。

（3）本区土壤中性偏碱，以壤质土和砂质土为主，属紫色冲积土，是四川风化紫色砂页岩经冲刷由长江带来的肥沃冲积土。本区的气候水热条件应形成酸性土，但由于母质含钙，因而形成中性偏碱的土壤。在酸性土的地球化学环境中出现碱性母质，形成了这里的优良土质。

（4）本区缺乏能源和木材，建材也缺乏石料和水泥。

（5）人口多、密度大，劳动力丰富，甚至呈过剩状态，但素质，包括文化素质和体质都须提高。农民营养构成以碳水化合物为主，蛋白质营养普遍不够。继承了冲积土"新"垦区特点，散村居住很普遍。

（6）原有产业结构偏向于第一产业，以"一种二养三烧（砖）"，或"一种二抓（鱼）三采（莲）"为主。十年动乱后有所改变，工业有所发展，但很薄弱，所占比例不高。农业也需从封闭型结构向开放型结构调整。第三产业更不够发达。

针对上述自然经济特点，南县的发展战略目标可定为：争取把南县建设为养殖、纺织原料（麻、丝、棉）、优质大米等，以及与之相应的专门产业的基地县，以求建立洞庭湖冲积平原区的典型开发模式。其具体对策措施为：

（1）在搞好水利，特别是防洪措施，保证能源供应，发展交通的基础上发展生产。水利、能源和交通是本县的发展限制条件，必须先行发展和解决，才能保证本县经济起步和发展。

（2）第一产业必须向开放型结构调整，从大经济作物观点去发展大农业；第二产业主要以食品和饲料工业、轻纺工业（黄麻、棉麻混纺等为主）、建材工业（砖瓦等），以及已有一定"拳头"产品的橡胶、塑料、电子工业为主；第三产业着重为解决外销出口服务。因此本县产业结构为以发展第一产业为基础，发展第二产业的深加工专门产业，开拓第三产业为第一、二产业打开市场销路，促进第一、二产业的合理调整，并为地方居民服务。

（3）发展开放型农业。本区大农业构成长期忽略畜牧和养禽业，水产业的应有地位也没有得到重视。本区土壤含钙，特别有利于养殖业发展。只要同时注意发展饲料工业，可以大力提高养殖业在大农业中的比重。过去本区的大农业发展构成方向常定为种植业50%，水产业（养鱼和种植湘莲子等）30%，养殖业10%，林业10%。根据本区的自然条件，我们认为，大农业构成方向应逐步调整为种植业30%，水产业30%，畜牧和养禽业30%，林业10%。种植业除发展棉、麻、桑外，要发展优质大米，包括传统贡米的生产。目前要推广大豆—粳稻轮作制，以生产可供外销的粳稻，发展各种优质豆制品，以改善本区居民营养构成。畜牧养禽业着重发展猪、兔、牛、鸡、鸭、鹅的养殖，并在此基础上发展羽绒加工、蛋制品，以及鹅肝制品，各种肉制品加工生产。在洼地地区要建立桑基鱼塘，发展蚕桑生产。还要利用本区散村居住特点，大力发展庭院农业。

（4）开展自然保护和环境保护，以求建立合理的地面结构。本区按地势高低可分为高、中、低三种平地，还有各种低洼地和水面，首先要退耕还湖，改善本区各垸的防洪能力。

针对具体天然地面结构,拟定一个包括种植、养殖、绿化、桑基鱼塘、水产,甚至墓地树林、防洪安全台、安全区、安全路、安全屋、安全树,以及筹备安全船停放点等合理土地利用结构。从防洪出发,要区别大、中、小的不同防洪措施。考虑到整个洞庭湖和长江关系的防洪对策,属于大的防洪对策;并大垸和洼地改造,合理退耕还湖,属于全县性的水利对策;各垸也必须有其更具体的防洪对策。

3. 河南巩县[*]

河南巩县位于郑州(东距 69 公里)和洛阳(西去 49 公里)之间,陇海铁路穿过本县,处于豫西山地和华北大平原的交接处,属黄土高原切割丘陵台塬区,南依嵩山有部分浅山分布(五指岭、青龙山等),北临黄河,伊洛河自西南流向东北从中部穿过。这种区位形势,历史上被概括为"河山回塞,巩固不拔",固以"巩"为名,向为军事和商贸要地,群众商品经济意识比较浓厚,如回郭镇、孝义镇(巩县政府所在地)解放前就是工商企业活跃,商贾云集之地。1912 年,临时国民政府在巩县兴建闻名中外的孝义兵工厂。解放前夕、煤、建材、纺织、卷烟等行业已初具规模。巩县矿产资源丰富,包括煤、铝、石英岩,紫砂陶土,还有溶剂灰岩、高岭土、石灰岩、大理石、汉白玉等。煤、铝等矿储量大、品位高,易于开采,可为发展冶金、建材、陶瓷工业提供充足的原料。另外,境内还分布有著名的巩县石窟寺和宋陵风景区、浮戏山省级风景旅游区(有"天下第一雪花洞"的溶洞)等。

巩县总面积 1 041 公里², 人口 662 万人,耕地 547 万亩。位于暖温带季风气候的南部地区,光热充分,雨热同季,具有发展暖温带果业的良好条件。巩县为河南省综合改革试点县,以经济文化发达居河南各县之首,农林牧副渔全面发展,工商建运百业兴旺,商品经济蓬勃发展。1987 年工农业总产值 11.5 亿元,1988 年可突破 16 亿元,比上年增长 39.2%。巩县已进入具有一定发展速度,效益相当明显的发展轨道,但还须进一步提高,以求建立一个具有自我发展的良性循环道路。

针对上述巩县的区域开发背景条件分析,巩县发展战略要注意下列几点:

(1) 发展区位的有利位置,宣传宋皇陵风景区旅游,以提高巩县的知名度。郑州与洛阳之间自东而西分布有荥阳、巩县和偃师三县,使巩县兼有郑州与洛阳两市的近邻优势,可以依靠这两个大城市的辐射作用,并为之提供相应的农产品和食品,工业零配件,承包建筑业,提供城市服务人员(包括自山区提供保姆),以打入这两个城市市场。与此同时,巩县与荥阳和偃师比较起来,从面对一市来看其近郊优势可能不如这两县,但由于巩县可面向两市,因而同时兼有独立发展优势。从克里斯泰勒的中心地理论来看,正是这种独立发展优势,兼之处于山地与平原交界处,使巩县有可能超过荥阳和偃师而获得更快发展,不久将具有升级为县级市的条件(1991 年 9 月该县已升为县级市)。

巩县具有宋皇陵、石窟寺、杜南故里、康百万庄园、天下第一雪花洞等名胜。宋陵和石窟寺已列入全国重点文物保护单位,可从国内旅游起步,面向港澳宣传,吸引曾是宋帝昺流亡住地(九龙古迹宋王台)的香港旅客前来巩县旅游,并进而吸引中原旅游文化区主要景点——郑州(嵩山)、开封、洛阳等地的国际游客兼游巩县名胜。也就是说要把巩县各景点加以宣传,使其成为中原旅游文化区的组成部分,即巩县可与嵩山(少林寺等)、开封、洛

* 原载《中国社会发展战略》,1990,(1),45~46。

阳并列,同为中原旅游文化区的必游之地。通过以宋皇陵风景区为主的宣传,吸引国内外游客来巩县旅游,目的是要提高知名度,促进商贸和投资发展。面对港澳还要发展宗教旅游,以稳定客源,并促进港澳客商来巩投资。

(2)因地制宜分散合理组织区域开发。巩县境内有地域分异差别,针对这种自然和经济结构分异,可以因地制宜分散合理组织区域开发。境内河谷平原注意发展粮菜棉,丘陵注意发展粮油烟,山地发展林牧果,黄河滩地开发渔业生产,城镇郊区发展蔬菜生产,发展县内八镇和两煤矿区的工矿业生产,主要风景点的旅游业等,是巩县区域开发的必要基础和起步措施。其中要特别注意在水土保持基础上重点发展果、烟、郊区精细农业、矿业开发,以提高巩县的商品率。

(3)促进产业升级换代(即产业高级化),提高产业结构质量。巩县乡镇企业发展是近年来经济高速发展的主要原因,但也带来国营企业的不景气。巩县发展要振兴国营企业和发展乡镇企业并重,同时也要发展乡村经济。因此促使巩县产业高级化的措施是振兴、繁荣和发展等三方面:

1)振兴国营企业:巩县的矿产资源丰富,并有一定的农业优势,并且区位条件有利(陇海铁路穿过本县,处于山区和平原交界处),要对现有国营企业进行调查论证,分析其带头、配套、外围产业结构,并筛选拳头产品,在进行相应改革下促使现有国营企业发展;也要论证需要国家进一步分期投资建设的,有经济效益的国营企业,除了发展煤变电、电变铝的行业外,还要注意发展农产品加工的轻纺食品行业,以列入国家相应建设计划,这是振兴巩县国营企业的两项措施。巩县现有战略研究对这方面的注意很不够。

2)繁荣乡镇经济:1987年乡镇企业已达22 700个,务工人数165万,但一般说来,企业规模相当小。已形成冶金、建材、机械、轻纺、煤炭、食品、电力八大行业,产品3 000多种,获市以上优质产品260个。铝铁、棕钢玉、金红石、糠醛、砖机等23种产品远销国内外。1987年,乡镇工业产值达91 900万元,是1978年的8倍,占全县工农业总产值的比重由62.8%上升到87.9%。1988年1~10月工业产值达11.5亿元,比上年同期增长60%。巩县乡镇企业是乡镇经济繁荣的基础,但在发展过程中也存在着一定的问题,要在整顿提高的基础上,及合理征收税收的控制下,促进其健康发展,才能使乡镇经济的繁荣更为可靠。目前乡镇企业依靠国营企业出卖部分高价原材料和原料进行建设和生产,部分国营企业依靠倒卖国家统配物资维持经营,两者之间这种不正常关系对国家来说存在着很大的不合理浪费,进而导致乡镇企业越发展,国营企业正常生产反而削弱。巩县必须考虑克服这一弊病。

3)发展乡村:巩县地处黄土高原边缘,浅山区植被除个别风景区保护较好外,破坏相当严重,因而存在着浅山和黄土丘陵的落后乡村经济。可在水土流失地区适当疏散人口,引导山区居民下山从事建筑行业,妇女进城当保姆,黄土丘陵区发展梯田果业,在河谷地区发展集约农业,大河谷平原和城镇郊区发展郊区和精细农业等,是发展乡村经济的有效措施。巩县地处郑州和洛阳之间,要考虑适当发展为这两市高中级宾馆直接服务的精细农业,提高乡村的教育和文化水平,使农民从农业社会的价值观逐步提高到具有现代工业社会,甚至现代信息社会的文化价值观,是从根本上发展乡村经济的基础。

总之,巩县发展战略主要是依靠区位有利优势,宣传宋皇陵风景区,振兴国营企业,繁荣乡镇,发展乡村,市场导向和资源导向并举,通过铁路和公路交通把境内各城镇联系起来,开发国内外两个市场,形成南部山区沿公路线的煤炭、冶金、建材工业基地,北部沿铁路的机械、轻纺、化工基地,广大乡村的集约农林果牧基地,以国内和港澳市场为主的旅游业,争取在不久的时间内建成具有自我发展能力的繁荣县级市。

第十六章　镇的行政区案例

一、浙东南龙港镇的发展条件和趋势[*]

1. 作为经济低谷的增长极

龙港镇地处浙东南,即瓯南的鳌江出海口,属苍南县,江北为平阳县的鳌江镇。在历史上鳌江曾为瓯南与闽东北的一个局部港口集散地,通航过 3 000 吨轮船,并与台湾 基隆有过通航经济联系。

历史上平阳县的鳌江镇已有一定的基础,龙港镇则是近年来在温州经济开放基础上作为一个地方开发、吸引农民进城建设发展起来的一个新城镇。现已有人口 4.5 万,建成区 4.2 公里^2,1987 年工农业总产值 8 580 万元,人均收入 1 121 元,市场成交额 3.42 亿元,1988 年工农业总产值可达 1.3 亿元,已成为苍南的经济中心和物质集散地。若与港北的鳌江镇合计,总人口可达 10 万人,总产值也可达 2 亿元以上,市场成交额合计 7.5 亿元。

由于鳌江分隔,加以这两镇分属不同县份,因而很少把这两镇的"合力"给以估计。现在筹资 530 万元的鳌江大桥,已于 1988 年底通车,这两镇的联系已从不太方便的轮渡转变为方便的桥梁直接沟通,两镇将逐步整体化成为一个统一城镇。

从温州到福州之间是我国沿海的一个局部经济低谷,过去由于地处东南对台前线,而未获得发展,特别是一些有发展远景的港口未得到注意,县政府所在地迁就历史原因,还设在沿岸内侧,并未向海岸一带转移。

从克里斯泰勒的"中心地"理论来看,温州到福州之间的经济低谷,应该具有 2~3 个带有增长极的中级城市出现。从龙港与鳌江两镇的总体实力,及其港口区位来看,再加上温州人的商品经济意识,以及当前这两镇的发展"态势",这里作为经济低谷的增长极的条件是具备的。

2. 发展经济措施

龙港和鳌江是在温州专业市场和商品经济发展下,近年来形成或繁荣起来的轻工业城镇和物质集散地。温州市域范围内十大专业市场,有五个在龙港附近,即在苍南和平阳境内。例如,金乡的塑料片、标牌、证卡,钱库的服装、水果,宜山的再生纺织品,湖前和肖江的编织袋,水头的兔毛等。龙港的骨干行业有塑料、编织、标牌、证卡、纺织印染、服装皮革、食品工业、包装装潢、机械等,都是以劳动密集型产业为主。

龙港和鳌江两镇作为瓯南和闽东北的出海交通枢纽如何进一步促进其发展,目前要

---

　　* 原载《城市问题》,1989 (3),28~30。

特别注意下列措施:

(1)改善交通。在飞云江和鳌江大桥已经修通条件下,本地到温州的交通大为改善,还要全面改善温州至福州的沿海公路(104 国道),应综合考虑龙港和鳌江的港口建设,改善和扩大其通航能力。此外,修通金温铁路以改善温州交通条件,也会间接促进龙港发展。

(2)通过北煤南运、南砂北运,向秦皇岛市玻璃工业供应优质石英砂,扩大本城镇的能源供应,并在此基础上建设火电站,以促进电力工业发展。

(3)建立对台(湾)加工出口贸易区,接受台湾"产业"空心化转移来的劳动密集行业,包括技术劳动密集行业,如鞋、帽、伞、网球拍、手提包、旅行箱和旅行袋,以及部分电子产品的组装等,特别要吸引台湾企业家来作独资经营,我们只提供劳力(包括管理人员)、原材料,并在优惠条件下出租土地或有偿出让土地使用权和征收一定税收。

(4)争取国家投资,使国营企业也在这里发展起来,以促进本区与国家投资的有关企业,以及相应的第三产业发展起来。其中特别要论证综合利用矾矿的大型工厂建在矾矿山最近的港口城市——龙港。

必须注意到,随着国家经济和社会秩序的整顿,体制改革的深入,龙港依靠乡镇企业低税,有一定程度的次品,通过回扣扩大推销,从国营企业"倒买"来的原材料,通过高价从农村地区收购来的农产品将面临一定的困难,集体经济会出现一定的下降马鞍形。

国营企业振兴将是我国当前改革和经济发展的一个措施。也即只有振兴国营企业,才能从根本上提高市场的供应能力。鳌江镇原有一些中小国营企业,还需建设大的国营企业,例如上述矾矿综合利用企业,估计年生产钾肥 10 万吨,氧化铝 16 万吨,硫酸 16 万吨,职工近万人,投资 7 亿元。此项温州化工厂的新建工程,若能争取在龙港建设,将可根本改变这两镇国营企业落后的局面。

(5)制定正确产业政策,一方面充分发挥小商品生产优势,积累资金;另一方面还要鼓励农民企业联合起来走股份合作化道路,适当扩大企业规模,逐渐更新设备,引进新的适用技术,通过筛选,以及开拓新产品,发展更多有竞争意义的产品。以求摆脱温州产品次品相当多,有一定造假成分,依靠回扣推销,还有一定的违法行为的不光彩形象。学习日本从"东洋货"以质量偏低到今天发展为日本货过硬的发展精神,要推出新的一代可靠的温州产品。

配合对台开发区,积极发展小型电子产品、电子玩具、新型陶瓷材料、高级纺织品等,这是本区产品在近期升级换代的产业发展方向。

3. 龙港模式的意义

经济模式是我国经济改革管理体制结构在区域分布上的表现。温州模式是依靠本地居民传统的商品经济意识而建立起来的。温州交通不便,便从发展运量少的小商品生产和市场起步。

不少经济模式,像温州和苏南,以及经济在近年发展较快而还未总结模式的宁波和潮汕,都是商品经济意识浓厚的地区。宁波人、潮汕人和温州人具有竞争、自强的商品经济意识的品质,这一品质应为优点,而不是缺点。

龙港模式是温州模式中的一种类型,更具有竞争自强的发展意识。其中最有意义的是:

（1）龙港模式改变了我国有关"离土不离乡，进厂不进城"的控制城镇化的传统观念，允许农民进城落户（口粮自理户），发展工业和商业。引导农民把发家致富的资金不用于生活消费（包括过份建房、红白喜事等方面的奢华开支等），而用于生产积累。与此同时，部分农民进城，也减少对农村土地和生产资料紧张的压力，有利于农村专业化发展，逐步发展规模经营。

（2）"离土不离乡，进厂不进城"的模式使一个农民长期占用两份土地和生产资料，而都没有做到用心经营。在我国土地紧缺，生产资料紧张情况下，这种模式不利于经济发展，也不利于我国城镇化。龙港的"离土又离乡"模式是一种很有意义的小城镇发展模式。但必须注意到，要在一定的区位条件下，具有一定增长极意义的小城镇才具备这种发展条件。

（3）最后，龙港模式考虑级差地租，通过出售土地使用权（即所谓交纳一次性使用费），收取土地使用税（即所谓交纳经常性土地使用费），来作城市基础设施和维护资金，也是城市经济政策的发展方向。

4. 调整行政区划，促使经济低谷发展和繁荣

从内向型经济转向港口外向型经济，先从"内联外济"起步更为合适。如何促使本区内联外济的外向型初期阶段经济发展，根据上述分析，合并龙港和鳌江，设立一个属于温州市的县级市将可促进外向型经济发展，加速城镇繁荣，带动经济低谷带的发展。

从县直接调升为市出发，可把苍南和平阳县合并为县级市，市政府设于鳌江和龙港。把全市域分为三区（城区、苍南、平阳）。也可把鳌江和龙港及其附近一定郊区划为县级市，苍南和平阳两县维持原设。为此必须对鳌江和龙港两镇经济的现有实力进行切实估计，还要处理好温州市、平阳县、苍南县以及鳌江和龙港两镇的关系。

二、广东陆丰县碣石地区发展问题[*]

广东省陆丰县南郊有一个海滨旅游区，在其境内分布有以玄武山寺为首的，包括碣石古明城、附近的石洲南关古寺、观音岭水月宫、田尾山海角石林、金厢连绵不断的松软沙滩和虎尾山、观音山腰的桥冲栖云岩、碣北云中居和桂林北宋以来的摩崖石刻等处，构成一个风景秀丽的旅游胜地，我们称之为玄武山-金厢滩海滨旅游区。这一地区是以碣石镇为主体，包括碣北乡、金厢乡和桥冲乡的南部一角，习惯上称之为碣石地区。

碣石镇明清时期是海防重镇，民国期间为渔港兼宗教旅游镇，主要是因为这里有一个作为闽南语系海内外居民信仰中心的元山寺。解放后主要为渔港，现正在转变为一个以工艺旅游产品为主的轻工（包括服装）、渔港、旅游镇。

碣石镇的发展，从旅游和郊区农业来看要依靠其近邻各乡，而近邻各乡也必须依托碣石镇来带动其工农业和旅游业的发展。特别是碣北乡的新酉、望海楼、桂林、菜园坑等村已经或几乎与碣石镇相邻，成为或即将成为碣石镇城区的一部分。总之，碣石镇的发展战略研究不能脱离其相邻各乡，特别是碣北乡孤立地进行。

---

* 原载《地理学与国土研究》，1990，（2），37～40。

1. 城镇性质

碣石镇有下列 5 方面特征:

(1) 这里分布有玄武山-金厢滩海滨旅游区,是一个具有省级优势的旅游区,可作为粤东旅游投资重点。

我们从风景结构出发去探讨与其相对应的旅游活动行为和市场结构,而后两者的对应变换关系即为旅游业的发展方向。至于接待服务措施(交通、住宿、购物、娱乐等),主要根据上述旅游业的发展方向加以合理配置。

玄武山-金厢滩海滨旅游区,具有一个世俗性宗教感应气氛特别强烈的元山古寺,其信仰地位高,海岸风光旖旎。沙滩近期可开发 2 公里,中期可开发 10 公里,远期还有 40 公里的后备沙滩可供开发,并有众多的海蚀和花岗岩风化的奇形怪石,故称之为神海沙石兼备。广东沿岸有众多旅游胜地,但同时兼有上列这四种特征的,可以说只有这一处,故我们将其称为粤东旅游黄金海岸。若对其按上述的结构关系逐步加以建设,可以发展为华南旅游业的黄金海岸,以弥补广东旅游名胜大多分布于内地,缺乏综合性的海滨旅游区的不足。

(2) 工业已有一定的基础,尤其是开放改革以来,办了不少"三来一补"的厂家和集体、个体工厂,并且县经济技术开发公司设在这里。工业生产总值逐年上升,发展相当快。目前虽已成为主导产业,但与其他产业发展还缺乏联系,单纯的"三来一补"有一定的依附性。

(3) 历史上,本镇是依托碣石港发展起来的渔港镇,由于不合理的围海造田,使碣石港纳潮量减少一大半,目前港口淤塞严重,重新改造也相当困难,使渔业有一定的衰退。但由于本港面临碣石湾和广阔的南海,海洋捕捞业发展很有潜力,渔业仍将是本镇主导产业之一。

(4) 碣石镇本身面积有限,整个碣石地区属于南亚热带,而且大部属怕旱不怕涝的花岗岩台地,并有部分丘陵和河谷、海滩分布。这种自然条件适于发展经济作物,主要包括南亚热带水果(荔枝、龙眼、香蕉、菠萝、柑橙等)、蔬菜、花卉等农产品。除供应碣石镇和陆丰县城东海镇外,还要考虑输往港澳,冬季可考虑向北方输出西红柿和黄瓜、扁豆等蔬菜。

(5) 本区尽管面临海滨,并有一定海涂分布,但由于市场范围有限,加以有台风侵袭之害,降雨量也偏多,因而国家对盐业投资有限,目前晒盐的生产方式也比较落后,成本高,收益低,不利于大力发展。

针对碣石镇的自然条件和产业结构的特点,以及发展旅游业的重要性,其城镇性质应为以工艺旅游产品为主的轻工(包括服装)、渔港、旅游镇。对其郊区和属于碣北地区的相邻各乡,重点发展南亚热带水果、蔬菜、花卉以及花生等经济作物,并接受碣石和东海两镇的辐射,发展集体和个体的轻工(包括服装)配套或分厂生产。

由于作为地级市的汕尾市已经建立,汕尾港将发展为 3 000～5 000 吨港口,甚至万吨港口。碣石镇的外贸和轻纺工业要考虑利用汕尾港直接与港澳和东南亚联系。另一方面,玄武山-全厢滩海滨旅游区有条件申报为汕尾地级市的风景名胜区,待进一步建设后,再向省政府申报为省级风景名胜区。

碣石镇三方面性质(轻工、渔港、旅游)的重点为旅游,目前以宗教旅游为主,但要过渡为以发展宗教旅游和海滨娱乐旅游为主,开展多种形式旅游,特别是购物、商务、会议和文化瞻仰等旅游的综合性旅游业结构。

因此碣石地区的工业、商业、农业、渔业要与旅游业密切联系,相互配合,相互促进,以求加快本区的发展。可先在农历正月元山寺宗教旅游高潮,开展与贸易交流相结合的庙会来促进这种结合。本镇现有"三来一补"的外输产品和外贸出口产品要拿出部分来面向国内贸易交流和零售,并要注明为本镇名牌产品,通过庙会贸易为窗口,宣传本镇的各种工艺旅游产品,以提高有关工厂的名声。

总之,各行各业应认识到旅游业的"引爆"作用,著名风景旅游区可以通过旅游业的发展,全面带动工农业和第三产业(包括商业和交通运输业)爆炸性发展,并利用旅游业作为窗口,来宣传各行各业的产品。

2. 风景区的保护

碣石镇的发展战略,因为其城镇性质三个重点的主导地位是旅游,因此风景区的保护应为最重要的措施。历史上,玄武山元山寺和福星垒塔是位于碣石卫城外北城寮北面的花岗岩台地丘陵上,气势雄伟,加以西有耸起的三台石"巨物",中有龙泉水,东有龙船石等造型地貌,实为不可多得的风光"立面"。由元山寺和龙泉宾馆(古建形式)相配合的立面,从开发区路口北望,风光原来很优美,但目前几座三层的居民楼和商店,以及碣北政府大楼正在日益把这一风光立面逐步掩盖,若在开发区大道北面再增建楼房,这一立面风光最终将被现代建设所掩盖而完全丧失。由此可见,保护玄武山各侧立面风光是风景区保护的最主要措施。省文物局曾表过态,玄武山元山寺要申报为省级文物保护单位,不能走佛山祖庙的失败道路,即整个古建被现代建筑所包围,而要保护四周的可观赏空间。

把玄武山元山寺以及与之配合的古建形式的龙泉宾馆作为碣石地区的一个共享空间,才能保持其四周的可观赏空间,其主要措施为:

(1)从碣石湾进碣石港的视线通道。对渔民来说晴天起着"佛灯引明"的航标作用,雾霾天会把玄武山视为"海市蜃楼"。故在玄武山南侧不建高楼,西侧保持旷野风光,才能维持这一很有吸引力的风景视线通道。

(2)从金(金厢)碣公路自西而东可观看耸立于古榕之上的福星垒塔,要保持这一风景视线通道,首先要禁止在元山寺西侧建设,更不宜作为工业区开发。

(3)从南(南塘)碣公路自北而南可观看耸立于古榕之上的福星垒塔及与之配合的龙泉宾馆北侧立面,要禁止在元山寺北侧进行建设,龙泉宾馆北侧禁止建高楼,才能保持这一风景视线通道。目前,汽车站的三楼"火柴盒"建筑已挡住龙泉宾馆视线,而且与这一立面的建筑风格不适应。碣北中学的情况与汽车站类似,也是两座不该插入的建筑。此外莱园坑村也要控制建二层以上的建筑,才能保持这一立面的风光。碣北中学的位置要东移200米。

以上三个视线通道代表碣石镇的入门景,要保持其动人的吸引力,上述保护要求必须严格执行才能加以维持。

(4)从开发区路口观看由元山寺和龙泉宾馆相配合的立面,目前已面临被掩盖的危机,要严格维持现状,拆除部分居民和商店的三层楼,再不宜建高于二层楼的建筑。将来再逐步清理,以恢复原有立面。

（5）还有两条风景视线通道要加以保护。碣石镇除了玄武山外，还有古明城西北角太平石和石洲南关古寺，要保持这两个风景点与玄武山之间的风景视线通道，使它们都能与玄武山互相呼应"对话"，以增加游览这三处的游兴。为此龙泉宾馆南北侧，玄武大道以东一带不宜建高楼，以免挡住太平石与玄武山的风景视线；玄武大道东侧不宜插入现代建筑，也在于使龙泉宾馆与元山寺互相响应。已建的二层玄武旅店已破坏了这一短程风景视线通道，要严格禁止其再向高处发展。

南关石洲与玄武山视线通道目前已为不少高楼挡住，可考虑在石洲上建三层高阁，以恢复这一风景视线，但控制两者之间的三层以上的楼房建设仍是非常必要的。

玄武山-金厢滩海滨旅游区的其他保护措施还包括：

（1）保护本区的各种奇形怪石造型地貌，特别是金碣公路两侧的海蚀柱和海蚀磨菇石，南碣公路两侧和浅澳附近一带、响水水库周围和观音山上下等地造型地貌。

（2）通过封山育林和植树造林绿化本区丘陵，特别是观音山、田尾山和金厢弓形平原北侧弓形山地等。

（3）除了保护元山寺外，观音岭水月宫、浅澳天后宫、石洲南关古寺（关帝庙）、观音山的栖云岩和云中居等庙宇也属保护之列。区外的博美天后宫也宜保护。

（4）碣石古明城和众多的摩崖石刻（包括观音岭上下、太平石、桂林等处）也要加以保护，古明城连同其护城河要绿化，使其成为伸进碣石城区"水泥沙漠"的绿化通道。桂林石刻北侧不宜建筑，可建设为一小型古典园林，北接公路，成为金碣公路沿途的一个风景游览点。

元山寺的宗教活动在农历正月，特别是初三子夜前后，初四、初五等日具有一定疯狂性质，因此要特别注意防火，严格禁止在殿内、室内点烛烧香拜神，以免发生意外火灾。

3. 产业结构

陆丰县虽属我国沿海开放地带，最近又被列入广东省开放区，享受开放改革优惠待遇，但其原有经济基础相对珠江三角洲和潮汕平原来说，处于经济低谷带中。陆丰县的碣石镇的开放改革主要通过旅游业和发展外向型工业来起步，渔业和农业除为旅游业服务外，也要走外向型的发展道路，盐业只能巩固提高按销定产，林业着重封山造林，绿化和美化风景区，第三产业，特别是商业贸易也要配合旅游业全面发展。

（1）旅游业是碣石地区的"第一"产业，目前偏向于宗教旅游，其结构还不够完整，旺淡季差别过于明显。要继续发展宗教旅游，可通过各种宗教和其他活动，特别是谢神唱戏来延长农历正月旺季，还可通过更多的节日庙会活动在淡季"巧立名目"吸引信徒和非信徒游客；逐步增多旅游活动行为内容，建立更合理的、更高级的综合性旅游业结构。

（2）工业是碣石镇的"第二"产业，根据实际调查和计算分析，本镇工业的领头行业为工艺品制造业，其中以绒毛玩具为拳头产品，为了促进绒毛玩具厂发展，我们专为该厂写了如下广告：

"本厂聘请高级儿童服装设计师，采用现代抽象（包括散点透视和拓扑变换）的设计手法，并根据儿童心理构想加以设计，因而本厂所生产的绒毛玩具符合儿童的纯朴、稚拙和好奇的心理，品种和规格多样，不少产品还与一定的用途相结合，因而深受世界各国儿童欢迎，畅销国内外各地。"

属于领头行业的还有木团玩具、木竹雕产品、艺术腊烛和金纸（南金）制品，以及服装及抽纱刺绣等工艺制造业。由此可见，本镇的领头工业产品都可作为旅游商品，除了外销外，也要有一部分在本镇作为旅游工艺品内销。为了使上述旅游工艺产品提高其外表形象，碣石镇还要发展包装装潢业为其配套。

食品工业对本区也具有一定的领头性质，但因原有基础薄弱，除渔产制品和部分粮食制品外，可放在中远期发展。最近，在玄武山四周打井时发现了优质矿泉水，因而本地区也具有发展饮料生产的条件。

碣石镇其他有条件发展的工业，还有属于有竞争能力的传统行业，即为渔业服务的塑料丝绳及其编制品产业，属于外围性行业的电子、少数日用金属品和文教用品等制造业。此外，近年来，个体经营的厂主要以生产服装为主。

碣石镇作为一个旅游镇，生产旅游工艺制品为主要方向，并以外向型为主是从实际出发的，但要注意市场形势，发挥小集镇"船小好调头"的优势，随时调整其现有产品结构。在发展上也要考虑港商行为因素，一方面要依托"三来一补"从港商引进资金，或依托外贸部门加工出口商品，但也要争取补资引进大中型项目，或独立设计成套新型产品，参加外贸竞争，在一定时间之后，通过贸易交流会，在汕尾市、甚至粤东形成企业联合，发挥企业集团优势。例如，绒毛玩具厂若按上述广告原则生产，便有可能发展为企业集团。

（3）渔业被认为是本地区的"第三"产业，碣石港因不合理的围海造田，已由潟湖海湾萎缩为曲流河道型港湾，淤塞严重，机轮只能在外港乌坭停泊，一遇台风，便必须到附近港口避风。碣石港虽作了一定的整治，但因原考虑泥沙从西北流向东南，而修了西堤防沙坝，而实际上泥沙是从东南流向西北，西堤反而成为泥沙入港的根源。要根治碣石港，必须下决心拆围堤，扩大纳潮面积；还要把出港航道北移于西堤之北。这两项工程耗资多，而且存在着一些实际困难。

尽管如此，本镇渔业产量近年来仍有所提高，发展渔业，以满足旅游业和外向型经济的要求仍很重要。目前首先要提高中海的捕捞能力。

一般说来，优质鱼以出售鲜货和晒脯制品为主，中档鱼才要求加工后出售，以求增加产值，低档杂鱼则以加工为鱼粉饲料为主，再用之发展畜牧业和滩涂水产养殖。碣北地区除已淤塞的碣石港外，滩涂不多，故水产养殖不宜作为重点发展方向。

（4）商业贸易是本地区目前重视不够的产业，要建立一个开放经营的国营商业体系，粤东各县的国营商业在未承包以前都呈亏损的不景气状态。碣石镇作为一个旅游镇去年未承包前还有一定的利润收入，但与个体商贩比较，真是后者发大财，前者只能过日子。国营商店主要分布在城内，门前为个体商贩小摊所封闭，在玄武山庙会期间又因历史原因，也不到这里摆摊设点出售商品。

摆脱国营商业的被动局面，最有效的措施是在农历正月初二起在玄武山组织商品贸易会，为期可达1个月，国营、集体和个体商业都可利用这期间来此求神拜佛的流动人口多的机会，大作生意。国营商店出城来做生意，还可起着控制物价、稳定市场的作用。利用贸易交流会批发出售碣石的优质名牌产品，进而促进工业的发展。

（5）充分合理地开发和利用土地资源，建立贸工农的外向型大农业，为城镇和旅游业服务，要压缩粮田面积，粮食可考虑从外地输入，而应发展水果、蔬菜、花卉生产，考虑全年向港澳输出，冬季通过汕尾港把蔬菜运至北方，特别是运至大连，销往东北各地，并从秦皇岛运回北方的优质煤(大同煤等)。也要发展以三鸟为主的庭院畜牧业和饲养基地。

4. 城镇总体规划

碣石城区实际上已包括属于碣北乡的新酉、望海楼、新乡等村,去掉碣石镇所属郊区,并把已与城区相连的碣北乡的几个村也计算在内,碣石城区的人口有 62 000 多人。

本城区用地十分紧张,功能分区不明显,房屋规格参差不齐,市政公共设施、特别是排污系统不健全,城区街道混乱、拥挤、噪音、不卫生等状况严重,港口淤塞。这些问题与碣石要发展为一个旅游镇很不适应。

作为一个旅游镇,碣石镇首先要注意上述风景保护要求,还要注意下列问题:

(1)建成区发展方向:由于城区南部是围海所造出的洼地,是否破堤还海湾还有不同的看法,城西即为碣石港,都不宜作为城区建设发展方向,向北发展,也即把北门寮开发为新区,则破坏了玄武山向南立面风光,在北门寮建设,特别是新开发大道北侧建筑,不宜建高于两层的楼房,这与城区用地紧张是矛盾的。要合理解决城区、特别是居住区和部分非污染工业的发展方向,碣石镇与碣北乡要合在一起来考虑,最合理的方向是向东北发展,这里是一片粗砂壤的花岗岩台地,为农业次地,只要不在玄武大道东侧 200～300 米范围内盖高楼,则不会影响玄武山的风景视线通道。建议成立由各方面(国家、集体、个人,并有银行参加)集股的开发公司来统筹经营,碣北乡主要以土地入股,碣石镇和各有关单位出资金。

(2)要拟定合理的功能分区,居住区、工业区、商业网点布局都要逐步合理调整。工业区绝不能设于元山寺西侧,宜放在镇南的新农和下田一带,一则远离玄武山,二则靠南溪利于排污,三则位于下风方向,但需适当填方建设。

(3)城市交通系统和排污系统也要合理规划,以解决过境交通、城区南北和东西交通畅通问题。

(4)城市绿化系统除在主要干道种植行道树外,各风景区点都要加强绿化,绿化古明城,在一定时间后,开辟城南石洲公园,城东北玄武湖水上公园,以使城区均匀分布各种绿地、水面,有利于气流交换,改善城区环境。

(5)整顿城区秩序和卫生环境,并经常维持,以求美化市容也非常重要,对一些已改建它用的庙宇,也不宜在其屋前设神位,如北关和东关的关帝庙,已建为邮局的赵元帅庙等,这些简陋神位应该拆除。此外,广德禅寺的山门和大殿应加以保护,门前古榕也可辟为小型绿地,目前不宜恢复佛寺活动,门前神位也须拆除。

5. 武玄山的规划和管理

玄武山元山寺的山前和山后都要进一步规划建设。首先要修整前山三角地带:近期首先要修建"元山古刹"牌坊、钟鼓楼、路侧外山门和古典石狮栏杆和绿化前庭,以使古刹从目前除福星垒塔外,几乎处于封闭状态敞向外围玄武大道空间,其次是收回碣石工艺厂改建为华侨特需用品商店和工艺美术馆、戏馆等;中期修建外殿拜堂和后山宗教性建筑,西侧宗教本身活动空间;远期修建后山宗教园林,但目前绿化要按规划要求安排树种。

可在玄武山东道东侧筹建新的宾馆和餐厅,应为低层的古典风格。新宾馆建成后,现有玄武山宾馆一层改为管委会办公室,把现办公室腾出,改为宗教活动空间。二层改建为

历史博物馆,并扩大其展出内容。玄武山旅游区的管理有下列问题需要加强注意:

(1)玄武山旅游区的接待服务设施的管理要企业化,而且要综合经营。玄武山旅游区所属宾馆和商业经营单位原来都因经营不善、管理不合理而有一定亏损。从 1988 年起改为承包责任制,并且规定了相应的上交利润,在此基础上还必须确立承包质量的检查制度,以求保持广东省人民政府所授予的旅游优质服务先进集体称号。还须扩大经营范围,一方面增加商品经营种类,包括本镇所生产的名牌和优良工艺旅游产品;另一方面要进行综合经营,玄武山宾馆首先要根据所领执照允许的经营范围,包括商业贸易、外汇兑换、旅游客车、甚至组旅游团等业务,使玄武山宾馆扩大为一个综合性的旅游经营单位。新宾馆建成,还要经营餐厅、舞会、节目演出等业务。

(2)玄武山元山寺布施捐款、功德箱收入、门票收入等要有严格的管理制度,规定用途,以保证开支符合国家各项规定。

(3)玄武山旅游区还有一个外部管理问题,主要包括庙前拜堂和解签"先生"两方面的管理。庙前位于戏台南的民间拜堂,随着拆除庙前东侧,民房也应加以拆除,庙前现有大拜堂可改建外殿拜堂,改由管委会管理。

玄武山的主要宗教活动是求签问卜和解签活动。正是这一活动使这里最具有宗教吸引力和浓厚的迷信气氛。成为香港面对市民阶层信仰地位最高的庙宇。元山寺与黄大仙庙皆为释道汇流的庙宇,信仰地位都很高,两者很相似。

6. 人才培养和节制生育

碣石地处我国东南沿海,镇风开放,加以历史上宗教庙会影响大,外来香客和游客众多,因而一向具有商品经济意识;心灵手巧,又促进工艺旅游产品和服装行业的发展。碣石的三个主导产业,除渔业发展有一定困难外,旅游业和工业目前效果不错,但都有一个发展提高问题。

旅游业如何从单纯宗教旅游发展为综合性的旅游结构,人才缺乏是主要的阻力,风景点的开辟除元山寺外,资金也缺乏。工业要摆脱单纯的"依附性",以求有一定的相对独立性,人才缺乏也是主要原因。整个碣石地区应做如下工作:① 要抓基础教育,突出中小学重点学校,非重点学校要设重点班。② 还要抓成人的职业教育培训,例如玄武山旅游区1987 年举办业余培训班,便取得了一定的效果。③ 要发现心灵手巧具有工艺能力的设计师和经销管理的人才,并让他们出去进修,以培养本镇的中级人才。④ 引进外地人才来本地区作短期、或每年定期的指导和人才培养。⑤ 还要以一定优惠的条件,吸引大学毕业生来碣石工作。

总之,碣石地区近期经济发展将会逐步加快,并取得良好的效果,但中远期的效果却令人担心,这主要是人才缺乏影响了碣石经济的进一步提高,因此目前便要为中远期发展培养和引进人才。

碣石地区土地面积不大,人口众多,节制生育是保证本地区发展的关键措施,但目前对这方面的工作相当放松,效果不佳,因此也要抓紧节制生育的具体落实。

7. 行政区划的调整

从碣石城区来看,碣石镇辖大部分城区和镇南郊区,碣北乡则辖部分城区和碣北郊区,两个行政区域在城区已经联系在一起,因此要进一步发展碣石镇要把这二个行政区域合并起来,成立具有副县级或区级领导的碣石镇,才能促进本镇发展。例如,玄武山南侧、西侧、北侧风光立面的保护,把城镇发展方向规定指向东北;响水水库蓄水主要供应碣石自来水之用,而不用于农灌和鱼塘用水等问题,都必须把这两个行政区域合并为一个单位。现有碣石镇本身几乎没有地面再供其发展,合并碣石镇和碣北乡,碣石镇的城镇总体规划才能更合理的拟定。

第十七章　区域研究案例和实例

一、晋冀鲁豫接壤地区的发展战略*

1. 地区联合是横向联合的一种重要形式

横向联合的目的除了促进技术合作，促使不同层次的企业互相配合外，还在于促使资本进入市场。商品经济要求资金、劳力、土地等进入市场，横向联合可使资金进入市场，而又可使资金不致转化为个人资本，因此对于发展社会主义商品经济具有强大的推动作用。

土地进入市场，当然要考虑级差地租，有利于增加国家税收收入，并淘汰一些落后产业，不使其占用高级的"区位"地段；劳动力进入市场有利于克服"大锅饭"；技术进入市场可以促进产品升级换代，区域经济结构进行合理调整。要发挥商品经济的作用，必须在社会主义原则下使资金、劳力、土地、技术等都进入市场。横向联合是社会主义发展商品经济的一种有效管理体制。

地区联合有利于克服行政区划束缚，特别是在行政区的接壤处进行联合可以充分发挥边境效应，使彼此有更大的市场辐射范围。存在着各种不同的接壤地区。例如，淮海经济区是以徐州为中心的单中心经济区，徐州处于这一经济区（苏鲁豫皖接壤地区）的交通枢纽中心；"南京经济区"包括从九江开始经安徽到南京的长江水道两岸，南京位于这一经济区的"出口"集散地位置；晋冀鲁豫接壤地区则属于多中心的地区。历史上从晋东南有几条途径，作为山西高原的出口，继续向东与南北交通要道（京广线、京九线、大运河等）相会，形成了一些交通枢纽城市。如曾经是自西向东以长治、安阳、聊城为中心，但由于现代交通体系的改变，兴起了邯郸和新乡两个中心，由于矿业的开发，又出现了焦作、濮阳、晋城、鹤壁等矿业城市。菏泽则为局部的区域行政中心。

多中心接壤地区更须克服长期形成的分散离心惯性，在竞争中加强联合，优势互补、互惠互利，特别要发挥东西区域差异的互补作用。

2. 环境辨识

本区的区域分类，即自然的块块划分是自东而西分为下列 4 个南北延伸的带状地域：

（1）东部大农业和石油矿业开发地带。包括聊城、菏泽，邯郸和邢台两地区的平原部分，濮阳、安阳和新乡的平原部分。这里是中原濮阳油田的分布区，具有农林牧副渔的大农业综合发展条件。聊城地区处于泰山雨影区，降水量少蒸发量大，这里有河流改道泛滥沙地，特别是废黄河故道，具有潜在发展果业生产的优良条件。平原林业在本带也大有前途，从陇海线附近到邯郸以南是我国最有利于种植泡桐的地区，黄泛区故道林海已基本形成，

* 原载《经济地理》，1990，(1)，2~7，

再加上果业发展,本区有可能成为我国平原林木覆盖率相对最高的地区。种植业,包括小麦、玉米、棉花、油料、瓜菜等作物,在这里都可获得优质丰产。还应大力发展平原畜牧业。

(2)太行山前农果业和工矿业地带。本区包括邢台、邯郸、安阳、鹤壁、新乡、焦作等市的沿太行山前分布的部分。这里盛产煤矿和建材,也有一定的铁矿分布,山前地带具有发展多种果类的条件,包括苹果、梨、柿子、红果、葡萄、核桃、板栗、枣等暖温带果类。沿京汉线和新焦线分布的上述城市,是晋冀鲁豫接壤地区第二产业的主要分布地带。

(3)太行山水源保护地带。本地带盛产石灰岩和其他岩石,山高坡陡,山间盆地和河谷地带适于发展农果业;陡峻山地在禁止开荒、控制樵采和过度放牧山羊的情况下,应大力封山育林,使本区成为水源涵养林保护地带。

(4)黄土高原矿业和大农业水土保护地带。本地带包含一定的煤盆地,盛产煤矿(长治和晋城),还有铁矿分布(长治)。黄土高原还是一个潜在的暖温带果业发展地区,这里处于太行山雨影区,降水量相对少,蒸发强,日照多,有利于提高果类的品质和着色。要在黄土高原发展种植业,必须特别注意进行水土保持,以减少水土流失。禁止开垦陡坡,提倡烧煤以减少樵采,控制山羊数目以避过度放牧,大力进行封山育林,整修各种水土保持设施,都是减少水土流失的有效措施。

本区行政区的块块划分是分属于4省的16个地级市、地区和县级市。各市和地区的自然经济条件差别很大。长治为晋东南中心;而晋城则为晋东南崛起的新兴“明星”城市;新乡是豫北的文化中心;安阳处于晋冀鲁豫接壤地区的最中心位置,位于这一接壤地区的“真正”边缘地区,而且是豫北最发达的工业城市;邯郸向为冀南中心,现在也是本区首屈一指的城市,但它不具有徐州作为淮海经济区的交通枢纽位置,稍为偏北一隅分布;焦作作为一个具有较长期发展的工矿城市,前途可观;濮阳正在发展为一个石油化工城市。本区的相对落后地带,主要分布于从临清经聊城到菏泽的东部沿京九线一带;太行山区和黄土高原的非工矿区。

本区的11个城市实际上可以分为三类:

(1)以矿业开发为基础的工矿和矿业城市,包括以煤铁资源开发为基础的邯郸、长治、邢台(还未充分开发),以煤矿资源开发为基础的焦作、晋城、鹤壁,以石油资源开发为基础的濮阳等。这些城市除濮阳外,还都具有发展建材工业的有利条件,焦作和邯郸还具有发展铝工业的有利条件。

(2)处于能源环境中部,而其本身相对缺乏能源,为建材资源丰富的城市,以安阳和新乡两市为代表。安阳已发展为一个重轻工业并举的城市,而新乡则为以轻纺工业为主的城市。

(3)缺乏地下矿产资源的平原城市,是区域农产品集散中心,兼为行政中心,属局部交通枢纽,以轻纺工业为主。属于这类城市的有聊城、临清、菏泽三市,修通京九铁路是振兴这三个城市的关键措施。

上述的城市分类反映了本区的条条网络的实际分布情况。沿京汉线和新焦线一带是本区的第二产业发达带,邢台、邯郸、安阳、新乡、焦作是本区的主要工业城市。其中,邯郸作为重轻工业城市在本区中首屈一指。邯钢规模并不太大,但经济效益1985年在全国同类企业中名列第一。本带是晋煤出口的过境地,又是冀煤和豫煤的产地,因而还是建设路口和坑口电站的有利地区。全带各城市都有一定的工业、人才和技术基础。例如,安阳是在能源资源相对不太丰富,国家纵向计划投资相对不多,自我发展起来的一个以重轻工业并重的城市;焦作相对投资较多,资源丰富,成为煤城和豫北电力中心,全国重点化工城市;新乡则以轻纺工业发达。

因此本区的山前地带是一个已具备一定自我发展能力的第二产业带,若给以进一步的相应投资,可以期望有良好的经济效果,应成为我国补第二次浪潮课的第二产业重点项目的投资带。

从本区处于我国三大经济地带的位置看来,本区处于第二经济地带内地的外缘,应起着经济和技术东靠西移的二传手作用。但本区东部分布着一个经济低谷,即京九线一带,阻碍了本区的东西联系和开拓直接出海途径;另一方面处于本区背后的黄土高原,包括山西省中南部在内的经济腹地也是相对落后的地区。因此修通京九铁路,并进一步打通东西向铁路交通,是振兴本区的关键措施。

3. 振兴本区的五项措施

(1) 改善本区的交通,形成更完善的铁路交通系统是振兴本区的关键措施。

要在京九线商阜段修通之后,即着手修通京商段,才能振兴本区东部。新菏铁路已经修通,因此晋煤和豫煤也可以通过新乡不经京广线而经菏泽、兖州从石臼所出海。还必须加强下列东西向铁路的建设:

1) 安阳至岗子窑的铁路若向北与邯环线接通,而汤阴与鹤壁的铁路若北延与水冶接通,而且把现有的汤濮窄轨铁路改建为标准轨,并为了使濮阳油田能通过铁路出海,则需增修长垣至濮阳的铁路,那么晋煤还可以通过这一北线,绕涉县、彭城、水冶、鹤壁、汤阴、濮阳、长垣从石臼所出海,而不必经京广线。从长远看来,修通安阳经滑县至长垣的铁路,还可以进一步缩短这一线路的里程。晋煤出海的回程可运进口的铁矿,从而为在豫北提供了发展大型钢铁基地的条件。

2) 晋城月山(长焦线)至侯马的铁路已经动工,不久即可通车。侯月线建成将进一步扩大本区的后方经济腹地,将会加速晋城和新乡的发展,形成与西安至连云港相平行的、西安至石臼所的另一条我国中原和西北出海的东西联系干线。

3) 修通邯郸经聊城至济南的邯济线,可以促进本区北部平原的经济发展。

(2) 本区作为一个多中心的接壤地区,各市和地区之间具有一定的离心力,要加强本区的联合,必须扩大本区的内部流通,各市和地区应该互相开放,彼此也应有所分工。邯郸是本区首屈一指的工矿城市,本区协作联络处可设于此地;安阳位于本区几何中心,正处于真正的边缘接壤处,建议在这里成立中原协作区,即为本区的贸易展销中心;新乡可作为本区文化中心加以建设,甚至可以集资在这里创办为全区服务的重点大学;其他各市也都各有重点。

(3) 本区除在已有的工矿城市发挥现有的工业优势外,要转向利用本区广大地面的农业资源,而发展食品和轻纺工业,适当发展新兴工业。

轻纺工业要向高档化提高。有些地方,像安阳还可以通过显像管玻壳的定点生产适当发展电子新兴工业,利用已有的医药工业优势,发展新型药剂生产。

(4) 利用本区丰富的旅游资源,大力发展面向国内市场,也注意吸引外汇市场的旅游业,通过旅游业带动第三产业,以及食品、轻工业和农业的发展。

本区的风景名胜具有很高的历史地位,像安阳的殷墟博物馆、袁世凯的袁宅、袁园,汤阴的岳飞庙和演易台,邯郸的赵王城和丛台、黄粱梦,涉县的娲皇宫,聊城的光岳楼和山陕会馆等等,还有太行山中南段的自然风光,都值得重视,加以逐步开发和宣传。

还必须注意,过去大家对名胜古迹,偏向于注意其历史地位和宗教地位。对宗教庙宇名胜,除了注意这两方面地位外,还必须注意其信仰地位。学者重视历史地位,宗教人士重视宗教地位,群众则主要重视信仰地位。鹤壁市浚县的大胚山和浮丘山,特别是其中的碧霞祠,从历史和宗教地位看,并不十分重要,但碧霞元君却是华北一带信仰地位最高的神。

1986年阴历正月到浚县两山的游客达150万人之多,最多的一天达20多万人。

目前信仰地位高的庙宇社会上重视不够,但从旅游角度来看则忽视不得。我们认为,"大宗教"要引导,"小宗教"要禁止,没有旅游意义的小庙宇要拆除。大庙宇不敢进行宗教活动是不对的。事实证明,大的庙宇都是在政府领导下进行宗教活动,其相应的庙会秩序好,非法活动很少,而且还能促进商业的发展,活跃市场商品经济。应该优先修复一些群众信仰地位较高的庙宇,引导大家搞正常的宗教活动,包括恢复庙会活动,这种传统的民俗活动有益于身心健康。

通过召集相应的会议,吸引一定的游客,也即会议旅游,也应为本区旅游发展的一个方向。

本区旅游市场以面向国内为主,通过宣传还可以吸引港澳游客。本区对日本游客也很有市场意义,也要宣传加以正确的吸引。

本区的邯郸、安阳(包括汤阴)、聊城若加以恢复建设,都有可能争取列为全国的历史文化名城。

为了配合旅游业发展,必须大力发展食品工业,使食品工业为旅游业服务。还要发展地方菜谱,像安阳,便可以发展袁府菜谱、点心和饮料等。

(5) 搞好水土保持和环境保护是保证本区经济持续发展的关键措施。太行山和黄土高原重点要进行水土保持,应通过封山育林,控制山羊发展,禁垦陡坡,提倡烧煤,进行相应的田间水土保持工程来控制水土流失。中小城市要在城市下风、下水位置合理配置污染工业,加强三废治理来改善环境。

太行山要恢复植被,使其成为水源涵养林,并加以保护。某些风景名胜密集分布区,像安阳县西部从清凉山以南到雪花洞一带,分布有20多处名胜古迹,可作为安阳市的一个市级森林公园加以保护和开发。

4. 实施政策保证

(1) 发展战略作为一种科学决策是一种捷径推理研究。现代决策科学要求决策不只是领导的"独奏",而要求领导(规划决策人)与智囊团进行密切合作的"二重奏",也即重视智囊的软咨询作用,这是发展战略得以正确拟定和贯彻的保证。

(2) 发展战略又是一种全面贯彻改革政策的开放式研究,必须有相应的政府体制改革才能使其得以贯彻。首先是正副市长的责任要有明确的分工,正市长的首要责任是抓发展战略的拟定和贯彻,而不是去抓国民经济计划的具体贯彻工作,后者是常务副市长的责任;更不应该陷于具体日常事务的处理,这应该是抓全市正常运转的值班副市长的任务。正职去管常务副职和值班副职的事务,那么有关该区的发展战略问题便没有人负责,这将导致很大的损失。

发展战略的贯彻需要向各方面,包括向上和向下进行宣传和论证才能获得各方的支持,特别是产业结构的调整,需要在纵向计划与投资的支持下,才能逐步建立合理的产业结构,宣传和论证更高级产业在该区的优势,才能争取国家批准加以建设。因此,正市长还必须是宣传和论证本市发展战略优势的公共关系市长。

总之,正职的首要责任是抓发展战略和本市、本地区的公共关系,而不应该陷于具体计划事务和日常市政运转工作之中,正职不应该是一个常务计划副职,更不应该是处理市政运转的调度副职。

河南发展战略认为,该省应走大中原的钟摆式煤钢基地的道路,建设钢铁工业,但在哪里建设并未指出。我们认为,河南现有的最大钢厂是安阳钢铁公司,正处于这种钟摆式煤钢基地的最有利区位,在扩建解决水源供应条件下,可以把安钢扩建为 300 万吨的钢铁基地。

安钢的扩建需作广泛的宣传和论证,并且必须通过一定的公共关系活动宣传才能为全国有关各界,特别是各级领导所认识。因此,安钢的扩建问题便应是安阳正市长首先要关心的工作,安阳正市长要积极在各种有关公共关系场合为安钢作宣传和论证。

(3) 发展战略涉及产业结构的调整,因此政府实际上起着"创办企业的企业"的作用。考核政府政绩的标准除了其他有关政治、社会文化、城市建设和自然、环境保护等方面外,在产业结构方面,着重考核其作为"创办企业的企业"是否能创办既有经济效益,而又不破坏生态和社会效益的企业,其本身的"组织创新"是否能节约本地区的"市场成本",以提高本地区产品在国内外市场的竞争能力。

(4) 拟定一定的经济改革管理模式,有利于稳定政策。目前已提出的经济改革管理模式,有苏南、温州、佛山等模式。晋冀鲁豫接壤地区交通发达,矿产资源相当丰富,但却是一个中等发展,而且包含有一定未发展的地区,其经济改革应兼有苏南和温州模式的特点,还应吸收辽中改革的经验,建立一种符合本区的经济改革管理模式。

(5) 加速商品经济的发展,应该是本区经济管理模式的改革重点。通过加强横向联合,发行股票并使股票可以到银行贴现,以使资本进入市场,开放劳力和技术市场。按级差地租规定新的税收,给地方以一定的建设附加税征收权,发展家庭工业,促进集体经济发展,国有企业开展资产经营责任制,发展小商品市场,都将有利于商品经济的发展。本区兼有苏南、温州、辽中的自然经济特征,采取上述这些促进商品经济发展措施,加以有机配合,将可建立一种本区特有的经济改革管理模式。

二、苏鲁豫皖接壤地区的发展战略*

1. 具体战略和对策

(1) 根据地方级优势,合理规划投资结构。苏鲁豫皖四省接壤地区的地方级优势首先在于第一产业,主要是大农业和矿业开发。本区近年来农业有很大发展,正在逐步转变为粮、棉、油商品基地,因此很有条件从农—工—贸的封闭型农业向贸—工—农的开放型农

---

* 原载《地域研究与开发》,1987,6(2),30~31。

业转变,除继续发挥粮、棉、油优势外,要及时发展水果、蔬菜、花卉(例如菏泽牡丹、亳县芍药等)、烟叶、药材、木材(泡桐为主)、海产、畜牧等的商品生产。建立相应食品工业基地、出口农产品基地,特别要扩大对日本出口,也要考虑向韩国出口。还应考虑利用"气候差"向北方城市,特别是京津、东北和内蒙古城市输出"应季"蔬菜。

矿业开发,着重煤矿和建材工业发展,建立相应的能源基地,并大力出口,还可以考虑发展石雕制品出口。

盐业也为本地,特别是沿海地区的优势。尽管盐业为国家提供大量利税,有很大的贡献,但本区盐业80年代仍停留在原盐生产阶段,90年代连云港碱厂投产,才改变了这种局面。

本区第二产业目前也有一定的优势,各市都有一些拳头产品,要继续提高发展,使其产品系列化,形成相应的专门化产业。

本区第三产业除了大力发展交通运输外,要特别针对国内市场,继续发挥曲阜的旅游热点吸引力,还要整修邹县、亳县、淮安、商丘等地的旅游点,以求争取把这些城市列入全国历史文化名城的新名单中;还要发展连云港花果山风景区、徐州南郊风景区、微山湖风景区、梁山风景区,争取逐步列入全国风景名胜区的新名单中;此外,还可发展济宁、邹县、峄山、菏泽、沛县等地的旅游业。

(2) 加强横向联系,通过两通(交通和流通)扩大本区经济联系,促进第三产业,包括旅游业的发展。

首先要发挥徐州的吸引和辐射作用,对蚌埠、商丘、阜阳的局部吸引和辐射作用也要加强。对这些地点,特别是徐州除了发展贸易流通外,还要加强货栈仓库的中转,让外地在这里设中转仓库,使零担运输更多转变为整车发货,以节约运费和加速铁路运转。

要大力加强连云港的内联外引,特别是内联作用。连云港的内联开放区要加速发展,已达成协议的腹地各省区在连云港集资建设码头的项目要加速付之实现。

石臼所和连云港已形成双港共腹地,石臼所把连云港原有部分晋陕冀鲁腹地吸引过去,这部分腹地煤矿资源丰富,因此这里的分工要以煤炭出口为主,连云港更有利于发展包括集装箱运输的综合性港口。其他各港,如岚山头、陈家港、燕尾燕等也要有一定的分工。

(3) 论证和宣传省级和国家级优势,促进在不久将来获得纵向计划投资。

1) 本区是我国东部发达地区中的不发达地区,而在这一不发达地区又存在着一些分布于铁路沿线的相对发达的中小城市地区。从中、远期来看,本区,特别是铁路沿线一带应成为我国第二产业的重点投资带。

2) 本区自然结构兼有南北方特点。我国北方缺水,南方缺煤,本区兼而有之,这里是平原地区,又有一定的丘陵分布,且有一定的矿产分布。平原有利于农业发展,矿产有利于工业发展。此外,从发展大农业观点来看,本区也是潜在高产区,北方降水过少,南方降水偏多,这里降水适中,光照丰富,土壤中性,其自然条件既优于北方,也不次于南方,完全有条件发展为高产农业商品区。

3) 本区连云港正处于我国东部沿岸的脐部,还是亚洲太平洋沿岸的中点,即为我国东部沿海和亚洲太平洋沿岸货运集中的最优点。因此,欧亚大陆桥连通后,连云港可成为西欧、东欧、原苏联从陆地进入太平洋经济圈的最有利港口,特别有利于发展欧亚联运集装箱运输。

正是上述这三个国家级优势,使本区有可能成为我国中、远期的重点投资地带。

2. 战略目标

本区近期以第一产业的全面开发为主,矿业开发要同时作好矿山开发的前期基础工程,大力发展开放型农业。第二产业除了发挥目前的拳头产品优势外,要着重发展轻型和小型工业,开展"一地一品",各地都有重点的出口型、商品型生产。

中期各种"拳头"产品要逐步转变为专门化产业优势;农业从大经济作物观点出发,不仅经济作物要提高其商品率,而且粮食作物也要当作经济作物来栽培,发展与其相应的专门化产业,目的是使本区农业全面转化为"输出"(包括出口)第一的开放型农业。

本区为我国旅游业的处女地,要通过大力发展"两通"使本区中期转变为旅游"新"热点。我国京津一带和长江下游区是经济发达带,这两带的居民对其本身及其附近的旅游点早已游览过,其旅游兴趣将向我国其他地方转移,此时,若我们早期有所准备,整修本区各旅游点,到中期便有可能因本区距离这两带不远,而把游客吸引到本区来。

本区远期要转变为在开放型农业基础上形成第二产业带。例如,连云港可以发展钢铁、汽车、化工、机械等重化工业,同时实现大陆桥东端口岸,大力发展大陆桥运输。徐州成为一个以交通枢纽、第二产业和旅游业并列发展的大城市。其他各城镇也将有大力发展,例如,蚌埠可成为真正占领国内外市场的食品城,等等。

总之,本区战略目标,因为其自然结构兼有辽中和苏南两方面特点,在本世纪末下世纪初可以发展为一个兼有目前辽中和苏南两方面优势的"黄金地区",而使我国东部黄金海岸这一潜在发展区真正发展起来。

为了实现上述战略目标,特别要论证和宣传下列几项战略对策:

(1)加强各种联合实体的合作。各类实体协作是互相补充而不是互相排斥的,作为江苏省的一个经济分区——徐连淮"铁三角"要加强合作,苏鲁豫皖四省接壤地区更需加强合作,连云港腹地协作委员会也须及时成立,连云港和石臼所港也可成立协作委员会。因为协作是多层次的,没有必要因为要成立某种协作实体而必须成立相应的行政区划单位。不同行政区划的协作,只需做到合理的利益分享就可以,协作中包含竞争,将更有利于发展。

(2)本区交通运输也必须补第二次浪潮的课。铁路运输的直达性是其他交通运输不能代替的,从单纯运量方面考虑以公路代替铁路是不全面的,修建京九线、修通沂淮线是振兴和改变京九线经济低谷和苏北淮阴一带落后的关键措施。加快徐州至连云港铁路复线建设,加快和完善徐州铁路枢纽建设,开展连云港和石臼所港至上海与青岛的客运,修通连云港新浦至墟沟的通海运河,都是改善本区交通运输的一些重要、甚至是关键性措施。

(3)本区作为我国中、远期的第二产业带,必须把其将来的重化工企业投资列入国家相应计划中。

(4)本区具有最优越的欧亚集装箱联运的东端码头,故应在连云港的码头建设和国家投资计划中有所考虑。

(5)要规定本区特殊的金融贸易政策,规定一定的地方税,是本区收集建设资金的有效措施。城市级差地租导致房产税等的税率差别,建议先在这里试验进行。

三、洞庭湖区整治和开发的战略探讨[*]

洞庭湖区的整治和开发研究,以战略探讨为先导可以提供一个捷径推理的发展导向。区域发展战略研究必须以环境的正确辨识为基础。洞庭湖区对其现况不能估计过高。实际上,这里是一个自然资源丰富,以第一产业为主,第二产业只在岳阳、益阳、常德、津市等四市有一定发展,第三产业发展很不充分,交通运输也不太方便,而且是缺乏能源、木材以及建材(石料和水泥)的地区。由于本区一直处于洪水的严重威胁之中,因此就整个区域而言,虽为渔米之乡,内部有一些发达区,但也有刚刚开发的新垦区和易遭洪水危害的地方,甚至长期保留着一定的新垦区特点。

洞庭湖区与太湖区、鄱阳湖区相比,虽然均为我国渔米之乡的湖区,水热气候条件很相近,均居于中亚热带向北亚热带过渡的位置,但其所依托的社会经济条件,特别是其所依托的城市发展情况,却各不相同。其中以太湖区为最优越,洞庭湖区和鄱阳湖区各有优缺点,但洪患却以洞庭湖区为最严重。

针对洞庭湖区的自然经济特征,本区的具体发展战略对策为:

1. 必须在搞好水利,特别是防洪措施的基础上发展生产

水利是本区发展的保证条件,目前洪患还威胁着本区发展,成为未完全解决的灾害根源。

对洞庭湖区的防洪对策不论长江水利委员会,还是湖南省本身都作了相当充分的研究,提出了不少治理措施和应急方案,但也存在着一些难以克服的矛盾。如在洪患发生时是保北弃南还是南北兼顾,涉及到湘鄂利益关系问题。分洪区是一片沃野,要实际进行分洪损失太大,破垸滞洪的损失也太大,而不合理的利用洲滩和垸内湖滩,则是减少大量纳洪面积的症结,依我国现有国力和地方资金严重不足的情况,彻底整治方案很难尽快提出。

长期以来,我们在人口过度膨胀的压力下,执行一条以加固加高堤防防洪,以及以开发利用为主的治理措施,实际上是一种不考虑长远后果的失误。每一年的防洪胜利都是靠护堤达到的。目前长江本身,以及洞庭湖各垸、各"大圈",都是沿江为高平地,江堤内侧和垸中反而是低平地,甚至是积水洼地。长江和洞庭湖各水道实际上已成为了地上河,湖区在低水位时,有些河道,甚至堵塞断流。因此,长江和湖区的泄洪能力不能满足洪患年份的过水流量的要求。宜昌自 1153 年至今 800 多年中,已调查到的洪峰>9 万立方米/秒的5 次,>8 万立方米/秒的 8 次,>7 万立方米/秒的 9 次,近百年来>6 万立方米/秒的 23次,最大为 1870 年为 11 万立方米/秒,其次为只隔 10 年的 1860 年 9.25 万立方米/秒。枝江站洪峰流量 1860 年为 9.6 万立方米/秒,1870 年为 11.5 万立方米/秒。而荆江长江河段以沙市为代表安全泄洪量只有 5 万立方米/秒,城陵矶以下长江的安全泄量为 6 万立方米/秒。本世纪内城陵矶以上合成流量达 10 万立方米/秒左右的有 1931 年、1935 年、1954年等;1951~1978 年的 28 年中,合成流量>6 万立方米/秒的有 18 年,>7 万立方米/秒

---

[*] 原载《自然资源》,1988,(4),8~12。

有 10 年(其中 9 年都超过 8 万立方米/秒),而＞10 万立方米/秒的有 1954 年[①]。

这就是我们所说的洞庭湖区和江汉平原头上顶着一盆水的危险状况。

荆江两岸从地貌发育条件来看,历史上曾经是北湖(云梦泽)南陆。由于云梦泽的淤淀,1954 年荆江北岸诸渠堵闭,大堤联成整体,只剩南岸太平、调弦两口分泄江水入湖;1860 年和 1870 年特大洪水冲出藕池、松滋两口,这样一来,荆江河段就形成了南岸四口分流的格局。自荆江堵口到 19 世纪初,洞庭湖逐渐扩大到 6 000 平方公里。经历了 100 多年的淤淀,现在洞庭湖区已高于北岸江汉平原。若没有人工堤防控制,目前很可能已是湖陆互换的新阶段,即要从"北陆南湖"阶段向"北湖南陆"转化。因而传统的"舍南保北"的方针已不符合现今长江中游荆江两岸的淀淤情况,执行一条"南北兼顾、江湖两利"的方针,更符合目前的地貌发育特点。

要根本防治这种洪水,其出路在于修建三峡水库,三峡水库从防洪角度看不但必须修,而且必须尽快修,有关移民的困难和生态影响与防洪比较起来都是次要的,但我国的现有国力要修建这样的大型水库还是不足的。三峡水库的宣传偏向兴利,一些不了解实情的社会人士、生态学家和地理学家只拿兴利所在与移民困难和生态影响相比较,忽略了防洪的重大意义,而大力反对修建三峡水库。有关三峡水库的争论掩盖了我国国力还不足以修建这种大型水库的矛盾。总之,尽管根本解决长江中游洪患的措施是修建以防洪为主、发电为副的三峡水库,但因我国目前的国力不够,要修三峡水库还须作相当长期的准备。因此,洞庭湖区的整治和防洪对策仍必须认真对待。

有关洞庭湖的防洪问题不仅要分析各方面对策的利弊及其综合相互关系,还必须有供不同级别领导参考的分层次分析。本区防洪对策必须分下列三个层次加以具体化。

(1) 高层次是牵涉到长江和湖南四水,以及四川和湖南的水土流失等方面与洞庭湖区综合治理的关系问题,特别是当发生特大洪水时需要分洪,甚至破垸滞洪的预防对策,包括:① 加强泄洪和排洪能力的措施,如对长江的下荆江河段和牌洲湾的进一步截弯取直,清除河道各种天然和人为阻水障碍物,包括江洲民垸,并进行必要的人工疏浚,以扩大洪道泄洪冲沙,以及城陵矶出口吐水泄沙的能力等,有关提高城陵矶的防洪控制水位的建议(从 34.4 米提高到 35 米)等措施,都需进一步研究论证。② 调整水系流向,实行南北分流,由于兴筑分洪道规模浩大,需资甚多,且牵涉湘鄂两省,动手也不容易。③ 正本清源解决川湘两省水土流失,也非一日之功,远水解不了近渴,须大力宣传,但对改善现况无济于事。④ 南北开辟预备蓄洪区则容易规划,但预先控制建设发展,甚至有意疏散人口,以备"万一"真正破堤蓄洪,却很难预先见之行动。

总之,必须在上述各项措施中分清先后可行层次,下定决心先作那些国力所能办到的措施,要综合平衡荆江南北的共同利益,正视问题的严重性,不能只从开发利用的近视角度出发。目前采取必要的防洪分洪措施,统筹安排废田还湖,废洲田,清除河道各种障碍,长江进一步截湾取直,促进并中、小垸为大垸,控制芦苇种植,预留"真正"的分洪和蓄洪区,进行一定的工程措施,以加速洞庭湖洪道排洪,都是比较现实的措施。

我国造纸工业的芦苇原料以洞庭湖和新疆博斯腾湖为最佳,洞庭湖的芦苇产量占全国的 45%,芦苇发展迅速,不加控制将进一步加速湖泊的沉积。

---

①梁熙杰、涂儒卿等,防洪战略及规划报告,洞庭湖区整体开发规划总体报告之六,1987。

（2）中层次是指洞庭湖区各县怎样进一步落实上述那些切实可行的措施,目的是降低洪峰,加强泄洪,并减少泥沙沉积。实施这些政策必然要进行相应的用地调整和居民搬迁,而导致一定的经济损失,这笔帐应该算一算,以便省和地区级衡量经济利弊。

减少一部分垸田,不只是控制盲目发展洲田,而且要下定决心废洲田,严格甚至缩小芦苇种植面积,调整水系与各垸的关系,在调整并垸过程中疏通水道,都是中层次的对策措施。

（3）低层次的对策为各垸的防洪和改善水利措施,包括滞洪区的安排,如何改善各垸的水利条件,洪害发生时的安全防护措施等,这些措施大部分容易做到,应该及时的加以安排实施。

2. 改善交通运输,保证能源供应是本区经济获得充分发展的先行条件

本区东西两侧有京广线和枝柳线纵贯南北,但区内缺乏铁路交通,水路运输因泥沙淤积,加上不合理的围堤设闸,目前也不便畅。本区与太湖区比较,属于交通相对闭塞地区,导致能源价高,商品外输不利,因而仍带有相当浓厚的自然经济色彩。

改善区内公路级别,使其大部分能达到全天候运营,宣传修通长沙至石门铁路对振兴本区经济的意义,以求纳入国家建设规划,近期接通津市的枝柳线的铁路支线,建成北煤在此转运湖区的码头,使北煤在此下水,这些措施可大大降低煤价,节约本区发展工业的能源成本。

还必须在采取防洪水利措施的同时,统筹安排本区水运,发展水产,保护环境。一般说来改善水运,使航道畅通,对于改善渔业生态环境,改善水质都有一定的积极作用。

3. 洞庭湖区是湖南发达地区之一,因此必须以贸—工—农的顺序去安排产业结构

在争取输入比现在价格要适当降低的能源供应,水陆路交通有所改善的条件下,必须大力发展商品经济,开展两个层次的商品贸易。第一层次为面向两湖,主要面向武汉和长沙两市;第二个层次为通过长江和京广线、焦柳线面向长江沿岸和北方,以及广东,并争取通过京广线和长江扩大出口贸易,为此必须开辟城陵矶作为湖南省直接出海的港口。

若如下述,本湖区推广“大豆—粳稻”轮作制,以生产普通优质大米,则还可以把津市码头建成为向北方,包括向西北输出粳稻的米市,通过输出大米利用南煤回程空车,实现北煤南运、南粮北运的钟摆式补偿运输。

4. 农业必须从以大粮食观点为基础的封闭型结构向以大经济作物观点为基础的开放型结构转变

只有转变这一农业生产观念,才能真正“加强外向、输出第一”,也即把发展农产品商品,提高“输出”商品率作为发展方向。

这里首先要大力发展优质大米,包括传统贡米生产。我国唯有长江南北两岸,可以大面积种植粳稻,又种籼稻。粳稻作为普通优质大米畅销我国北方和西北。要在洞庭湖区发展粳稻,必须约束双季稻面积,推广大豆—粳稻轮作制。推广这一轮作制目前存在着不少思想和实际困难,必须加以解决,才能真正推广起来。

推广这一轮作制的目的,不仅为了向北方外销粳稻,而且通过发展各种普通和优质豆制品,可以改善本区居民的营养构成,实际上有利于克服目前的农村居民,过度消耗一般粮食,还处于蛋白质饥饿的营养状态,以利于间接提高本区居民的有关素质,包括智力素质。

本区除适于种植水稻和大豆外,还适于种植黄红麻、苎麻、棉花、油菜、蚕豆、玉米、小麦、大麦、高粱、凉薯、芋和多种蔬菜,还适于发展蚕;并且为渔米之乡,盛产各种鱼类和湘莲,还有菱角、芡实、荸荠、茭白、蒲草等湿生经济作物,都应因地制宜加以发展。还可以利用本区部分散村居住特点,大力发展庭院农业。

区内农业结构的地域差异也必须加以注意。本区北部,虽处于亚热带北部,但因地处平原,冷空气南下长驱直入,因此寒害较重,故不宜栽种怕寒作物和果树。如柑桔和甘蔗目前有一定的种植,并有所发展,但只能是相对优势;南洞庭湖南岸沅江一带,因受到水面的调节是本省平原的柑桔偏北产区。

还必须注意区内土质起源的差异,湖区北部属紫色冲积土,是四川风化紫色砂页岩经冲刷由长江带来的肥沃冲积土,以壤质土和砂质土为主,前者发展为紫潮泥田,后者发展为紫潮沙田,介于两者之间为间沙紫潮泥田。这类土壤紫色深厚,呈碱性反应,石灰性反应强烈。

例如,湖区中部的南县,一般把其大农业结构方向定为种植业50%,水产业(渔业和种植湘莲等)30%,畜牧业10%,林业10%。我们在1985年4月对该地进行考察,认为据该县的自然条件,其大农业结构方向应逐步调整为种植业30%,水产业30%,畜牧和养禽业30%,林业10%。这是因为若加强饲料工业,利用本区土壤含钙的有利条件,可以大力发展猪、牛、兔、鸡、鸭、鹅的养殖,并在此基础上发展羽绒加工,蛋制品,以及鸭肝制品,各种肉制品生产等。

湖区南部属湘、资水的泥沙冲积物,分布黄潮沙泥,发育为黄潮沙田和黄潮泥田,呈微酸性到中性反应,它们发展畜牧业的条件低于湖区的紫色冲积土。湖区四周的丘陵和切割阶地发育酸性的黄泥土,适于种植茶叶。

洞庭湖区还应该发展与上述各种农产品相适应的专门产业(纺织服装、食品、轻工等),也即从贸—工—农的顺序去安排农业生产,发展面向上述两个贸易层次的商品经济。

5. 产业结构调整

本区产业结构,除了上述第一产业向开放型结构调整,从大经济作物观点去发展大农业外,第二产业必须扬农副产品丰富之长,避燃料短缺之弊,大力发展农副产品加工,即以食品加工、饲料加工和农产品初级加工等为主体,辅以编织、农村建材、农机制造和修理,以及能源等工业生产。为了防止污染,要控制造纸工业的发展。还可以选择一定的在本区已有优势的拳头产品的小商品,发展温州模式的小商品专业生产和市场。第三产业着重解决为本区产品外销出口服务,并大力开展湖区,特别是岳阳和君山,以及边缘地区的名胜,还有湖区本身的旅游业。

因此,本区的产业结构以调整第一产业为基础,发展第二产业的深加工和综合加工专门产业,开拓第三产业为第一、二产业打开市场销路,促进第一、二产业的合理调整,为进一步发展旅游业和地方居民服务。

6. 开展自然保护和环境保护,以求建立合理的土地利用地面结构

本区除外围的丘陵和台地外,湖区冲积平原,也即垸田可分为高中低三种平地,还有各种洼地和水面,首先要有一定的低垸田退耕还湖,有些洼地要建立桑基鱼塘,甚至果基渔塘,发展生态农业。湖区外围的丘陵台地要防止水土流失,开展水土保持工作。总之,针对具体的天然地面结构,去拟定一个包括种植、养殖、绿化、洼地台田、水产,甚至墓地森林(同时可作防洪安全树和局部鸟类群栖地)、防洪安全区、安全台、安全路、安全屋、安全树,以及安全船停放点等合理土地利用结构。湖区的土地利用结构必须在防洪对策的综合考虑下,加以合理规划设计。

总之,洞庭湖区的整治和开发方针,是在各层次的防洪对策的一定保证下,发展商品经济,面向两湖,面向京广和长江下游,甚至包括整个北方,争取直接贸易出口。为此,急需在城陵矶修建全省的通航出海港口,在津市建北煤南粮的贸易中转码头。

为了保证上述的整治和开发,还需发展城镇经济,特别是通过城镇工业带动全区经济发展,注意扩大城镇第三产业,以促进城乡商品经济。各城镇的产业结构也应有所分工,建立该城镇的本身优势结构.特别是要发展包括城陵矶在内的岳阳市,作为本区经济发展的枢纽。

相应上述的整治和开发方针,本区的经济改革模式应在温州模式(家庭工业、小商品专业市场、企业集体承包等)的基础上,依托武汉、岳阳、长沙,以及区内益阳、常德、津市等市发展一定的工业零部件的苏南式集体经济,以及本区的优势农产品及其相应专门产品的输出经济。

四、鄱阳湖区的开发整治战略[*]

作为我国第一大淡水湖的鄱阳湖连同其滨湖区称为鄱阳湖区.湖区连同其背景范围,包括南昌、九江、鹰潭三市,上饶地区,甚至景德镇市的环湖地区称为鄱阳湖地区。区与地区在范围大小上虽有差别,但却密切相互联系,地区包括环湖平原和部分低山丘陵。

1. 湖区在江西省和全国中的地位

鄱阳湖区处于我国东半部的京九、连同其南延的九汕经济低谷带与长江黄金水道的交汇处,又是浙赣线与京汕经济低谷带的交汇处。江西省是全省基本位于京汕经济低谷带上的唯一省份,地处内地,经济发达程度低,是我国东半部发达地区的一个不发达地区,急需振兴。而在发达地区的不发达带,不发达带中的发达区,例如鄱阳湖区给以投资,一开始经济效果可能比发达地区差,但其发展后劲却是不错的。

江西省有三个需要重点发展的区域:① 鄱阳湖地区;② 浙赣沿线交通发达区;③ 赣南向广东出海开发区。在这三个区域中,因为鄱阳湖地区具有上述位置,从九江至南昌一线来看是江西经济最发达的地区,因而应列为江西优先发展的地区,也可作为我国内地地区的一个值得优先考虑的投资区。特别是京九线修通后,这种位置将更为突出。

---

* 原载《江西师范大学学报》(自然科学版),1989,13(2),98~100。

鄱阳湖区属中亚热带湖区,素有鱼米之乡之称,并为国家和江西省的农业商品,主要是粮食,也包括畜禽、鱼产品、棉花、苎麻等商品生产的基地。

2. 二元经济结构

本区虽为江西省经济发达区,但仍存在着交通沿线主要城镇(南昌、九江、德安等)比较发达与农村背景落后的二元经济结构。南昌作为江西省会,九江作为长江港口和旅游胜地,两地都是江西工业建设重点,并成为江西的第一、第二大城市,但与其周围农村背景却有很大的经济落差,缺乏中间城镇来带动周围农村经济发展。由于主要城镇与周围背景农村落差大,双方的文化特点也有很大的差别,经济和文化二元结构,使城市与农村交流很差,大城镇目前的经济辐射作用也没有表现出来。

除了上述的二元经济结构外,作为湖区,由于洪患至今未解除,境内还存在着鱼米之乡与未稳定的荒凉垦区的二元经济结构,也是本区需要逐步解决的又一个矛盾。

3. 在水利整治基础上建立生态平衡

鄱阳湖洪旱水位涨落达 9～15 米,使湖区水文不稳定,生产因而也不稳定。由此看来,人工建闸控制鄱阳湖的方案是合理的,也是鄱阳湖区的治本之计。但由于目前国力不足,本区近中期水利整治措施放在整治河道,塞支强干,束水攻沙,蓄泄兼筹,以泄为主,高水导排,低水提排,围洼蓄涝,并在上游山区进行以封山育林为主的水土保持措施等,是非常正确的。

为了达到近中期水利整治目的,从现在开始要着手建立湖区的生态平衡合理结构。针对现有土地类型建立一个防止水土流失、促进生产发展的土地利用结构。即山地封山育林,丘陵在搞好水土保持基础上发展经济林木,平地营建防风护田林,发展农业生产,洼地配合"束干"并垸,扩大围田面积,还可考虑放淤淀高垸内低地等。

4. 生产力布局

本区生产力布局应在综合调整产业结构中有重点倾斜,其主要方向为:

(1)交通起步是振兴本区的关键措施。本区交通既便利又不便利,铁路、水运、公路都有很大发展,而且空运也有所发展,但各个环节缺乏联系,是阻碍本区经济流通的主要原因。首先要求成立一个铁路、水运、公路联运公司,以保证本区各种商品能直接发往全国,煤炭能从北方直接发送到本区各镇,运费可加一定的附加金和保险金,以促进这一流通措施的加快实现。

大沙(大冶至沙河)线已经修通,南浔线改造工程也已动工,本区交通联系又增加了新的出口。但本区中期振兴的更关键措施是修通合九(合肥至九江)线,以全面接通京九线,远期是修通九汕线,使江西增多一个向南出海口。江西省除了建直通出海口的九江港外,还要考虑加速从汕头,以及经浙江金华从温州出海问题。

(2)湖区农业发展也应有所倾斜。包括如下方面:

1)除了发展粮、棉、油、麻、丝、烟商品生产基地外,还要同时向郊区农业倾斜,以便逐步转向精细农业和观赏农业,争取占领沿海地带和港澳台市场,发展创汇农业。还要从大经济作物观点出发去发展农业生产。例如,本区可推广黄豆-粳稻轮作,适当压缩双季稻生产,以增加粮食生产的商品率。

2) 大力发展渔业和鸭鹅生产基地。本区部分红层冲积土,因原红层含钙,故可在酸性环境背景中形成一些局部中性和微碱性含钙环境,是优良的家禽饲养基地,可以在这些钙质土上发展湿地养禽业。本区在伏旱时,地面变干,也有利于防止畜禽病害。

3) 大力营造速生林,包括在平地营造防风护田林,主要以南方速生杨为树种。

(3) 湖区工业应以食品和轻纺为重点。整个鄱阳湖地区则须考虑资源开发和国家投资意图,有所侧重地发展石油化工、轻纺、食品、建材、冶金、机械、电力等。针对本区作为京汕经济低谷带与长江黄金水道交汇处,有可能作为国家计划投资重点,因而须预先作一些项目的宣传论证。

(4) 湖区旅游业。在山、水、洞、鸟、城、寺六风景特征的基础上,针对本区风景结构的层次关系,结合国际旅游以宣传九江庐山为重点,还要在鹰潭龙虎山发展南派道教宗教旅游。江美球有关九江旅游研究,特别强调江西旅游要以九江庐山为重点,南派道教的宗教仪式复杂多样。此外,宗教旅游还可以开放永修县云山云居寺(真如禅院),1953~1957年著名高僧虚云法师曾主持重修此寺,此寺国内外都有影响,首先要与香港大屿山宝莲禅寺加强联系,以扩大本寺在港澳的影响。重点发展庐山和龙虎山对港澳旅游,促进九江和鹰潭两地对外开放。

湖区、南昌和景德镇的旅游资源要更多面向国内旅游市场,也可引导外汇游客从九江辐射到这三者的有关旅游点作短期的旅游。

(5) 城镇建设。为弥补本区中间城镇的不足,发展乡镇工业,以促使本区城市与农村的流通和技术联系,并促进第三产业和国内旅游业的发展,城镇建设要抓中间城镇的发展。

5. 生产关系布局

本区要建立一种协调上述两方面的二元经济结构、发展商品经济的经济模式。提倡第二职业,使城市企业工程师关心乡镇企业的"雕虫小技",开展成年教育培养中间人才以利于中间城镇的发展。加强基础教育,目的是使文盲率不要增高,在农村地区严格执行节制生育,控制人口是避免本区居民文化教育结构进一步恶化的必要措施。

6. 结　　论

总之,本区发展战略应为在水利整治和建立合理生态平衡结构基础上,加快交通运转;对产业结构进行调整,协调二元经济结构,发展多方位多层次商品经济;成立鄱阳湖经济区将能更好地促进上述发展战略的实现。本区的振兴也将推动江西省的更快发展。

五、西双版纳的开发建设和自然保护问题[*]

1. 区域水热气候条件

西双版纳位于热带北缘。所谓热带,其最简单的划分法是把南北纬 23°30′之间都划归

---

[*] 原载《自然资源》,1982,(2),90~96。

这个范围。更详细的划分法还可把南北纬 10° 之间的低压无风带视为赤道带,而把南北纬 10°～23°30′ 之间视为热带。在具体划分界线时还必须参考植被和土壤特征,进行更具体的划界。我国大部分面积属温带和亚热带,热带只分布于粤、桂、滇的南缘,面积不大;我国赤道带是一些海域和海岛,农业生产意义不大;南亚热带有一定面积,也可以适当发展一定的热作。从我国自然条件出发,我们必须尽可能利用面积较为有限的热带(包括南亚热带)的热量条件去发展热作。

所谓热带作物(包括其不同品种),对热量要求也有较大的差别。有些热作"生态价"比较宽,可以适应偏北的纬度,有些热作则要求更高的热量条件,如果北移种植,其产量将降低,质量变差,虽然可以通过品种驯化得到改善,但总有一定的限度。因此要发展热作必须认识我国热带范围南北的差异变化。海南岛南部基本上不受寒潮影响,属热带的中部地带,适于种植赤道性热作橡胶、油棕、可可等;海南岛北部和西双版纳南部属热带的北部地带,除对橡胶种植还合适外,也适于发展咖啡、香蕉、菠萝、甘蔗、剑麻等对热量要求较低的热作,椰子则适于在整个海南岛种植;雷州半岛虽也属热带的北部地带,但地处大陆南缘,受寒潮影响较大,种植橡胶已有一定困难,适于种植咖啡、剑麻、菠萝、香蕉和甘蔗;两广南部沿海和福建东缘、台湾南部、云南南部的南亚热带适于发展南亚热带果类,如荔枝、龙眼、菠萝、香蕉和大叶种茶等。

西双版纳除了南北分属热带北缘和南亚热带两个气候地带外,由于所处经度位置主要受南亚季风影响,每年 5～10 月为雨季,11～4 月为旱季,3～4 月晴天多,较干旱,而 11～2 月多云雾天气,对橡胶生长有利。这里虽然寒潮为害较少,但寒潮与阴湿环境结合,可以冻害树干基部,如 1974 年、1976 年两年冻害较为严重。

西双版纳为一分布有坝子的斜降山地,以澜沧江谷地为最低,而澜沧江谷地为一向南开口的山地性盆地。

根据上述经纬度位置和地貌三方面特点,西双版纳可划分为两个水热地带:南部属热带北部季雨林地带;北部属南亚热带季雨林性常绿林地带。还可以根据坝子的高度来划分这两个水平地带。海拔 800 米以下的坝子属季雨林地带,包括打洛、勐龙、景洪、勐养、勐仑、勐醒、勐远、勐捧、勐满、勐腊、勐罕(橄榄坝)等低坝,其中最低的勐罕坝海拔为 450 米。这些盆地之间分布着山地,山地下部分布着各种热带季雨林,上部分布着山地常绿林,两者界线在南部可延伸到海拔 900 米,北部下降到海拔 800 米。

这一水平地带的北界从打洛到勐养、勐养到尚勇一线,成一三角形向北方突出。三角形顶点为勐养盆地。

在这一线以北属南亚热带季雨林性常绿林地带,其南缘分布着一些海拔 900 米上下的中坝,如普文、曼散、曼董与勐海县的勐满、勐旺等;北部分布着一些海拔 1 000 米上下的高坝,如勐阿、勐遮、勐海、勐混等。在某些较低的中坝,还种植有橡胶,但产量较低。

西双版纳的另一个特点是,植被虽多遭破坏,但目前还分布有成片天然林。北部天然林破坏较大,但还保留有勐海县城西北的曼搞天然林,南部分布有较多天然季雨林,不少次生竹林和杂木林,植被覆盖度估计有 33% 左右。这些天然林中栖息着各种珍贵和稀有动物,不少种类属国家保护对象。由于近年来植被日益遭受破坏,这些动物的生境也遭受较大破坏,面临着绝种的危险。过去为了保护这些天然植被和动物曾划出一些保护区,文革期间这些保护区遭受破坏,面积有所缩小。我国热带森林面积残存有限,因此生态学家大力呼吁保护云南这片仅存的珍贵季雨林,主张把保护区面积扩大到西双版纳面积的15%。

总之,西双版纳南部是我国仅有的两个热带区域之一。这里既要大力发展以橡胶为主的热作,也要大力扩大自然保护区,保护天然种质资源。对于这两者是否存在着矛盾,曾经引起过争论,特别是一些不合理的安排,常使这些争论尖锐化。在勐养,农垦部门占用了自然保护区范围内的土地;农垦部门和当地居民还破坏了勐罕坝小街附近的原有生物地理群落站保护区;还在勐腊县曼东寨附近的小片龙脑香林周围种植橡胶,都成了责难对象。实际上,目前橡胶种植只有46万亩,占不到西双版纳面积的2%,约占南部热带面积5%左右,即使橡胶种植面积扩大到105万亩,也只占南部热带面积的10%左右。从土地类型区域结构来分析,本区土地利用特点,通过合理调整不同土地类型的利用,是可以克服这一矛盾的。

2. 区域土地结构

本区分布有很多大小不等的坝子。坝子内部为平地,包括几级阶地和河谷;坝子边缘为丘陵,丘陵包括缓岗(大多数为切割台地)、低丘和高丘。缓岗和低丘分布于盆地边缘,再从高丘过渡到山地。山地下部分布季雨林,上部分布常绿林。

这些土地种类反映了土地类型的质的对比关系。至于土地类型的量的对比关系,西双版纳坝子面积只占5%,但却是当前开发利用重点。从卫星照片看来,坝子四周的丘陵凡是在阳坡的(即坝子北面的丘陵),景洪县这类土地都已发展为橡胶园,勐腊县还未完全利用,尚有一定的发展余地。除此以外,还可进一步种植橡胶的地段条件比较差,在景洪县已向高丘发展,与植被恢复保护有一定矛盾;勐腊县因天然植被保存较多,又是自然保护重点地区,在发展橡胶时最好尽量利用低丘、缓岗这两种土地类型。目前盆地阴坡,即坝子的南坡、东南坡,大部分未利用于种植橡胶,这当然与寒害影响有关,但选择丘陵的局部向阳坡还是有发展橡胶的条件。此外,可在局部阴坡种植咖啡、大叶种茶等其他热作。这就要求进行大比例尺的详细规划设计,分地段布置作物种植。

本区适于种植橡胶的土地类型主要限于背风的丘陵和局部的三级阶地,其他土地类型适于发展大叶种茶、咖啡、甘蔗、果类(香蕉、柚、芒果、菠萝、木瓜等)、香料作物、紫胶等。目前这些作物除种植于南亚热带的大叶种茶外,它们的商品意义都很小,必须注意提高这些作物的商品率,并积极组织外运。

3. 西双版纳的开发建设方向

如前所述,本区地貌起伏较大,热量条件优越,农业生产专门化方向应发展以橡胶为主的多种热作。目前本区热带能提供的商品主要是橡胶,还生产一定的甘蔗,产糖量有限,其他热作的商品率更有限,与这里的自然条件非常不相称。相反,本区大部分坝子都用于发展水稻生产,但到目前为止,粮食还不能自给,因此,其他热作也就发展不起来。

造成这种状况的原因,与不合理开发方针有关。本区刚解放时人口只有20多万,山区人口8～9万,粮食70%靠坝区耕地供给,30%靠刀耕火种山坡地供给。估计1958年前每年刀耕火种的土地面积为15万亩,1958年盲目要求山区粮食自给,甚至要向国家出售粮食,形成垦山垦坡高潮,估计每年刀耕火种面积达到90万亩,植被破坏极其严重。

以后,经过多年努力,山区居民逐步定居,人口增至 20 多万,在山区河谷发展了一定的基本农田,可供应山区粮食 42.5%,其他部分仍靠刀耕火种解决,估计现在每年刀耕火种仍有 60 万亩。

由此可见,刀耕火种,特别是 1958 年的盲目开荒,是本区植被破坏的最主要因素。与此同时,本区人口现在增至 60 多万,其中坝区傣族 20 万,吃商品粮人口(包括城镇和农垦系统)约 20 万。人口增加,烧柴和建筑木料全靠破坏天然植被供给。傣族长期有种植薪炭林的优良习惯,在汉族滥采影响下,也开始樵采。就这样,山地居民刀耕火种,坝子居民向盆地边缘破坏植被,上下夹攻,把盆地边缘的丘陵植被几乎破坏殆尽。为了砍伐木材,有时还沿山沟滥伐,植被破坏更加严重。

农垦系统自 1956 年开始在这里种植橡胶,开垦了不少次生植被,定植为梯田橡胶林,取得了一定的成绩。植胶头 1—2 年,若不注意地面覆盖,也可引起水土流失。1958 年和 10 年动乱时期有过盲目开荒的现象,垦后没有及时定植橡胶,引起一定的水土流失。植胶是以林还林,若梯田建设符合标准,成林后,一般都不会发生水土流失。一般橡胶林种植 30 年左右后,都必须更新,更新时也会发生一定的水土流失。但云南橡胶林种植较晚,注意了栽培高产芽接树,实生苗较少,目前还未到更新期,因此还未出现这一问题。

总之种植橡胶,只要加以注意,还是可以防止水土流失的,不能认为,毁林植胶是本区破坏植被的主要因素。通过上述分析,本区破坏植被,引起水土流失的主要因素,还是不合理的刀耕火种和樵采。

属于我国两个热带区域之一的西双版纳,不仅植被破坏严重,自然保护没有作好,而且开发建设也作得很不够。目前坝区主要种植水稻,单产不高,热作很少,果树更少,甚至不够本区市镇消费需要。

为了改变本区自然和经济面貌,必须明确本区生产建设方针,主要是保护山区植被,建设坝区。在南部发展以橡胶为主的多种热作种植,适当发展以养牛业(畜用水牛和肉牛)为主的畜牧业。粮食生产在近期要求提高坝区单产,作到自给。远景方向应为我国热作基地,发展以橡胶为主的多种热作商品,向全省,甚至省外输出各种热带果类、糖、大叶种茶、香料等商品。如果有可能从外地运入商品粮的话,粮食可以不自给,而腾出地来发展热作。坝子平地虽然不宜种植橡胶,但却适于发展甘蔗和香蕉、咖啡等,北部还适于种植荔枝、龙眼等果类。

4. 生态平衡问题

本区是我国成片热带季雨林的仅有分布区之一,不论生态学家还是地理学家,都非常关心这里的自然保护问题。破坏这里的植被将使本区的自然面貌发生什么样的变化,不少人担心会发生沙漠化,甚至以元江谷地近年来发生所谓降水量减少,来作为前车之鉴加以警告。

近年来关于生态平衡的讨论,有不少忽视了当地具体的水热条件,特别是忽视降水条件而出现任意套用观点的情况,一谈起破坏植被,便认为会引起降水减少,进而便发生沙漠化,把问题越搞越乱。

西双版纳虽然处于回归线附近,但却不属于回归沙漠带。回归线附近从大气环流看来属热带信风带,在北半球属东北信风带。这里的风为从高纬流向低纬的信风,因此气候干燥,形成热带荒漠,在其沙质地面形成了沙漠。但是大气环流所形成的行星风系受到海陆分布的影响,在大陆东岸形成季风气候,降水量大大增多,发生气候型差别,便不可能再生长荒漠植被,而是生长季雨林。西双版纳属南亚季风气候型,降水主要受包括季风环流在内的大气环流影响,雨量不可能因为破坏植被而减少,因此也不会发生沙漠化。当然破坏这里的植被,其后果也是非常严重的,将发生严重水土流失,使深厚的土质产生千沟万壑,形成劣质地貌,并且会引起下游河流淤积泛滥。这种红土劣质地貌并不能称为红色荒漠,因为这里只要封禁,植被还是比较容易恢复的。

元江谷地原来便处于背风雨影区,降水量低于 900 毫米,属热带稀树草原。这里的降水量多年平均不会发生什么大变化。元江气象观察站解放前设在海拔 1 630 米的地方,解放后迁到元江,海拔 396.6 米,两地自然条件不同,降水量一多一少,用它来说明元江近年来雨量大大降低,显然是一种误解。

总之,谈论沙漠化,必须在一定的地带性水热对比条件下,才可以认为破坏植被会扩大沙漠面积。地球上的理想气候带受到海陆分布影响,会形成大陆内部和大陆东西岸,在亚洲南部还会形成南亚等气候型的差别。回归线附近只在大陆的西岸和内部才属荒漠气候型。亚洲大陆东部属东亚季风气候型。南亚受印度洋季风影响形成南亚季风气候型,发育森林植被,只有在局部背风雨影区才能形成比较干旱的稀树草原景观。任意扩大"回归沙漠带"范围,如某些作者把广东鼎湖山季雨林性常绿林看作是"回归沙漠带上的绿洲",这只能把问题搞得更糊涂,等于说广东一带都可能成为沙漠?

总之,我们必须从保护种质资源和避免发生水土流失两方面来警告破坏植被会导致西双版纳生态平衡的失调,而不是谈论可不可能发生沙漠化危险的问题。近年来气象观察只说明破坏植被引起雾日减少,并未出现降水量减少的迹象。冬季雾日减少对植胶不太有利。但也有人认为云雾适当减少,日照增高,可以提高树温,有利于减少寒害。

西双版纳地区目前自然保护和经济开发两方面都没有做好,该保护的没有保护,该开发的没有开发。在这里考察,留给人印象比较深刻的是,在南部热带是橡胶园,在北部南亚热带是大叶种茶园,目前这两种作物是西双版纳比较大宗的商品。通过封禁绿化扩大自然保护区面积,大力开发坝区,提高粮食产量,发展各种热作,是目前西双版纳必须开展的两件工作。前者是为了恢复原有自然的生态平衡,后者是建设新的人工生态系统平衡。对不同土地类型给以不同的合理调整利用,两者并不矛盾,而是互相促进的。

5. 具体工作措施保证

开发建设和自然保护方向确定了,要从现在情况过渡到新的方向,必须有一系列的农业政策来保证。农业政策必须保证逐步调整现在不合理的农林牧关系,以改变目前的落后情况。可以同时起步开展下列各项具体工作:

(1)恢复和扩大自然保护区。保护区面积在南部热带地区可达 20%,北部南亚热带地区可适当减少,南部连同自然保护区周围的次生森林总面积不应小于 40%。目前应以封禁绿化为主,逐步考虑搬迁保护区内的居民,或将其改为护林员,以减少山区刀耕火种现象。坝区天然植被几乎完全破坏,必须适当建立坝区自然保护区,使自然保护区网的类型多样化,并彼此联系起来。目前应以原生物地理群落站的残存林地和曼东寨的龙脑香林为基地,扩大其范围,封禁绿化,并与山区的自然保护区联系起来,以有利于动物的迁徙。

（2）建设坝区水利，提高单产，争取近期粮食自给，然后逐步提高热带作物比重，适当压缩粮食耕地面积，发展多种热作植物。

（3）巩固和发展橡胶种植，先从现在的 46 万亩橡胶园发展到 80～100 万亩。农垦系统分别不同土地类型既种植橡胶，又发展其他热作。

（4）逐步解决山区毁林开荒问题。通过向山区居民供应商品粮，或搬迁新保护区居民出山，逐步压缩刀耕火种的耕地数量。

（5）发展牧业（特别是养牛业）和渔业生产，充分利用本区草坡灌丛植被和水面，开展多种经营。

（6）建设以铁刀木为主的固定薪炭林，分工到户或队进行栽种，特别是农垦系统要大力推广这方面工作。

（7）次生植被的开发利用必须加强研究，发展用材林种植。

（8）发展农产品加工工业和商品、交通运输事业。

6. 结　论

为了开发西双版纳地区，目前必须抓紧上述工作，就是现在抓紧，仍有一个时期会继续破坏自然；若不抓紧，则植被破坏将继续发生。本区开发建设，可分为下列三个阶段进行：

（1）恢复和巩固时期。这个时期的任务是逐步制止刀耕火种，扩大自然保护区，开展封禁绿化，巩固原有橡胶基地，提高粮食单产，加速林牧业发展。这个时期还不能立即制止植被破坏。

（2）建设和恢复保护植被时期。这个时期要求做到粮食自给，自然保护区通过封禁绿化已经巩固，逐步扩大橡胶园地面积，发展多种热作，大力发展林牧业，特别是发展肉牛生产。

（3）大力发展热作和保护时期。这个时期山地植被基本恢复，用材林已有发展。此时大力发展热作，以养肉牛为主的牧业有很大发展，粮食已不要求自给，逐步转变为我国热作专门化生产区。

六、从商品生产角度讨论黄土高原的生产建设方针[*]

1. 讨论的不同看法

黄土高原的大农业现状是过分强调"以粮为纲"的单纯种植业和机械地理解粮食增产过"纲要"的结果。因而开垦大量不算耕地面积的"帮忙田"，来提高所谓"正地"的单产，不切实际地要求粮食单产达到"纲要"。林牧业也存在着不少问题，主要是山羊的过度放牧，再加上不合理的过度樵采，植被的枯枝落叶不能归还土壤，致使土壤肥力无法恢复和发展。正是由于这些不合理的开垦，过度的放牧和樵采，造成不利于自然保护的严重水土流失，严重影响了本区生产力的提高，甚至形成"越垦越穷，越穷越垦"的恶性循环。同时严重的水土流失也威胁着当地河流沿岸，包括黄河中下游的安全。

　　* 原载《地理学报》，1981，（1），101～107。

怎样控制黄土高原的水土流失,这涉及土地利用的合理布局问题。而怎样从目前的不合理土地利用过渡到合理的土地利用,则涉及如何确定黄土高原的生产建设方针问题。这首先要解决的是黄土高原的大农业构成方向是什么,还包括以什么方式向合理构成方向过渡的问题。由于这些问题牵涉到黄土高原大农业的战略部署,非常重要,因而引起热烈的讨论。总结这些讨论,关于黄土高原的生产建设方针可以分为三种不同的意见:

(1)第一种意见,认为黄土高原的生产建设方针,在农林牧综合发展的基础上应以牧为主(童大林等,石山、郭延秘、关君蔚等),或以林牧为主(马杏绵、宋朝枢、余峥、水电部延安蹲点组、延学诚等,李治武、唐海彬等),或以林为主(黄德基、李学曾等)。主张以林为主的大都认为目前首先是抓牧业,以促进畜牧商品经济的发展,才能有资金促进林业发展。因此这三种意见基本上是相同的,都认为必须迅速改变目前以农为主的建设方针,强调在农林牧综合开发的基础上,应以牧为主,大力发展畜牧商品经济。作家柳青还特别强调发展以苹果为主的经济林木商品经济。

(2)第二种意见,主张以农为主,农林牧综合发展(崔启武等,李连捷、刘胤汉等),或主张农林牧综合发展,粮食自给(叶永毅、刘万全等,唐方明等,杨文治等),或有余(陈章岭)。好多负责实际领导的大多数干部,也赞成这种意见。陕西省委关于陕北建设方针便认为应该"在粮食自给的基础上,大力发展林牧,继续搞好农田建设"。省委李尔重也强调"实行林牧为主必须粮食自给"。省委谢怀德在绥德于1979年7月下旬召开的陕北老区建设工作会议上开始提出解决粮食自给有余,人均500公斤。经过大家提意见后,在会议结束时改为人均400公斤。这种情况反映了大多数领导干部还是赞成以农为主。

(3)主张必须按黄土高原的不同分工、不同类型,规定不同的综合发展方向(宋朝枢、王书欣、洪波、吴中伦、蒋德麒等,刘万全等,吴先余、李治武、刘胤汉、朱显谟、孙林夫等),但是这些作者对相同分区的发展方向应该是什么,仍有不同的观点。例如,对陕北丘陵沟壑区李治武认为应以林牧为主,而吴中伦认为应是农牧并重,蒋德麒等又认为应以牧为主。

除了这三种意见外,还有部分同志强调搞好水土保持是最关键的措施(阳含熙、张秀平、朱显谟、蒋德麒等,孙林夫、张维邦等);部分同志(山仑、朱显谟等)还强调种草是当前行之有效的措施。与此相反,刘家声的观点比较特殊,他反对以牧为主的方针,主张只有靠发展林业才能根本上改变这个地区的自然条件,并认为这一地区的森林覆盖率达50%以上,才谈得上种草,大力发展牧业。

当然,黄土高原的生产建设方针的拟定必须有利于水土保持。种草和造林都是有利于水土保持的措施,认为要等森林开展起来,才谈得上种草是不全面的。

看来,按不同的分区、不同的类型,规定不同的发展方向是大家比较一致的意见。

2. 黄土高原的生产建设方针

黄土高原具有很大的面积,包括太行山以西,秦岭以北,长城以南,并一直延伸到兰州、西宁的广大地域;从东南部的褐色土落叶林地带向西北过渡为灰褐土森林草原地带,甚至一直延伸到草原地带,还可包括半荒漠地带的东南缘。境内区域地貌变化也大,有切割高原(塬)、切割丘陵(梁和峁)、山地、山间冲积盆地等。我们必须分析黄土高原不同区域的水热条件差异,同时还要更进一步研究这些区域内的土地类型质和量的对比关系与特点,才能为不同地域确定其科学的生产发展方向。

拿陕北和陇东的黄土高原为例,我们认为其南部属褐色土落叶阔叶林地带的切割塬区,除林区(黄龙山、子午岭等)应以林为主外,大部分切割塬区应以农牧为主,不少同志主张这里应以农为主(宋朝枢、王书欣、洪波、李治武、王正秋、蒋德麒等,朱显谟、吴中伦、刘胤汉、吴先余等);而北部属灰褐土森林草原地带的切割丘陵区,应以牧为主。

陕北丘陵沟壑区的生产建设方针之所以应以牧为主、农林牧综合发展,可以从下面四个层次来讨论:

(1)这里属暖温带半湿润向半干旱过渡的水热条件,自然地带属灰褐土森林草原地带,地貌属丘陵沟壑区,农林牧各业都有发展条件,也都有限制因素。

(2)本区具有"一川二沟三坡四峁梁"的土地类型结构,适于发展农业的土地类型面积小,适于种植牧草和造林的坡丘地多,合理利用这些土地类型,有条件大力提高林牧业在大农业生产中的比重。

(3)现有大农业生产几乎为单一种植业,而且主要是粮食生产,林区又常与"病区"(克山病、大骨节病等地方病)相联系,能成材的速生树种还未完全找到,适于种植林草的山坡也用于开垦,牧草分布有限,质量也差,牧场载畜量非常有限,牧业内部构成以山羊为主,对水土保持非常不利,这些不合理的土地利用情况急需改变。

(4)从商品经济来看,只有发展商品生产才能增加社队收入,才能为社队积累资金,提高人民生活水平。

本区发展基本田的面积有限,林业一时也不易发展,要求农业和用材林迅速提供商品生产是困难的。而种植牧草,发展牧业,开辟果园,种植苹果、梨、葡萄等,发展畜产和果类商品还是比较容易的,因此,从发展商品经济、积累资金、提高人民生活水平来看,牧业和果业应为发展方向。

有些同志认为,牧业生产在生态系统的能量利用上没有农业生产经济,因而不赞成以牧为主。须知,在黄土坡地上种植作物,产量只有15~20公斤,而且还会引起严重的水土流失。而在同样的地面上种植牧草,产量并不会太低,还可大大减少水土流失。目前黄土高原水土流失严重,正是长期片面执行"以农为主"的方针所导致的恶果。另一些同志则认为只要耕作方法改变,例如推广减耕法、免耕法,便可以既发展农业又可以控制水土流失。实际上,免耕法或减耕法是靠除草剂消除杂草,除草剂目前价格还过高,不能普遍推广,而且用这种方法种植作物,作物不能覆盖整个地面,遇到暴雨,黄土坡地上仍可发生水土流失,因此要想用这一方法控制水土流失是不现实的。总之,这里之所以不能以农为主,并不是由于气候不利,而是由于破碎地貌所造成的土地结构的特殊性,适于发展农业的土地类型面积很有限所致。

南部切割黄土塬区之所以必须以农牧为主,农林牧综合发展,主要是因为这里土地类型结构既有川、沟,还有坡和塬,川地适于开发农业,水土流失主要表现于冲沟下切和咬蚀塬面,因此必须加强冲沟治理,主要是对坡地进行封禁绿化和造林,还可以发展干鲜果类生产,还要防止沟头溯源侵蚀。塬面基本上缺乏灌溉条件,过去主要靠草田轮作恢复肥力,并且还发展养牛业。近20年来,为了追求粮食高产过纲要,首先是把种植牧草的轮耕地改种粮食作物;其次是把原来的小麦换种为所谓高产的玉米和高粱,其结果是土壤肥力降低,细粮产量减少,养牛业也发展不起来,过去体格高大的陇东黄牛现在已很少见了。据洛川县干部谈,洛川县只有数量不多的苹果可以输出去交换其它商品,一个县没有商品输出,怎能积累资金?怎能发展经济?石山的一系列文章之所以引起大家重视,就在于他提出发展牧业经济是发展商品经济、积累资金、提高劳动人民生活水平、改良食物构成的有效方法。

因此,恢复南部切割塬区的草田轮作制,提高土壤肥力,发展小麦和菜牛生产,发展干鲜果类(苹果、梨、核桃、花椒等)生产,是提高商品经济的有效方法。

3. 同时起步论

生产建设方针确定了,怎样才能实现,必须解决"过河的桥",目前关于"过河桥"办法有两种:

(1)主张以牧为主的同志,认为首先要大力种植牧草,封闭坡田,迅速发展牧业,以牧业商品提供资金和肥料来促进农业发展,在过渡时期国家给以一定的补助;主张以林为主的同志也认为应首先发展牧业,通过牧业积累资金,才能进一步发展林业。

(2)反对以林牧为主的同志,强调发展基本田以解决粮食自给,认为只有这样做,才能逐步腾出地来发展林牧业。据此,发展基本田是"过河桥",否则,一切都不容易解决。

我们认为农林牧各业存在着一定的相互关系,当生产循环有利于环境建设和保护时,彼此起着互相促进作用;当生产循环导致自然破坏和生产力降低时,彼此起着互相牵制、妨碍前进的作用。中国科学院西北水土保持研究所有些同志便这样认为:"只抓农业,忽视林草的作法,或者先把农业抓上去,然后再去抓林草"的想法和作法都是不正确的。实践证明,单纯抓粮食,粮食上不去。因为这样做违背了农、林、牧三者互相依赖的关系,只抓一个,忽视其他,就会使三者失去平衡,结果一个也上不去。

当前,大农业生产发展上不去的牵制作用表现如下:

(1)基本田(主要是指川坝地、梯田、水浇地等)的建设存在着一定的困难,川坝地在坡面未完全治理前,碰到暴雨年份极易被冲毁。如绥德韭园沟的坝地在1977年遭到严重的冲毁,这固然有设计施工的原因,但也反映出坡淤地建设的困难。一般说来,支沟两坡若植被较好(例如,韭园沟的王茂沟,米脂金鸡河的高西沟),则能抗住暴雨,保住坝地;反之,干沟的坝淤地要抗住暴雨,是比较困难的。韭园沟干沟在1977年冲毁了大部分坝淤地便足以说明这一问题。

类似的情况还很多,延安一带的延河两岸,先后加修了20万亩川地,1977年一场洪水冲走了八九万亩,冲了又修,1978年大水又冲掉了一批。绥德无定河两岸筑堤造田,用工100万个,国家和集体投资100万元,民工补助粮50万公斤,1977年暴雨,全部遭到冲毁破坏。安塞县1975年以前历年累计冲毁坝数约为修坝总数的一半,1977年7月6日特大暴雨,全县1 800座坝,冲毁1 200座。川坝地基本田固然不错,可以高产,但山上没有植被覆盖,也即坡未治而急于治沟修坝,在川中围堤,川坝地也不能巩固。

梯田当然也不错,但费工大,而且不进行引灌和抽灌,产量也不能有很大提高。引灌要修水库,也有被冲毁问题;抽灌费钱太多,也不易推广。这里已搞了一些小高抽站,只能供参观,实际意义并不大。例如,子洲县近年来办了500多个小高抽站,花了不少人力、财力、物力,但真正起作用的不多。米脂县委曾算了一笔帐,如果建设6万多亩基本田,小高抽站就要4 000多万元,其中还没有算修建输电网的费用。米脂高西沟大队便是靠国家投资建高压输电线,才能解决电力抽灌问题。

总之,陕北基本田建设的主要困难是:造在下边会被水冲走,造在上边又找不到水源(包括高西沟在内的高产量水浇基本田样板),没有国家给以一定的资助,自力更生建设都是不易达到的,因此普遍推广便有一定的困难。

(2)牧草没有发展起来,而过去行之有效的草田轮作实际上已被取消了。有些同志认为在黄土坡上种牧草质量偏低,实际上,草木樨和苜蓿,还包括沙打旺,除个别特旱年份外,在坡上种植都长得不错。应指出,如果广种薄收的思想不克服,而光想靠"帮忙田"来提高单产,牧草还是种不起来的。牧草研究长期以来也没有获得重视。有人算了一笔帐,认为黄土高原耕地压缩到每人三亩,仅占土地面积的16%,在土地利用问题上根本不存在着农牧矛盾问题。这是脱离实际的数字计算,实际上这里的垦殖指数远大于耕地统计面积与总面积之比,"帮忙田"掩盖了很多统计数字,要把现在的农耕地压缩到每人三亩谈何容易。大量的坡耕地一下子是压缩不下来的。而提倡推广草田轮作,大力种植牧草,恢复地力和发展牧草相结合,可能更容易为农民所接受。

(3)林业由于管理不善,特别是未能形成枯枝落叶层,而不能积累水分和有机质,用材林一时不易发展起来,靠林业迅速积累资金是做不到的。本区经济林木主要是苹果,近年来有很大发展,南坡梯田种植苹果,已经取得很大成绩,质量也不错。

(4)目前要从根本上杜绝开坡田、放牧山羊、过度樵采还是有困难的,而这三方面不制止,植被便无法恢复,水土流失必然严重,要建设基本田和种植用材林也有困难。

正是上述这四个互相牵制的困难,只从农林牧某一方面起步是不易做到的。近年来的实践也证明了这一点,搞了多年的基本田,普遍的效果并不太大,单纯从牧业起步,粮食又从哪里来?从林业起步更不能解决目前的收入问题。

在困难的时候,退一步再进两步是更好的前进方法,20年来我们要求步步前进,结果不仅没有前进,反而后退了。这个亏我们不能再吃了。当前解决问题的办法,不是从哪一方面走大步,而是农林牧三方面同时起步,逐步改变从互相牵制过渡到互相促进的关系,这是真正解决问题的办法。

怎样同时起步呢?可以先做下列工作:

(1)一般坡田(<25°)改为草田轮作,可以提高土壤肥力,部分坡田种植牧草,便可适当减少水土流失,这样做对农牧业都有利。坡田种草一开始可能产量达不到一亩地养一头羊的要求,但对水土保持总是有利的。严格禁止开垦陡坡(>25°),对当地的一些破碎耕地,如圪、塄、坬地,甚至展坬地和沟掌地,要逐渐封闭,停垦这部分土地,可使从分水地(峁、梁、塬)流失来的水土有一个停滞阶段,既可减少大半水土流失,又能发展灌丛草被,甚至用之造林,有利于林牧业发展。

(2)大力推广黄河水利委员会绥德水土保持科学试验站辛店实验沟在边线种植牧草和灌丛防护带的经验,这样可以进一步减少水土流失,防止峁坡线后退,也可补充一部分绿肥、牧草饲料和烧柴。

(3)严格执行轮牧陡荒地。黄土的坡崖地下部主要由二色土(离石黄土)构成,只在上部覆盖一薄层黄绵土(马兰黄土)。离石黄土能够维持陡峻的,甚至垂直的陡崖,抗蚀性较好,形成陡崖后,初期水土流失比较严重,后期若没有其他外来因素影响,只要封禁绿化,还是比较稳定的。这些坡崖地是黄土高原不能垦殖的荒地,尽管它们的坡度在45°以上,草类和灌木生长得很稀少，覆盖度不到 20%，大部分为光秃土体，但仍是山羊的主要牧场，整年要负担着羊群的放牧。朱显谟等在 1954 年曾这样描述过："每当羊群通过，尘土起处，烟雾迷空，坡面土块下落作响，沟底行人惊避，对于地面的破坏作用，由此可知一二"。这种情况现在仍可见到，但要立刻禁止山羊放牧还是做不到的，目前可以先从轮牧开始，逐步过渡到完全封禁绿化，便可进一步减少水土流失。

（4）中小沟建设坝淤地，并适当在沟坡增修梯田，上游治理后，再逐步在下游干沟建设坝淤地。这样做也存在着一定矛盾，即下游坝淤地不易修建起来，并且不易迅速淤高，因而不能扩大基本田面积。

（5）阳坡发展梯田果园，重点发展苹果、梨、葡萄等，南部还可发展核桃和花椒等经济林木。把已有的小高抽设备改用来灌溉果园，以提高果园产量。

（6）改善牧业结构，压缩山羊数量，增加绵羊（包括改良羊）数量，还可大力发展小动物（兔、鸡、蜂等）和猪的饲养，然后逐步发展大畜（牛、驴、马和骡等），恢复种植黑豆，增种黄豆，以解决大畜的精饲料供应，逐步使这里转变为出口肉用畜和役用畜，以及畜产品的商品生产基地。

（7）改善树种组成，在发展经济林木（干鲜果、桑树等）的同时，利用部分退耕地、荒坡地发展用材林，加速现有林区（黄龙山、子午岭等）的抚育，以提高经济利用价值。林区还利用林间草地同时发展以养牛（肉用和乳用）为主的牧业。

4. 农业政策保证

为了保证上述各项工作得以开展，必须规定相应的农业政策：

（1）实行支持林牧业生产的政策，大力宣传和奖励发展牧业生产，免费发放草种，种植牧草取得成绩者给以奖励，社队评奖必须扭转只看粮食产量的片面性，更重要的是看牧业和林业的发展情况。

（2）彻底清查土地情况，摸清粮食实际亩产，摸清的情况不做征购、收购的标准，坚持党中央规定的总产量和征购、收购多年内不变的三固定政策。有些穷队还可以暂缓征购任务，给穷队以喘息机会。为了取信于民，可以明确规定"丰年自给，歉年国家补助"的方针，使农民敢于反映实际产量，敢于调整部分耕地用于发展林牧业。据石山等同志调查，处于陇东西部的固原县的领导干部希望有大约五年左右的过渡时期，在此期间内，维持过去八年内平均调进粮食水平，丰年不调出粮食，大歉年增加返销粮的做法。这样，县委就可以发动群众，民主制定改变面貌的较长期规划和有计划安排各项生产和建设，上下就都主动了。

（3）严格禁止开陡荒坡，特别是开小片荒地，社队能停垦陡坡者有奖，牧工能严格轮牧荒坡者有奖，社队能迅速退耕还林牧者有奖，制定水土保持法，要规定开垦超过 25° 的坡地者，给以法律制裁，经济法院要管这样的案件。

（4）开展畜牧和果业产品的收购和加工业务，发展交通，使产品得以外销。商业、交通部门、加工业部门都要与发展畜牧和果类商品相配合。目前已出现部分地区苹果无人收购的现象，绥德县因冷藏库太小，兔子收购也受限制，这些情况必须及时注意解决。

（5）鼓励"四旁"绿化，给农民以一定薪炭林用地，发展多种自留畜，以鼓励农民发展牧业和林业的积极性。

（6）建立自力更生为主、国家补助为辅的水土保持样板，有成绩者给予奖励，而不是单纯由国家出钱搞样板的办法。水土保持补助金必须建立专款专用的财政制度，目前可以用一部分水土保持补助费用于购买草籽，免费发放，鼓励社队种植牧草。现有的不少水土保持样板，根据我们实地考察，要普遍推广都有一定困难。

5. 结论

总之，黄土高原的大农业方针应该是在农林牧综合发展的基础上各有侧重，切割高原区以农牧为主，切割丘陵沟壑区以牧业为主，大力发展牧业和果品商品生产。具体工作是在塬面和坡田恢复草田轮作制，停垦陡坡，发展多种牲畜，建设基本田，开辟果园，争取粮食丰年自给，歉年国家补助，平年国家适当调拨部分地方商品粮。

商品生产问题解决了，有了外销产品，地方经济有了资金，便可解决外购粮食的资金，外销商品也可以换回内运商品。目前一碰到歉收年，国家需调大量汽车，把粮食运进来，主要是陕北缺乏商品生产，没有对应物资与之交换，因此也缺乏相应的运输贸易系统，把外地粮食运来才显得特别困难。

黄土高原原有不少煤矿，从全国煤矿的地理分布来看，显得偏北，对缺煤的南方来说，距离太远了。如陕北的煤运往南方，目前还不如从偏东南的地方运去经济意义大，因此陕北的煤主要是就近开发，供应本地。只有本地的经济发展起来，才能促进陕北煤矿的开发，有了商品生产，再如作家柳青所提出来的，进行与之相应的工业再加工，工业发展起来了，煤的需要也就多了，才能更好促进煤矿的开发，甚至促进包括铁路在内的交通建设，铁路发展起来，也将更有利于商品外销，粮食内运。

其次，牧业发展起来了，有了有机肥，商品经济发展起来，有钱可进口化肥，才能促进农业的发展，也许只有此时才能真正压缩耕地数目，变广种薄收为集约农业，才能真正提高粮食单产，很可能反而做到粮食自给。同时，由于压缩耕地，至每人三亩或更少，反而可以"粮食到达纲要"。即使粮食自给，但由于这里，特别是黄土高原的北部，主要种植玉米、高粱、小米等，故而进口细粮（小麦和大米），把部分杂粮用于饲养牧畜，也是必要的。

从陕北和关中整个农业地域分工来看，在农林牧综合发展的基础上，关中发展农业，着重商品粮生产；黄土高原切割塬区发展农牧业，着重生产商品粮（小麦）和以菜牛、奶牛为主的畜牧业，也要发展果业；陕北丘陵沟壑区着重发展多种畜产品和役用家畜，以及果品生产，将可大大促进本区大农业的发展。通过一定的农业政策保证，关中和切割塬区的商品粮生产是完全可以发展起来的。有了商品粮，也便不会强调"实行林牧为主必须粮食自给"的方针，便有可能给陕北一个喘息的机会；调整到以牧、或以林牧为主的生产建设方针，这时陕北所需进口粮食，主要是细粮来源，可从切割塬区和关中调来，这是使农业地域分工生产循环向提高积累率发展的一个有效措施。

第十八章　地段规划设计研究实例[*]

地段设计首先是①区位选址,若为②新开发地段,要求考虑该地段特点加以设计,若为③已利用地段的修复改建提高,也有设计问题。笔者1988年为广州光孝寺修复工程提供了如何保持和加强该寺宗教感应气氛设计的具体要求,1989年参加了海南彩电中心工程论证评议,1990年还为清远市旅游局宾馆选址和设计进行具体论证,这些可作为地段设计研究实例。

一、宾馆选址的地段区位研究——从曲江南华温泉宾馆到清远市旅游局宾馆的选址

韶关市附近有相对丰富的旅游点(丹霞山、南华寺、狮子岩、云门寺、古佛岩、必背瑶寨等),目前构成一个相对独立的旅游区,已形成几个各有吸引力而旅游辐射半径范围重叠,即同属一个旅游区的3个接待站:

(1)韶关市区。位于该旅游区中心,辐射外出旅游方便,又有市区商业依托,购物和娱乐旅游条件最佳。但宾馆建设已过多,淡季时生意冷落,已显得不景气。

(2)丹霞山中旅社。位于丹霞山上下,便于旅客清晨观日出,又可游玩山景,因而也能独立组团吸引游客。

(3)曲江南华温泉。位于主干公路一侧,又有温泉全天供应,可供沐浴,刚刚建成,目前很有吸引力,使得曲江县可以独立组团,吸引港澳游客。

曲江南华温泉宾馆投资建设时,曾有不同意见,当时我们从区位选择方面支持这一投资。1989年8月建成后,适逢当年动乱之后,生意冷落,当年10月我们到曲江考察,大家都担心贷款怎样付息还本。1990年春节后,我们又到该地考察,情况大有改变,温泉宾馆宾客云集,旅游收入相当可观。

我们即与曲江县旅游局有关领导和宾馆经理进一步讨论南华温泉宾馆的配套建设布局,从包括过境汽车司机的游客构成出发,建议加建中档的司机宾馆,还讨论了园林绿化要求。

南华温泉宾馆的投资,说明接待服务设施的区位分析相当重要,只有优良的区位条件才能保证长期经济效益。

1990年2月我们到清远市考察,考虑到清远独立成市后,要有独立组团的意识。清远市处于珠江三角洲外围,除清远市区、郊区和英德、佛冈县外,北部还包括粤北连州4县,兼有广东二、三世界特点。与深圳、珠海不同,这两地几乎可视为港澳"郊区",对港澳游客,

----
　＊　原载《热带地理》,1991,(2),97～104。

适于开展当日返回的"郊区"旅游,清远则可开展 2 至 3 日的假日旅游,以至连州的 4 至 5 日的假期旅游。

清远要独立组团发展假日旅游,或使连州的假期旅游者多在清远住宿一天,必须在清远发展旅游宾馆。据我们考察,其最佳区位不在清远老城或新市区,而应选在距广州 52 公里的 107 国道旁的银盏温泉处,以便开展"银盏温泉-飞霞"假日旅游、"银盏温泉-连州风光"假期旅游。

建设银盏温泉宾馆是使清远旅游组团得以独立的关键措施,以求摆脱目前港澳游客更愿住广州游飞来峡(飞霞和飞来寺)(在 107 国道打通后,到连州的游客希望更快回广州),而不愿在清远停留的被动局面。

对于宾馆的建筑,我们从环境设计角度,向该市旅游局提供了宾馆的建筑立面和平面,建议以扬州式古建,配以黄色琉璃瓦以增加其视觉吸引力和富丽高贵感,以及在接待服务设施方面的相应设计要点,可供该局与建筑部门联系宾馆设计时,有一个服从总体规划的"甲方要求",以使建筑设计不至脱离宏观规划。

二、新开发地段的工程设计——海南彩电中心 的工程选址和景观设计

1. 从电视社会学角度看海南彩电中心的规模和任务

海南彩电中心实际上为广播彩电中心,包括主体建筑及其所属彩电和广播两个编制部、电视塔,以及其它配套附属设施,分为技术区和生活区两部分,计划修建于海口城市规划的市中心绿化共享空间中,位于金牛岭南侧,并计划修建成能反映海南自然风光和经济特区远景性质的技术文化旅游中心。

从电视社会学角度来看,根据电视文化的特点,有可能把现代信息输入到全省、全国、甚至全世界,使落后地区也能接受现代信息,这是信息的统一性和世界性的反映。海南是一个正在走向开放改革的经济特区,经济发展高低落差大,只有通过广播电视的普及和提高,才能加速全省的开放改革意识,促进文化观念现代化,发展商品经济意识。

从这种要求出发,海南彩电中心的建设规模采取 10 个频率,包括转播中央电视台 1、2 台,广东岭南台或珠江台、省台、海口台、教育台 2 套(1 套转播中央,1 套本省)共 7 套,预留 3 个频道,是合适的。与此同时,还要增加全岛差转台的覆盖面,使全岛都能收看到多套节目。

因此,海南彩电中心的筹建,并尽快开工建设,是海南经济特区改善投资环境,配套经济和文化建设的一个必要环节。

2. 选址与共享空间

海南彩电中心从其建筑立面设计和电视塔耸立高度来看,一方面是海口景观的构景组成,另一方面也是敞向外围景观的一个观景点。其选址为了保证达到这两方面要求,并从技术要求来看,宜布置于地势高处。由于原选址离现有机场太近,金牛岭虽高,但处于海口机场技术净空控制范围内,不能作为电视塔选址。电视塔拟选在琼山府城镇西北的红城湖小岛中,并配合旅游开发进行设计。实际上该湖处于机场西南侧,仍属机场技术净空控

制范围,因而实际选址仍需向西南迁移。

金牛岭至红城湖一带是海口市规划的市中心绿化区,有丘陵、台地和湖泊。飞机场计划 10 年后外迁,该场原址将改建为市中心商业区。因而这一带兼有城市绿化共享空间的特点,又是市民在市中心活动后的休息好去处。外围东侧还有五公祠、琼台书院、府城鼓楼,西侧有海瑞墓、马鞍山火山口、石山羊肉火锅佳肴等旅游点,北可望市区和海口公园、海口新港和秀英港,以及琼州海峡。因而金牛岭至红城湖一带既是未来海口市的共享空间,又是敞向外围景观的一个观景点,在这里修建彩电中心,将可使这一内外互为观景的共享空间更为引人入胜,并可成为海口市的一个"标志"地段。为此,彩电中心的制高点——电视塔的观景部分(瞭望厅、旋转餐厅、游览廊等)要与上述各旅游点和北面海港及大海保留相应的风景视线通道,使各景点和北面大海与电视塔能互相对视,也即使各景点与电视塔达到互相呼应"对话"的要求,以增加旅客对这些景点和登电视塔远望的游兴。

3. 建筑的立面设计

海南彩电中心由广播电影电视部设计院负责规划设计,提供了 3 个设计方案。3 个方案的建筑立面都显得宾馆味道太浓,外人看来都会误认为旅馆,没有把彩电中心在公众心目中的一般形象表现出来。

一方案从外表,特别是从远处看来,很像一座波特曼式饭店,屋顶的圆形楼层很像旋转餐厅,正面的玻璃饰面反光透明半月形立柱,远看起来太像透明观光电梯。原设计强调"玉贝含珠"造型,蓝色外表,体现海洋和蓝天景色。

二方案是一个层次按高度螺旋上升的圆形塔楼,全部饰以反光玻璃钢,因而从外表看来很像一个光亮派饭店。附属建筑成扇形展开,给人以旋转动感,也符合广播电视内部安装设计的技术要求。

三方案使用结构主义的设计手法,外表呈阶梯三角形,并配有一定的结构主义和透明玻璃钢装饰,若去掉这些装饰,其外表与现有海口饭店过于类似。

这三个方案的共同特点是力图摆脱古典主义建筑风格,在主体建筑与附属建筑配合方面力图走向现代主义和结构主义,并配以一定的后现代主义装饰。这一建筑设计方向是正确的,但每一方案都因过于受某一建筑流派影响,而显得缺乏独立开拓的风格。

为了体现独创开拓的后现代主义风格,兼顾群众对广播彩电中心的一般建筑形象要求,建议建筑立面要分 3 级层次,附属建筑最低,采取现代主义建筑风格,主楼可以三方案为主,并在一侧配以一定的塔楼(相当于二方案规划的办公楼),门窗装饰要体现热带建筑风格,其它装饰不宜过多,突出结构主义的后现代风格,玻璃钢饰面也尽量少用,或可集中于能成镜面入景,特别是热带风光入景的一侧,真正体现光亮派的特点,而不是到处装饰半反光的玻璃钢,以致耗资不少,却丧失了光亮派的意义。

这种建筑立面在给人以广播彩电中心形象的同时,比较充分体现后现代主义与结构主义结合的抽象建筑形象。若再配以热带景观园林植被和抽象雕塑,会给人以一种全新的感觉,将成为海口的一个胜景。

4. 园林规划和旅游开发

海南彩电中心征地将近 300 亩,规划建筑区也占一半以上,分为技术区和生活区两部分,电视塔原计划在区外另建。针对这种实际布局,园林规划在技术区,特别在主楼前要以对称的几何规划园林为主,突出绿色草坪"地毯"配以享利·摩尔式的抽象雕塑,采用热带灌木作为绿篱,以椰树、槟榔、鱼尾葵、油棕等树种作为行道树或草坪中的孤立木。由于地势有一定起伏,道路可从正门规则式逐渐过渡到依地貌起伏的自然式。住宅区建筑规划体型较小,建议园林规划使用仿自然的东方风格,配以湖石建筑小品和小型假山。

规划的接待小宾馆(招待所)布置于居住区外侧,建议移至技术区和居住区之间,隔成小院,并可采取低层次的中式古典建筑,配以苏州式园林,外围以树林与技术区的现代和后现代风格隔开,形成一个技术世界中的东方世外桃源,将很有住宿和旅游吸引力。

电视塔规划建于红城湖小岛上,从风光设计要求来看是很合适的,但地处洼地,使电视塔实际高度降低,加以接近海口现有机场,有碍飞机升降的技术净空,因而实际上电视塔终将向西南移于台地高处。作为制高点,电视塔移于彩电中心南侧,若能修筑直达海秀路的道路,距市区并不远,仍有旅游开发意义。

电视塔采用钢结构造型,体现结构主义的建筑风格。海口为八度地震烈度区,规划按抗九度地震设计,更需注意防风和防火,与热带椰林风光配合,钢结构更易体现视盈风格。

原设计除钢架外,还包含着中层空中旅馆,高层的球状楼层,从光亮的蓝色表面体现"南海明珠"景观,外加环带,增加建筑面积,也使"南海明珠"的球状楼层从外表看来给人以稳定感觉。球状楼层除安排技术设备楼层外,准备修建相应的旋转餐厅、瞭望厅、游览廊等。考虑到电视塔向西南移,离市区较远,空中旅馆应作为远期规划,先建钢架和球状楼层。

三、开发地段的改建提高——光孝寺
宗教环境感应气氛的建立

广州的光孝寺和曲江南华寺同为佛教禅宗的南宗祖庭,具有很高的历史地位和宗教地位,在海内外具有很大的影响。现任住持本焕法师为民国期间中兴佛教著名虚云法师的直传弟子,在国内外很有影响。重修光孝寺要针对其宗教地位高的特点,特别要求保持原有的环境感应气氛,使其与名寺性质符合。

历史上的寺庙建筑师大多是虔诚的教徒,他们不自觉的根据佛教哲理设计出众多具有强烈信仰气氛的庙宇,使众生进入这一环境便感觉到如临佛门,例如普陀山号称"海天佛国",九华山则以"莲华佛国"而闻名。

当今建筑师和规划师大多不信教,他们也缺乏佛教哲理素养,因此必须对由佛教哲理而形成的不同宗教感应气氛进行科学分析,使当今建筑师、规划师、行政管理领导懂得规划设计寺庙环境,特别是对历史地位和宗教地位高的寺庙,要保持和恢复,甚至加深其寺庙感应气氛,使教徒更能感受到佛教哲理,接受佛法传道。

据我们近年来研究,宗教感应气氛可分为庄严、清净、神秘和世俗四种,一个寺庙一般都要求有1～2种占优势的感应气氛,而在寺庙内不同庙堂和分区可与总气氛有差别,各具特点。

庙宇感应气氛与环境规划设计有密切的关系,设计得好,便能保证正确的气氛;设计错误,则会导致气氛的破坏。

根据上述理论分析,对光孝寺重修提出下列要求论证:

(1)光孝寺应有主轴线,安排"迦蓝七殿"和六祖殿、藏经阁,以保护该寺作为南宗祖庭的庄严气氛。光孝寺地处平地,安排山门、天王殿、大雄宝殿、六祖殿、藏经阁于主轴线上并不困难,并配以东钟楼和西鼓楼,东西配殿,形成九殿的对称排列。一般说来,这一中轴线要求主气氛为庄严到神秘。但因本寺处在闹市中,在山门和天王殿面对芸芸众生,可附加一定的世俗感,藏经阁要兼有神秘和清净两种气氛。其中最重要的要保持大雄宝殿的庄严气氛,不只殿堂建筑要保持古朴,室内装饰也宜减少世俗色调,天花板藻井色调要深。庙前广场要保持视线开阔,不宜栽种色彩鲜艳的花草,树木也不宜过多。

(2)除对称的主轴线外,东西两面也应有一定的支轴线布局,支轴线可在对称布局中有一定的非对称性,目的是在保持一定的庄严感前提下,对不同殿堂可附加特定的专门感应气氛。例如,方丈厅要以清净为主,最好能与玉佛殿相通,方丈厅后院可考虑建一以盆景为主、配以少量假山的寺庙园林。

(3)寺庙内除为寺僧或高贵客人设备斋堂外,不宜设立饭馆,出售宗教用品和旅游商品的商品店要设于庙外。总之,寺庙开放旅游,切不宜市场化。与此同时,寺庙也不宜园林化。寺庙园林要在寺庙的后院,加以专门规划设计,使其具有相应的宗教气氛。

(4)现光孝寺外部周围高楼林立,与古典寺庙建筑气氛差别太大,很不协调。因此建议在围墙内保留有4米宽的范围,栽种各种高树,有些地点面对高楼,种树宽度可以增至6米以上,以形成环寺林带。此外,寺庙建筑再距墙周林带3米建设。这一点要特点注意,若能做到,则可以在寺庙内基本上见不到寺外高楼,使人间世俗建筑不分散人们视线和视角,形成"闹市中一片净土",虽不能达到四川成都文殊院那种茂林修竹密密围住古庙的要求,但也可使庙宇环境空间与外面闹市基本隔绝。

(5)重修光孝寺对古建筑整修要以古朴为原则,但一些次要建筑要适当强调清净特征,要求附加神秘气氛的殿堂,采光和留光要有一定的控制和合理组织。建筑设计与上述室内外环境规划设计要求配合,再加上众多高僧的传道说法影响,光孝寺便可重现南宗祖庭的主导影响,成为国内外佛界朝拜中心,进而促进广州、广东和我国宗教旅游的发展。

参 考 文 献

[荷]J. 丁柏根(张幼文译),经济政策:原理与设计,商务印书馆,1988。

万晓光,发展经济学,中国展望出版社,1986。

[美]马·吉利斯等(李荣昌等译),发展经济学,经济科学出版社,1990。

中国自然资源研究会筹备组等编,中国国土整治战略问题探讨,科学出版社,1983。

中国社会科学院经济研究所发展经济研究室译,发展经济学新格局——进步与展望(译文集),经济科学出版社,1987。

[奥]L. 贝塔兰菲(秋同、袁嘉新译),一般系统论,社会科学文献出版社,1987。

[法]弗朗索瓦·佩鲁(张宁、丰子义译),新发展观,华夏出版社,1987。

[英]安德鲁·韦伯斯特(陈一筠译),发展社会学,华夏出版社,1987。

卢继传,日本加强基础科学研究,人民日报,1987 年 3 月 4 日。

刘伟强、陈传康,旅游开发促进旅游业可持续发展,《可持续发展之路》,北京大学出版社,1994,164—168。

[美]艾·赫希曼(曹征海、潘照东译),经济发展战略,经济科学出版社,1991。

[美] A. 西蒙,(李柱流等译),管理决策新科学,中国社会科学出版社,1982。

[美]A. 西蒙(秋同、袁嘉新译),人工科学,商务印书馆,1987。

许秀云等,中国地球系统科学研究与可持续发展战略探讨,地理学报,1996,51(4):355—359。

朱德威、陈传康,系统论与环境科学初探,《环境科学研究与进展》,科学出版社,1980,334—345。

朱松春,系统思维与现代组织管理,光明日报出版社,1988。

任纪军,平衡发展战略,中国贸易发展战略的选择,沿海经济,1991,(8):15—20。

[美]吉拉尔德·迈耶等(谭崇台译),发展经济学的先驱,经济科学出版社,1988。

陈传康,环境问题和环境科学,环境科学,1978,(3):42—46。

陈传康,区域农业和农业经济,自然资源,1979,(2):64—71。

陈传康,城市规划与环境保护,《环境科学研究与进展》,科学出版社,1980,334—345。

陈传康,人类社会与生态平衡,1984,1(4):1—5。

陈传康,国土整治与区域规划,《中国国土整治战略问题探讨》,科学出版社,1983。

陈传康,福建港口的开发和保护问题,经济地理,1983,(2):118—121。

陈传康,国土整治的区域性战略分析,河南师大学报(自然科学版),1984,(1)。

陈传康,生态平衡与环境保护,《环境科学理论讨论会论文集》,第一集,中国环境科学出版社,1984,160—170。

陈传康,环境、规划与环境科学,环境与资源,1984,创刊号:2—9。

陈传康,国土整治中的城市发展战略问题。环境战略与决策,1984,(1)(总 1 期):90—105。

陈传康,国土整治的理论和政策研究,自然资源,1985,(1):1—7。

陈传康,硬咨询和软咨询,环境咨询,1985,(2):1—7。

陈传康,发展战略与国土研究,地理学与国土研究,1985,(1):2—9。

陈传康,跨学科研究及其在科学中的地位,自然辩证法研究,1985,(4):50—55。

陈传康,区域概念及其研究途径,中原地理研究,1986,5(1):10—14。

陈传康,区域发展战略的理论和案例研究,自然资源学报,1986,(2)。

陈传康,决策研究与地理学,地理学与国土研究,1987,(1):8—15。

陈传康,搞活沿海经济地带经济,迎接太平洋时代的到来,发展战略报,1987 年 7 月 9 日,1 版。

陈传康,经济改革与我国沿海地带的开发建设,地域研究与开发,1988,(3):7—9。

陈传康,科学哲学和地学方法论,《人·自然·社会》,北京大学出版社,1988,134—145。

陈传康,区域旅游发展战略的理论和案例研究,《自然地理学与国土整治》,科学出版社,1988,165—175。

陈传康,第三次浪潮的科学和文化,自然辩证法研究,1988,(5):1—9。

陈传康,自然地理学、地球表层学和综合地理学,地理学报,1988,43(3):258—264。

陈传康、牛文元,人地系统优化原理及区域发展模式的研究,地球科学信息,1988,(6):41—43。

陈传康,土地科学和土地规划,中国土地科学,1989,3(4):10—15。

陈传康,地球表层的结构研究,《天地生综合研究进展》,中国科学技术出版社,1989,132—135。

陈传康,地球表层与天地生综合研究,地理环境研究,1989,1(2):7—17。

陈传康,战后东亚贸易战略形势的转变,中国社会发展战略,1989 创刊号,25—28。

陈传康,人地关系地域系统的结构、发展及其利用和调整研究,《自然地理学与中国区域开发》,湖北教育出版社,1990, 15—18。

陈传康,旅游地理学与区域旅游开发投资结构分析,广东旅游,1990,(8):10—13。

陈传康,全息学与全息地学,科学技术与辩证法,1990,(5):13—17。

陈传康,综合自然地理学的发展趋势,地域研究与开发,1990,9(7):2—6。

陈传康,发展文化、区域文化与文化地理研究,地理学与国土研究,1991,7(3):41—45。

陈传康,区域综合开发——发展战略与国土开发研究,国土开发与整治,1991,(1)(创刊号):34—44。

陈传康,区域综合开发理论的元科学与操作性结合的定性系统分析,系统工程,1992,10(1):1—8。

陈传康等,深圳市旅游发展规划,同济大学出版社,1992。

陈传康,区域可持续发展方略(理论与案例研究),《可持续发展之路》,北京大学出版社,1994,66—70。

陈传康,中国发展战略的回顾和展望,《重负的大地》,人民教育出版社,1994,183—203。

陈传康,城市旅游开发规划研究进展评述,地球科学进展,1996,11(5):508—512。

陈传康,区域持续发展与近期起步措施,沿海思潮(汕头)1996,(4):71—72。

芮杏文等主编,实用创造学与方法论,中国建筑工业出版社,1985。

郑汛,对日索赔会的正义呼声,华人(香港),1988,(12)。

张家龙,公理学、元数学与哲学,上海人民出版社,1983。

罗慧生,夏佩尔的“信息群”理论,自然辩证法通讯,1983,(1)。

罗慧生,达尔顿的“科学域”理论,外国哲学(5),商务印书馆,1984,312—326。

D. 夏佩尔,科学理论及其域,自然科学哲学问题丛刊,1984,[2,3]。

陶在朴,社会经济发展战略研究的几个基本问题,光明日报,1985年10月9日。

黄方毅,面向现代化,面向改革——记近些年来在我国蓬勃兴起的发展战略研究,光明日报,1985年8月25日。

黄秉维,加强可持续发展战略科学基础——建立地球系统科学,科学对社会的影响,1996,(1):15—21。

黄秉维,论地球系统科学与可持续发展战略科学基础(Ⅰ),地理学报,1996,51(4):350—354。

黄秉维、陈传康、蔡运龙等,区域持续发展的理论基础——陆地系统科学,地理学报,1996,51(5):445—453。

湛垦华等编,普利高津与耗散结构理论,陕西科学技术出版社,1982。

谭崇台,发展经济学,人民出版社,1985。

陈传康简历

陈传康,1931 年 12 月 5 日生,广东省潮安县庵埠镇人,汉族。历任北京大学城市与环境学系教授、自然地理学专业博士生导师,中国地理学会副理事长、自然地理学专业委员会主任(1985～1994)、旅游地理学专业委员会主任,《地理学报》副主编,《地理学与国土研究》特邀主编,全国旅游技术标准委员会委员,中国旅游协会理事、区域旅游开发专业委员会主任,北京旅游学会副会长,中国区域科学协会常务理事、旅游开发专业委员会主任,中国地质学会理事(1993～1997)、旅游地学研究会副主任,中国自然辩证法研究会理事(1992～1996)、地学哲学委员会常务理事,中国科学技术史学会常务理事(1981～1987)、理事,中国行政区划研究会常务理事,高等学校地理学教学指导委员会委员、自然地理学教材建设组组长(1990～1995)、自然地理学教学指导组副组长,国家自然科学基金地球科学第五、六届评审委员会委员。

1953 年毕业于北京大学地质地理系,毕业后留校任教至今,历任地质地理系助教、讲师、地理系副教授、教授,北京大学地理系自然地理学教研室主任(1978～1991),旅游开发和管理专业倡导者和组织者,自然地理学博士点负责人,为自然地理学和旅游地理学的教学和科学研究作出重要贡献。

陈传康的主要研究领域为综合自然地理学和旅游地理学的理论和应用研究,同时大力倡导开展结合自然、社会和文化等方面的综合地理学,以及结合城建、园林和旅游开发服务的旅游规划研究。先后承担和主持众多区域、城市、风景名胜区、旅游区、人工游乐景观、农业和农业示范观光、企业所在地段的发展战略、区域综合开发和旅游开发等方面研究。发表有关理论和应用地理学、区域开发和旅游规划的著作和论文 400 多篇(部)。

陈传康建立了地球表层的自然地域分异规律体系,对土地分级的连续性和基本分级的固定性,以地貌部位及其结构为基础的土地分级划分标准,自然区划的原则和方法,自然区划以双列系统为分析基础建立综合的单列系统,根据土地类型结构建立自下而上的区划方法,非地带性单位的分类,中国自然区划研究评价等方面进行了开拓性研究,他与伍光和等合著的《综合自然地理学》一书获 1995 年国家教委优秀教材二等奖。

陈传康在应用旅游地理学和旅游规划等方面,如风景组成和结构、旅游业结构和区域旅游开发模式、旅游活动行为结构、旅游文化结构、区域旅游形象策划、旅游规划结构、人工游乐景观、康体休闲产业开发、农业观光和农业示范观光、宗教旅游、生态旅游、饮食文化开发等方面建立了相应理论和规划操作方法。他对美学、易经和风水现代化有深入和众多独创研究,并把其与旅游开发结合进行了成功研究。因而被台湾称之为大陆旅游地理学的奠基者和开拓者,与港澳台和马来西亚、新加坡等地各界有广泛联系。还在北京大学由他主持为香港怡和集团开办两期"高级行政管理培训班"——中国经济改革与投资环境、报批实务研修班,并引进在北京大学设立相应的"怡和奖金"。

陈传康在发展战略和区域开发方面,建立了应用综合地理学的理论研究,他以自己所建立的普通全息学开拓了区域综合开发的定性系统分析,从区域开发的框架分析,建立了地域结构和对应变换分析理论,把地理学的因地制宜分析与发展学的产业高级化结合建立了产业结构的四维全息发展研究理论,对人类社会与生态平衡关系提出了怎样建立生态平衡的合理区域结构,对行为地理学与决策研究关系也有所总结创新。

陈传康除在北京大学先后开设自然地理学、综合自然地理学、土地科学、旅游地理学、发展战略和区域开发、旅游开发和管理、旅游规划等大学生和研究生课程外,还为中国科技大学研究生院长期开设"发展战略和区域开发"课程。他的讲课内容结合自己的最新研究进展,生动活泼,听课者广泛,对大学生和研究生独立性培养起了非常积极的作用。与此同时,他还在全国众多大学院校地理系,以及相应的研究生会讲授地理学、美学、未来学等方面自己的最新研究进展,这对培养各地大学生和研究生开拓创新精神,以及未来地理学家将起到一定作用。

陈传康开创了"元科学—实证规范化—操作性"三结合的研究方法,这一方法使他的理论研究与实践密切结合,有关发展战略、规划、甚至设计咨询研究为地方当局和企业广泛采纳,并有明显的实践效果。例如,早在1984年他便建议开辟连云港至鹿特丹的新欧亚大陆桥,其后又完成《连云港市域发展战略研究》专著,并促使安阳、聊城、浚县、泸州、邯郸、邹城、正定等成为国家历史文化名城,仁化丹霞山成为国家风景名胜区,泰州和贵港,可能还将包括冷水江等成为地级市,庵埠镇成为潮安县城。还从事众多区域(安阳、白银、泸州、青岛、邹城、邯郸、淅川、渭南等)的发展战略研究,以及众多地级和县级行政区划单位(亳州、聊城、敦煌、乌鲁木齐、深圳、韶关、清远、汕头、潮州、南澳、海安、泰州、临淄、门头沟、密云、安宁、宁冈等)、风景名胜区(仁化丹霞山、清远飞来峡、英德宝晶宫、陆丰玄武山—金厢滩、林州林虑山、盖州白沙湾、昆明轿子山、金华双龙风景名胜区等)的旅游开发规划。近年来,还开拓地段地理学,为企业所在地段进行规划和设计咨询,包括室外和室内,以及不同楼层地段,从文脉(地理背景)与企业经营(市场档次、生产流程和人流组织等)关系进行规划和设计咨询。

作为主要负责人和合作研究者陈传康的研究成果曾获国家教委科技进步二等奖一项(1990),北京大学首届和第二届科技进步奖二等奖各一项,第四届一等奖一项,还有多项作为参加者获相应科技进步奖。

陈传康在地理界被公认为学术创新最有成绩的学者之一,他的著作成果等身,不断开拓新的地理学综合理论和研究方法,以身作则培养大学生和研究生具有开拓精神,先后培养50多位硕士生和博士生,20多位进修生和访问学者,不少已成为业务骨干,并走上领导岗位。

主要著作

综合自然地理学(第一作者),高等教育出版社,1993。

区域综合开发的理论与案例,科学出版社,1998。

主要译作

苏联地理学(总结与任务)(合译),科学出版社,1964。

现代科学技术辞典(合译)(负责地球科学部分的翻译),上海科学技术出版社,1980。

主要论文

1. 陈传康、杨吾扬等,论中国公路自然区划,地理学报,1978,33(1):62—69。
2. 陈传康,地理学的新理论和实践方向,见:《经济地理学的理论和实践方向》,商务印书馆,1980,120~130。
3. 陈传康,建立生态平衡的合理区域结构,自然辩证法通讯,1981,(3):53~54。
4. 陈传康,人类社会与生态平衡,中国环境科学,1984,1(4):1~5。
5. 陈传康,第三次浪潮的科学与文化,自然辩证法研究,1988,(5):1~9。
6. 陈传康,解释学美学与文艺的历史演变,见:《文学思维空间的拓展》,工人出版社,1988,254~278。
7. 陈传康,自然地理学、地球表层学和综合地理学,地理学报,1989,43(3):258~264。
8. 陈传康,战后东亚贸易战略形势的转变,中国社会发展战略,1989,创刊号。
9. 陈传康,全息学和全息地学,科学技术与辩证法,1990,(5):13~17。
10. 陈传康,连云港市域发展战略研究,海洋出版社,1991。
11. 陈传康,区域综合开发——发展战略和国土整治研究,国土开发与整治,1991,创刊号,34~44。
12. 陈传康,区域综合开发理论的元科学与操作性结合的定性系统分析,系统工程,1992,10(1):1~8。
13. 陈传康等,深圳市旅游发展规划,同济大学出版社,1992。
14. 陈传康等,渭南地区建设地理研究,地理学报,1992,47(4):353~360。
15. 陈传康等,行政区划掣肘经济发展的研究——以泰州及其港口——高港为例,地理学报,1993,48(4):329~336。
16. 陈传康,中国自然地理学的发展,见:《地理研究与发展》,香港大学出版社,1993,337~344。
17. 陈传康,中国旅游资源的开发评价、途径和对策,见:《中国资源潜力、趋势与对策》,北京出版社,1993。
18. 陈传康,区域持续发展方略(理论与案例研究),见:《可持续发展之路》,北京大学出版社,1994,66~70。
19. 陈传康,中国发展战略的回顾和展望,见:《重负的大地》,人民教育出版社,1994,183~203。
20. 陈传康,区域旅游开发模式和投资结构分析,旅游管理(台湾),1992 创刊号,21

~29。

21. 陈传康等,产业园林研究案例——汕头经济特区岩石天坛花园总体规划,旅游管理(台湾),1992,(2):93~119。

22. 陈传康,中国饮食文化的区域分异和发展趋势,见:《第三届中国饮食文化学术讨论会论文集》,台湾,1993,235~252。

23. 黄秉维、陈传康、蔡运龙等,区域持续发展的理论基础——陆地系统科学,地理学报,1996,51(5):445~453。

24. 陈传康,城市旅游开发规划研究进展评述,地球科学进展,1996,11(5):508~512。

25. 陈传康,发挥湘中区位优势,建设资江(冷水江)地级市,经济地理,1996,16(3):49~50。

26. 陈传康,易经预测作用的解释学研究,中华易学(台湾),1996,17(8):26~30。

27. 陈传康,《周易》的解释学研究,性与命(台湾),总5期,1987。

28. 陈传康,从解释学角度看《山海经》一书的性质,人文地理,1997,(1):11~16。

29. 陈传康,后现代主义——区域持续发展,人民政协报(60177)。

30. Chen Chuankang, Mordern Geography and Development of Geographical Teaching Materials, Chinese Geography and Environment, Spring 1989, 2 (1).

31. Chen Chuankang and Liu Weiqiang, Regional Models for Tourism Development in China, Addenda to the Proceedings of International Seminars on Tourism Development, Shanghai, 1992.

32. Song Zhenghai and Chen Chuankang, Why Did Zheng He's Sea Voyage Fall to Lead the Chinese to Make the "Great Geographic Discovery"? 《Chinese Studies in the History and Philosophy of Science and Technology》, Kluwer Academic Publishers, 1996, 303~304.

33. Chen Chuankang and Lu Shugan, Landscape-Biodiversity and Ecological Tourism Development: Principles and Application, 《Documentary for 96' Symposium on Design & Development for Ecotourism》, Wuhan, 1966.

Chen Chuankang, Mordum Geography and Development of Geographic Teaching Materials, Chinese Geography and Environment, China, 1989.

Chen Chuankang and Bao Weijiang, Regional Modification to Resource Development and Guideline for the Procedures of International Comparison, Tourism Development, Shanghai, 1989.

Song Zhaohai and Chen Chuankang, Why Tourism, in Zhaohai (ed.), Read the ... from ... the "Great Geographical discovery", Chinese Studies in the Theory and Discipline of Nature and Technology, Science Press Publishing, 1986, 635-659.

Chen Chuankang, Bao Weijiang, Tourism Resources and Landscape, Tourism Geography, Shanghai and Sciences Education Press, Shanghai, ... 1990, ...